KB132543

동아출판이 만든 진짜 기출예상문제집

# 특급기출

중간고사

중학 영어 **2-2**

# How to Study

## 이 책의 구성과 특징

**STEP A** 영역별로 교과서 핵심 내용을 학습하고, 연습 문제로 실력을 다집니다. 실전 TEST로 학교 시험에 대비합니다.

**Words 만점 노트**
교과서 흐름대로 핵심 어휘와 표현을 학습합니다.

**Words Plus 만점 노트**
대표 어휘의 영영풀이 및 다의어, 반의어 등을
학습하며 어휘를 완벽히 이해합니다.

**Words 연습 문제 &**
**Words Plus 연습 문제**
다양한 유형의 연습 문제를 통해 어휘 실력을
다집니다.

**Words 실전 TEST**
학교 시험 유형의 어휘 문제를 풀며
실전에 대비합니다.

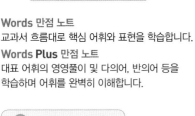

**Listen and Talk 핵심 노트**
교과서 속 핵심 의사소통 기능을
학습하고, 시험 포인트를 확인합니다.

**Listen and Talk 만점 노트**
교과서 속 모든 대화문의 심층 분석을
통해 대화문을 철저히 학습합니다.

**Listen and Talk 연습 문제**
빈칸 채우기와 대화 순서 배열하기를
통해 교과서 속 모든 대화문을 완벽히
이해합니다.

**Listen and Talk 실전 TEST**
학교 시험 유형의 Listen and Talk 문제를
풀며 실전에 대비합니다. 서술형 실전 문항으로
서술형 문제까지 대비합니다.

**Grammar 핵심 노트**
교과서 속 핵심 문법을 명쾌한 설명과
시험 포인트로 이해하고, Quick Check로
명확히 이해했는지 점검합니다.

**Grammar 연습 문제**
핵심 문법별로 연습 문제를 풀며
문법의 기본을 다집니다.

**Grammar 실전 TEST**
학교 시험 유형의 문법 문제를 풀며
실전에 대비합니다. 서술형 실전 문항으로
서술형 문제까지 대비합니다.

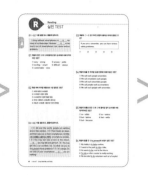

**Reading 만점 노트**
교과서 속 읽기 지문을
심층 분석하여 시험에
나올 내용을 완벽히
이해하도록 합니다.

**Reading 연습 문제**
빈칸 채우기, 바른 어휘·어법 고르기, 틀린 문장
고치기, 배열로 문장 완성하기 등 다양한 형태의
연습 문제를 풀며 읽기 지문을 완벽히 이해하고,
시험에 나올 내용에 완벽히 대비합니다.

**Reading 실전 TEST**
학교 시험 유형의 읽기 문제를
풀며 실전에 대비합니다. 서술형
실전 문항으로 서술형 문제까지
대비합니다.

**기타 지문 만점 노트 &**
**기타 지문 실전 TEST**
학교 시험에 나올 만한 각 영역의
기타 지문들까지 학습하고 실전
문항까지 풀어 보면 빈틈없는 내신
대비가 가능합니다.

---

**STEP B** 내신 만점을 위한 고득점 TEST 구간으로, 다양한 유형과 난이도의 학교 시험에 완벽히 대비합니다.

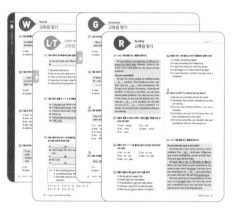

**고득점을 위한 연습 문제**
- Listen and Talk 영작하기
- Reading 영작하기

영작 완성 연습 문제를 통해, 대화문과
읽기 지문을 완벽히 이해하면서 암기합니다.

**고득점 맞기 TEST**
- Words 고득점 맞기          - Listen and Talk 고득점 맞기
- Grammar 고득점 맞기     - Reading 고득점 맞기

고난도 문제를 각 영역별로 풀며 실전에 대비합니다.
수준 높은 서술형 실전 문항으로 서·논술형 문제까지
영역별로 완벽 대비합니다.

**서술형 100% TEST**
다양한 유형의 서술형 문제를
통해 학교 시험에서 비중이
확대되고 있는 서술형 평가에
철저히 대비합니다.

---

**내신 적중 모의고사** 학교 시험과 유사한 모의고사로 실전 감각을 기르며, 내신에 최종적으로 대비합니다.

**[1~3회] 대표 기출로 내신 적중 모의고사**
학교 시험에 자주 출제되는 대표적인 기출 유형의
모의고사를 풀며 실전에 최종적으로 대비합니다.

**[4회] 고난도로 내신 적중 모의고사**
학교 시험에서 변별력을 높이기 위해 출제되는
고난도 문제 유형의 모의고사를 풀며 실전에
최종적으로 대비합니다.

**오답 공략**
모의고사에서 틀린 문제를 표시한 후, 부족한
영역과 학습 내용을 점검하여 내신 대비를
완벽히 마무리합니다.

# Contents 차례

## Lesson 05    Living Healthily and Safely

**STEP A**

Words 만점 노트 ~ 실전 TEST ........................................ 8

Listen and Talk 핵심 노트 ~ 실전 TEST ........................ 13

Grammar 핵심 노트 ~ 실전 TEST ................................. 22

Reading 만점 노트 ~ 실전 TEST .................................. 30

기타 지문 만점 노트 ~ 실전 TEST ................................ 44

**STEP B**

Words 고득점 맞기 ...................................................... 46

Listen and Talk 영작하기 ~ 고득점 맞기 ..................... 48

Grammar 고득점 맞기 .................................................. 52

Reading 영작하기 ~ 고득점 맞기 ................................. 55

서술형 100% TEST ...................................................... 60

**내신 적중
모의고사**

제1회 대표 기출로 내신 적중 모의고사 ......................... 64

제2회 대표 기출로 내신 적중 모의고사 ......................... 68

제3회 대표 기출로 내신 적중 모의고사 ......................... 72

제4회 고난도로 내신 적중 모의고사 .............................. 76

## Lesson 06    Different People, Different Views

**STEP A**

Words 만점 노트 ~ 실전 TEST .................................... 82

Listen and Talk 핵심 노트 ~ 실전 TEST ..................... 87

Grammar 핵심 노트 ~ 실전 TEST ............................... 96

Reading 만점 노트 ~ 실전 TEST ............................... 104

기타 지문 만점 노트 ~ 실전 TEST ............................. 118

**STEP B**

Words 고득점 맞기 .................................................... 120

Listen and Talk 영작하기 ~ 고득점 맞기 ................... 122

Grammar 고득점 맞기 ................................................ 126

Reading 영작하기 ~ 고득점 맞기 ............................... 129

서술형 100% TEST .................................................... 134

| 내신 적중<br>모의고사 | 제1회 대표 기출로 내신 적중 모의고사 | 138 |
| | 제2회 대표 기출로 내신 적중 모의고사 | 142 |
| | 제3회 대표 기출로 내신 적중 모의고사 | 146 |
| | 제4회 고난도로 내신 적중 모의고사 | 150 |

## Lesson 07    Life in Space

| STEP A | Words 만점 노트 ~ 실전 TEST | 156 |
| | Listen and Talk 핵심 노트 ~ 실전 TEST | 161 |
| | Grammar 핵심 노트 ~ 실전 TEST | 170 |
| | Reading 만점 노트 ~ 실전 TEST | 178 |
| | 기타 지문 만점 노트 ~ 실전 TEST | 194 |
| STEP B | Words 고득점 맞기 | 196 |
| | Listen and Talk 영작하기 ~ 고득점 맞기 | 198 |
| | Grammar 고득점 맞기 | 202 |
| | Reading 영작하기 ~ 고득점 맞기 | 205 |
| | 서술형 100% TEST | 210 |
| 내신 적중<br>모의고사 | 제1회 대표 기출로 내신 적중 모의고사 | 214 |
| | 제2회 대표 기출로 내신 적중 모의고사 | 218 |
| | 제3회 대표 기출로 내신 적중 모의고사 | 222 |
| | 제4회 고난도로 내신 적중 모의고사 | 226 |

## 정답 및 해설

**If you can dream it, you can do it.**

- Walt Disney -

Lesson

# 5

# Living Healthily and Safely

| 주요 학습 내용 | | | |
|---|---|---|---|
| 의사소통 기능 | 문제점이나 증상을 묻고 답하기 | A: What's wrong? (무슨 일이니?)<br>B: I have a headache. (머리가 아파요.) |
| | 당부하기 | Make sure you take some medicine. (반드시 약을 좀 먹으렴.) |
| 언어 형식 | 목적격 관계대명사 | Another problem (which/that) you can have is neck pain.<br>(당신이 겪을 수 있는 또 다른 문제는 목 통증입니다.) |
| | call A B | We call such people smombies.<br>(우리는 그런 사람들을 스몸비라고 부른다.) |

| 학습 단계 PREVIEW | | | | | | |
|---|---|---|---|---|---|---|
| STEP A | Words | Listen and Talk | Grammar | Reading | 기타 지문 |
| STEP B | Words | Listen and Talk | Grammar | Reading | 서술형 100% Test |
| 내신 적중 모의고사 | 제 1 회 | 제 2 회 | 제 3 회 | 제 4 회 | |

## Words

# 만점 노트

## Listen and Talk

| | | | | |
|---|---|---|---|---|
| □□ dentist | 몡 치과 의사 | □□ sore | 혱 (상처 등이) 아픈, 쓰라린 |
| □□ fever☆ | 몡 열, 발열 | □□ terrible | 혱 심한, 지독한 |
| □□ finger | 몡 손가락 | □□ text☆ | 똥 (휴대 전화로) 문자를 보내다 |
| □□ headache | 몡 두통 | | 몡 (휴대 전화) 문자 메시지 |
| □□ hurt☆ | 똥 아프다; 아프게 하다 (-hurt-hurt) | □□ throat | 몡 목구멍, 목 |
| □□ medicine☆ | 몡 약, 약물 | □□ thumb | 몡 엄지손가락 |
| □□ pain☆ | 몡 통증, 고통 | □□ toothache | 몡 치통 |
| □□ regularly | 뿐 규칙적으로 | □□ have a cold | 감기에 걸리다 |
| □□ sick | 혱 아픈 | □□ have a runny nose | 콧물이 흐르다 |

## Talk and Play

| | | | | |
|---|---|---|---|---|
| □□ stretch | 똥 늘이다, 뻗다 | □□ get some rest | 휴식을 취하다 |

## Reading

| | | | | |
|---|---|---|---|---|
| □□ accident | 몡 사고 | □□ safety☆ | 몡 안전 |
| □□ addiction☆ | 몡 중독 | □□ simple | 혱 간단한 |
| □□ blink☆ | 똥 (눈을) 깜박거리다 | □□ stress | 몡 압박, 긴장, 스트레스 |
| □□ cause☆ | 똥 일으키다, 야기하다 | □□ such | 혱 그런, 그러한 |
| □□ dry | 혱 건조한 (↔ wet) | □□ unwise☆ | 혱 현명하지 못한, 어리석은 (↔ wise) |
| □□ fall | 똥 넘어지다; 떨어지다 | □□ various | 혱 다양한, 여러 가지의 |
| □□ hole | 몡 구덩이, 구멍 | □□ without | 젼 ~ 없이 |
| □□ increase☆ | 똥 증가하다 (↔ decrease) | □□ zombie | 몡 좀비 (반쯤 죽은 것 같은 사람) |
| □□ meal | 몡 식사 | □□ get hurt | 다치다 |
| □□ meeting | 몡 회의, 모임 | □□ get into | (특정한 상황에) 처하다 |
| □□ nervous | 혱 초조한 | □□ instead of | ~ 대신에 |
| □□ prevent☆ | 똥 예방하다, 막다 (= stop) | □□ look down at | ~을 내려다보다 |
| □□ problem | 몡 문제 | □□ turn off | ~을 끄다 (↔ turn on) |

## Language in Use

| | | | | |
|---|---|---|---|---|
| □□ author | 몡 작가, 저자 | □□ intelligent | 혱 총명한, 똑똑한 |
| □□ celebrity | 몡 유명 인사 | □□ subject | 몡 과목; 주제 |

## Think and Write & Team Project

| | | | | |
|---|---|---|---|---|
| □□ change | 똥 바뀌다; 바꾸다 | □□ from now on | 지금부터 |
| □□ promise | 몡 약속 똥 약속하다 | □□ try one's best | 최선을 다하다 |

## Review

| | | | | |
|---|---|---|---|---|
| □□ person | 몡 사람, 개인 | □□ tower | 몡 탑 |

# Words

## 연습 문제

**A** 다음 단어의 우리말 뜻을 쓰시오.

01 addiction _____

02 prevent _____

03 safety _____

04 text _____

05 accident _____

06 blink _____

07 increase _____

08 celebrity _____

09 pain _____

10 intelligent _____

11 thumb _____

12 cause _____

13 throat _____

14 regularly _____

15 author _____

16 nervous _____

17 unwise _____

18 such _____

19 various _____

20 toothache _____

**B** 다음 우리말 뜻에 알맞은 영어 단어를 쓰시오.

01 아픈, 쓰라린 _____

02 아프다; 아프게 하다 _____

03 늘이다, 뻗다 _____

04 간단한 _____

05 구덩이 _____

06 열, 발열 _____

07 치과 의사 _____

08 넘어지다; 떨어지다 _____

09 문제 _____

10 약속(하다) _____

11 약, 약물 _____

12 좀비 _____

13 압박, 긴장, 스트레스 _____

14 두통 _____

15 ~ 없이 _____

16 건조한 _____

17 사람, 개인 _____

18 식사 _____

19 회의, 모임 _____

20 손가락 _____

**C** 다음 영어 표현의 우리말 뜻을 쓰시오.

01 turn off _____

02 look down at _____

03 get some rest _____

04 have a cold _____

05 from now on _____

06 get hurt _____

07 have a runny nose _____

08 get into _____

09 instead of _____

10 try one's best _____

**D** 다음 우리말 뜻에 알맞은 영어 표현을 쓰시오.

01 콧물이 흐르다 _____

02 지금부터 _____

03 ~을 끄다 _____

04 최선을 다하다 _____

05 ~ 대신에 _____

06 ~을 내려다보다 _____

07 다치다 _____

08 휴식을 취하다 _____

09 (특정한 상황에) 처하다 _____

10 감기에 걸리다 _____

 **Words Plus**
# 만점 노트

### 영영풀이

| | | | |
|---|---|---|---|
| □□ | accident | 사고 | something bad that happens that is not wanted or planned |
| □□ | addiction | 중독 | a condition when someone cannot stop doing something that is not healthy |
| □□ | blink | (눈을) 깜박거리다 | to open and close your eyes very quickly |
| □□ | cause | 일으키다, 야기하다 | to make something happen |
| □□ | dry | 건조한 | without water or liquid on the surface |
| □□ | hole | 구덩이, 구멍 | a space dug in the surface of the ground |
| □□ | increase | 증가하다 | to get bigger or to make something bigger |
| □□ | meal | 식사 | a special occasion when food is prepared and eaten |
| □□ | nervous | 초조한 | feeling very anxious or fearful |
| □□ | pain | 통증, 고통 | the feeling you have when a part of your body hurts |
| □□ | prevent | 예방하다, 막다 | to stop something from happening |
| □□ | regularly | 규칙적으로 | at the same time every day, every week, etc. |
| □□ | rest | 휴식 | a time when you relax or sleep |
| □□ | safety | 안전 | a state of being safe from harm or danger |
| □□ | simple | 간단한 | not difficult or complicated |
| □□ | sore | 아픈, 쓰라린 | painful, especially when touched |
| □□ | stretch | 늘이다, 뻗다 | to make your body or part of your body straighter and longer |
| □□ | text | 문자를 보내다 | to send someone a written message using a cell phone |
| □□ | thumb | 엄지손가락 | the short thick finger on your hand that helps you hold things |
| □□ | toothache | 치통 | a pain in a tooth |
| □□ | without | ~ 없이 | not having something or someone with you |

### 단어의 의미 관계

● **유의어**
prevent (막다) = stop
simple (간단한) = easy
sore (아픈, 쓰라린) = painful

● **반의어**
dry (건조한) ↔ wet (젖은)
easy (쉬운) ↔ difficult (어려운)
increase (증가하다) ↔ decrease (감소하다)
turn on (켜다) ↔ turn off (끄다)
wise (현명한) ↔ unwise (현명하지 못한)
with (~와) ↔ without (~ 없이)

● **명사 – 형용사**
addiction (중독) – addictive (중독성이 있는)
pain (통증, 고통) – painful (아픈)
safety (안전) – safe (안전한)

### 다의어

● **cause**   1. 图 일으키다, 야기하다   2. 명 원인
1. Careless driving **causes** accidents.
   (부주의한 운전은 사고를 야기한다.)
2. Sugar is a major **cause** of tooth decay.
   (설탕은 충치의 주요 원인이다.)

● **text**   1. 图 문자 메시지를 보내다
        2. 명 문자 메시지 (= text message)
        3. 명 글, 본문, 원문
1. She spends hours **texting** her boyfriend.
   (그녀는 남자 친구에게 문자 메시지를 하느라 몇 시간씩 보낸다.)
2. I'll send you a **text** as soon as I have any news.
   (소식이 생기는 대로 네게 문자 메시지를 보낼게.)
   What should we do to prevent **text** neck?
   (거북목 증후군을 예방하기 위해서 우리는 무엇을 해야 하나요?)
3. The book has 500 pages of **text**.
   (그 책은 본문이 500쪽이다.)

## Words Plus

# 연습 문제

**A** 다음 영영풀이에 해당하는 단어를 [보기]에서 찾아 쓴 후, 우리말 뜻을 쓰시오.

| [보기] | hole | accident | regularly | without | blink | pain | stretch | increase |
|---|---|---|---|---|---|---|---|---|

1 _____ : to open and close your eyes very quickly : _____
2 _____ : a space dug in the surface of the ground : _____
3 _____ : to get bigger or to make something bigger : _____
4 _____ : not having something or someone with you : _____
5 _____ : at the same time every day, every week, etc. : _____
6 _____ : the feeling you have when a part of your body hurts : _____
7 _____ : something bad that happens that is not wanted or planned : _____
8 _____ : to make your body or part of your body straighter and longer : _____

**B** 다음 빈칸에 들어갈 단어를 [보기]에서 찾아 쓰시오.

| [보기] | addiction | nervous | hurt | meal | prevent |
|---|---|---|---|---|---|

1 Do you feel _____ before exams?
2 Smartphone _____ is a serious problem.
3 What can we do to _____ air pollution?
4 He _____ his knee while he was playing soccer.
5 Dinner is the main _____ of the day for most people.

**C** 우리말과 의미가 같도록 빈칸에 알맞은 말을 쓰시오.

1 그는 넘어져서 다쳤다. → He fell down and _____ _____.
2 나는 길거리를 내려다보고 있다. → I'm _____ _____ _____ the street.
3 나는 머리가 아프고 콧물이 난다. → I have a headache and _____ _____ _____.
4 나갈 때 전등 끄는 거 잊지 마. → Don't forget to _____ _____ the lights when you leave.
5 이제 나는 학교에 버스를 타고 가는 대신 걸어갈 수 있다.
   → Now I can walk to school _____ _____ taking the bus.

**D** 다음 짝지어진 단어의 관계가 같도록 빈칸에 알맞은 단어를 쓰시오.

1 easy : difficult = wise : _____
2 dry : wet = _____ : decrease
3 pain : painful = _____ : safe
4 simple : easy = painful : _____
5 turn on : turn off = with : _____

# 실전 TEST

**01** 다음 중 나머지와 관계가 <u>없는</u> 단어는?

① fever　　② throat　　③ headache
④ toothache　　⑤ runny nose

**02** 다음 중 짝지어진 단어의 관계가 나머지와 <u>다른</u> 하나는?

① dry – wet
② wise – unwise
③ prevent – stop
④ with – without
⑤ increase – decrease

**03** 다음 빈칸에 공통으로 들어갈 말로 알맞은 것은?

> • What's the _____ of the accident?
> • Eating too much junk food can _____ health problems.

① call　　② cause　　③ pain
④ increase　　⑤ prevent

**04** 다음 빈칸에 들어갈 말이 순서대로 바르게 짝지어진 것은?

> • Did you _____ off all the lights in the house?
> • Don't _____ down at your feet while you're walking.

① get – put　　② put – turn
③ take – turn　　④ turn – look
⑤ give – look

**05** 다음 중 밑줄 친 부분의 우리말 의미가 알맞지 <u>않은</u> 것은?

① I <u>have a fever</u> and a sore throat.
　　(열이 나다)
② Can you see <u>without</u> your glasses?
　　(~ 없이)
③ They exercise <u>regularly</u> to stay healthy.
　　(가끔)
④ Take this medicine and <u>get some rest</u>.
　　(휴식을 취하다)
⑤ For your <u>safety</u>, you should wear a helmet.
　　(안전)

**06** 주어진 우리말과 의미가 같도록 빈칸에 알맞은 말을 쓰시오.

> 나는 커피 대신에 밀크티를 마실게.

→ I'll have milk tea _____ _____ coffee.

**07** 다음 중 단어와 영영풀이가 바르게 연결되지 <u>않은</u> 것은?

① nervous: feeling very relaxed
② hole: a space dug in the surface of the ground
③ blink: to open and close your eyes very quickly
④ increase: to get bigger or to make something bigger
⑤ pain: the feeling you have when a part of your body hurts

**Listen and Talk**

# 핵심 노트

## 1 문제점이나 증상을 묻고 답하기

| | |
|---|---|
| A: **What's wrong?** | 무슨 일이니? |
| B: **I have** a headache. | 머리가 아파. |

What's wrong?은 '무슨 일이니?, 무슨 일 있니?'라는 뜻으로, 상대방이 아파 보이거나 기분이 안 좋아 보일 때 묻는 표현이다. What's the matter(problem)? 또는 Is anything wrong?이라고 말할 수도 있다. 어디가 아프다고 할 때는 「I have+아픈 증상」으로 말하거나, 동사 hurt(아프다, 다치다)를 사용하여 말한다.

**시험 포인트** **point**
문제점이나 증상을 묻는 말에 대한 대답을 고르는 문제가 주로 출제되므로, 증상을 나타내는 다양한 표현을 익혀 두도록 한다.

- **문제점이나 증상 묻기**
  What's wrong (with you)? (무슨 일이니?)
  What's the matter? (무슨 일 있니?)
  What's the problem? (무슨 일 있니?)
  Is (there) anything wrong? (무슨 문제 있니?)

- **문제점이나 증상 말하기**
  I have a runny nose. (콧물이 나.)
  I have a sore throat. (목이 아파.)
  I have pain in my knee. (무릎에 통증이 있어.)
  My foot hurt. (발이 아파.)
  I hurt my thumb. (엄지손가락을 다쳤어.)

## 2 당부하기

| | |
|---|---|
| A: **Make sure you take** some medicine. | 반드시 약을 좀 먹으렴. |
| B: OK, I will. | 그래, 그럴게. |

상대방에게 어떤 일을 반드시 하라고 당부할 때 「Make sure you+동사원형 ~.」으로 말할 수 있다. 비슷한 표현으로는 「Don't forget to+동사원형 ~.」이 있다. Make sure ~. 표현을 써서 상대방이 당부한 말에 그렇게 하겠다고 답할 때는 OK, I will.이라고 말하며, 고마움이나 자신의 생각을 덧붙이기도 한다.

**시험 포인트** **point**
당부의 내용이 무엇인지 고르는 문제가 자주 출제되므로, Make sure 다음에 이어지는 내용을 잘 파악하도록 한다.

- A: Make sure you get some rest. (반드시 좀 쉬도록 하렴.)
  B: OK, I will. (응, 그럴게.)

- A: Make sure you exercise regularly. (반드시 규칙적으로 운동을 하렴.)
  B: Yes, I will. (응, 그럴게.)

- A: I think I have a bad cold. (나는 심한 감기에 걸린 것 같아.)
  B: Make sure you go see a doctor. (반드시 진찰을 받아 보도록 해.)

- A: Don't forget to take your umbrella. (우산 가져가는 걸 잊지 마.)
  B: OK. Thanks. (응, 고마워.)

## Listen and Talk
# 만점 노트

**STEP A**

### Listen and Talk A-1

교과서 84쪽

W: You look sick. ❶What's wrong, Inho?

B: ❷I have a sore throat. I have a fever, too.

W: I think you ❸have a cold. ❹Take this medicine and ❺make sure you take a good rest.

B: OK. Thank you.

❶ 상대방이 아파 보이거나 기분이 안 좋아 보일 때 묻는 말이다.

❷ 「have+아픈 증상」의 형태로 어디가 아픈지 나타낼 수 있다.
sore throat: 인후통 / fever: 열

❸ 감기에 걸리다 (= catch a cold)

❹ take medicine: 약을 먹다

❺ 「Make sure you+동사원형 ~.」을 사용하여 상대방에게 당부하는 말을 할 수 있다. / take a rest: 쉬다, 휴식을 취하다

**Q1** 인호의 증상은 무엇인가요?

### Listen and Talk A-2

교과서 84쪽

W: What's wrong, Peter?

B: I don't know, Ms. Kim, but ❶my back hurts a lot.

W: ❷Put a heating pad on it.

B: OK, I will.

W: And make sure you ❸do some stretching exercises.

❶ hurt는 '아프다'라는 의미로, 「신체 부위+hurt(s)」로 아픈 증상을 표현할 수 있다. / back: 등

❷ a heating pad는 '찜질 패드'라는 뜻이고, it은 앞에서 말한 소년의 등(back)을 가리킨다.

❸ do stretching exercises: 스트레칭 운동을 하다

**Q2** Peter는 어디가 아픈가요? (　　　) ⓐ 등 ⓑ 다리

**Q3** Ms. Kim told Peter to do stretching exercises. (T / F)

### Listen and Talk A-3

교과서 84쪽

W: ❶What's the matter, Chris?

B: ❷I have a terrible toothache.

W: Here is some medicine. Take this.

B: Thank you.

W: And make sure you ❸go to the dentist.

B: OK, I will.

❶ 문제점이나 아픈 증상이 무엇인지 묻는 표현이다.
(= What's wrong? / What's the problem?)

❷ 아픈 증상을 말할 때 「have+아픈 증상」으로 표현할 수 있다.
a terrible toothache: 심한 치통

❸ 치과에 가다, 치과 진료를 받다

**Q4** 여자는 Chris에게 무엇을 당부했나요? (　　　) ⓐ 휴식 취하기 ⓑ 치과에 가기

### Listen and Talk A-4

교과서 84쪽

W: ❶What's wrong with your leg, Sam?

B: I fell and ❷hurt my foot while I was playing soccer.

W: Can you walk?

B: Yes, but it hurts a lot.

W: ❸Why don't you put some ice on it? And make sure you don't play soccer ❹until next week.

❶ 특정 신체 부위가 아파 보일 때 What's wrong 뒤에 「with +신체 부위」를 덧붙여 물어볼 수 있다.

❷ hurt+신체 부위: ~를 다치다 / while은 '~하는 동안'이라는 의미의 접속사로, 뒤에 「주어+동사」가 이어진다.

❸ Why don't you ~?는 상대방에게 제안이나 권유할 때 사용하는 표현이다.

❹ 다음 주까지

**Q5** Sam fell and hurt his foot on the ice. (T / F)

## Listen and Talk C

교과서 85쪽

W: What's wrong, Andy?

B: Hello, Ms. Kim. ❶My right thumb hurts.

W: Hmm. ❷Do you use your smartphone a lot?

B: Yes, I ❸text a lot. Why?

W: ❹I think you have texting thumb.

B: Texting thumb? What's ❺texting thumb?

W: It's pain in your thumb. ❻You can get it from texting too much.

B: Oh, I didn't know ❼that.

W: Why don't you do some ❽finger stretching exercises?

B: OK, I will.

W: And ❾make sure you don't text too much.

❶ 신체 부위+hurt(s): ~가 아프다

❷ 습관이나 자주 하는 일을 물을 때 현재시제를 사용한다.

❸ '문자를 보내다'라는 의미의 동사로 쓰였다.

❹ 자신의 의견을 말할 때 「I think (that)+주어+동사 ~.」로 표현한다.

❺ 문자를 많이 보내서 엄지손가락이 아픈 증상

❻ it은 texting thumb을 가리키며, '~로 인해, ~해서'라는 의미로 아픈 이유를 나타낼 때 전치사 from을 사용할 수 있다.

❼ that은 문자를 너무 많이 보내면 엄지손가락에 통증이 생길 수 있다는 상대방의 말을 가리킨다.

❽ 손가락 스트레칭 운동

❾ 「Make sure you don't+동사원형 ~.」은 '반드시 ~하지 않도록 해라.'라는 의미로 당부나 주의를 주는 표현이다.

**Q6** Andy는 어디가 아픈가요?

**Q7** Ms. Kim advised Andy not to _____ a lot.

## Talk and Play

교과서 86쪽

B: What's wrong?

G: ❶I have a fever.

B: ❷That's too bad. Make sure you ❸get some rest.

G: OK, I will.

❶ '나는 열이 있다.'는 말로 아픈 증상을 나타내는 표현이다.

❷ 상대방에게 생긴 좋지 않은 일에 대해 '그것 참 안됐구나.'라고 유감을 나타낼 때 사용하는 표현이다.

❸ 휴식을 취하다

**Q8** What is the girl's problem?

She _____.

## Review-1

교과서 98쪽

G: What's wrong, Mike?

B: I have a ❶terrible headache.

G: ❷I think you should take some medicine.

B: OK, I will.

❶ 심한 두통

❷ 「I think you should+동사원형 ~.」은 '네가 ~해야 할 것 같아.'라는 의미로, 상대방에게 의견을 제시하거나 조언을 줄 때 쓰는 표현이다.

**Q9** The girl advised Mike to take a good rest. (T / F)

## Review-2

교과서 98쪽

M: ❶What's the matter, Mina?

G: I have a ❷sore throat. I also ❸have a runny nose.

M: I think you have a cold. Make sure you get some rest.

G: OK, I will.

❶ 아파 보이거나 안 좋은 일이 있어 보이는 상대방에게 무슨 일이 있는지 묻는 표현이다. (= Is anything wrong?)

❷ sore는 '아픈, 쓰라린'이라는 뜻이다.

❸ 콧물이 나다

**Q10** Mina has a _____ _____ and a _____ _____.

## L&T ▶ Listen and Talk
# 빈칸 채우기

• 주어진 우리말과 일치하도록 교과서 대화문을 완성하시오.

### Listen and Talk A-1

W: You look sick. _____ _____, Inho?

B: I _____ _____ _____ _____. I have a fever, too.

W: I think you have a cold. _____ this _____ and _____ _____ you take a good rest.

B: OK. Thank you.

 해석     교과서 84쪽

W: 너 아파 보인다. 무슨 일이니, 인호야?

B: 목이 아파요. 열도 나요.

W: 감기에 걸린 것 같구나. 이 약을 먹고 반드시 푹 쉬도록 하렴.

B: 알겠어요. 고맙습니다.

### Listen and Talk A-2

W: _____ _____, Peter?

B: I don't know, Ms. Kim, but my _____ _____ a lot.

W: Put a _____ _____ _____ it.

B: OK, I will.

W: And make sure you _____ some stretching _____.

교과서 84쪽

W: 무슨 일이니, Peter?

B: 모르겠어요. 김 선생님. 그런데 등이 많이 아파요.

W: 그곳에 찜질 패드를 올려놓으렴.

B: 네, 그럴게요.

W: 그리고 반드시 스트레칭 운동을 좀 하렴.

### Listen and Talk A-3

W: _____ _____ _____, Chris?

B: I have a _____ _____.

W: Here is some medicine. _____ this.

B: Thank you.

W: And make sure you _____ _____ _____ _____.

B: OK, I will.

교과서 84쪽

W: 무슨 일이니, Chris?

B: 심한 치통이 있어요.

W: 여기 약이 좀 있단다. 이것을 먹으렴.

B: 고맙습니다.

W: 그리고 반드시 치과에 가도록 하렴.

B: 네, 그럴게요.

### Listen and Talk A-4

W: What's wrong _____ _____ _____, Sam?

B: I fell and _____ my foot while I was playing soccer.

W: Can you walk?

B: Yes, but it _____ a lot.

W: _____ _____ _____ put some ice on it? And _____ _____ you don't play soccer _____ _____ _____.

교과서 84쪽

W: 다리에 무슨 문제가 있니, Sam?

B: 축구를 하다가 넘어져서 발을 다쳤어요.

W: 걸을 수는 있니?

B: 네, 하지만 많이 아파요.

W: 발에 얼음을 좀 올려놓는 게 어떠니? 그리고 반드시 다음 주까지는 축구를 하지 않도록 하렴.

## Listen and Talk C

교과서 85쪽

W: _____ _____, Andy?

B: Hello, Ms. Kim. My _____ _____ _____.

W: Hmm. _____ _____ _____ your smartphone a lot?

B: Yes, I _____ a lot. Why?

W: _____ _____ _____ _____ texting thumb.

B: Texting thumb? What's texting thumb?

W: It's _____ in your thumb. You can get it _____ _____ too much.

B: Oh, I didn't know that.

W: _____ _____ _____ do some finger stretching exercises?

B: OK, I will.

W: And make sure you _____ _____ too much.

해석

W: 무슨 일이니, Andy?

B: 안녕하세요, 김 선생님. 제 오른쪽 엄지손가락이 아파요.

W: 음. 너 스마트폰을 많이 사용하니?

B: 네, 문자를 많이 보내요. 왜요?

W: 내 생각에 너는 texting thumb인 것 같구나.

B: texting thumb이요? texting thumb이 뭔가요?

W: 엄지손가락에 통증이 있는 거야. 문자를 너무 많이 보내면 생길 수 있어.

B: 아, 그건 몰랐어요.

W: 손가락 스트레칭 운동을 좀 하는 게 어떠니?

B: 네, 그럴게요.

W: 그리고 반드시 문자를 너무 많이 보내지 않도록 하렴.

## Talk and Play

교과서 86쪽

A: What's wrong?

B: I _____ _____ _____.

A: That's _____ _____. Make sure you get _____ _____.

B: OK, I will.

A: 무슨 일이니?

B: 나는 열이 나.

A: 안됐구나. 꼭 좀 쉬도록 하렴.

B: 응, 그럴게.

## Review-1

교과서 98쪽

G: What's wrong, Mike?

B: I have a _____ _____.

G: I think you should _____ _____ _____.

B: OK, I will.

G: 무슨 일이니, Mike?

B: 머리가 너무 아파.

G: 너는 약을 좀 먹는 것이 좋겠어.

B: 응, 그럴게.

## Review-2

교과서 98쪽

M: What's _____ _____, Mina?

G: I have a sore throat. I also _____ _____ _____ _____.

M: I think you _____ _____ _____. Make sure you get some rest.

G: OK, I will.

M: 무슨 일이니, 미나야?

G: 목이 아파요. 콧물도 나고요.

M: 내 생각에 너는 감기에 걸린 것 같구나. 반드시 좀 쉬도록 하렴.

G: 네, 그럴게요.

# 대화 순서 배열하기

## 1 Listen and Talk A-1

교과서 84쪽

ⓐ I have a sore throat. I have a fever, too.
ⓑ OK. Thank you.
ⓒ I think you have a cold. Take this medicine and make sure you take a good rest.
ⓓ You look sick. What's wrong, Inho?

(    ) – (    ) – (    ) – (    )

## 2 Listen and Talk A-2

교과서 84쪽

ⓐ I don't know, Ms. Kim, but my back hurts a lot.
ⓑ OK, I will.
ⓒ Put a heating pad on it.
ⓓ What's wrong, Peter?
ⓔ And make sure you do some stretching exercises.

(    ) – (    ) – (    ) – ⓑ – (    )

## 3 Listen and Talk A-3

교과서 84쪽

ⓐ What's the matter, Chris?
ⓑ And make sure you go to the dentist.
ⓒ I have a terrible toothache.
ⓓ Thank you.
ⓔ OK, I will.
ⓕ Here is some medicine. Take this.

(    ) – (    ) – (    ) – ⓓ – (    ) – (    )

## 4 Listen and Talk A-4

교과서 84쪽

ⓐ I fell and hurt my foot while I was playing soccer.
ⓑ Yes, but it hurts a lot.
ⓒ What's wrong with your leg, Sam?
ⓓ Why don't you put some ice on it? And make sure you don't play soccer until next week.
ⓔ Can you walk?

(    ) – (    ) – ⓔ – (    ) – (    )

## 5 Listen and Talk C

A: What's wrong, Andy?
ⓐ OK, I will.
ⓑ It's pain in your thumb. You can get it from texting too much.
ⓒ Oh, I didn't know that.
ⓓ I think you have texting thumb.
ⓔ Yes, I text a lot. Why?
ⓕ Texting thumb? What's texting thumb?
ⓖ Hello, Ms. Kim. My right thumb hurts.
ⓗ Why don't you do some finger stretching exercises?
ⓘ Hmm. Do you use your smartphone a lot?
A: And make sure you don't text too much.

A – (   ) – (   ) – ⓔ – (   ) – (   ) – ⓑ – (   ) – (   ) – (   ) – A

## 6 Talk and Play

ⓐ I have a fever.
ⓑ OK, I will.
ⓒ That's too bad. Make sure you get some rest.
ⓓ What's wrong?

(   ) – (   ) – (   ) – (   )

## 7 Review-1

ⓐ I think you should take some medicine.
ⓑ What's wrong, Mike?
ⓒ OK, I will.
ⓓ I have a terrible headache.

(   ) – (   ) – (   ) – (   )

## 8 Review-2

ⓐ OK, I will.
ⓑ I think you have a cold. Make sure you get some rest.
ⓒ What's the matter, Mina?
ⓓ I have a sore throat. I also have a runny nose.

(   ) – (   ) – (   ) – (   )

**01** 다음 대화의 빈칸에 들어갈 말로 알맞지 <u>않은</u> 것은?

> A: What's wrong?
>
> B: _____

① I hurt my finger.
② My arm hurts a lot.
③ I have a sore throat.
④ I have a terrible toothache.
⑤ Make sure you get some rest.

**02** 다음 대화의 빈칸에 들어갈 말로 가장 알맞은 것은?

> A: I have a fever and a runny nose.
>
> B: That's too bad. Make sure _____.

① you go to the dentist
② you don't eat too much
③ you take some medicine
④ you get up early tomorrow
⑤ you stretch before you exercise

**03** 다음 중 짝지어진 대화가 <u>어색한</u> 것은?

① A: Is anything wrong?
　 B: I have a stomachache.
② A: What's the problem?
　 B: I think I'm getting better now.
④ A: I have a terrible headache.
　 B: Why don't you take some medicine?
③ A: My back hurts badly.
　 B: That's too bad. You should go see a doctor.
⑤ A: I hurt my leg while I was running.
　 B: Make sure you put some ice on it.

**04** 자연스러운 대화가 되도록 (A)~(D)를 바르게 배열한 것은?

> A: What's the matter, Chris?
> (A) Thank you.
> (B) I have a terrible toothache.
> (C) Here is some medicine. Take this.
> (D) And make sure you go to the dentist.
> B: OK, I will.

① (B) – (A) – (D) – (C)　　② (B) – (C) – (A) – (D)
③ (C) – (A) – (D) – (B)　　④ (C) – (B) – (A) – (D)
⑤ (D) – (C) – (A) – (B)

**[05~06]** 다음 대화를 읽고, 물음에 답하시오.

> A: ⓐWhat's wrong, Peter?
> B: I don't know, Ms. Kim, but my back hurts a lot.
> A: Put a heating pad on it.
> B: OK, I will.
> A: And ⓑ<u>반드시 스트레칭 운동을 좀 하렴</u>.

**05** 위 대화의 밑줄 친 ⓐ와 바꿔 쓸 수 있는 것은?

① What do you want
② What's the matter
③ What are you doing now
④ When did it begin to hurt
⑤ Why don't you go see a doctor

고
난도

**06** 위 대화의 밑줄 친 우리말 ⓑ와 의미가 같도록 주어진 단어들을 배열할 때, 4번째로 오는 단어는?

> do, make, exercises, you, sure, stretching, some

① sure　　② some　　③ do
④ make　　⑤ stretching

**[07~09]** 다음 대화를 읽고, 물음에 답하시오.

> A: What's wrong, Andy?
> B: Hello, Ms. Kim. ( ① )
> A: Hmm. Do you use your smartphone a lot?
> B: ( ② ) Yes, I text a lot. Why?
> A: I think you have texting thumb. ( ③ )
> B: Texting thumb? What's texting thumb?
> A: ⓐIt's pain in your thumb. You can get it from texting too much.
> B: Oh, I didn't know that. ( ④ )
> A: Why don't you do some finger stretching exercises?
> B: OK, I will. ( ⑤ )
> A: And make sure you don't text too much.

**07** 위 대화의 ①~⑤ 중 주어진 문장이 들어갈 위치로 알맞은 것은?

> My right thumb hurts.

①        ②        ③        ④        ⑤

**08** 위 대화의 밑줄 친 ⓐ It이 가리키는 것은?

① texting thumb
② Andy's smartphone
③ Andy's right thumb
④ Andy's text message
⑤ a stretching exercise

**09** 위 대화의 내용과 일치하지 <u>않는</u> 것은?

① Andy는 스마트폰을 많이 사용한다.
② 김 선생님은 Andy에게 texting thumb이 있는 것 같다고 말했다.
③ 문자를 너무 많이 보내면 texting thumb이 생길 수 있다.
④ Andy는 texting thumb이 무엇인지 알고 있었다.
⑤ 김 선생님은 Andy에게 손가락 스트레칭 운동을 하라고 조언했다.

서술형

**10** 다음 대화의 밑줄 친 우리말을 각각 괄호 안의 말을 사용하여 영어로 쓰시오.

> A: You look sick. (1)<u>무슨 일이니</u>, Inho?
> B: I have a fever. I have a sore throat, too.
> A: Take this medicine and (2)<u>반드시 푹 쉬도록 하렴</u>.
> B: OK. Thank you.

(1) (matter)

_____

(2) (make sure, take, good)

_____

**11** 다음 대화의 밑줄 친 ⓐ~ⓒ 중 흐름상 <u>어색한</u> 문장을 찾아 기호를 쓰고, 바르게 고쳐 쓰시오.

> A: ⓐYou look sick. What's wrong?
> B: ⓑI have a headache.
> A: That's too bad. I think you should go to the dentist.
> B: ⓒOK, I will.

( _____ ) → _____

**12** 다음 대화를 읽고, 주어진 질문에 대한 답을 완성하시오.

> Woman: What's wrong with your leg?
> Boy: I fell and hurt my foot while I was playing soccer.
> Woman: Can you walk?
> Boy: Yes, but it hurts a lot.
> Woman: Why don't you put some ice on it? And make sure you don't play soccer until next week.

**Q:** What did the woman advise the boy to do?
**A:** She advised him to _____ his foot and not to _____.

## G Grammar
## 핵심 노트

### 1 목적격 관계대명사

읽기 본문 Another problem [(**which**/**that**) you can have] is neck pain.　당신이 겪을 수 있는 또 다른 문제는 목 통증이다.
　　　　　　　앞의 명사(선행사) 수식

대표 예문 There are various things [(**which**/**that**) you can do] to prevent this.　이것을 예방하기 위해 당신이 할 수 있는 다양한 것들이 있다.

Jane is the girl [(**whom**/**who**/**that**) Peter met in the park].　Jane은 Peter가 공원에서 만난 소녀이다.

The cookies [(**which**/**that**) she made] were very delicious.　그녀가 만든 쿠키는 매우 맛있었다.

Hemingway is the author [(**whom**/**who**/**that**) I like the most].　헤밍웨이는 내가 가장 좋아하는 작가이다.

**(1) 쓰임:** 목적격 관계대명사는 관계대명사절에서 동사나 전치사의 목적어 역할을 한다.
This is the table [**which**/**that** I made]. (이것은 내가 만든 탁자이다.)
　　　　선행사

**(2) 종류:** 선행사가 사람이면 who(m)나 that을, 사물·동물이면 which나 that을 쓴다.
The people **who(m)**/**that** we met were nice. (우리가 만난 사람들은 친절했다.)
I'm reading the book **which**/**that** I bought yesterday.
(나는 어제 구입한 책을 읽고 있다.)

**(3) 목적격 관계대명사의 생략:** 목적격 관계대명사는 생략할 수 있으며, 이때 관계대명사절 안에는 「주어+동사(+부사구)」가 남는다.
Did you find the key (**which**/**that**) you lost? (너는 잃어버린 열쇠를 찾았니?)

#### 한 단계 더!

목적격 관계대명사가 전치사의 목적어일 때, 전치사는 관계대명사 앞에 오거나 관계대명사절 끝에 올 수 있다. 「전치사+목적격 관계대명사」의 형태일 때는 관계대명사를 생략할 수 없으며, 선행사가 사람이면 whom, 사물이면 which만 쓸 수 있다.
She has no friends (**who(m)**/**that**) she can talk with. 〈생략 가능〉
(그녀는 이야기를 나눌 친구가 없다.)
She has no friends **with whom** she can talk. 〈생략 불가능〉
She has no friends with who/that she can talk. ( × )

> **시험 포인트 ❶**
> 目점 point
> 목적격 관계대명사는 선행사와 같은 대상을 나타내므로 관계대명사절의 목적어 자리에 선행사를 대신하는 (대)명사는 쓰지 않는 것에 유의한다.

> **시험 포인트 ❷**
> point
> **목적격 관계대명사** vs. **주격 관계대명사**
> 목적격 관계대명사 뒤에는 「주어+동사」가 이어지고, 주격 관계대명사 뒤에는 동사가 이어진다.
> The pizza **that** my dad made was very delicious. 〈목적격 관계대명사〉
> Scientists **who** were studying crows did an experiment. 〈주격 관계대명사〉
> ▶ 중 2 교과서 4과

### QUICK CHECK

**1** 다음 괄호 안에서 알맞은 것을 고르시오.
(1) I like the bike ( who / that ) my father gave me.
(2) The woman ( whom / which ) you saw at the park is my aunt.
(3) Lisa is wearing the shoes ( which / whose ) she bought in Italy.

**2** 다음 밑줄 친 부분을 어법에 맞게 고쳐 쓰시오.
(1) She is the singer which I like the most.　→ _____
(2) The music whom Julie listens to is good.　→ _____
(3) The man with that I talked is my teacher.　→ _____

# 2 call A B

| | |
|---|---|
| 읽기 본문 | We **call such people smombies**. |
| | A(목적어) ⌐ = ⌐ B(목적격 보어) |
| 대표 예문 | We **call this text neck**. |
| | People **call such food fajitas**. |
| | He was very intelligent, so we all **called him Einstein**. |
| | People **call New York City the Big Apple**. |

우리는 그런 사람들을 스몸비라고 부른다.

우리는 이것을 거북목 증후군이라고 부른다.

사람들은 그런 음식을 파히타라고 부른다.

그는 매우 똑똑해서, 우리 모두는 그를 아인슈타인이라고 불렀다.

사람들은 뉴욕시를 the Big Apple이라고 부른다.

**(1) 형태:** call A B

**(2) 의미와 쓰임:** call A B는 'A를 B라고 부르다'라는 뜻으로, A는 목적어, B는 목적격 보어 역할을 하여 5형식 문장에 쓰인다. call의 목적격 보어는 명사(구)의 형태로, 목적어와 같은 대상을 가리킨다.

They always **call their baby Princess**. (그들은 아기를 항상 공주님이라고 부른다.)
　　　　　　　└─ 같은 대상 ─┘

People **call Chicago the Windy City**. (사람들은 시카고를 바람의 도시라고 부른다.)
　　　　└─ 같은 대상 ─┘

**한 단계 더!**

5형식 문장에서 call과 같이 목적격 보어로 명사(구)를 쓰는 동사에는 make, name, elect 등이 있다.

- make A B: A를 B로 만들다

  He **made his son an athlete**. (그는 아들을 운동선수로 만들었다.)

- name A B: A를 B로 이름 짓다

  We **named our dogs Sandy and Belle**.

  (우리는 우리의 개들을 Sandy와 Belle이라고 이름 지었다.)

- elect A B: A를 B로 뽑다, 선출하다

  The Manchester College **elected him Principal** in 1956.

  (맨체스터 대학은 1956년에 그를 학장으로 선출했다.)

**시험 포인트 ❶** point

call A B에서 A와 B의 알맞은 형태를 묻거나 A와 B의 순서를 묻는 문제가 자주 출제된다. A에는 목적어가, B에는 목적격 보어로 명사(구)가 쓰이는 것에 유의한다.

**시험 포인트 ❷** point

**5형식 문장**

「주어+동사+목적어+목적격 보어」 형태의 문장으로, 목적격 보어 자리에는 동사에 따라 명사, 형용사, to부정사(구), 동사원형 등 다양한 형태가 쓰인다.

「want+목적어+to부정사」

동사 want가 5형식 문장에서 쓰일 때 목적격 보어로 to부정사를 쓴다.

I **want you to understand** the meaning of "upcycling."

▶ 중 2 교과서 3과

## QUICK CHECK

**1** 다음 괄호 안에서 알맞은 것을 고르시오.

(1) Please call ( me / my ) Ms. Jeong.

(2) My friends and I call the dog ( as Max / Max ).

(3) People call ( such music hip hop / hip hop such music ).

**2** 다음 밑줄 친 부분을 어법에 맞게 고쳐 쓰시오.

(1) His classmates called he Genius.　　　→ _____

(2) My mother wanted to me call Sweetie.　　→ _____

(3) They decided to name the baby to Brooke.　→ _____

**STEP A**

1 목적격 관계대명사

**A** 다음 빈칸에 알맞은 관계대명사를 [보기]에서 골라 <u>모두</u> 쓰시오.

| [보기] | that | who | whom | which |
|---|---|---|---|---|

1 The city _____ I want to visit is Sydney.

2 Where's the pencil _____ I gave you yesterday?

3 Hemingway is the author _____ I like the most.

4 This is the tree _____ my father planted last year.

5 The woman _____ my brother is talking to is from Mexico.

**B** 다음 문장에서 생략된 관계대명사를 넣어 문장을 다시 쓰시오.

1 The bike I loved was stolen.

→ _____

2 I know the girl everyone likes.

→ _____

3 *Jane Eyre* is the book Yumi read yesterday.

→ _____

**C** 다음 두 문장을 관계대명사를 사용하여 한 문장으로 쓰시오.

1 This is the storybook. My uncle wrote it.

→ _____

2 The cookies were delicious. Jane made them.

→ _____

3 The man is the lawyer. They saw him on TV last night.

→ _____

**D** 주어진 우리말과 의미가 같도록 괄호 안의 말을 바르게 배열하여 문장을 완성하시오.

1 내가 자주 만나는 사람은 Charlie이다. (meet, often, I, the person)

→ _____ is Charlie.

2 이것들은 내가 돌보는 개들이다. (the dogs, take care of, I, that)

→ These are _____.

3 그가 나에게 빌려준 지도는 매우 유용했다. (lent, which, me, the map, he)

→ _____ was very useful.

## 2 call A B

**A** 다음 괄호 안에 주어진 말을 바르게 배열하여 문장을 완성하시오.

1 Amy dances well, so we _____.
(Dancing Queen, call, her)

2 We _____ because he lived in a cave.
(him, Caveman, called)

3 In India, people eat thin bread with curry, and they _____.
(this bread, call, Naan)

**B** 다음 문장에서 어법상 <u>틀린</u> 부분을 찾아 바르게 고쳐 쓰시오.

1 Can I call she Ms. White?                    _____ → _____

2 We call fast food such food.                 _____ → _____

3 People call Bangkok to the City of Angels.   _____ → _____

4 His name is Nathaniel, but they call Nate him. _____ → _____

**C** 다음 빈칸에 알맞은 말을 [보기]에서 골라 쓰시오. (단, 한 번씩만 쓸 것)

| [보기] | call | elect | make | name |
|---|---|---|---|---|

1 We will vote to _____ him school president.

2 My friends _____ me Bob instead of Robert.

3 I would like to _____ the world a better place.

4 They decided to _____ their baby Joy before she was born.

**D** 다음 우리말과 의미가 같도록 괄호 안의 말을 사용하여 문장을 쓰시오. (단, 필요시 형태를 바꿀 것)

1 Jenny는 자신의 고양이를 코코라고 부른다. (Coco, call, her cat)
→ _____

2 사람들은 그 소년을 걸어다니는 사전이라고 부른다. (the boy, a walking dictionary)
→ _____

3 우리 반 친구들은 항상 나를 컴퓨터 전문가라고 부른다. (my classmates, Computer Master, always)
→ _____

**Grammar**

# 실전 TEST

**01** 다음 우리말과 의미가 같도록 할 때, 빈칸에 들어갈 말로 알맞은 것은?

> 사람들은 이 음식을 비빔밥이라고 부른다.
> → People _____ this food Bibimbap.

① find     ② call     ③ want
④ make     ⑤ know

**02** 다음 빈칸에 공통으로 들어갈 말로 알맞은 것은?

> • Kenya is the country _____ I want to visit.
> • Jason is the man _____ Sally had dinner with yesterday.

① who     ② what     ③ that
④ whom     ⑤ which

**03** 다음 문장의 ①~⑤ 중 관계대명사 whom이 들어갈 위치로 알맞은 것은?

> The writer ( ① ) they ( ② ) like ( ③ ) the most ( ④ ) is ( ⑤ ) William Shakespeare.

**04** 다음 두 문장을 한 문장으로 쓸 때, 빈칸에 들어갈 말로 알맞은 것은?

> My boyfriend gave me a ring. I lost it.
> → I lost the ring _____ my boyfriend gave me.

① who     ② whom     ③ what
④ whose     ⑤ which

**05** 다음 빈칸에 들어갈 말이 순서대로 바르게 짝지어진 것은?

> • My father is the person _____ I love the most.
> • The jacket _____ she wants to buy is very expensive.

① which – that     ② whom – who
③ whom – which     ④ that – whom
⑤ which – which

**06** 다음 우리말을 영어로 바르게 옮긴 것은?

> 우리는 그런 사람들을 유명 인사라고 부른다.

① We call such celebrities people.
② We call such people celebrities.
③ We call celebrities such people.
④ We call such people to celebrities.
⑤ We call such people with celebrities.

**07** 다음 중 밑줄 친 부분이 어법상 틀린 것은?

① The pizza which Dad made was delicious.
② This is the pen that she looked for all day.
③ The animal who I like the most is the rabbit.
④ The book that I borrowed from her is *Hamlet*.
⑤ Mr. Davis is the teacher whom many students respect.

**08** 다음 빈칸에 들어갈 수 <u>없는</u> 것을 <u>모두</u> 고르시오.

> The girl _____ I met on the bus this morning is my cousin.

① who      ② what      ③ that
④ whom      ⑤ which

**09** 다음 중 밑줄 친 **that**의 쓰임이 나머지와 <u>다른</u> 하나는?

① They hope <u>that</u> Joy will pass the exam.
② The subject <u>that</u> I'm good at is science.
③ London is the city <u>that</u> I visited last year.
④ Andy is the boy <u>that</u> Hajun met in Canada.
⑤ Did you see the watch <u>that</u> I put on the table?

**[10~11]** 다음 중 어법상 <u>틀린</u> 문장을 고르시오.

**10** ① Please call me Dr. Yoon.
② My family called the dog Rex.
③ She always calls her husband as Honey.
④ Vietnamese people call the hat non la.
⑤ People call New York City the Big Apple.

고난도 한 단계 더!

**11** ① These are the photos which I took in Paris.
② Jim is the boy that I often play soccer with.
③ The friend to whom I'm writing a letter is Sue.
④ The spaghetti I had for lunch today was good.
⑤ This is the house in that my grandparents live.

한 단계 더!

**12** 다음 중 밑줄 친 부분을 생략할 수 <u>없는</u> 것은?

① I have some friends <u>who</u> I can trust.
② This is the scarf <u>which</u> Mom made for me.
③ The smartphone <u>that</u> Ben is using is mine.
④ The woman is the doctor about <u>whom</u> I told you.
⑤ The movie <u>that</u> I saw with Tom was *Romeo and Juliet*.

**13** 다음 문장에서 어법상 틀린 부분을 바르게 고친 것은?

> The little boy is very intelligent, so everyone calls him with Einstein.

① is → are
② intelligent → intelligence
③ calls → call
④ him → his
⑤ with Einstein → Einstein

**14** 다음 두 문장을 한 문장으로 바르게 연결한 것을 <u>모두</u> 고르시오.

> The library was quiet. I went to the library yesterday.

① The library I went to yesterday was quiet.
② The library was quiet that I went to yesterday.
③ The library who I went to yesterday was quiet.
④ The library was quiet which I went to yesterday.
⑤ The library which I went to yesterday was quiet.

**15** 다음 중 빈칸에 whom을 쓸 수 없는 것은?

① Jenny is the girl _____ lives next door.
② He is the actor _____ we saw last night.
③ Look at the man _____ Emma is talking to.
④ Vincent van Gogh is the painter _____ I like the most.
⑤ They are my classmates _____ I usually have lunch with.

고
난도
**16** 다음 우리말과 의미가 같도록 주어진 단어들을 배열할 때, 6번째로 오는 단어는?

내 남동생은 일주일 전에 산 노트북 컴퓨터를 잃어버렸다.
(my, the, week, brother, which, lost, he, laptop, a, bought, ago)

① lost        ② week        ③ brother
④ which       ⑤ bought

고
난도  한 단계 더!
**17** 다음 중 어법상 틀린 문장의 개수는?

ⓐ People call such a dance tango.
ⓑ Her friends all call she Queen Bee.
ⓒ Let's think about the things we can do.
ⓓ London is the city in which I lived for 10 years.
ⓔ This is the bike that my parents gave it to me for my birthday.

① 1개    ② 2개    ③ 3개    ④ 4개    ⑤ 5개

---

**서술형**

**[18~19]** 다음 두 문장을 한 문장으로 바꿔 쓸 때, 빈칸에 알맞은 말을 쓰시오.

**18**
The movie was interesting. I saw it last weekend.
→ The movie _____ I saw last weekend was interesting.

**19**
The woman is an animal trainer. I talked to her at the park.
→ The woman _____ I talked to at the park is an animal trainer.

**20** 다음 대화에서 의미상 어색한 부분을 찾아 바르게 고쳐 쓰시오.

A: What's the name of the clock tower?
B: People call Big Ben the tower.

_____ → _____

고
난도  한 단계 더!
**21** 다음 문장을 관계대명사 that을 사용하여 다시 쓰시오.

I don't know the person about whom you are talking.

→ _____

**22** 다음 사진을 보고, [예시]와 같이 질문에 알맞은 대답을 쓰시오.

[예시] | (1)
chullo | taco
(2) | (3)
koala | salsa

[예시] **A:** What do you call this hat?
   **B:** We call the hat chullo.

(1) **A:** What do you call this food?
   **B:** _____

(2) **A:** What do you call this animal?
   **B:** _____

(3) **A:** What do you call this dance?
   **B:** _____

**23** 다음 우리말과 의미가 같도록 괄호 안의 단어들을 바르게 배열하여 문장을 쓰시오.

(1) 사람들은 그런 음악을 힙합이라고 부른다.
   (call, such, people, hip hop, music)
   → _____

(2) 내가 보고 싶은 뮤지컬은 '캣츠'이다.
   (want, the musical, I, which, see, *Cats*, is, to)
   → _____

(3) 너는 어제 산 운동화가 마음에 드니?
   (you, do, that, bought, the sneakers, like, you, yesterday)
   → _____

(4) 내가 가장 좋아하는 화가는 에드가 드가이다.
   (the most, the painter, is, I, Edgar Degas, whom, like)
   → _____

**24** 다음 두 문장을 [예시]와 같이 한 문장으로 쓰시오.

> [예시] The book is *The Last Leaf*. Tim is reading it.
> → The book Tim is reading is *The Last Leaf*.

(1) The girl was Jenny. Tim called her last night.
   → _____

(2) Everyone likes the strawberry cake. I bought it.
   → _____

(3) Look at the man. The children are talking to him.
   → _____

(4) I found the cats. My sister was looking for them.
   → _____

(5) The piano is very old. My daughter is playing it now.
   → _____

**25** 다음 표를 보고, Tom이 좋아하는 것에 관해 소개하는 문장을 관계대명사를 사용하여 완성하시오.

| Tom likes ... | |
| --- | --- |
| food | pizza |
| sport | soccer |
| color | blue |
| singer | Michael Jackson |
| author | Charles Dickens |

(1) The food _____ .

(2) The sport _____ .

(3) The color _____ .

(4) The singer _____ .

(5) The author _____ .

# R Reading
## 만점 노트

### 스마트폰을 현명하게 씁시다!

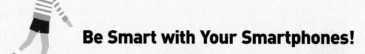

## Be Smart with Your Smartphones!

**01** 스마트폰 없이 사는 것은 요즘 많은 이들에게 어렵다.

**01** Living without smartphones is difficult for many of us these days.
전 ~ 없이 / 동명사구 (주어) / 주어가 동명사(구)일 때 단수 취급

**02** 하지만 스마트폰을 현명하지 못하게 사용하거나 너무 과도하게 사용하는 것은 다양한 문제를 야기할 수 있다.

**02** However, unwise or too much use of smartphones can cause various problems.
↔ wise / 명 사용 / 그러나 / 동 야기하다, 일으키다

### 당신은 스몸비인가요?

**03** 전 세계적으로 사람들이 좀비처럼 걸어 다니고 있다.

### Are you a smombie?

**03** All over the world, people are walking around like zombies.
현재진행형 / 전 ~처럼

**04** 그들의 머리는 아래를 향하고, 그들의 눈은 스마트폰을 향하고 있다.

**04** Their heads are down, and their eyes are on their smartphones.
부 아래에

**05** 우리는 그런 사람들을 스몸비, 즉 스마트폰 좀비라고 부른다.

**05** We call such people smombies, smartphone zombies.
(=) 동격 / call A B: A를 B라고 부르다 / 5형식 문장(주어+동사+목적어+목적격 보어(명사))

**06** 만약 당신이 스몸비라면, 당신은 다양한 안전 관련 문제들을 겪을 수 있다.

**06** If you are a smombie, you can have various safety problems.
접 (만약) ~라면 (조건)

**07** 당신은 거리에 있는 구덩이를 보지 못할 수도 있고, 그래서 넘어져서 다칠지도 모른다.

**07** You may not see a hole in the street, so you may fall and get hurt.
조 ~할지도 모른다 (추측) / 접 그래서 (결과) / 병렬 구조

**08** 당신은 또한 교통사고를 당할지도 모른다.

**08** You may get into a car accident, too.
(특정 상황에) 처하다

**09** 그렇다면 이런 문제들을 예방하기 위해 무엇을 할 수 있을까?

**09** So what can you do to prevent these problems?
구덩이를 못 봐서 다치거나 교통사고를 당하는 등의 안전 관련 문제들 / 부사적 용법의 to부정사 (목적)

**10** 간단하다.

**10** It's simple.
형 간단한

**11** 걷고 있는 동안에는 스마트폰을 보지 마라!

**11** Do not look at your smartphone while you are walking!
「Do not(Don't /Never)+동사원형 ~.」 ~하지 마라 / 접 ~하는 동안에

### 당신은 안구 건조증이나 거북목 증후군이 있나요?

### Do you have dry eyes or text neck?

**12** 스마트폰은 다양한 건강상의 문제를 야기할 수 있다.

**12** Smartphones can cause various health problems.

**13** 한 가지 예가 안구 건조증이다.

**13** One example is dry eyes.
스마트폰이 야기할 수 있는 다양한 건강상의 문제 중 한 예

**14** 스마트폰을 볼 때, 당신은 눈을 자주 깜박거리지 않는다.

**14** When you look at your smartphone, you do not blink often.
접 ~할 때 / 동 (눈을) 깜박거리다

**15** 그러면 눈이 건조하게 느껴질 것이다.

**15** Then your eyes will feel dry.
「feel+형용사」 ~하게 느끼다 / 그러면(앞에서 말한 내용의 결과를 연결)

**16**　또 하나의 다른　관계대명사절
Another problem [you can have] is neck pain.
주어(선행사)　(which/that)　동사
목적격 관계대명사의 생략

16 당신이 겪을 수 있는 또 다른 문제는 목 통증이다.

**17** When you look down at your smartphone, the stress on your neck
명 압박
increases.
동 증가하다 (↔ decrease)

17 스마트폰을 내려다볼 때, 목에 가해지는 압박이 증가한다.

**18**　　　명 사용　　　　예를 들어 (= for instance)
Too much use of your smartphone, for example, too much texting, can
주어　　　　　　　　　　　　　　　　　　　　　　　　　　동사
cause neck pain.

18 스마트폰을 너무 많이 사용하는 것은, 예를 들어, 문자를 너무 많이 보내는 것은 목 통증을 야기할 수 있다.

**19**　　　문자를 너무 많이 해서 생긴 목 통증
We call this text neck.
call A B: A를 B라고 부르다

19 이런 증상을 거북목 증후군(text neck)이라고 부른다.

**20** Here are some tips for these problems.
dry eyes, text neck

20 이런 문제들을 위한 몇 가지 조언이 여기 있다.

**21** For dry eyes, try to blink often.
「try+to부정사」~하려고 노력하다
cf. 「try+동명사」(시험 삼아) ~을 해 보다

21 안구 건조증에는, 눈을 자주 깜박이려고 노력해라.

**22** For text neck, move your smartphone up to your eye level.
전 ~까지　명 높이

22 거북목 증후군에는, 스마트폰을 눈높이까지 위로 올려라.

**23** You can also do some neck stretching exercises.
명 운동

23 또한 목 스트레칭 운동도 좀 할 수 있다.

**How do you feel when you don't have your smartphone with you?**

당신은 스마트폰이 없을 때 어떤 기분이 드나요?

**24**　　　　　　　　　접 ~할 때 (시간)
Do you feel nervous when your smartphone is not around?
「feel+형용사」~하게 느끼다　　　형 주변에 있는

24 스마트폰이 주위에 없을 때 초조한 기분이 드는가?

**25** Do you feel sad when you check your smartphone and there is no text
접 ~할 때 (시간)　　　　　　　　~가 없다
message?

25 스마트폰을 확인했을 때 아무런 문자 메시지가 없으면 슬픈 기분이 드는가?

**26**　　　　앞에 나온 두 질문에 대한 대답
If your answers are "yes," you may have smartphone addiction.
접 (만약) ~라면 (조건)　　　조 ~일지도 모른다 (추측)

26 만약 당신의 대답이 '그렇다'이면, 당신은 스마트폰 중독일지도 모른다.

**27**　　　　　　　　　관계대명사절
There are various things [you can do] to prevent this.
주어(선행사)　(which/that)　　　　　　= smartphone addiction
목적격 관계대명사의 생략

27 이를 예방하기 위해 할 수 있는 일은 여러 가지가 있다.

**28** For example, turn off your smartphone during meals or meetings.
~을 끄다 (↔ turn on)　　　전 ~ 동안/뒤에 명사(구)가 옴

28 예를 들어, 식사나 회의 중에는 스마트폰을 꺼라.

**29** You can talk to people instead of texting them.
~와 이야기하다　~ 대신에　　　　　= people
(뒤에 명사(구)나
동명사(구)가 옴)

29 문자를 보내는 대신에 사람들과 이야기할 수 있다.

## Reading

# 빈칸 채우기

• 주어진 우리말과 일치하도록 교과서 본문의 문장을 완성하시오.

STEP A

**01** Living _____ smartphones is difficult for many of us _____ _____.

01 스마트폰 없이 사는 것은 요즘 많은 이들에게 어렵다.

**02** However, _____ or _____ _____ use of smartphones can cause various problems.

02 하지만 스마트폰을 현명하지 못하게 사용하거나 너무 과도하게 사용하는 것은 다양한 문제를 야기할 수 있다.

**03** All over the world, people are walking around _____ zombies.

03 전 세계적으로 사람들이 좀비처럼 걸어 다니고 있다.

**04** Their heads are _____, and their eyes are _____ their smartphones.

04 그들의 머리는 아래를 향하고, 그들의 눈은 스마트폰을 향하고 있다.

**05** We _____ _____ _____ smombies, smartphone zombies.

05 우리는 그런 사람들을 스몸비, 즉 스마트폰 좀비라고 부른다.

**06** If you are a smombie, you can have _____ _____ problems.

06 만약 당신이 스몸비라면, 당신은 다양한 안전 관련 문제들을 겪을 수 있다.

**07** You _____ not see a hole in the street, _____ you may fall and _____ _____.

07 당신은 거리에 있는 구덩이를 보지 못할 수도 있고, 그래서 넘어져서 다칠지도 모른다.

**08** You may _____ _____ a car accident, too.

08 당신은 또한 교통사고를 당할지도 모른다.

**09** So what can you do _____ _____ these problems?

09 그렇다면 이런 문제들을 예방하기 위해 무엇을 할 수 있을까?

**10** It's _____.

10 간단하다.

**11** Do not _____ _____ your smartphone _____ you are walking!

11 걷고 있는 동안에는 스마트폰을 보지 마라!

**12** Smartphones can _____ _____ _____ _____.

12 스마트폰은 다양한 건강상의 문제를 야기할 수 있다.

**13** One example is _____ _____.

13 한 가지 예가 안구 건조증이다.

**14** _____ you look at your smartphone, you do not _____ _____.

14 스마트폰을 볼 때, 당신은 눈을 자주 깜박거리지 않는다.

**15** Then your eyes will _____ _____.

15 그러면 눈이 건조하게 느껴질 것이다.

**16** _____ _____ you can have is neck pain.

16 당신이 겪을 수 있는 또 다른 문제는 목 통증이다.

**17** When you _____ _____ _____ your smartphone, the stress on your neck _____.

17 스마트폰을 내려다볼 때, 목에 가해지는 압박이 증가한다.

**18** Too much use of your smartphone, _____ _____, too much texting, can cause _____ _____.

18 스마트폰을 너무 많이 사용하는 것은, 예를 들어, 문자를 너무 많이 보내는 것은 목 통증을 야기할 수 있다.

**19** We _____ this text neck.

19 이런 증상을 거북목 증후군(text neck)이라고 부른다.

**20** Here are some _____ _____ these problems.

20 이런 문제들을 위한 몇 가지 조언이 여기 있다.

**21** For dry eyes, _____ _____ _____ often.

21 안구 건조증에는, 눈을 자주 깜박이려고 노력해라.

**22** For text neck, move your smartphone _____ _____ your _____ _____.

22 거북목 증후군에는, 스마트폰을 눈높이까지 위로 올려라.

**23** You can also do some _____ _____ _____.

23 또한 목 스트레칭 운동도 좀 할 수 있다.

**24** Do you _____ _____ when your smartphone is not _____?

24 스마트폰이 주위에 없을 때 초조한 기분이 드는가?

**25** Do you feel sad when you check your smartphone and _____ _____ _____ text message?

25 스마트폰을 확인했을 때 아무런 문자 메시지가 없으면 슬픈 기분이 드는가?

**26** _____ your answers are "yes," you _____ _____ smartphone _____.

26 만약 당신의 대답이 '그렇다'이면, 당신은 스마트폰 중독일지도 모른다.

**27** There are various things you can do _____ _____ this.

27 이를 예방하기 위해 할 수 있는 일은 여러 가지가 있다.

**28** For example, _____ _____ your smartphone _____ meals or meetings.

28 예를 들어, 식사나 회의 중에는 스마트폰을 꺼라.

**29** You can talk to people _____ _____ texting them.

29 문자를 보내는 대신에 사람들과 이야기할 수 있다.

# 바른 어휘 · 어법 고르기

**STEP A**

**01** ( Live / Living ) without smartphones is difficult for many of us these days.

**02** However, ( wise / unwise ) or too much use of smartphones can cause various problems.

**03** All over the world, people are walking ( around / into ) like zombies.

**04** Their heads are ( up / down ), and their eyes are on their smartphones.

**05** We call ( such people smombies / smombies such people ), smartphone zombies.

**06** If you are a smombie, you can have various ( safety / safely ) problems.

**07** You may not see a hole in the street, so you ( don't / may ) fall and get hurt.

**08** You may get ( into / off ) a car accident, too.

**09** So what can you do ( for prevent / to prevent ) these problems?

**10** It's ( simply / simple ).

**11** Do not look at your smartphone ( during / while ) you are walking!

**12** Smartphones can ( cause / solve ) various health problems.

**13** One example ( is / are ) dry eyes.

**14** When you look ( for / at ) your smartphone, you do not blink often.

**15** Then your eyes will feel ( dry / drily ).

16   Another problem you can have ( is / are ) neck pain.

17   When you look down at your smartphone, the stress on your neck ( increases / decreases ).

18   Too much use of your smartphone, for example, too much texting, can ( cause / prevent ) neck pain.

19   We call ( this text neck / text neck this ).

20   Here are some ( tip / tips ) for these problems.

21   For dry eyes, try ( blink / to blink ) often.

22   For text neck, move your smartphone ( up / down ) to your eye level.

23   You can also ( do / doing ) some neck stretching exercises.

24   Do you feel nervous ( when / although ) your smartphone is not around?

25   Do you feel ( sad / sadly ) when you check your smartphone and there is no text message?

26   If your answers are "yes," you may have smartphone ( addictive / addiction ).

27   There are various things you can do ( prevent / to prevent ) this.

28   For example, turn ( on / off ) your smartphone during meals or meetings.

29   You can talk to people ( instead / instead of ) texting them.

## Reading

# 틀린 문장 고치기

• 밑줄 친 부분이 내용이나 어법상 바르면 ○, 틀리면 ×에 동그라미하고 틀린 부분을 바르게 고쳐 쓰시오.

**STEP A**

01  Living without smartphones <u>are</u> difficult for many of us these days.  ○ ×

02  However, unwise or <u>too many</u> use of smartphones can cause various problems.  ○ ×

03  All over the world, people <u>are walking around</u> like zombies.  ○ ×

04  Their heads <u>are down</u>, and their eyes are on their smartphones.  ○ ×

05  We call <u>smombies such people</u>, smartphone zombies.  ○ ×

06  <u>If you are</u> a smombie, you can have various safety problems.  ○ ×

07  You may not see a hole in the street, so you may fall and <u>getting hurt</u>.  ○ ×

08  You may <u>get on</u> a car accident, too.  ○ ×

09  So what can you do <u>prevent</u> these problems?  ○ ×

10  It's <u>simple</u>.  ○ ×

11  Do not look at your smartphone <u>while</u> you are walking!  ○ ×

12  Smartphones <u>can be caused</u> various health problems.  ○ ×

13  One <u>example is</u> dry eyes.  ○ ×

14  <u>When</u> you look at your smartphone, you do not blink often.  ○ ×

15  Then your eyes will <u>feel dry</u>.  ○ ×

16　Another problems you can have is neck pain.　⟨ ◯ ｜ ✕ ⟩

17　When you look down at your smartphone, the stress on your neck increases.　⟨ ◯ ｜ ✕ ⟩

18　Too much use of your smartphone, for example, too much texting, can cause neck pain.　⟨ ◯ ｜ ✕ ⟩

19　We call this text neck.　⟨ ◯ ｜ ✕ ⟩

20　Here is some tips for these problems.　⟨ ◯ ｜ ✕ ⟩

21　To dry eyes, try to blink often.　⟨ ◯ ｜ ✕ ⟩

22　For text neck, move your smartphone up of your eye level.　⟨ ◯ ｜ ✕ ⟩

23　You can also do some neck stretching exercises.　⟨ ◯ ｜ ✕ ⟩

24　Do you feel nervously when your smartphone is not around?　⟨ ◯ ｜ ✕ ⟩

25　Do you feel sad when you check your smartphone and there are no text message?　⟨ ◯ ｜ ✕ ⟩

26　If your answers are "yes," you may have smartphone addiction.　⟨ ◯ ｜ ✕ ⟩

27　There are various things you can do to preventing this.　⟨ ◯ ｜ ✕ ⟩

28　For example, turn off your smartphone while meals or meetings.　⟨ ◯ ｜ ✕ ⟩

29　You can talk to people instead of text them.　⟨ ◯ ｜ ✕ ⟩

## Reading

# 배열로 문장 완성하기

**01**  스마트폰 없이 사는 것은 요즘 많은 이들에게 어렵다.
( difficult for / living / many of us / without / is / these days / smartphones )
>

**02**  하지만, 스마트폰을 현명하지 못하게 사용하거나 너무 과도하게 사용하는 것은 다양한 문제를 야기할 수 있다.
( cause / too much / various problems / however / or / use of smartphones / unwise / can )
>

**03**  전 세계적으로 사람들이 좀비처럼 걸어 다니고 있다.
( are / like / all over the world / people / around / zombies / walking )
>

**04**  그들의 머리는 아래를 향하고, 그들의 눈은 스마트폰을 향하고 있다.
( their smartphones / and / their eyes / their heads / are on / are down )
>

**05**  우리는 그런 사람들을 스몸비, 즉 스마트폰 좀비라고 부른다.
( such / smombies / call / smartphone zombies / we / people )
>

**06**  만약 당신이 스몸비라면, 당신은 다양한 안전 관련 문제들을 겪을 수 있다.
( a smombie / various / you can / safety problems / if / are / have / you )
>

**07**  당신은 거리에 있는 구덩이를 보지 못할 수도 있고, 그래서 넘어져서 다칠지도 모른다.
( see / you may fall / a hole / and / in the street / may not / so / get hurt / you )
>

**08**  당신은 또한 교통사고를 당할지도 모른다.
( get into / you / too / a car accident / may )
>

**09**  그렇다면 이런 문제들을 예방하기 위해 무엇을 할 수 있을까?
( do / these problems / you / to prevent / can / so / what )
>

**10**  간단하다.
( simple / it's )
>

**11**  걷고 있는 동안에는 스마트폰을 보지 마라!
( your smartphone / do / walking / not / you / look at / while / are )
>

**12**  스마트폰은 다양한 건강상의 문제를 야기할 수 있다.
( cause / smartphones / health problems / various / can )
>

**13**  한 가지 예가 안구 건조증이다.
( is / one / dry eyes / example )
>

**14**  스마트폰을 볼 때, 당신은 눈을 자주 깜박거리지 않는다.
( your smartphone / do not / you / when / look at / blink often / you )
>

**15** 그러면 눈이 건조하게 느껴질 것이다.
( will / dry / then / feel / your eyes )
> 

**16** 당신이 겪을 수 있는 또 다른 문제는 목 통증이다.
( can / another problem / neck pain / you / is / have )
> 

**17** 스마트폰을 내려다볼 때, 목에 가해지는 압박이 증가한다.
( the stress / increases / at your smartphone / you / on your neck / look down / when )
> 

**18** 스마트폰을 너무 많이 사용하는 것은, 예를 들어, 문자를 너무 많이 보내는 것은 목 통증을 야기할 수 있다.
( too much texting / neck pain / for example / too much use of / can / your smartphone / cause )
> 

**19** 우리는 이런 증상을 거북목 증후군(text neck)이라고 부른다.
( this / call / text neck / we )
> 

**20** 이런 문제들을 위한 몇 가지 조언이 여기 있다.
( some tips / here / these problems / for / are )
> 

**21** 안구 건조증에는, 눈을 자주 깜박이려고 노력해라.
( dry eyes / often / try / for / blink / to )
> 

**22** 거북목 증후군에는, 스마트폰을 눈높이까지 위로 올려라.
( your smartphone / text neck / eye level / up to / move / your / for )
> 

**23** 또한 목 스트레칭 운동도 좀 할 수 있다.
( also do / neck stretching exercises / some / can / you )
> 

**24** 스마트폰이 주위에 없을 때 초조한 기분이 드는가?
( is / do / nervous / around / when / your smartphone / you / feel / not )
> 

**25** 스마트폰을 확인했을 때 아무런 문자 메시지가 없으면 슬픈 기분이 드는가?
( you check / text message / and / no / do / your smartphone / you / there is / feel / when / sad )
> 

**26** 만약 당신의 대답이 '그렇다'이면, 당신은 스마트폰 중독일지도 모른다.
( "yes" / have / you / if / smartphone addiction / your answers / may / are )
> 

**27** 이를 예방하기 위해 당신이 할 수 있는 일은 여러 가지가 있다.
( to prevent / do / there / various things / you / this / can / are )
> 

**28** 예를 들어, 식사나 회의 중에는 스마트폰을 꺼라.
( your smartphone / for example / meetings / meals / during / or / turn off )
> 

**29** 문자를 보내는 대신에 사람들과 이야기할 수 있다.
( people / texting / talk to / can / them / instead of / you )
>

**[01~02]** 다음 글을 읽고, 물음에 답하시오.

> Living without smartphones is ___ⓐ___ for many of us these days. However, ___ⓑ___ or too much use of smartphones can cause various problems.

**01** 윗글의 빈칸 ⓐ와 ⓑ에 들어갈 말이 순서대로 바르게 짝지어진 것은?

① easy – wrong
② uneasy – polite
③ exciting – smart
④ difficult – unwise
⑤ comfortable – wise

**02** 윗글 뒤에 이어질 내용으로 가장 알맞은 것은?

① 세계 최초의 스마트폰
② 스마트폰 사용의 장점
③ 스마트폰의 다양한 활용 방법
④ 현대 사회에서 스마트폰의 중요성
⑤ 과도한 스마트폰 사용으로 인한 문제점

**[03~08]** 다음 글을 읽고, 물음에 답하시오.

> ( ① ) All over the world, people are walking around like zombies. ( ② ) Their heads are down, and their eyes are on their smartphones. (A) 우리는 그런 사람들을 스몸비라고 부른다, smartphone zombies. ( ③ ) You may not see a hole in the street, ___ⓐ___ you may fall and get hurt. ( ④ ) You may get into a car accident, too. So what can you do ⓑto prevent these problems? ( ⑤ ) It's simple. Do not look at your smartphone ___ⓒ___ you are walking!

**03** 윗글의 ①~⑤ 중 주어진 문장이 들어갈 위치로 알맞은 것은?

> If you are a smombie, you can have various safety problems.

①　　②　　③　　④　　⑤

**04** 윗글의 밑줄 친 우리말 (A)를 영어로 바르게 옮긴 것은?

① We call such people smombies
② We call smombies such people
③ We call such smombies people
④ We call people such as smombies
⑤ We call such people with smombies

**05** 윗글의 흐름상 빈칸 ⓐ와 ⓒ에 들어갈 말이 순서대로 바르게 짝지어진 것은?

① so – while
② so – unless
③ but – before
④ but – while
⑤ but – because

**06** 윗글의 밑줄 친 ⓑto prevent와 쓰임이 같은 것은?

① My hobby is to bake cookies.
② I went to the park to ride a bike.
③ He wants to be a vet in the future.
④ To ride a roller coaster is really exciting.
⑤ We decided to do volunteer work at a hospital.

**07** 윗글의 내용을 바르게 이해한 사람끼리 짝지어진 것은?

> - 수호: 스몸비는 길을 걸을 때 스마트폰을 보는 사람들을 뜻하는 말이야.
> - 지민: 스몸비는 길에서 주변을 더 잘 살펴볼 수 있어.
> - 도연: 스몸비는 걸을 때 길에서 넘어지거나 다칠 수 있어.
> - 유나: 스마트폰으로 다양한 안전 문제를 해결할 수 있어.

① 수호, 지민
② 수호, 도연
③ 지민, 도연
④ 수호, 지민, 유나
⑤ 지민, 도연, 유나

**08** 윗글의 제목으로 가장 알맞은 것은?

① Living without Smartphones
② How to Use Smartphones Easily
③ Don't Be a Smartphone Zombie
④ Why Do We Need Smartphones?
⑤ The Best Zombie Movie of All Time

**[09~13]** 다음 글을 읽고, 물음에 답하시오.

**Do you have dry eyes or text neck?**

Smartphones can _____ ⓐ _____. One example is dry eyes. When you look at your smartphone, you do not ⓑblink often. Then your eyes will feel (A) dry / wet.

Another problem _____ⓒ_____ you can have is neck pain. When you look down at your smartphone, the stress on your neck (B) increases / decreases. Too much use of your smartphone, for example, too much texting, can cause neck pain. We call this ⓓtext neck.

Here are some tips for these problems. For dry eyes, try to blink often. For text neck, move your smartphone (C) down / up to your eye level. You can also do some neck stretching exercises.

**09** 윗글의 흐름상 빈칸 ⓐ에 들어갈 말로 알맞은 것은?

① solve safety problems
② make you much healthier
③ give you some health advice
④ prevent you from having pain
⑤ cause various health problems

**10** 윗글의 밑줄 친 ⓑblink의 영영풀이로 알맞은 것은?

① to make something happen
② to stop something from happening
③ to open and close your eyes very quickly
④ to get bigger or to make something bigger
⑤ to make your body or part of your body straighter and longer

**11** 윗글의 빈칸 ⓒ에 들어갈 말로 알맞은 것을 <u>모두</u> 고르시오.

① that
② whom
③ when
④ what
⑤ which

**12** 윗글의 (A)~(C)의 각 네모 안에 주어진 말 중 문맥상 알맞은 것끼리 짝지어진 것은?

|  | (A) | (B) | (C) |
|---|---|---|---|
| ① | dry | increases | down |
| ② | dry | decreases | up |
| ③ | dry | increases | up |
| ④ | wet | increases | down |
| ⑤ | wet | decreases | down |

**13** 윗글의 밑줄 친 ⓓtext neck에 관한 내용으로 알맞지 않은 것은?

① It is pain in the neck.
② You can get it when you look down at your smartphones.
③ It can be caused by too much texting.
④ You should try to blink often not to get it.
⑤ To prevent it, you need to do some neck stretching exercises.

**[14~18]** 다음 글을 읽고, 물음에 답하시오.

**How do you feel when you don't have your smartphone with you?**

Do you feel nervous ①when your smartphone is not around? Do you feel ②sadly when you check your smartphone and there ③is no text message? If your answers are "yes," you may have ____ⓐ____. There are various things ④that you can do (A)prevent this. ____ⓑ____, turn off your smartphone ⑤during meals or meetings. You can talk to people instead of (B)text them.

**14** 윗글의 밑줄 친 ①~⑤ 중 어법상 틀린 것은?

① ② ③ ④ ⑤

**15** 윗글의 빈칸 ⓐ에 들어갈 말로 알맞은 것은?

① neck pain
② texting thumb
③ smartphone addiction
④ smartphone accidents
⑤ tips for smartphone problems

**16** 윗글의 흐름상 빈칸 ⓑ에 들어갈 말로 알맞은 것은?

① In fact ② Besides
③ However ④ For example
⑤ On the other hand

**17** 윗글의 밑줄 친 동사 (A)prevent와 (B)text의 어법상 올바른 형태가 바르게 짝지어진 것은?

① prevent – text
② prevent – texting
③ to prevent – text
④ to prevent – texting
⑤ preventing – to text

고
난도

**18** 윗글에 언급된 스마트폰과 관련한 문제점을 해결하기 위해 할 수 있는 일을 모두 고르시오.

① We should eat more healthily.
② We should not text people but talk to them.
③ We should bring our smartphones everywhere.
④ We should switch off our smartphones when we eat.
⑤ We should send text messages to people more often.

서술형

**19** 다음 글의 밑줄 친 ⓐ~ⓓ 중 어법상 틀린 부분을 찾아 기호를 쓰고 바르게 고쳐 쓰시오.

> Living ⓐwithout smartphones ⓑare difficult for many of us these days. However, unwise or too ⓒmuch use of smartphones can ⓓcause various problems.

(      ) → _____

[20~21] 다음 글을 읽고, 물음에 답하시오.

**Are you a smombie?**

    All over the world, people are walking around like zombies. Their heads are down, and their eyes are on their smartphones. We call ⓐsuch people smombies, smartphone zombies. If you are a smombie, you can have various safety problems. You may not see a hole in the street, so you may fall and get hurt. You may get into a car accident, too. So what can you do to prevent these problems? It's simple. Do not look at your smartphone while you are walking!

**20** 윗글의 밑줄 친 ⓐ such people이 어떤 사람들을 의미하는지 우리말로 쓰시오.

_____

**21** 윗글의 내용과 일치하도록 다음 질문에 대한 답을 영어로 쓰시오.

(1) What safety problems may smombies have?

    → _____

    _____

(2) What shouldn't smombies do to prevent safety problems?

    → _____

    _____

[22~24] 다음 글을 읽고, 물음에 답하시오.

**Do you have dry eyes or text neck?**

    Smartphones can cause various health problems. One example is dry eyes. When you look at your smartphone, you do not blink often. Then your eyes will feel dry.

    ⓐ 당신이 겪을 수 있는 또 다른 문제는 목 통증이다. When you look down at your smartphone, the stress on your neck increases. Too much use of your smartphone, for example, too much texting, can cause neck pain. We call this text neck.

    Here are some tips for ⓑthese problems. For dry eyes, try to blink often. For text neck, move your smartphone up to your eye level. You can also do some neck stretching exercises.

**22** 윗글의 밑줄 친 우리말 ⓐ와 의미가 같도록 괄호 안의 말을 사용하여 문장을 완성하시오.

→ Another problem _____ _____ _____

_____ _____ _____. (have, neck pain)

**23** 윗글의 밑줄 친 ⓑthese problems가 가리키는 것 2가지를 본문에서 찾아 각각 2단어로 쓰시오.

(1) _____

(2) _____

**24** 윗글에 언급된 목 통증을 예방하기 위한 방법 2가지를 우리말로 쓰시오.

(1) _____ (15자 내외)

(2) _____ (10자 내외)

# 만점 노트

## Listen and Talk D

교과서 85쪽

Peter, this is my advice for you. I think you ❶need to eat well. ❷Try to eat lots of fresh fruit and vegetables. And ❸make sure you exercise regularly.

Peter, 이건 너를 위한 내 조언이야. 나는 네가 잘 먹을 필요가 있다고 생각해. 신선한 과일과 채소를 많이 먹도록 노력하렴. 그리고 반드시 규칙적으로 운동을 하도록 해.

❶ 「need+to부정사」는 '~할 필요가 있다'라는 뜻이다.
❷ 「try+to부정사」는 '~하려고 노력하다'라는 뜻이다. cf. 「try+동명사」: (시험 삼아) ~를 해 보다
❸ 「Make sure you+동사원형 ~.」은 상대방에게 반드시 무언가를 하도록 당부할 때 사용하는 표현이다.

## Around the World

교과서 93쪽

• This sign ❶says, "❷Be careful of using your smartphone while you are walking."

• ❸There are traffic lights on the ground, ❹so people can see them while they are using their smartphones.

• This sign on the ground means, "This side of the street is for people ❺who are texting."

• 이 표지판에는 '보행 중 스마트폰 사용 주의'라고 쓰여 있다.

• 바닥에 신호등이 있어서 사람들이 스마트폰을 사용하는 동안에 신호등을 볼 수 있다.

• 바닥에 있는 이 표지판은 '길의 이쪽 편은 문자를 보내고 있는 사람들을 위한 곳입니다.'라는 의미이다.

❶ 이 문장에서 say는 '(표지판이나 간판 등이) ~라고 되어(쓰여) 있다, 나타내다'라는 의미로 쓰였다.
❷ be careful of: '~을 조심(주의)하다'라는 뜻이며, of가 전치사이므로 뒤에 목적어로 동명사구가 왔다.
❸ There is/are ~. 구문의 주어인 traffic lights가 복수이므로 be동사 are를 썼다.
❹ so는 앞의 내용에 대한 결과를 나타내는 접속사로 쓰였다.
❺ 주격 관계대명사 who가 이끄는 관계대명사절(who are texting)이 선행사 people을 수식한다.

## Think and Write

교과서 96쪽

There are ❶a few things ❷I need to change ❸to have a healthier life.

First, I don't exercise much. ❹From now on, I will try to walk for 30 minutes every day.

Second, I think I eat too much fast food. I will eat fast food only ❺once a week.

Third, I often eat at night. I will not eat after 10 o'clock.

I will try my best ❻to keep these promises.

더 건강한 생활을 하기 위해 내가 바꾸어야 할 몇 가지가 있다.
첫 번째로, 나는 운동을 많이 하지 않는다. 지금부터, 나는 매일 30분 동안 걸으려고 노력할 것이다.
두 번째로, 내 생각에 나는 패스트푸드를 너무 많이 먹는다. 나는 일주일에 한 번만 패스트푸드를 먹을 것이다.
세 번째로, 나는 종종 밤에 먹는다. 나는 10시 이후에는 먹지 않을 것이다.
나는 이 약속들을 지키기 위해 최선을 다할 것이다.

❶ a few는 셀 수 있는 명사 앞에 쓰여 '약간의, 몇몇의'라는 의미를 나타내며, 뒤에 복수 명사가 온다.
❷ 관계대명사절로 선행사 a few things를 수식하고 있으며, things와 I 사이에 목적격 관계대명사 which 또는 that이 생략되었다.
❸ '~하기 위해서'라는 뜻으로 목적을 나타내는 부사적 용법의 to부정사이다.
❹ from now on: 이제부터, 앞으로
❺ 빈도를 말할 때는 「횟수+a day/week/month/year」로 표현한다. 횟수는 「숫자+times」로 쓰며, '한 번'은 once, '두 번'은 twice로 나타낸다.
❻ to keep은 '~하기 위해서'라는 뜻으로 목적을 나타내는 부사적 용법의 to부정사로 쓰였다.

# 실전 TEST

**[01~02]** 다음 글을 읽고, 물음에 답하시오.

Peter, this is my ___ⓐ___ for you. I think you need to eat well. Try to eat lots of fresh fruit and vegetables. And ⓑ<u>반드시 규칙적으로 운동을</u> 하도록 해.

**01** 윗글의 흐름상 빈칸 ⓐ에 들어갈 말로 알맞은 것은?

① sign    ② matter    ③ advice
④ problem    ⑤ exercise

**02** 윗글의 밑줄 친 우리말 ⓑ를 괄호 안에 주어진 단어들을 사용하여 영어로 쓰시오. (5단어)

→ _____

(sure, you, regularly)

**[03~04]** 다음 글을 읽고, 물음에 답하시오.

• This sign says, "Be careful of ①<u>using</u> your smartphone ___(A)___ you are walking."
• There ②<u>is</u> traffic lights on the ground, so people can ③<u>see</u> them ___(B)___ they are using their smartphones.
• This sign on the ground ④<u>means</u>, "This side of the street is for people ⑤<u>who are</u> texting."

**03** 윗글의 밑줄 친 ①~⑤ 중 어법상 틀린 것은?

①        ②        ③        ④        ⑤

**04** 윗글의 빈칸 (A)와 (B)에 공통으로 들어갈 말로 알맞은 것은?

① for    ② after    ③ that
④ while    ⑤ during

**[05~07]** 다음 글을 읽고, 물음에 답하시오.

ⓐ<u>There are a few things I need to change to have a healthier life.</u>

First, I don't exercise much. From now on, I will try to walk for 30 minutes every day.

Second, I think I eat too much fast food. I will eat fast food only once a week.

Third, I often eat at night. I will not eat after 10 o'clock.

I will try my best ⓑ<u>to keep</u> these promises.

**05** 윗글의 밑줄 친 ⓐ에 생략된 관계대명사를 넣어 다시 쓰시오.

→ _____

_____

**06** 윗글의 밑줄 친 ⓑto keep과 쓰임이 같은 것은?

① She likes to listen to rap music.
② I go to the gym to play basketball.
③ He wants me to solve this problem.
④ To learn a foreign language is not easy.
⑤ My dream is to become a fashion designer.

**07** 윗글의 글쓴이가 더 건강한 생활을 하기 위해 하려는 것 3가지를 우리말로 쓰시오.

(1) _____

(2) _____

(3) _____

**Words**

# 고득점 맞기

**01** 다음 영영풀이에 해당하는 단어로 알맞은 것은?

> a condition when someone cannot stop doing something that is not healthy

① hole      ② pain      ③ addiction
④ medicine      ⑤ accident

**02** 다음 빈칸에 들어갈 말로 알맞은 것은?

> I don't use paper cups to protect the environment. I use a tumbler _____ a paper cup.

① with      ② besides      ③ next to
④ instead of      ⑤ in front of

**03** 다음 중 짝지어진 단어들의 관계가 서로 같지 <u>않은</u> 것은?

① wise : unwise = easy : simple
② stop : prevent = sore : painful
③ dry : wet = increase : decrease
④ pain : painful = stress : stressful
⑤ addiction : addictive = safety : safe

**04** 다음 빈칸에 공통으로 들어갈 말로 알맞은 것은?

> • If you _____ into trouble, call me right away.
> • Jessica came home early to _____ some rest.

① let      ② get      ③ take
④ make      ⑤ give

**05** Which underlined word has the same meaning as in the example?

> [보기] What <u>caused</u> the forest fire?

① Air pollution has a lot of <u>causes</u>.
② Fog was the major <u>cause</u> of the accident.
③ The <u>cause</u> of the disease is still unknown.
④ Lack of sleep can <u>cause</u> a lot of problems.
⑤ This explains the <u>cause</u> and effect of the event.

**06** 다음 빈칸에 알맞은 단어를 주어진 철자로 시작하여 쓰시오.

> Right after she fell down, she felt a sharp p_____ in her left leg.

**07** 다음 우리말과 의미가 같도록 빈칸에 알맞은 말을 쓰시오.

> 내가 시험공부를 하고 있을 때, 부모님은 항상 TV를 끄신다.

→ When I am studying for an exam, my parents always _____ _____ the TV.

**08** 다음 중 단어와 영영풀이가 바르게 연결되지 <u>않은</u> 것은?

① rest: a time when you relax or sleep
② dry: without water or liquid on the surface
③ prevent: to stop something from happening
④ increase: to get smaller or to make something smaller
⑤ accident: something bad that happens that is not wanted or planned

**09** 다음 영영풀이에 해당하는 단어를 빈칸에 쓰시오.

> *v.* to open and close your eyes very quickly

> Try not to _____ your eyes when you take a picture.

**10** 다음 중 밑줄 친 부분의 우리말 의미가 알맞지 <u>않은</u> 것은?

① I have an <u>addiction</u> to online shopping.
(사고)
② Please help me dig a <u>hole</u> and plant a tree.
(구덩이)
③ I cut my <u>thumb</u> while I was cutting the onion.
(엄지손가락)
④ How about coming over for a <u>meal</u> sometime?
(식사)
⑤ They <u>looked down</u> at the city from the clock tower. (~을 내려다봤다)

**11** 다음 영영풀이에 해당하는 단어가 <u>아닌</u> 것은?

> ⓐ not difficult or complicated
> ⓑ a state of being safe from harm or danger
> ⓒ at the same time every day, every week, etc.
> ⓓ to send someone a written message using a cell phone

① text　　　② pain　　　③ safety
④ simple　　⑤ regularly

**12** 다음 중 밑줄 친 부분의 쓰임이 <u>어색한</u> 것은?

① I took <u>medicine</u> for my toothache.
② You should <u>stretch</u> before you exercise.
③ She is a <u>celebrity</u>, so no one knows her.
④ His careless driving <u>caused</u> the accident.
⑤ We <u>regularly</u> take dance lessons once a week.

**13** 다음 중 밑줄 친 부분과 바꿔 쓸 수 <u>없는</u> 것은?

① She was a really <u>intelligent</u> girl.
(= smart)
② I can never open this door <u>without</u> the key.
(= if I don't have)
③ I was <u>nervous</u> about the exam yesterday.
(= anxious)
④ There is no <u>simple</u> solution to this problem.
(= easy)
⑤ Stretching can <u>prevent</u> you from getting hurt.
(= cause)

**14** 다음 중 밑줄 친 부분의 의미가 같은 것끼리 짝지어진 것은?

> ⓐ Jason sent me a long <u>text</u>.
> ⓑ <u>Text</u> me as soon as you get there.
> ⓒ I want to read the <u>text</u> of her speech.
> ⓓ He can <u>text</u> without looking at his phone.
> ⓔ There are 300 pages of <u>text</u> and illustrations.

① ⓐ, ⓑ　　　② ⓑ, ⓓ　　　③ ⓑ, ⓔ
④ ⓐ, ⓒ, ⓓ　　⑤ ⓑ, ⓓ, ⓔ

**15** 다음 빈칸에 들어갈 단어의 영영풀이로 알맞은 것은?

> I'm always _____ before I make a speech.

① several and different
② feeling very anxious or fearful
③ painful, especially when touched
④ without water or liquid on the surface
⑤ not having something or someone with you

## Listen and Talk
# 영작하기

• 주어진 우리말 뜻과 일치하도록 교과서 대화문을 완성하시오.

### Listen and Talk A-1

W: _____

B: _____

W: _____

B: _____

 교과서 84쪽

W: 너 아파 보인다. 무슨 일이니, 인호야?

B: 목이 아파요. 열도 나요.

W: 감기에 걸린 것 같구나. 이 약을 먹고 반드시 푹 쉬도록 하렴.

B: 알겠어요. 고맙습니다.

### Listen and Talk A-2

W: _____

B: _____

W: _____

B: _____

W: _____

교과서 84쪽

W: 무슨 일이니, Peter?

B: 모르겠어요, 김 선생님. 그런데 등이 많이 아파요.

W: 그곳에 찜질 패드를 올려놓으렴.

B: 네, 그럴게요.

W: 그리고 반드시 스트레칭 운동을 좀 하렴.

### Listen and Talk A-3

W: _____

B: _____

W: _____

B: _____

W: _____

B: _____

교과서 84쪽

W: 무슨 일이니, Chris?

B: 심한 치통이 있어요.

W: 여기 약이 좀 있단다. 이것을 먹으렴.

B: 고맙습니다.

W: 그리고 반드시 치과에 가도록 하렴.

B: 네, 그럴게요.

### Listen and Talk A-4

W: _____

B: _____

W: _____

B: _____

W: _____

교과서 84쪽

W: 다리에 무슨 문제가 있니, Sam?

B: 축구를 하다가 넘어져서 발을 다쳤어요.

W: 걸을 수는 있니?

B: 네, 하지만 많이 아파요.

W: 발에 얼음을 좀 올려놓는 게 어떠니? 그리고 반드시 다음 주까지는 축구를 하지 않도록 하렴.

## Listen and Talk C

교과서 85쪽

W: _____

B: _____

W: _____

B: _____

W: _____

B: _____

W: _____

B: _____

W: _____

B: _____

W: _____

**해석**

W: 무슨 일이니, Andy?

B: 안녕하세요, 김 선생님. 제 오른쪽 엄지손가락이 아파요.

W: 음. 너 스마트폰을 많이 사용하니?

B: 네, 문자를 많이 보내요. 왜요?

W: 내 생각에 너는 texting thumb인 것 같구나.

B: texting thumb이요? texting thumb이 뭔가요?

W: 엄지손가락에 통증이 있는 거야. 문자를 너무 많이 보내면 생길 수 있어.

B: 아, 그건 몰랐어요.

W: 손가락 스트레칭 운동을 좀 하는 게 어떠니?

B: 네, 그럴게요.

W: 그리고 반드시 문자를 너무 많이 보내지 않도록 하렴.

## Talk and Play

교과서 86쪽

A: _____

B: _____

A: _____

B: _____

A: 무슨 일이니?

B: 나는 열이 나.

A: 안됐구나. 꼭 좀 쉬도록 하렴.

B: 응, 그럴게.

## Review-1

교과서 98쪽

G: _____

B: _____

G: _____

B: _____

G: 무슨 일이니, Mike?

B: 머리가 너무 아파.

G: 너는 약을 좀 먹는 것이 좋겠어.

B: 응, 그럴게.

## Review-2

교과서 98쪽

M: _____

G: _____

M: _____

G: _____

M: 무슨 일이니, 미나야?

G: 목이 아파요. 콧물도 나고요.

M: 내 생각에 너는 감기에 걸린 것 같구나. 반드시 좀 쉬도록 하렴.

G: 네, 그럴게요.

**01** 다음 대화의 빈칸에 들어갈 말로 알맞지 <u>않은</u> 것은?

> A: You don't look well. What's the matter?
> B: _____

① My whole body hurts.
② One of my teeth really hurts.
③ I have a runny nose and a fever.
④ I jog every morning to stay healthy.
⑤ I fell and hurt my leg while I was running.

**02** 다음 대화의 밑줄 친 ①~⑤ 중 흐름상 <u>어색한</u> 것은?

> A: ①You look sick. What's wrong, Inho?
> B: ②I have a sore throat. I have a fever, too.
> A: I think you have a cold. ③Take this medicine.
> B: Thank you.
> A: ④And make sure you go to the dentist.
> B: ⑤OK, I will.

**03** 다음 대화의 빈칸 (A)~(C)에 들어갈 말을 [보기]에서 골라 순서대로 바르게 짝지은 것은?

> A: _____ (A)
> B: I don't know, Ms. Kim, but my back hurts a lot.
> A: _____ (B)
> B: OK, I will.
> A: _____ (C)

> [보기] ⓐ Put a heating pad on it.
> ⓑ Is anything wrong, Peter?
> ⓒ And make sure you do some stretching exercises.

① ⓐ - ⓑ - ⓒ  ② ⓐ - ⓒ - ⓑ  ③ ⓑ - ⓐ - ⓒ
④ ⓒ - ⓐ - ⓑ  ⑤ ⓒ - ⓑ - ⓐ

**[04~06]** 다음 대화를 읽고, 물음에 답하시오.

> Woman: What's _____ⓐ_____ with your leg?
> Boy: I fell and hurt my foot while I was playing soccer.
> Woman: Can you walk?
> Boy: Yes, but it hurts a lot.
> Woman: Why don't you put some ice on it? And _____ⓑ_____ you don't play soccer until next week.
> Boy: OK. Thank you.

**04** 위 대화의 빈칸 ⓐ와 ⓑ에 들어갈 말이 순서대로 바르게 짝지어진 것은?

① wrong - I want
② wrong - make sure
③ the advice - you hope
④ the advice - you must
⑤ the problem - try to

**05** Which CANNOT be answered from the dialog above? Choose TWO.

① What's the matter with the boy?
② How did the boy hurt his foot?
③ What kind of medicine should the boy take?
④ What did the woman tell the boy to do?
⑤ What will the woman do after the conversation?

**06** 위 대화의 내용과 일치하도록 할 때, 빈칸에 들어갈 말로 알맞은 것을 <u>모두</u> 고르시오.

> The woman advised the boy _____.

① to take a warm bath
② to take some medicine
③ to put some ice on his foot
④ not to walk until next week
⑤ not to play soccer for a while

**[07~09]** 다음 대화를 읽고, 물음에 답하시오.

A: What's wrong, Andy?
B: Hello, Ms. Kim. My right thumb hurts.
A: Hmm. Do you use your smartphone a lot?
B: Yes, I text a lot. Why?
A: I think you have texting thumb.
B: Texting thumb? What's texting thumb?
A: It's pain in your thumb. You can get it from texting too much.
B: Oh, I didn't know ⓐthat.
A: Why don't you do some finger stretching exercises?
B: OK, I will.
A: And ⓑ반드시 문자를 너무 많이 보내지 않도록 하렴.

**07** 위 대화의 밑줄 친 ⓐthat이 가리키는 내용을 우리말로 쓰시오.

_____
_____

**08** 위 대화의 밑줄 친 우리말 ⓑ와 의미가 같도록 괄호 안의 표현들을 사용하여 문장을 완성하시오.

→ And _____.
(make sure, too much)

**09** Read the dialog above and answer the questions in complete English sentences.

(1) What problem does Andy have?
→ _____

(2) What kind of exercise will Andy do to get better?
→ _____

**10** 다음 표의 내용과 일치하도록 대화를 완성하시오.

| Sick Note | |
| --- | --- |
| Problem | sore throat |
| Advice | • drink a lot of water<br>• get some rest |

A: What's the matter?
B: (1)_____
A: Why don't you drink a lot of water? And make sure (2)_____.
B: OK, I will.

**11** 다음 대화를 읽고, 요약문을 완성하시오.

A: What's wrong, Sue?
B: My arm hurts a lot.
A: I think you should do some stretching exercises.

↓

Sue has pain in her _____. She was advised to _____ _____ _____ _____.

**12** 다음 그림을 보고, 아픈 증상을 묻고 답하는 대화를 완성하시오.

A: Chris, is anything wrong?
B: Yes. (1)_____
A: That's too bad. (2)_____
_____ after lunch.
B: OK, I will. Thank you.

## Grammar 고득점 맞기

**01** 다음 빈칸에 들어갈 말로 알맞은 것은?

> When I was young, I told my worries to a rabbit doll. I _____ it Worry Doll.

① had      ② took      ③ called
④ asked      ⑤ wanted

**02** 다음 대화의 빈칸에 들어갈 말로 알맞은 것을 <u>모두</u> 고르시오.

> **A:** What movie did you watch?
> **B:** I saw *Little Women*. It was the movie _____ Kelly recommended.

① what      ② whom      ③ that
④ which      ⑤ whose

**03** 다음 문장에서 어법상 <u>틀린</u> 부분을 바르게 고친 것은?

> Julie is the girl that I want to choose her as a team member.

① is → are
② that → which
③ to choose → choosing
④ her → 삭제
⑤ as → 삭제

**04** 다음 우리말을 영어로 옮길 때 3번째로 오는 단어는?

> 우리는 그런 춤을 왈츠라고 부른다.

① a      ② such      ③ call
④ dance      ⑤ waltz

**[05~06]** 다음 중 어법상 <u>틀린</u> 문장을 고르시오.

**05** ① People call this sport curling.
② Show me the ring you bought for Amy.
③ Everyone liked the cookies that Dad baked.
④ The city whom I visited last month is Venice.
⑤ The man who we met at the party was kind.

**06** ① We named our dog Bamtori.
② People call Bali the Island of Gods.
③ Tom calls his best friend Champion.
④ My sister called the pond Secret Pond.
⑤ My name is Victoria. Just call me to Vicky.

**07** 다음 빈칸에 들어갈 말이 순서대로 바르게 짝지어진 것은?

> • These are the storybooks _____ my mother wrote.
> • The girl to _____ Mike talked is my classmate.

① who – whom      ② that – which
③ that – whom      ④ which – that
⑤ which – which

**08** 다음 중 밑줄 친 부분을 생략할 수 <u>없는</u> 것은?

① Emma is the girl <u>whom</u> I learn yoga with.
② These are the letters <u>that</u> Liam sent to us.
③ Grace invited the girls <u>who</u> she taught music.
④ They didn't check the errors <u>which</u> I mentioned.
⑤ I met the violinist <u>that</u> won first prize in the contest.

한 단계 | 더!

**09** 다음 중 빈칸에 that을 쓸 수 없는 것은?

① The boy _____ you saw this morning is Dan.
② Sweden is the country _____ I want to visit.
③ I liked fish and chips _____ Uncle James made.
④ This is the movie in _____ everyone was interested.
⑤ Spider-Man is the superhero _____ Mary likes the most.

고난도 한 단계 | 더!

**10** 다음 우리말을 영어로 바르게 옮긴 것을 모두 고르시오.

내가 주로 듣는 음악은 록 음악이다.

① The music I usually listen to is rock music.
② The music to I usually listen is rock music.
③ The music that I usually listen is rock music.
④ The music to that I usually listen is rock music.
⑤ The music to which I usually listen is rock music.

**11** 두 문장을 한 문장으로 바꿔 쓴 것 중 어법상 틀린 것은?

① This is a tree. I planted it last year.
  → This is a tree I planted it last year.
② Rena is the girl. I met her at the library.
  → Rena is the girl whom I met at the library.
③ I have a cat. I've raised it for ten years.
  → I have a cat which I've raised for ten years.
④ This book belongs to Ryan. I'm reading it.
  → This book that I'm reading belongs to Ryan.
⑤ The writer is J. K. Rowling. I like her the most.
  → The writer who I like the most is J. K. Rowling.

신유형 한 단계 | 더!

**12** 다음 문장에 대해 잘못 설명한 사람은?

The girl with whom I often play badminton is Sue.

① 준영: 선행사는 The girl이야.
② 하준: whom은 목적격 관계대명사야.
③ 지나: whom을 that으로 바꿔 쓸 수 있어.
④ 유경: 이 문장의 동사는 is야.
⑤ 소윤: with를 badminton 뒤에 쓸 수도 있어.

고난도

**13** 다음 중 어법상 올바른 문장의 개수는?

ⓐ Do you call this machine as jukebox?
ⓑ People call Bach the father of music.
ⓒ I met the person whom you told me about.
ⓓ Did you get the email I sent you yesterday?
ⓔ The house who Derek lives in is near the school.

① 1개　　　② 2개　　　③ 3개
④ 4개　　　⑤ 5개

신유형 고난도

**14** 다음 중 밑줄 친 that의 쓰임이 [보기]와 같은 문장끼리 바르게 짝지어진 것은?

[보기] That's the dog that I was looking for.

ⓐ I think that boy is musically gifted.
ⓑ Joseph is my friend that I always trust.
ⓒ Sarah said that she knew the boy I met.
ⓓ The big problem that I have is the lack of time.
ⓔ Many people believe in the news that she told.

① ⓐ, ⓓ　　　② ⓑ, ⓒ　　　③ ⓐ, ⓒ, ⓔ
④ ⓑ, ⓒ, ⓓ　　　⑤ ⓑ, ⓓ, ⓔ

서술형

한 단계 더!

**15** 다음 두 문장을 괄호 안의 지시대로 한 문장으로 쓰시오.

> At the party, I met the girl. Andy always talked about her.

(1) (관계대명사를 생략할 것)

→ _____

(2) (about을 관계대명사 앞에 쓸 것)

→ _____

**16** 다음 ⓐ~ⓓ 중 어법상 틀린 것을 2개 찾아 기호를 쓰고, 바르게 고쳐 문장을 다시 쓰시오.

> ⓐ The soup I had it for lunch was salty.
> ⓑ This is the house in which I was born.
> ⓒ People call Florida as the Sunshine State.
> ⓓ The man that I met on the street was very friendly.

(1) (     ) → _____

(2) (     ) → _____

**17** 다음 대화를 읽고, 대화의 내용을 요약한 문장을 [조건]에 맞게 완성하시오.

> A: Happy birthday, Tom. This is for you.
>    I made this sweater for you.
> B: Thank you, Mom. I love it!
> A: I'm glad you like it.

[조건] 1. 관계대명사를 사용할 것
     2. 괄호 안의 표현을 사용할 것

→ Tom loves _____.

(the sweater, his mom)

**18** 다음 그림을 보고, 괄호 안의 단어와 동사 call을 사용하여 [예시]와 같이 문장을 쓰시오.

[예시]  (1)

(2)  (3)

[예시] Jason calls his dog Max. (Jason, his dog)

(1) _____

(everyone, the boy)

(2) _____

(British people, the clock tower)

(3) _____

(Mr. and Mrs. Davis, their daughter)

**19** 다음 지호에 관한 표를 보고, [조건]에 맞게 문장을 완성하시오.

| About Jiho | |
| --- | --- |
| 잘하는 것 | (1) play basketball |
| 좋아하는 과목 | (2) Korean history |
| 별명 | (3) Mr. Long Legs |

[조건] 1. (1)과 (2)는 관계대명사를 사용할 것
     2. (3)은 동사 call을 사용할 것

(1) Jiho is the boy _____

_____

(2) The subject _____

_____.

(3) Jiho has a nickname. His friends _____

_____

• 주어진 우리말 뜻과 일치하도록 교과서 본문의 문장을 쓰시오.

**01** _____

스마트폰 없이 사는 것은 요즘 많은 이들에게 어렵다.

**02** _____

하지만, 스마트폰을 현명하지 못하게 사용하거나 너무 과도하게 사용하는 것은 다양한 문제를 야기할 수 있다.

**03** _____

전 세계적으로, 사람들이 좀비처럼 걸어 다니고 있다.

**04** _____

그들의 머리는 아래를 향하고, 그들의 눈은 스마트폰을 향하고 있다.

**05** _____

우리는 그런 사람들을 스몸비, 즉 스마트폰 좀비라고 부른다. ☆

**06** _____

만약 당신이 스몸비라면, 당신은 다양한 안전 문제들을 겪을 수 있다.

**07** _____

당신은 거리에 있는 구덩이를 보지 못할 수도 있고, 그래서 넘어져서 다칠지도 모른다.

**08** _____

당신은 또한 교통사고를 당할지도 모른다.

**09** _____

그렇다면 이런 문제들을 예방하기 위해 무엇을 할 수 있을까?

**10** _____

그것은 간단하다.

**11** _____

걷고 있는 동안에는 스마트폰을 보지 마라!

**12** _____

스마트폰은 다양한 건강상의 문제를 야기할 수 있다.

**13** _____

한 가지 예가 안구 건조증이다.

**14** _____

스마트폰을 볼 때, 당신은 눈을 자주 깜박거리지 않는다.

STEP
B

**15** _____

그러면 눈이 건조하게 느껴질 것이다.

**16** _____

당신이 겪을 수 있는 또 다른 문제는 목 통증이다. ☆

**17** _____

스마트폰을 내려다볼 때, 목에 가해지는 압박이 증가한다.

**18** _____

스마트폰을 너무 많이 사용하는 것은, 예를 들어, 문자를 너무 많이 보내는 것은 목 통증을 야기할 수 있다.

**19** _____

우리는 이것을 거북목 증후군이라고 부른다. ☆

**20** _____

이런 문제들을 위한 몇 가지 조언이 여기 있다.

**21** _____

안구 건조증에는, 눈을 자주 깜박이려고 노력해라.

**22** _____

거북목 증후군에는, 스마트폰을 눈높이까지 위로 올려라.

**23** _____

또한 목 스트레칭 운동도 좀 할 수 있다.

**24** _____

스마트폰이 주위에 없을 때 초조한 기분이 드는가?

**25** _____

스마트폰을 확인했을 때 아무런 문자 메시지가 없으면 슬픈 기분이 드는가?

**26** _____

만약 당신의 대답이 '그렇다'이면, 당신은 스마트폰 중독일지도 모른다.

**27** _____

이를 예방하기 위해 할 수 있는 일은 여러 가지가 있다. ☆

**28** _____

예를 들어, 식사나 회의 중에는 스마트폰을 꺼라.

**29** _____

문자를 보내는 대신에 사람들과 이야기할 수 있다.

## Reading
# 고득점 맞기

**[01~05] 다음 글을 읽고, 물음에 답하시오.**

(A) Live without smartphones is difficult for many of us these days. However, unwise or too much use of smartphones can cause various problems.

**Are you a smombie?**

All over the world, people are walking around ___ⓐ___ zombies. Their heads are down, and their eyes are ___ⓑ___ their smartphones. We (B) call such people smombies, smartphone zombies. If you are a smombie, you can have various safety problems. You may not see a hole in the street, so you may fall and get hurt. You may get ___ⓒ___ a car accident, too. So what can you do to ___ⓓ___ these problems? It's simple. Do not look at your smartphone while you are walking!

**01** 윗글의 밑줄 친 문장 (A)에서 어법상 틀린 부분을 찾아 바르게 고친 것은?

① Live → Living
② is → are
③ for → from
④ many → much
⑤ us → ours

**02** 윗글의 빈칸 ⓐ~ⓒ에 들어갈 말이 순서대로 바르게 짝지어진 것은?

① for – in – off
② for – in – up
③ for – on – out
④ like – on – into
⑤ like – on – upto

**03** 윗글의 밑줄 친 (B) call과 의미가 다른 것은?

① We all call our puppy Ollie.
② People call such food fajitas.
③ They decided to call their baby Alisha.
④ Andy got a call from his dad last night.
⑤ What do you call this flower in English?

**04** 윗글의 빈칸 ⓓ에 들어갈 단어의 영영풀이로 알맞은 것은?

① to make something happen
② to stop something from happening
③ to open and close your eyes very quickly
④ to get bigger or to make something bigger
⑤ to send someone a written message using a cell phone

고난도

**05** Which is NOT true about the text above?

① We can see smombies all over the world.
② Smombies look at their smartphones as they are walking.
③ You can have safety problems if you are a smombie.
④ Smombies can get hurt because they use their smartphones on the street.
⑤ Not to be a smombie, you shouldn't take your smartphone with you when you go out.

**[06~09] 다음 글을 읽고, 물음에 답하시오.**

**Do you have dry eyes or text neck?**

Smartphones can cause various health problems. One ___(A)___ is dry eyes. ⓐWhen you look at your smartphone, you do not blink often. Then your eyes will feel ⓑdry.

(B) 당신이 겪을 수 있는 또 다른 문제는 목 통증이다. When you look down at your smartphone, the stress on your neck ⓒincreases. Too much use of your smartphone, for ___(C)___, too much texting, can cause neck pain. We call ⓓthis as text neck.

Here are some tips for these problems. For dry eyes, try ⓔto blink often. For text neck, move your smartphone up to your eye level. You can also do some neck stretching exercises.

**06** 윗글의 밑줄 친 ⓐ~ⓔ 중 어법상 <u>틀린</u> 것은?

① ⓐ　　② ⓑ　　③ ⓒ　　④ ⓓ　　⑤ ⓔ

STEP B

**07** 윗글의 빈칸 (A)와 (C)에 공통으로 들어갈 말로 알맞은 것은?

① use　　② reason　　③ example
④ advice　　⑤ addition

**08** 윗글의 밑줄 친 우리말 (B)와 의미가 같도록 주어진 단어들을 배열할 때, 5번째로 오는 단어는?

> problem, neck, can, you, that, have, is, pain, another

① can　　② is　　③ neck
④ that　　⑤ another

고난도 신유형

**09** 다음 질문과 응답 중 윗글의 내용과 일치하지 <u>않는</u> 것은?

① **Q:** What health problems can we have if we use smartphones too much?
　**A:** We can have dry eyes and neck pain.

② **Q:** If we don't blink often, what will happen to our eyes?
　**A:** They will get dry.

③ **Q:** What can cause text neck?
　**A:** Too much texting can cause it.

④ **Q:** What is helpful for dry eyes?
　**A:** Blinking often can be helpful.

⑤ **Q:** What should we do to prevent text neck?
　**A:** We should look down at our smartphones.

**[10~12]** 다음 글을 읽고, 물음에 답하시오.

**How do you feel when you don't have your smartphone with you?**

　Do you feel nervous when your smartphone is not ___ⓐ___? Do you feel ___ⓑ___ when you check your smartphone and there is no text message? If your answers are "yes," you may have smartphone addiction. There are various things (A)which / whom you can do to ___ⓒ___ this. For example, ___ⓓ___ your smartphone (B)during / while meals or meetings. You can ___ⓔ___ people instead of (C)texting / to text them.

**10** 윗글의 흐름상 빈칸 ⓐ~ⓔ에 들어갈 말로 알맞지 <u>않은</u> 것은?

① ⓐ: around　　② ⓑ: happy
③ ⓒ: prevent　　④ ⓓ: turn off
⑤ ⓔ: talk to

**11** 윗글의 (A)~(C)의 각 네모 안에 주어진 말 중 어법상 올바른 것끼리 짝지어진 것은?

|  | (A) | (B) | (C) |
|---|---|---|---|
| ① | which | during | texting |
| ② | which | while | to text |
| ③ | which | during | to text |
| ④ | whom | while | texting |
| ⑤ | whom | while | to text |

고난도

**12** 윗글에 언급된 smartphone addiction에 해당하는 사람은?

① 지윤: I'm nervous when I don't have my smartphone with me.
② 예나: I don't check my text messages often.
③ 하준: I don't usually text my friends and family.
④ 수호: I don't look at my smartphone while I'm eating.
⑤ 우진: I don't bring my smartphone with me when I go to a meeting.

서술형

**[13~14]** 다음 글을 읽고, 물음에 답하시오.

All over the world, people are walking around like zombies. Their heads are down, and their eyes are on their smartphones. ⓐ우리는 그런 사람들을 스몸비라고 부른다. If you are a smombie, you can have various safety problems. You may not see a hole in the street, so you may fall and get hurt. You may get into a car accident, too. So what can you do to prevent ⓑthese problems? It's simple. Do not look at your smartphone while you are walking!

**13** 윗글의 밑줄 친 우리말 ⓐ를 [조건]에 맞게 영어로 쓰시오.

> [조건] 1. call과 such를 사용할 것
> 2. 5단어의 완전한 문장으로 쓸 것

→ _____

**14** 윗글의 밑줄 친 ⓑthese problems가 가리키는 구체적인 내용을 모두 우리말로 쓰시오.

_____

**[15~16]** 다음 글을 읽고, 물음에 답하시오.

(A)Smartphones can cause various learning problems. One example is dry eyes. When you look at your smartphone, you do not blink often. (B)Then your eyes will feel wet.

Another problem you can have is neck pain. (C)When you look down at your smartphone, the stress on your neck decreases. Too much use of your smartphone, for example, too much texting, can cause neck pain. We call this text neck.

Here are some tips for these problems. For dry eyes, try to blink often. For text neck, move your smartphone up to your eye level. You can also do some neck stretching exercises.

**15** 윗글의 밑줄 친 문장 (A)~(C)에서 문맥상 어색한 부분을 찾아 바르게 고쳐 쓰시오.

(A) _____ → _____

(B) _____ → _____

(C) _____ → _____

**16** 윗글의 내용과 일치하도록 다음 표를 완성하시오. (단, 명령문으로 쓸 것)

| Problem | Advice |
|---|---|
| dry eyes | (1) _____ |
| text neck | (2) _____ |
| | (3) _____ |

**[17~18]** 다음 글을 읽고, 물음에 답하시오.

Do you feel nervous when your smartphone is not around? Do you feel sad when you check your smartphone and there is no text message? If your answers are "yes," you may have smartphone addiction. There are various things you can do to prevent ⓐthis. For example, turn off your smartphone during meals or meetings. You can talk to people instead of texting them.

**17** 윗글의 밑줄 친 ⓐthis가 가리키는 것을 본문에서 찾아 쓰시오.

_____

고
산도
**18** 윗글의 내용과 일치하도록 다음 요약문을 완성하시오.

> To avoid smartphone _____, you should _____ _____ _____ _____ while you are eating or having meetings. Also, you should _____ _____ _____ rather than send them text messages.

# 서술형 100% TEST

## 01 다음 영영풀이에 해당하는 단어를 [보기]에서 골라 쓰시오.

> [보기]  blink  cause  prevent  pain

(1) _____ : to make something happen

(2) _____ : to stop something from happening

(3) _____ : to open and close your eyes very quickly

(4) _____ : the feeling you have when a part of your body hurts

## 02 다음 빈칸에 공통으로 들어갈 단어를 쓰시오.

- Let's read line 3 of the _____.
- Tom is going to _____ you his address.
- I got a(n) _____ message from Yujin last night.

## 03 다음 우리말과 의미가 같도록 빈칸에 알맞은 말을 쓰시오.

(1) 난 열이 있고 콧물이 나.

→ I _____ a fever and a _____ _____.

(2) 그녀는 불을 끄는 것을 잊었다.

→ She forgot to _____ _____ the lights.

(3) 집에 가서 좀 쉬는 게 어때?

→ Why don't you go home and _____ _____ _____ ?

(4) Andy는 설거지를 하는 대신에 빨래를 했다.

→ Andy did the laundry _____ _____ washing the dishes.

## 04 다음 대화의 밑줄 친 우리말을 괄호 안의 지시에 맞게 영어로 쓰시오.

> A: You look sick. What's the matter?
> B: (1) 저는 목이 아파요. I have a fever, too.
> A: I think you have a cold. (2) 반드시 약을 좀 먹도록 하렴.

(1) (throat를 사용하여 5단어로 쓸 것)

→ _____

(2) (make sure, some을 사용하여 6단어로 쓸 것)

→ _____

## 05 다음 그림을 보고, [A]와 [B]에서 알맞은 표현을 하나씩 골라 각 친구에게 해 줄 수 있는 당부의 말을 쓰시오.

(1) I fell and hurt my leg.

(2) I have a toothache.

| [A] | [B] |
| --- | --- |
| · make sure<br>· don't forget to | · go to the dentist<br>· don't run until next week |

(1) _____

(2) _____

## 06 다음 글의 내용과 일치하도록 대화를 완성하시오.

> Peter went to the school nurse's office because of his backache. Ms. Kim advised him to put a heating pad on his back and do some stretching exercises.

↓

> A: What's wrong, Peter?
> B: My _____ a lot.
> A: Put a heating pad on it. And make sure _____.

**[07~08]** 다음 대화를 읽고, 물음에 답하시오.

A: What's wrong, Andy?
B: Hello, Ms. Kim. ⓐ<u>I have pain in my right thumb.</u>
A: Hmm. Do you use your smartphone a lot?
B: Yes, I text a lot. Why?
A: I think you have texting thumb.
B: Texting thumb? What's texting thumb?
A: It's pain in your thumb. You can get it from texting too much.
B: Oh, I didn't know that.
A: Why don't you do some finger stretching exercises?
B: OK, I will.
A: And make sure you don't text too much.

**07** 위 대화의 밑줄 친 ⓐ와 같은 의미의 문장을 [조건]에 맞게 쓰시오.

> [조건] 1. hurt를 사용하고, 필요시 형태를 바꿀 것
> 2. 4단어의 완전한 문장으로 쓸 것

→ _____

고난도 심화유형
**08** 다음 ⓐ~ⓔ 중 위 대화를 읽고 답할 수 있는 질문을 2개 찾아 기호를 쓰고, 완전한 영어 문장으로 답하시오.

> ⓐ How many text messages does Andy send a day?
> ⓑ What can cause texting thumb?
> ⓒ What kind of exercise does Andy usually do?
> ⓓ What did Ms. Kim advise Andy not to do?
> ⓔ What is Ms. Kim going to do after the conversation?

(1) ( ) → _____

(2) ( ) → _____

**09** 주어진 우리말과 의미가 같도록 괄호 안의 단어들을 바르게 배열하여 문장을 쓰시오.

(1) 내가 너를 Eddie라고 불러도 될까?
(you, I, can, Eddie, call)

→ _____

(2) 모두가 그녀를 빙판 위의 요정이라고 부른다.
(her, everyone, the Fairy on Ice, calls)

→ _____

(3) 나는 내 여동생이 내게 소개해 준 의사를 찾아갔다.
(to, visited, introduced, me, the doctor, I, my sister)

→ _____

(4) 내가 너에게 말했던 그 폭포는 캐나다에 있다.
(about, I, that, you, in, the waterfall, told, is, Canada)

→ _____

한 단계 더!
**10** 다음 두 문장을 [조건]에 맞게 한 문장으로 쓰시오.

> [조건] 1. 관계대명사를 사용할 것
> 2. (4) to를 관계대명사 앞에 쓸 것

(1) The woman is my aunt. I helped the woman.
→ _____

(2) The police caught the man. The man stole my wallet.
→ _____

(3) The T-shirt has a stripe pattern. I bought the T-shirt yesterday.
→ _____

(4) The restaurant was very nice. I went to the restaurant yesterday.
→ _____

한 단계 [더!]

## 11 [A]와 [B]에서 각각 알맞은 말을 하나씩 골라 [예시]와 같이 문장을 완성하시오.

| [A] | [B] |
|---|---|
| ~~me~~ | ~~Happy Girl~~ |
| Jimmy | smartphone |
| the device | a better place |
| the world | captain of their team |

[예시] My friends call me Happy Girl.

(1) We can make _____.

(2) Who named _____?

(3) They elected _____.

고 단도 · 한 단계 [더!]

## 12 다음 @~@ 중 어법상 틀린 문장을 2개 찾아 기호를 쓰고, 바르게 고쳐 문장을 다시 쓰시오.

ⓐ The man I met yesterday is on TV now.
ⓑ People in Seattle call the tower as Space Needle.
ⓒ The spaghetti that my brother made was delicious.
ⓓ Tom is the boy with I often play badminton.

(1) (　　) → _____

(2) (　　) → _____

## 13 다음 글의 흐름상 어색한 부분을 찾아 바르게 고쳐 쓰시오. (단, 한 단어만 고칠 것)

Living without smartphones is difficult for many of us these days. However, wise or too much use of smartphones can cause various problems.

_____ → _____

---

## [14~15] 다음 글을 읽고, 물음에 답하시오.

**Are you a smombie?**

All over the world, people ⓐare walking around ⓑlike zombies. Their heads are down, and their eyes are on their smartphones. We call ⓒsuch people smombies, smartphone zombies. If you are a smombie, you can have various safety problems. You may not see a hole in the street, so you may fall and get hurt. You may get into a car accident, too. So what can you do ⓓprevent these problems? It's simple. Do not look at your smartphone ⓔduring you are walking!

고 단도

## 14 윗글의 밑줄 친 ⓐ~ⓔ 중 어법상 틀린 것을 2개 찾아 바르게 고쳐 쓰고 틀린 이유를 쓰시오.

(1) 틀린 부분: (　　) → _____
틀린 이유: _____
_____

(2) 틀린 부분: (　　) → _____
틀린 이유: _____
_____

## 15 윗글의 내용과 일치하도록 다음 요약문을 완성하시오.

There are various (1)_____ problems that (2)_____ can have. They may fall down or have a(n) (3)_____ _____ in the street. In order to avoid these problems, they shouldn't (4)_____ _____ their smartphones when they (5)_____.

**[16~18]** 다음 글을 읽고, 물음에 답하시오.

**Do you have dry eyes or text neck?**

Smartphones can cause various health problems. One example is dry eyes. When you look at your smartphone, you do not blink often. Then your eyes will feel dry.

ⓐAnother problem which you can have it is neck pain. When you look down at your smartphone, the stress on your neck increases. Too much use of your smartphone, for example, too much texting, can cause neck pain. ⓑ우리는 이것을 거북목 증후군이라고 부른다.

Here are some tips for these problems. For dry eyes, try to blink often. For text neck, move your smartphone up to your eye level. You can also do some neck stretching exercises.

**16** 윗글의 밑줄 친 문장 ⓐ에서 어법상 틀린 부분을 찾아 바르게 고쳐 쓰시오.

_____ → _____

**17** 윗글의 밑줄 친 우리말 ⓑ와 의미가 같도록 괄호 안의 단어를 사용하여 영어로 쓰시오.

→ _____ (call)

**18** 윗글의 내용과 일치하도록 주어진 질문에 완전한 영어 문장으로 답하시오.

(1) What health problems can smartphones cause?

→ _____

(2) What are the two things we should do to prevent text neck?

→ _____

_____

**[19~20]** 다음 글을 읽고, 물음에 답하시오.

**How do you feel when you don't have your smartphone with you?**

Do you feel nervous when your smartphone is not around? Do you feel sad when you check your smartphone and there is no text message? If your answers are "yes," you may have smartphone addiction. ⓐ이것을 예방하기 위해 당신이 할 수 있는 다양한 것들이 있다. For example, turn off your smartphone during meals or meetings. You can talk to people instead of texting them.

**19** 윗글의 밑줄 친 우리말 ⓐ와 의미가 같도록 [조건]에 맞게 영어로 쓰시오.

[조건]  1. 관계대명사를 사용할 것
     2. 괄호 안의 단어들을 사용할 것
     3. 11단어의 완전한 문장으로 쓸 것

→ _____

_____

(there, various things, prevent)

**20** 윗글의 내용과 일치하도록 다음 대화를 완성하시오.

A: What can we do to prevent (1)_____
_____?
B: We can (2)_____ _____ _____
_____ while we are eating or in a meeting.
A: What else?
B: Instead of texting people, (3)_____
_____ them.

모의고사

서술형 1

**01** 다음 영영풀이에 해당하는 단어를 주어진 철자로 시작하여 빈칸에 쓰시오.  **4점**

> to make something happen

→ What can c_____ global warming?

**02** 다음 빈칸에 알맞은 말이 순서대로 바르게 짝지어진 것은?

**3점**

> • I'll drink juice instead _____ milk.
> • Please turn _____ the water tap when you don't use it.
> • Mike got _____ an accident while he was driving the car.

① of – off – into  ② of – on – onto
③ to – off – into  ④ to – out – onto
⑤ at – out – into

**03** 다음 중 밑줄 친 부분의 우리말 뜻이 알맞지 않은 것은? **3점**

① I felt really <u>nervous</u> before the contest.
　　　　　　　　　　(초조한)
② If you're not careful, you may <u>get hurt</u>.
　　　　　　　　　　　　　(다치다)
③ You should eat less and exercise <u>regularly</u>.
　　　　　　　　　　　　　　　(가끔)
④ I couldn't sleep because I <u>had a runny nose</u>.
　　　　　　　　　　　　　(콧물이 났다)
⑤ Mobile game <u>addiction</u> is a very serious problem.
　　　　　　　　(중독)

**04** 다음 대화의 빈칸에 들어갈 말로 알맞지 않은 것은? **3점**

> A: What's wrong with you?
> B: _____

① My leg hurts a lot.
② I think you have a cold.
③ I don't feel very well today.
④ I have a terrible headache.
⑤ I hurt my arm while I was playing basketball.

서술형 2

**05** 자연스러운 대화가 되도록 (A)~(D)를 바르게 배열하시오.

**4점**

> (A) OK, I will.
> (B) What's wrong, Peter?
> (C) Put a heating pad on it.
> (D) I don't know, Ms. Kim, but my back hurts a lot.
> A: And make sure you do some stretching exercises.

(　　　) – (　　　) – (　　　) – (　　　)

**06** 다음 대화의 밑줄 친 ⓐ~ⓓ 중 흐름상 어색한 것은? **4점**

> A: ⓐ<u>What's wrong with your leg, Sam?</u>
> B: I fell and hurt it while I was playing soccer.
> A: ⓑ<u>That's too bad.</u> Can you walk?
> B: ⓒ<u>Yes, but it hurts a lot.</u>
> A: Why don't you put some ice on it? ⓓ<u>And make sure you practice soccer harder.</u>
> B: OK, I will.

① 없음　② ⓐ　③ ⓑ　④ ⓒ　⑤ ⓓ

**[07~08]** 다음 대화를 읽고, 물음에 답하시오.

A: What's wrong, Andy?
B: Hello, Ms. Kim. ( ① ) My right thumb hurts.
A: Hmm. Do you use your smartphone a lot?
B: Yes, I text a lot. Why? ( ② )
A: I think you have texting thumb.
B: Texting thumb? What's texting thumb?
A: ( ③ ) You can get it from texting too much.
B: Oh, I didn't know that. ( ④ )
A: Why don't you do some finger stretching exercises?
B: OK, I will. ( ⑤ )
A: And make sure you don't text too much.

**07** 위 대화의 ①~⑤ 중 주어진 문장이 들어갈 위치로 알맞은 것은?　　3점

It's pain in your thumb.

① 　　② 　　③ 　　④ 　　⑤

**08** 위 대화의 내용과 일치하지 <u>않는</u> 것은?　　3점

① Andy has pain in his right thumb.
② Andy usually texts a lot.
③ Ms. Kim thinks Andy has texting thumb.
④ Andy will do some finger stretching exercises.
⑤ Ms. Kim told Andy to text more often.

**09** 다음 빈칸에 들어갈 말이 순서대로 바르게 짝지어진 것은?　　3점

· The pie _____ you made was delicious.
· Audrey Hepburn is the actress _____ I like the most.

① that – which　　② who – that
③ what – whom　　④ which – that
⑤ which – which

서술형**3**
**10** 주어진 우리말과 의미가 같도록 괄호 안의 단어들을 배열하여 문장을 쓰시오.　　5점

사람들은 시카고를 바람의 도시라고 부른다.
(call, Chicago, people, the Windy City)

→ _____

**11** 다음 두 문장을 한 문장으로 바르게 쓴 것을 <u>모두</u> 고르시오.　　4점

The movie was sad. We saw the movie last night.

① The movie we saw last night was sad.
② The movie was sad last night who we saw.
③ The movie that we saw last night was sad.
④ The movie was sad that we saw last night.
⑤ The movie which we saw it last night was sad.

고
산도
**12** 다음 문장에서 어법상 틀린 부분을 바르게 고친 것은?　　4점

The girl is my old friend whom I can trust her.

① is → 삭제　　　　② my → mine
③ whom → which　　④ trust → be trusted
⑤ her → 삭제

한 단계 더!
**13** 다음 중 어법상 틀린 문장은?　　4점

① My sister calls the doll Molly.
② Do you know the boy Joy is talking to?
③ The music to that we listened was great.
④ They call Korea the Land of the Morning Calm.
⑤ New York is the city which I visited last winter.

**14** 다음 글의 (A)~(C)의 각 네모 안에 주어진 말 중 문맥상 알맞은 것끼리 짝지어진 것은?          4점

> Living without smartphones is (A) easy / difficult for many of us these days. However, (B) wise / unwise or too much use of smartphones can (C) cause / prevent various problems.

|   | (A) | (B) | (C) |
|---|-----|-----|-----|
| ① | easy | ⋯ wise | ⋯ cause |
| ② | easy | ⋯ unwise | ⋯ cause |
| ③ | easy | ⋯ wise | ⋯ prevent |
| ④ | difficult | ⋯ wise | ⋯ prevent |
| ⑤ | difficult | ⋯ unwise | ⋯ cause |

**[15~17]** 다음 글을 읽고, 물음에 답하시오.

> **Are you a smombie?**
>
> All over the world, people are walking around ___ⓐ___ zombies. Their heads are down, and their eyes are on their smartphones.
>
> (A) 우리는 그런 사람들을 스몸비라고 부른다, smartphone zombies. If you are a smombie, you can have various safety problems. You may not see a hole in the street, so you may fall and get hurt. You may get into a car accident, too. So what can you do to prevent these problems? It's simple. Do not look at your smartphone ___ⓑ___ you are walking!

**15** 윗글의 빈칸 ⓐ와 ⓑ에 들어갈 말이 순서대로 바르게 짝지어진 것은?          3점

① for – if
② like – while
③ with – while
④ with – during
⑤ like – during

서술형4

**16** 윗글의 밑줄 친 우리말 (A)와 의미가 같도록 주어진 단어들을 바르게 배열하시오.          5점

> call, smombies, such, we, people

→ _____

**17** 윗글의 내용과 일치하도록 할 때 빈칸에 들어갈 말로 알맞은 것은?          4점

> Q: What should smombies do to prevent safety problems?
> A: They should _____.

① not walk around often
② look at their smartphones
③ leave their smartphones at home
④ watch out for cars when they cross the street
⑤ not look at their smartphones when they walk

**[18~22]** 다음 글을 읽고, 물음에 답하시오.

> **Do you have dry eyes or text neck?**
>
> Smartphones can cause various health problems. One example is ___ⓐ___ eyes. When you look at your smartphone, you do not ___ⓑ___ often. Then your eyes will feel dry.
>
> (A) Another problem you can have is neck pain. When you look down at your smartphone, the stress on your neck ___ⓒ___. Too much use of your smartphone, ___(B)___, too much texting, can cause neck pain. We ___ⓓ___ this text neck.
>
> Here are some ___ⓔ___ for these problems. For dry eyes, try to blink often. For text neck, move your smartphone up to your eye level. You can also do some neck stretching exercises.

**18** 윗글의 흐름상 빈칸 ⓐ~ⓔ에 들어갈 말로 알맞지 않은 것은?          4점

① ⓐ: dry
② ⓑ: blink
③ ⓒ: decreases
④ ⓓ: call
⑤ ⓔ: tips

**서술형 5**

**19** 윗글의 밑줄 친 문장 (A)에 생략된 관계대명사를 넣어 다시
쓰시오. 5점

→ _____

**20** 윗글의 빈칸 (B)에 들어갈 말로 알맞은 것은? 3점

① however ② therefore
③ for example ④ in other words
⑤ on the other hand

**서술형 6**

**21** 윗글의 내용과 일치하도록 빈칸에 알맞은 말을 쓰시오. 5점

> There are various _____ problems that
> can be caused by too much use of smartphones.
> Some examples of these problems are _____
> _____ and _____ _____.

**고난도**

**22** 윗글의 내용과 일치하지 <u>않는</u> 것은? 4점

① If we use our smartphones too much, we can
have several problems.
② Neck pain can be caused by too much texting.
③ Blinking often is good for dry eyes.
④ We can have neck pain if we move our
smartphones up to our eye level.
⑤ Doing neck stretching exercises is good for
preventing text neck.

**[23~25]** 다음 글을 읽고, 물음에 답하시오.

> **How do you feel when you don't have your
> smartphone with you?**
>
> Do you feel ⓐnervously when your smartphone
> is not around? Do you feel sad when you check
> your smartphone and there ⓑis no text message?
> If your answers are "yes," you may ⓒhave
> smartphone addiction. There are various things
> ⓓthat you can do to prevent (A)this. For example,
> turn off your smartphone ⓔduring meals or
> meetings. You can talk to people instead of
> texting (B)them.

**서술형 7**

**23** 윗글의 밑줄 친 ⓐ~ⓔ 중 어법상 **틀린** 것을 찾아 기호를
쓰고, 바르게 고쳐 쓰시오. 5점

( ) → _____

**24** 윗글의 밑줄 친 (A)this와 (B)them이 가리키는 것이 순
서대로 바르게 짝지어진 것은? 3점

① a text message – people
② a text message – meetings
③ smartphone addiction – meals
④ smartphone addiction – messages
⑤ smartphone addiction – people

**서술형 8**

**25** According to the text above, what can we do to
prevent smartphone addiction? 각 4점

→ We can (1)_____

_____

and (2)_____

_____.

모의고사

**01** 다음 영영풀이에 해당하는 단어로 알맞은 것은?  3점

> to get bigger or to make something bigger

① hurt  ② blink  ③ cause
④ prevent  ⑤ increase

**02** 다음 중 밑줄 친 부분의 의미가 [보기]와 같은 것은?  4점

> [보기] I'll text you the final score.

① Did you get a text from Jessica?
② Who wants to read the text aloud?
③ Text me when you're on your way home.
④ The text of the book was written in French.
⑤ Please send me a text when you arrive there.

고난도
**03** 다음 중 밑줄 친 부분과 바꿔 쓸 수 없는 것은?  3점

① She usually gets nervous before a contest.
    (= anxious)
② The scientists did a very simple experiment.
    (= difficult)
③ I cut my finger with a knife. It's really painful.
    (= sore)
④ I had a bad headache, so I went to the doctor.
    (= terrible)
⑤ The police prevented him from leaving the
    country.  (= stopped)

**04** 다음 대화의 빈칸에 들어갈 말로 알맞지 <u>않은</u> 것은?  3점

> A: _____
> B: My leg hurts a lot.

① What's the matter?
② What's the problem?
③ What's wrong with you?
④ What do you like to do?
⑤ Is there anything wrong?

서술형1
**05** 다음 대화의 밑줄 친 우리말과 의미가 같도록 괄호 안의 말을 사용하여 주어진 단어 수에 맞게 문장을 쓰시오.  각 3점

> A: What's the matter, Chris?
> B: (1) 저는 이가 아파요. (have)
> A: Here is some medicine. Take this.
> B: Thank you.
> A: (2) 반드시 치과에 가 보렴. (sure, you, go, to)
> B: OK, I will.

(1) _____ (4단어)

(2) _____ (7단어)

**06** 다음 대화의 ①~⑤ 중 주어진 문장이 들어갈 위치로 알맞은 것은?  3점

> I have a sore throat.

> A: You look sick. ( ① ) What's wrong, Inho?
> B: ( ② ) I have a fever, too.
> A: ( ③ ) I think you have a cold. Take this
>    medicine and make sure you take a good
>    rest. ( ④ )
> B: OK. Thank you. ( ⑤ )

① ② ③ ④ ⑤

**[07~08]** 다음 대화를 읽고, 물음에 답하시오.

> A: ⓐWhat's wrong, Andy?
> B: Hello, Ms. Kim. My right thumb hurts.
> A: Hmm. Do you use your smartphone a lot?
> B: ⓑNo, I don't text a lot. Why?
> A: I think you have texting thumb.
> B: Texting thumb? What's texting thumb?
> A: ⓒIt's pain in your thumb. You can get it from texting too much.
> B: ⓓOh, I didn't know that.
> A: Why don't you do some finger stretching exercises?
> B: ⓔOK, I will.
> A: And make sure you don't text too much.

**07** 위 대화의 밑줄 친 ⓐ~ⓔ 중 흐름상 어색한 것은? 3점

① ⓐ  ② ⓑ  ③ ⓒ  ④ ⓓ  ⑤ ⓔ

서술형2

**08** 위 대화의 내용과 일치하도록 다음 질문에 대한 대답을 완성하시오. 5점

> Q: What does Andy need to do for his right thumb?
> A: He needs to _____
> and shouldn't _____.

**09** 다음 우리말을 영어로 바르게 옮긴 것은? 3점

> 우리는 그런 음악을 재즈라고 부른다.

① We call jazz such music.
② We call music jazz such.
③ We call such music jazz.
④ We call music such as jazz.
⑤ We call such music for jazz.

서술형3

**10** 다음 두 문장을 관계대명사를 사용하여 한 문장으로 쓰시오. 4점

> This is the picture. I painted it all day yesterday.

→ _____

**11** 다음 중 밑줄 친 **that**의 쓰임이 나머지와 **다른** 하나는? 4점

① They know that you won't believe him.
② Is math the subject that you are good at?
③ Did you read the story that I recommended?
④ Mike is the friend that I often play basketball with.
⑤ This is not the book that the teacher told us about.

서술형4

**12** 다음 문장에서 어법상 **틀린** 부분을 찾아 바르게 고쳐 쓰시오. 4점

> I love the music whom we listened to at the party.

_____ → _____

고난도 한 단계 더!

**13** 다음 중 어법상 올바른 문장의 개수는? 5점

> ⓐ Do you call this food taco?
> ⓑ Look at the girl to Alex is talking.
> ⓒ They want to call this puppy as Cookie.
> ⓓ Ted is the boy which I took a picture with.
> ⓔ The coat that you wanted to buy is sold out now.

① 1개  ② 2개  ③ 3개  ④ 4개  ⑤ 5개

**14** 다음 글의 뒤에 이어질 내용으로 가장 알맞은 것은? 4점

> Living without smartphones is difficult for many of us these days. However, unwise or too much use of smartphones can cause various problems.

① the history of smartphones
② various kinds of smartphones
③ problems caused by smartphones
④ tips for choosing good smartphones
⑤ the advantages of using smartphones

**[15~18]** 다음 글을 읽고, 물음에 답하시오.

**Are you a smombie?**

All over the world, people are walking around like zombies. Their heads are down, and their eyes are on their smartphones. We call such people smombies, smartphone zombies. If you are a smombie, you can have various ⓐsafety problems. You may not see a hole in the street, so you may fall and (A) get / getting hurt. You may get into a car accident, too. So what can you do (B) prevent / to prevent these problems? It's simple. Do not look at your smartphone (C) while / during you are walking!

**15** 윗글의 밑줄 친 ⓐ safety problems가 가리키는 것을 모두 고르시오. 4점

① getting into a car accident
② walking around alone at night
③ finding holes in the street easily
④ not looking at your smartphone
⑤ falling down and getting hurt in the street

서술형 5
**16** 다음 영영풀이에 해당하는 단어를 윗글에서 찾아 쓰시오. 3점

> a space dug in the surface of the ground

**17** 윗글의 (A)~(C)의 각 네모 안에 주어진 말 중 어법상 올바른 것끼리 짝지어진 것은? 4점

| | (A) | (B) | (C) |
|---|---|---|---|
| ① | get | prevent | while |
| ② | get | prevent | during |
| ③ | get | to prevent | while |
| ④ | getting | prevent | during |
| ⑤ | getting | to prevent | while |

**18** 윗글의 smombies에 대해서 잘못 이해한 사람은? 4점

① 윤지: They look like zombies when they walk around.
② 서준: They are smartphone zombies.
③ 은빈: They look at their smartphones when they walk.
④ 진호: They may get into a dangerous situation in the street.
⑤ 수아: They should do some eye exercises.

**[19~22]** 다음 글을 읽고, 물음에 답하시오.

**Do you have dry eyes or text neck?**

Smartphones can ⓐcause various health problems. ( ① ) One example is ___(A)___. When you look at your smartphone, you do not blink often. ( ② ) Then your eyes will feel ⓑdry. ( ③ ) When you look down at your smartphone, the stress on your neck increases. ( ④ ) Too ⓒmuch use of your smartphone, for example, too much texting, can cause neck pain. We call ⓓthis as text neck.

Here are ⓔsome tips for these problems. ( ⑤ ) For dry eyes, try to ___(B)___. For text neck, move your smartphone up to your eye level. You can also do some neck stretching exercises.

**19** 윗글의 밑줄 친 ⓐ~ⓔ 중 어법상 틀린 것을 찾아 바르게 고친 것은?     3점

① ⓐ → be caused     ② ⓑ → drily
③ ⓒ → many     ④ ⓓ → this text neck
⑤ ⓔ → a tip

**20** 윗글의 ①~⑤ 중 주어진 문장이 들어갈 위치로 알맞은 것은?     3점

> Another problem you can have is neck pain.

①     ②     ③     ④     ⑤

서술형**6**

**21** 윗글의 빈칸 (A)와 (B)에 들어갈 말을 본문에서 찾아 각각 2단어로 쓰시오.     각 3점

(A) _____

(B) _____

**22** 윗글을 읽고 답할 수 <u>없는</u> 질문은?     4점

① What health problems can we have because of smartphones?
② What will happen if we don't blink often?
③ How often do we usually blink in a minute?
④ What can cause text neck?
⑤ What are the things that we can do to prevent text neck?

**[23~25]** 다음 글을 읽고, 물음에 답하시오.

> **How do you feel when you don't have your smartphone with you?**
>
>   Do you feel nervous when your smartphone is not around? Do you feel sad when you check your smartphone and there is no text message? _____ ⓐ _____ your answers are "yes," you may have smartphone addiction. There are various things you can do (A) to prevent this. For example, turn off your smartphone _____ ⓑ _____ meals or meetings. You can talk to people instead of texting them.

**23** 윗글의 흐름상 빈칸 ⓐ와 ⓑ에 들어갈 말이 순서대로 바르게 짝지어진 것은?     3점

① If – during     ② Because – since
③ When – while     ④ Although – when
⑤ Unless – after

**24** 윗글의 밑줄 친 (A) to prevent와 쓰임이 같은 것은?    4점

① We decided to buy a new car.
② For me, to use chopsticks isn't easy.
③ My hobby is to read detective stories.
④ I stopped by the store to buy some yogurt.
⑤ When did Chris begin to learn taekwondo?

서술형**7**

**25** 윗글에서 스마트폰 중독을 예방하기 위한 방법으로 언급된 것 2가지를 우리말로 쓰시오.     각 4점

(1) _____

(2) _____

**01** 다음 중 단어와 영영풀이가 바르게 연결되지 <u>않은</u> 것은?

3점

① simple: not difficult or complicated
② dry: without water or liquid on the surface
③ without: not having something or someone with you
④ addiction: something bad that happens that is not wanted or planned
⑤ text: to send someone a written message using a cell phone

서술형**1**

**02** 다음 빈칸에 공통으로 들어갈 단어를 주어진 철자로 시작하여 쓰시오.

4점

· The c_____ of the fire is still not clear.
· If these exercises c_____ pain, you should stop doing them.

**03** 다음 중 밑줄 친 부분의 쓰임이 문맥상 <u>어색한</u> 것은?

4점

① Tom will <u>text</u> you the details later.
② We had just salad <u>instead of</u> a full meal.
③ I <u>turned off</u> the computer to send her an email.
④ Jina is the most <u>intelligent</u> student in our school.
⑤ The number of people in this city <u>increased</u> a lot last year.

**04** 다음 대화의 빈칸에 들어갈 말로 알맞지 <u>않은</u> 것은?

3점

A: What's wrong?
B: My back hurts a lot.
A: _____

① Put a heating pad on it.
② Make sure you go see a doctor.
③ I think I should take a good rest.
④ Don't forget to take some medicine.
⑤ Why don't you do some stretching exercises?

서술형**2**

**05** 다음 대화를 읽고, 괄호 안의 단어를 사용하여 빈칸에 들어갈 말을 쓰시오. (5단어)

5점

A: What's wrong?
B: _____
      (have, terrible)
A: Here is some medicine. Take this.
B: Thank you.
A: And make sure you go to the dentist.
B: OK, I will.

**06** 다음 중 짝지어진 대화가 <u>어색한</u> 것은?

4점

① A: Is anything wrong?
   B: I have a stomachache.
② A: Why don't you get some rest?
   B: Don't forget to go see a doctor.
③ A: My left foot hurts a lot.
   B: That's too bad. Put some ice on it.
④ A: What's the matter with you?
   B: I don't feel well. I think I have a cold.
⑤ A: I have a sore throat. I have a fever, too.
   B: Take this medicine and drink a lot of water.

**[07~09]** 다음 대화를 읽고, 물음에 답하시오.

A: What's wrong, Andy?
B: Hello, Ms. Kim. My right thumb hurts.
A: Hmm. Do you use your smartphone a lot?
B: Yes, I text a lot. Why?
(A) It's pain in your thumb. You can get it from texting too much.
(B) Texting thumb? What's texting thumb?
(C) Oh, I didn't know that.
(D) I think you have texting thumb.
A: Why don't you do some finger stretching exercises?
B: OK, I will.
A: And make sure you _____ ⓐ _____.

**07** 위 대화의 흐름에 맞게 (A)~(D)를 바르게 배열한 것은?
　　　　　　　　　　　　　　　　　　　　　　3점

① (A) – (D) – (C) – (B)　② (B) – (C) – (A) – (D)
③ (B) – (D) – (C) – (A)　④ (D) – (A) – (B) – (C)
⑤ (D) – (B) – (A) – (C)

**08** 위 대화의 흐름상 빈칸 ⓐ에 들어갈 말로 알맞은 것은? 4점

① don't text too much
② don't talk on the phone
③ use your smartphone a lot
④ text your friends more often
⑤ be careful not to drop your smartphone

**09** 위 대화를 읽고 답할 수 <u>없는</u> 질문은?　　4점

① What's the matter with Andy?
② What is texting thumb?
③ What can cause texting thumb?
④ What kind of stretching exercise does Andy do?
⑤ What did Ms. Kim advise Andy to do?

**10** 다음 중 빈칸에 which를 쓸 수 <u>없는</u> 것은?　3점

① The subject _____ I'm good at is history.
② The food _____ I don't like is rice noodles.
③ Who is the actor _____ you like the most?
④ The movie _____ I watched last night is *The Avengers*.
⑤ The country _____ I am going to visit this summer is Norway.

〔서술형3〕
**11** 다음 문장의 밑줄 친 ⓐ~ⓔ 중 어법상 <u>틀린</u> 부분을 찾아 기호를 쓰고, 바르게 고쳐 쓰시오.　5점

My classmate Jina always ⓐlaughs ⓑa lot, ⓒso we all ⓓcall her ⓔas Happy Girl.

(　　　) → _____

〔서술형4〕
**12** 다음 우리말과 의미가 같도록 빈칸에 알맞은 말을 쓰시오.
　　　　　　　　　　　　　　　　　　　　　　5점

네가 가장 잘 부를 수 있는 노래는 무엇이니?

→ What is the song _____ _____ _____
　　_____ the best?

〔한 단계 │ 더!〕
**13** 다음 두 문장을 한 문장으로 바르게 바꿔 쓴 것을 <u>모두</u> 고르시오.　4점

I know the girl. Eric is taking a walk with her.

① I know the girl Eric is taking a walk with.
② I know the girl Eric is taking a walk with her.
③ I know the girl with that Eric is taking a walk.
④ I know the girl with whom Eric is taking a walk.
⑤ I know the girl which Eric is taking a walk with.

**14** 다음 중 어법상 올바른 문장끼리 짝지어진 것은? 5점

> ⓐ Do you call such a dance as flamenco?
> ⓑ The cookies Ted baked were very nice.
> ⓒ People call Handel the mother of music.
> ⓓ My mom is the person whom I love the most.
> ⓔ This is the house in that my grandparents live.

① ⓐ, ⓒ      ② ⓐ, ⓔ      ③ ⓑ, ⓔ

④ ⓑ, ⓒ, ⓓ      ⑤ ⓒ, ⓓ, ⓔ

**[15~19]** 다음 글을 읽고, 물음에 답하시오.

> Living without smartphones is ⓐdifficult for many of us these days. ( ① ) However, unwise or too much use of smartphones can ⓑsolve various problems. ( ② )
>
> **Are you a smombie?**
>
> All over the world, people are ⓒwalking around like zombies. Their heads are ⓓdown, and their eyes are on their smartphones. ( ③ ) If you are a smombie, you can have various safety problems. ( ④ ) You may not see a hole in the street, so you (A)may fall and get hurt. You may ⓔget into a car accident, too. ( ⑤ ) So what can you do to prevent these problems? (B)It's simple. Do not look at your smartphone while you are walking!

**15** 윗글의 ①~⑤ 중 주어진 문장이 들어갈 위치로 알맞은 것은? 3점

> We call such people smombies, smartphone zombies.

①      ②      ③      ④      ⑤

**16** 윗글의 밑줄 친 ⓐ~ⓔ 중 문맥상 어색한 것은? 4점

① ⓐ      ② ⓑ      ③ ⓒ      ④ ⓓ      ⑤ ⓔ

**17** 윗글의 밑줄 친 (A)may와 쓰임이 같은 것은? 4점

① May I try these jeans on?
② You may come in and wait here.
③ Headaches may be a sign of stress.
④ I'm very tired. May I go to bed now?
⑤ You may borrow the book if you want.

서술형 5

**18** 윗글의 밑줄 친 (B)It이 가리키는 것을 우리말로 쓰시오.

4점

_____

서술형 6

**19** 윗글의 내용과 일치하도록 빈칸에 알맞은 말을 쓰시오. 5점

> Q: What should smombies do to prevent _____ problems?
> A: They should not _____ _____ their smartphones when they _____.

**[20~23]** 다음 글을 읽고, 물음에 답하시오.

> **Do you have dry eyes or text neck?**
>
> Smartphones can cause various ____ⓐ____ problems. One example is dry eyes. When you look at your smartphone, you do not blink often. Then your eyes will feel dry.
>
> Another problem (A)whom / which you can have is neck pain. When you look down at your smartphone, the stress on your neck increases. Too much use of your smartphone, for example, too much texting, can (B)cause / be caused neck pain. ⓑ우리는 이것을 거북목 증후군이라고 부른다.
>
> Here are some tips for these problems. For dry eyes, try (C)blink / to blink often. For text neck, move your smartphone up to your eye level. You can also do some neck stretching exercises.

**20** 윗글의 흐름상 빈칸 ⓐ에 들어갈 말로 알맞은 것은?　3점

① family　　② safety　　③ health
④ friend　　⑤ learning

**21** 윗글의 (A)~(C)의 각 네모 안에 주어진 말 중 어법상 올바른 것끼리 짝지어진 것은?　4점

|   | (A) | (B) | (C) |
|---|---|---|---|
| ① | whom | ⋯ cause | ⋯ blink |
| ② | whom | ⋯ be caused | ⋯ to blink |
| ③ | which | ⋯ cause | ⋯ blink |
| ④ | which | ⋯ cause | ⋯ to blink |
| ⑤ | which | ⋯ be caused | ⋯ blink |

**22** 윗글의 밑줄 친 우리말 ⓑ를 영어로 바르게 옮긴 것은?　3점

① We call this text neck.
② We call neck this text.
③ We call text neck as this.
④ We call this with text neck.
⑤ We call text neck from this.

**23** 윗글의 내용과 일치하지 <u>않는</u> 것을 <u>모두</u> 고르시오.　4점

① If you blink your eyes often, your eyes will get dry.
② Text neck is pain in the neck.
③ Text neck can be caused by too much texting.
④ To prevent dry eyes, you should look up at your smartphone.
⑤ Stretching your neck is helpful for neck pain.

**[24~25]** 다음 글을 읽고, 물음에 답하시오.

> **How do you feel when you don't have your smartphone with you?**
>
> Do you feel nervous when your smartphone is not around? Do you feel sad when you check your smartphone and there is no text message? If your answers are "yes," you may have smartphone addiction. There are various things you can do (A) <u>prevent</u> this. For example, turn off your smartphone during meals or meetings. You can talk to people instead of (B) <u>text</u> them.

서술형7

**24** 윗글의 밑줄 친 동사 (A) prevent와 (B) text를 어법상 알맞은 형태로 쓰시오.　각 3점

(A) _____

(B) _____

**25** 윗글의 내용을 바르게 이해한 사람끼리 짝지어진 것은?　4점

> • 소미: 스마트폰이 없을 때 불안하면 스마트폰 중독일 수 있어.
> • 지훈: 스마트폰 중독은 예방하기가 매우 어렵고, 예방할 방법이 거의 없어.
> • 민수: 식사나 회의를 할 때 스마트폰을 끄면 스마트폰 중독을 예방할 수 있어.
> • 나리: 요즘 사회에서 스마트폰으로 사람들과 소통하는 것은 매우 중요해.

① 소미, 지훈　　　　② 소미, 나리
③ 소미, 민수　　　　④ 소미, 지훈, 나리
⑤ 지훈, 민수, 나리

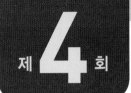 

**01** 다음 영영풀이에 해당하는 단어가 <u>아닌</u> 것은? 3점

> ⓐ to stop something from happening
> ⓑ to open and close your eyes very quickly
> ⓒ a space dug in the surface of the ground
> ⓓ the feeling you have when a part of your body hurts

① pain      ② hole      ③ blink
④ cause      ⑤ prevent

**02** 다음 중 밑줄 친 부분의 의미가 같은 것끼리 짝지어진 것은? 4점

① I hope you keep your <u>promise</u>.
   He <u>promised</u> his parents not to lie.
② What <u>caused</u> the car accident?
   Tree roots can <u>cause</u> damage to buildings.
③ What kind of <u>exercise</u> do you usually do?
   My sister <u>exercises</u> three times a week.
④ Jenny and I don't usually <u>text</u> each other.
   Read the <u>text</u> again and answer the question.
⑤ People <u>call</u> New York City the Big Apple.
   He didn't answer the phone. I'll <u>call</u> him again.

**03** 다음 ⓐ~ⓓ의 빈칸 중 어느 곳에도 들어갈 수 <u>없는</u> 것은? 4점

> ⓐ My parents won't _____ my allowance.
> ⓑ They continued to work on _____ a break.
> ⓒ We keep the medicine in a cool _____ place.
> ⓓ This is made with _____ kinds of vegetables.

① increase      ② unwise      ③ dry
④ without      ⑤ various

**04** 다음 대화의 밑줄 친 문장과 바꿔 쓸 수 <u>없는</u> 것을 모두 고르시오. 3점

> A: <u>What's the matter?</u>
> B: I have a terrible stomachache.
> A: I think you should go see a doctor.

① What's your problem?
② What's wrong with it?
③ What's bothering you?
④ Is there anything wrong?
⑤ What do you want to have?

**[05~06]** 다음 대화를 읽고, 물음에 답하시오.

> A: What's wrong, Peter?
> B: I don't know, Ms. Kim, but my back hurts a lot.
> A: Put a heating pad on it. And _____ ⓐ do some stretching exercises.
> B: OK.

**05** 윗글의 빈칸 ⓐ에 들어갈 말로 알맞지 <u>않은</u> 것은? 3점

① I want to      ② remember to
③ make sure you      ④ don't forget to
⑤ I think you should

서술형 1

**06** 다음 ⓐ~ⓒ 중 위 대화의 내용과 일치하지 <u>않는</u> 것을 찾아 기호를 쓰고, 바르게 고쳐 쓰시오. 5점

> ⓐ Peter has a bad backache.
> ⓑ Ms. Kim told Peter to put some ice on his back.
> ⓒ Peter will do stretching exercises for his back.

(      ) _____ → _____

**[07~09]** 다음 대화를 읽고, 물음에 답하시오.

> A: What's the matter, Andy?
> B: Hello, Ms. Kim. ⓐMy right shoulder hurts.
> A: Hmm. ⓑDo you use your smartphone a lot?
> B: Yes, I text a lot. Why?
> A: ⓒI think you have texting thumb.
> B: Texting thumb? What's texting thumb?
> A: ⓓIt's pain in your thumb. Too much texting can cause it.
> B: ⓔOh, I didn't know that.
> A: Why don't you do some finger stretching exercises?
> B: OK, I will.
> A: (A)반드시 문자 메시지를 너무 많이 하지 않도록 하렴.

서술형**2**

**07** 위 대화의 ⓐ~ⓔ 중 흐름상 어색한 것을 찾아 기호를 쓰고, 바르게 고쳐 문장을 다시 쓰시오. **4점**

( ) → _____

**08** 위 대화의 내용과 일치하도록 할 때, 빈칸에 들어갈 말로 알맞은 것은? **3점**

> **Q:** What did Ms. Kim advise Andy to do?
> **A:** She advised him _____.

① to go see a doctor
② to use his left hand
③ to wash his hands more often
④ to do finger stretching exercises
⑤ to text instead of talking on the phone

서술형**3**

**09** 위 대화의 밑줄 친 우리말 (A)와 의미가 같도록 [조건]에 맞게 문장을 쓰시오. **5점**

> [조건] 1. 명령문으로 쓸 것
> 2. make, you, text, too를 사용할 것

→ _____

서술형**4** 한 단계 **더!**

**10** 주어진 두 문장을 [조건]에 맞게 한 문장으로 쓰시오. **5점**

> The song is really good. I am listening to it now.

> [조건] 1. 관계대명사를 사용할 것
> 2. to를 관계대명사 앞에 쓸 것

→ _____

고난도 한 단계 **더!**

**11** 다음 중 밑줄 친 부분을 생략할 수 없는 것끼리 짝지어진 것은? **5점**

> ⓐ The girl that is standing there is Amy.
> ⓑ This is the movie which I told you about.
> ⓒ She is the person for whom he was looking.
> ⓓ I am reading a book that I borrowed from the library.
> ⓔ The boy didn't like the coat that his mom bought for him.

① ⓐ, ⓒ     ② ⓑ, ⓓ     ③ ⓒ, ⓔ
④ ⓐ, ⓒ, ⓓ     ⑤ ⓑ, ⓒ, ⓔ

한 단계 **더!**

**12** 다음 우리말을 영어로 옮긴 것 중 어법상 틀린 것은? **4점**

① 내가 만든 쿠키는 너무 맛이 없었다.
→ The cookies I made were terrible.
② 우리는 그 개를 Max라고 부르기로 결정했다.
→ We decided to call the dog Max.
③ 사람들은 그를 팝의 황제라고 부른다.
→ People call him for King of Pop.
④ 그 부부는 아들을 George라고 이름 지었다.
→ The couple named their son George.
⑤ 그들이 네가 만나고 싶어 했던 침팬지와 그 조련사야.
→ They are the chimpanzee and her trainer that you wanted to meet.

**고난도** 한 단계 더!

**13** 다음 중 밑줄 친 부분의 쓰임이 나머지와 <u>다른</u> 하나는? 5점

① Everyone calls her <u>Liz</u>.
② She made her son <u>an engineer</u>.
③ We elected Jiho <u>class president</u>.
④ Dave sent his sister <u>a long letter</u>.
⑤ Jenny named her hamster <u>Cookie</u>.

**14** 다음 빈칸 ⓐ와 ⓑ에 들어갈 말이 순서대로 바르게 짝지어진 것은? 4점

> The man is the clerk. + I talked with him yesterday.
> = The man ____ⓐ____ I talked with yesterday is the clerk.
> = The man with ____ⓑ____ I talked yesterday is the clerk.

① which – who
② that – whom
③ who – that
④ which – whom
⑤ whom – which

서술형5 한 단계 더!

**15** 다음 ⓐ~ⓔ 중 어법상 틀린 문장을 3개 찾아 기호를 쓰고, 바르게 고쳐 문장을 다시 쓰시오. 6점

> ⓐ People call this winter sport as bobsleigh.
> ⓑ I know the girl you saw at the park.
> ⓒ Dad is the person whom I respect the most.
> ⓓ Everyone liked the cookies which Mom baked them.
> ⓔ This is the comic book in that you're interested.

(1) (      ) → _____
(2) (      ) → _____
(3) (      ) → _____

**[16~19]** 다음 글을 읽고, 물음에 답하시오.

> Living without smartphones is difficult for many of us these days. However, unwise or too much use of smartphones can ____ⓐ____ various problems.
> All over the world, people are walking around ⓑlike zombies. Their heads are down, and their eyes are on their smartphones. ⓒ<u>우리는 그런 사람들을 스몸비, 즉 스마트폰 좀비라고 부른다.</u> If you are a smombie, you can have various safety problems. You may not see a hole in the street, so you may fall and get hurt. You may get into a car accident, too. So what can you do to prevent these problems? It's simple. Do not look at your smartphone while you are walking!

신유형

**16** 윗글의 빈칸 ⓐ와 [보기]의 빈칸에 공통으로 들어갈 단어의 영영풀이로 알맞은 것은? 4점

> [보기] Careless driving can _____ accidents.

① to make something happen
② to stop something from happening
③ to get bigger or to make something bigger
④ to give something or someone a name or title
⑤ to send someone a written message using a cell phone

**17** 윗글의 밑줄 친 ⓑlike와 쓰임이 <u>다른</u> 하나는? 3점

① This drink tastes <u>like</u> honey.
② How did you <u>like</u> your trip to Europe?
③ The girl wants to be a vet <u>like</u> her mom.
④ You should stop treating him <u>like</u> a child.
⑤ I planted vegetables <u>like</u> onions and carrots.

서술형6

**18** 윗글의 밑줄 친 우리말 ⓒ를 7단어의 영어로 쓸 때, 5번째로 오는 단어를 쓰시오. 5점

_____

**19** 윗글의 smombies에 대한 설명으로 알맞은 것을 <u>모두</u> 고르시오. 3점

① They are people who look at their smartphones while they are walking.
② They don't usually have safety problems.
③ They can find holes in the street and avoid them easily.
④ They need to live without smartphones to avoid safety problems.
⑤ They shouldn't use their smartphones when they walk for their safety.

**[20~22]** 다음 글을 읽고, 물음에 답하시오.

Smartphones can cause various health problems. One example is dry eyes. When you look at your smartphone, you do not blink often. Then your eyes will ⓐ feel drily.
(A) 당신이 겪을 수 있는 또 다른 문제는 목 통증이다. When you look down at your smartphone, the stress on your neck ⓑ increases. Too ⓒ much use of your smartphone, for example, too much texting, can cause neck pain. We call this text neck.
Here ⓓ are some tips for these problems. For dry eyes, try ⓔ to blink often. For text neck, move your smartphone up to your eye level. You can also do some neck stretching exercises.

**20** 윗글의 밑줄 친 ⓐ~ⓔ 중 어법상 <u>틀린</u> 것은? 3점

① ⓐ　② ⓑ　③ ⓒ　④ ⓓ　⑤ ⓔ

**21** 윗글의 밑줄 친 우리말 (A)를 영어로 옮길 때 필요한 말이 <u>아닌</u> 것은? 3점

① who　② another　③ is
④ neck　⑤ problem

서술형**7**

**22** According to the text above, what health problems can be caused by smartphones? Answer in a complete English sentence. 5점

→ _____

**[23~25]** 다음 글을 읽고, 물음에 답하시오.

(A) For example, turn off your smartphone during meals or meetings. You can talk to people instead of texting them.
(B) If your answers are "yes," you may have smartphone addiction. There are various things you can do ⓐ to prevent this.
(C) Do you feel nervous when your smartphone is not around? Do you feel sad when you check your smartphone and there is no text message?

**23** 윗글의 흐름에 맞게 (A)~(C)를 바르게 배열한 것은? 3점

① (A) – (B) – (C)　② (B) – (A) – (C)
③ (B) – (C) – (A)　④ (C) – (A) – (B)
⑤ (C) – (B) – (A)

**24** 윗글의 밑줄 친 ⓐ to prevent와 쓰임이 같은 것끼리 바르게 짝지어진 것은? 3점

ⓐ To bake cookies is my hobby.
ⓑ To stay healthy, I exercise every day.
ⓒ He decided to go on a trip to Africa.
ⓓ I went to the library to borrow some books.

① ⓐ, ⓑ　② ⓑ, ⓒ　③ ⓑ, ⓓ
④ ⓐ, ⓒ, ⓓ　⑤ ⓑ, ⓒ, ⓓ

서술형**8**

**25** 윗글의 내용과 일치하도록 다음 고민 상담 글을 완성하시오. 5점

Dan: I think I have _____ _____. I feel nervous without my smartphone.
↳ Reply: _____ _____ your smartphone when you are eating. Also, you should _____ _____ people rather than text them.

○ 틀린 문항을 표시해 보세요.

○ 부족한 영역을 점검하고 어떻게 더 학습할지 계획을 적어 보세요.

〈제**1**회〉 대표 기출로 내신 **적중** 모의고사　　　총점 ＿＿＿＿ / 100

| 문항 | 영역 | 문항 | 영역 | 문항 | 영역 |
|---|---|---|---|---|---|
| 01 | p.10(W) | 10 | p.23(G) | 19 | pp.30~31(R) |
| 02 | p.8(W) | 11 | p.22(G) | 20 | pp.30~31(R) |
| 03 | p.8(W) | 12 | p.22(G) | 21 | pp.30~31(R) |
| 04 | p.13(L&T) | 13 | pp.22~23(G) | 22 | pp.30~31(R) |
| 05 | p.14(L&T) | 14 | p.30(R) | 23 | p.31(R) |
| 06 | p.14(L&T) | 15 | p.30(R) | 24 | p.31(R) |
| 07 | p.15(L&T) | 16 | p.30(R) | 25 | p.31(R) |
| 08 | p.15(L&T) | 17 | p.30(R) | | |
| 09 | p.22(G) | 18 | pp.30~31(R) | | |

| 제1회 오답 공략 | |
|---|---|
| 부족한 영역 | |
| 학습 계획 | |

〈제**2**회〉 대표 기출로 내신 **적중** 모의고사　　　총점 ＿＿＿＿ / 100

| 문항 | 영역 | 문항 | 영역 | 문항 | 영역 |
|---|---|---|---|---|---|
| 01 | p.10(W) | 10 | p.22(G) | 19 | pp.30~31(R) |
| 02 | p.10(W) | 11 | p.22(G) | 20 | pp.30~31(R) |
| 03 | p.10(W) | 12 | p.22(G) | 21 | pp.30~31(R) |
| 04 | p.13(L&T) | 13 | pp.22~23(G) | 22 | pp.30~31(R) |
| 05 | p.14(L&T) | 14 | p.30(R) | 23 | p.31(R) |
| 06 | p.14(L&T) | 15 | p.30(R) | 24 | p.31(R) |
| 07 | p.15(L&T) | 16 | p.30(R) | 25 | p.31(R) |
| 08 | p.15(L&T) | 17 | p.30(R) | | |
| 09 | p.23(G) | 18 | p.30(R) | | |

| 제2회 오답 공략 | |
|---|---|
| 부족한 영역 | |
| 학습 계획 | |

〈제**3**회〉 대표 기출로 내신 **적중** 모의고사　　　총점 ＿＿＿＿ / 100

| 문항 | 영역 | 문항 | 영역 | 문항 | 영역 |
|---|---|---|---|---|---|
| 01 | p.10(W) | 10 | p.22(G) | 19 | p.30(R) |
| 02 | p.10(W) | 11 | p.23(G) | 20 | pp.30~31(R) |
| 03 | p.8(W) | 12 | p.22(G) | 21 | pp.30~31(R) |
| 04 | p.13(L&T) | 13 | p.22(G) | 22 | pp.30~31(R) |
| 05 | p.14(L&T) | 14 | pp.22~23(G) | 23 | pp.30~31(R) |
| 06 | p.13(L&T) | 15 | p.30(R) | 24 | p.31(R) |
| 07 | p.15(L&T) | 16 | p.30(R) | 25 | p.31(R) |
| 08 | p.15(L&T) | 17 | p.30(R) | | |
| 09 | p.15(L&T) | 18 | p.30(R) | | |

| 제3회 오답 공략 | |
|---|---|
| 부족한 영역 | |
| 학습 계획 | |

〈제**4**회〉 고난도로 내신 **적중** 모의고사　　　총점 ＿＿＿＿ / 100

| 문항 | 영역 | 문항 | 영역 | 문항 | 영역 |
|---|---|---|---|---|---|
| 01 | p.10(W) | 10 | p.22(G) | 19 | p.30(R) |
| 02 | p.10(W) | 11 | p.22(G) | 20 | pp.30~31(R) |
| 03 | p.8(W) | 12 | pp.22~23(G) | 21 | pp.30~31(R) |
| 04 | p.13(L&T) | 13 | p.23(G) | 22 | pp.30~31(R) |
| 05 | p.14(L&T) | 14 | p.22(G) | 23 | p.31(R) |
| 06 | p.14(L&T) | 15 | pp.22~23(G) | 24 | p.31(R) |
| 07 | p.15(L&T) | 16 | p.30(R) | 25 | p.31(R) |
| 08 | p.15(L&T) | 17 | p.30(R) | | |
| 09 | p.15(L&T) | 18 | p.30(R) | | |

| 제4회 오답 공략 | |
|---|---|
| 부족한 영역 | |
| 학습 계획 | |

# Lesson

# 6

# Different People, Different Views

| | 계획 말하기 | I'm planning to see a movie this Saturday. (나는 이번 주 토요일에 영화를 볼 계획이야.) |
|---|---|---|
| 의사소통 기능 | 약속 정하기 | A: What time and where should we meet? (몇 시에 어디에서 만날까?)<br>B: How about meeting at 2:30 in front of Star Movie Theater?<br>(Star 영화관 앞에서 2시 30분에 만나는 게 어때?)<br>A: OK. See you then. (좋아. 그때 보자.) |
| 언어 형식 | 지각동사+목적어<br>+-ing / 동사원형 | Daedalus **saw** birds **flying**.<br>(Daedalus는 새가 날아가는 것을 보았다.) |
| | so ~ that ... | Icarus was **so** excited **that** he forgot his father's warning.<br>(Icarus는 너무 흥분해서 그의 아버지의 경고를 잊었다.) |

주요
학습 내용

학습 단계
PREVIEW

| STEP **A** | Words | Listen and Talk | Grammar | Reading | 기타 지문 |
|---|---|---|---|---|---|
| STEP **B** | Words | Listen and Talk | Grammar | Reading | 서술형 100% Test |
| 내신 적중 모의고사 | 제 1 회 | 제 2 회 | 제 3 회 | 제 4 회 | |

## Words

# 만점 노트

## Listen and Talk

＊ 완벽히 외운 단어는 □ 안에 √ 표 해 봅시다.

| | | |
|---|---|---|
| □□ amusement park | 놀이공원 | |
| □□ begin☆ | (동) 시작하다; 시작되다 (-began-begun) | |
| □□ exhibition | (명) 전시회 | |
| □□ invite | (동) 초대하다, 초청하다 | |
| □□ join☆ | (동) 함께하다, 합류하다; 가입하다 | |
| □□ national | (형) 국가 소유의, 국립의; 국가의 | |
| □□ painter | (명) 화가 | |
| □□ plan☆ | (동) 계획하다 (명) 계획 | |
| □□ romantic | (형) 로맨틱한, 연애의 | |
| □□ stadium | (명) 경기장 | |
| □□ theater | (명) 극장 | |
| □□ ticket office | 매표소 | |
| □□ How(What) about ~? | ~하는 게 어때? | |
| □□ in front of | ~ 앞에서 | |

## Talk and Play

| | | |
|---|---|---|
| □□ laugh | (동) 웃다 | |
| □□ light | (명) 빛 (형) 가벼운 | |

## Reading

| | | |
|---|---|---|
| □□ adventurous | (형) 모험심이 강한 | |
| □□ brave | (형) 용감한 | |
| □□ detail | (명) 세부 사항 | |
| □□ difference☆ | (명) 차이(점) | |
| □□ escape | (동) 탈출하다, 벗어나다 | |
| □□ feather | (명) 깃털 | |
| □□ flight☆ | (명) 비행, 날기 | |
| □□ foolish | (형) 어리석은 | |
| □□ furthermore | (부) 게다가, 더욱이 | |
| □□ gather | (동) 모으다 | |
| □□ glue | (동) (접착제로) 붙이다 | |
| □□ Greek | (형) 그리스의 (명) 그리스인, 그리스어 | |
| □□ inventor | (명) 발명가 | |
| □□ melt | (동) 녹다, 녹이다 | |
| □□ myth | (명) 신화 | |
| □□ outline | (명) 윤곽, 외형 | |
| □□ shout | (동) 외치다 | |
| □□ simple | (형) 간단한, 단순한 | |
| □□ subject☆ | (명) 주제 | |
| □□ warn | (동) 경고하다, 주의를 주다 | |
| □□ warning | (명) 경고, 주의 | |
| □□ wax | (명) 밀랍, 왁스 | |
| □□ way☆ | (명) 방식, 태도 | |
| □□ wing | (명) 날개 | |
| □□ come from | ~에서 나오다, 비롯되다 | |
| □□ cry out | 비명을 지르다 | |
| □□ deal with☆ | (주제·소재로) ~을 다루다 | |
| □□ fall into | ~에 빠지다 | |
| □□ in addition to | ~뿐만 아니라, ~에 더하여 | |
| □□ in contrast☆ | 그에 반해서, 반면에 | |

## Language in Use

| | | |
|---|---|---|
| □□ follow | (동) 따라가다 | |
| □□ skip | (동) 거르다, 건너뛰다 | |
| □□ strange | (형) 이상한 | |
| □□ talk to oneself | 혼잣말하다 | |

## Think and Write & Team Project

| | | |
|---|---|---|
| □□ control | (동) 지배하다, 통제하다 | |
| □□ finally | (부) 마지막으로 | |
| □□ friendly | (형) 친절한, 우호적인 | |
| □□ powerful | (형) 강력한, 힘 있는 | |

## Review

| | | |
|---|---|---|
| □□ dark | (형) 어두운 | |
| □□ go for a walk | 산책하러 가다 | |

**Words**

# 연습 문제

## A 다음 단어의 우리말 뜻을 쓰시오.

01 exhibition _____
02 feather _____
03 national _____
04 adventurous _____
05 myth _____
06 outline _____
07 escape _____
08 powerful _____
09 warn _____
10 flight _____
11 wing _____
12 Greek _____
13 way _____
14 furthermore _____
15 inventor _____
16 plan _____
17 melt _____
18 skip _____
19 painter _____
20 control _____

## B 다음 우리말 뜻에 알맞은 영어 단어를 쓰시오.

01 모으다 _____
02 시작하다; 시작되다 _____
03 놀이공원 _____
04 경고, 주의 _____
05 극장 _____
06 경기장 _____
07 외치다 _____
08 간단한, 단순한 _____
09 주제 _____
10 밀랍, 왁스 _____
11 (접착제로) 붙이다 _____
12 매표소 _____
13 세부 사항 _____
14 어리석은 _____
15 이상한 _____
16 초대하다, 초청하다 _____
17 차이(점) _____
18 따라가다 _____
19 용감한 _____
20 함께하다; 가입하다 _____

## C 다음 영어 표현의 우리말 뜻을 쓰시오.

01 in contrast _____
02 cry out _____
03 talk to oneself _____
04 come from _____
05 How about ~? _____
06 in addition to _____
07 go for a walk _____
08 deal with _____
09 fall into _____
10 in front of _____

## D 다음 우리말 뜻에 알맞은 영어 표현을 쓰시오.

01 산책하러 가다 _____
02 ~에 빠지다 _____
03 ~을 다루다 _____
04 비명을 지르다 _____
05 그에 반해서, 반면에 _____
06 혼잣말하다 _____
07 ~ 앞에서 _____
08 ~뿐만 아니라, ~에 더하여 _____
09 ~에서 나오다, 비롯되다 _____
10 ~하는 게 어때? _____

## Words Plus
# 만점 노트

### 영영풀이

| | | | |
|---|---|---|---|
| □□ | adventurous | 모험심이 강한 | willing to take risks in order to find excitement |
| □□ | brave | 용감한 | showing no fear of dangerous or difficult things |
| □□ | detail | 세부 사항 | a small fact, feature, or piece of information about something |
| □□ | difference | 차이(점) | the way in which one thing is not the same as something else |
| □□ | escape | 탈출하다, 벗어나다 | to get away from a place or person |
| □□ | exhibition | 전시회 | a public show of something |
| □□ | feather | (새의) 털, 깃털 | one of the light soft things that cover a bird's body |
| □□ | flight | 비행, 날기 | the act of flying through the air |
| □□ | foolish | 어리석은 | silly or not sensible |
| □□ | gather | 모으다 | to collect several things, often from different places or people |
| □□ | glue | (접착제로) 붙이다 | to join things together using glue |
| □□ | inventor | 발명가 | someone who makes or thinks of something completely new |
| □□ | myth | 신화 | an old story about gods, brave people, magical creatures, etc. |
| □□ | outline | 윤곽, 외형 | a line that shows the shape of something |
| □□ | shout | 외치다, 소리치다 | to say something very loudly |
| □□ | simple | 간단한, 단순한 | not complicated; easy to do or understand |
| □□ | subject | 주제 | the topic of what is said, written, or studied |
| □□ | way | 방식, 태도 | how you do something |
| □□ | warn | 경고하다 | to tell someone that something bad might happen, so that he or she can avoid it |
| □□ | wing | 날개 | one of the parts of a bird's or an insect's body that it uses to fly |

### 단어의 의미 관계

- **유의어**
  begin (시작하다) = start
  brave (용감한) = courageous
  foolish (어리석은) = stupid
  shout (외치다) = yell

- **반의어**
  different (다른) ↔ same (같은)
  simple (단순한) ↔ complicated (복잡한)

- **동사 – 명사**
  exhibit (전시하다) – exhibition (전시회, 전시)
  fly (날다) – flight (비행, 날기)
  invite (초대하다) – invitation (초대)

- **명사 – 형용사**
  adventure (모험) – adventurous (모험심이 강한)
  difference (차이, 다름) – different (다른)

### 다의어

- **glue**  1. ⑧ (접착제로) 붙이다   2. ⑲ 접착제
  1. I **glued** the label on the box.
     (나는 상자에 라벨을 붙였다.)
  2. Stick the two pieces of wood together with **glue**.
     (접착제로 나무 두 조각을 하나로 붙이세요.)

- **subject**  1. ⑲ 주제, 화제   2. ⑲ 과목
  1. Can we talk about a different **subject**?
     (우리 다른 주제에 대해 이야기할까요?)
  2. My favorite **subject** is math.
     (내가 가장 좋아하는 과목은 수학이다.)

- **way**  1. ⑲ 방식, 태도   2. ⑲ 길, 도로
  1. They treated us in a friendly **way**.
     (그들은 우리를 친근한 태도로 대했다.)
  2. There are several **ways** through the woods.
     (숲을 통과하는 여러 길이 있다.)

## Words Plus
# 연습 문제

**A** 다음 영영풀이에 해당하는 단어를 [보기]에서 찾아 쓴 후, 우리말 뜻을 쓰시오.

| [보기] | escape | flight | myth | subject | gather | adventurous | outline | feather |
|---|---|---|---|---|---|---|---|---|

1 _____ : the act of flying through the air : _____
2 _____ : to get away from a place or person : _____
3 _____ : a line that shows the shape of something : _____
4 _____ : the topic of what is said, written, or studied : _____
5 _____ : willing to take risks in order to find excitement : _____
6 _____ : one of the light soft things that cover a bird's body : _____
7 _____ : to collect several things, often from different places or people : _____
8 _____ : an old story about gods, brave people, magical creatures, etc. : _____

**B** 다음 빈칸에 알맞은 단어를 [보기]에서 찾아 쓰시오. (단, 한 번씩만 쓸 것)

| [보기] | shout | melt | wing | subject | exhibition |
|---|---|---|---|---|---|

1 The _____ of her artwork is family.
2 She will hold a(n) _____ of her pictures.
3 There's no need to _____. I can hear you.
4 When the sun came out, the ice began to _____.
5 The young birds were under the mother bird's _____s.

**C** 우리말과 의미가 같도록 빈칸에 알맞은 말을 쓰시오.

1 나는 누군가가 비명을 지르는 것을 들었다. → I heard someone _____ _____.
2 그는 종종 큰 소리로 혼잣말을 한다. → He often _____ _____ _____ loudly.
3 그에 반해서, 쇠는 녹는점이 훨씬 더 높다.
  → _____ _____, iron has a much higher melting point.
4 나는 글을 쓰는 것뿐만 아니라, 암벽 등반도 즐긴다.
  → _____ _____ _____ writing, I also enjoy rock climbing.
5 우리는 오염 및 기후 변화와 같은 문제를 다뤄야 한다.
  → We need to _____ _____ problems like pollution and climate change.

**D** 다음 짝지어진 단어의 관계가 같도록 빈칸에 알맞은 단어를 쓰시오.

1 begin : start = _____ : yell
2 invite : invitation = fly : _____
3 foolish : stupid = brave : _____
4 different : same = _____ : complicated
5 adventure : adventurous = _____ : different

# 실전 TEST

STEP A

**01** 다음 영영풀이에 해당하는 단어로 알맞은 것은?

> to get away from a place or person

① warn        ② shout        ③ begin
④ gather      ⑤ escape

**02** 다음 중 짝지어진 단어의 관계가 [보기]와 같은 것은?

> [보기] foolish – stupid

① fly – flight
② invite – invitation
③ brave – courageous
④ difference – different
⑤ simple – complicated

**03** 다음 빈칸에 들어갈 말이 순서대로 바르게 짝지어진 것은?

> • I'm not good at math. My brother, _____ contrast, is good at math.
> • This book deals _____ heroes in myths.

① in – with      ② in – from      ③ to – with
④ on – from      ⑤ on – with

**04** 주어진 우리말과 의미가 같도록 빈칸에 알맞은 말을 쓰시오.

> Jake는 영어뿐만 아니라 스페인어도 말할 수 있다.

→ Jake can speak Spanish _____ _____ to English.

**05** 다음 중 밑줄 친 부분의 우리말 의미가 알맞지 <u>않은</u> 것은?

① Someone <u>shouted</u> for help last night.
 　(소리쳤다)
② Let's meet in front of the <u>ticket office</u>.
 　(매표소)
③ The man was an <u>adventurous</u> explorer.
 　(어리석은)
④ I went to the <u>amusement park</u> with my friends.
 　(놀이공원)
⑤ The child drew an <u>outline</u> of the castle and colored it in.　(윤곽)

**06** 다음 중 밑줄 친 단어의 의미가 나머지와 <u>다른</u> 하나는?

① What is the <u>subject</u> of the speech?
② My favorite <u>subject</u> in school is science.
③ Our <u>subject</u> for discussion is global warming.
④ The <u>subject</u> of the book is Matisse's paintings.
⑤ Susan gave us a lot of information on the <u>subject</u> of our project.

**07** 다음 중 밑줄 친 단어의 쓰임이 <u>어색한</u> 것은?

① Do you want to know more <u>details</u>?
② His <u>way</u> of thinking is different from ours.
③ The expert <u>warned</u> us about the earthquake.
④ They enjoyed stories about gods in Greek <u>myths</u>.
⑤ The ice <u>melted</u> because the temperature fell suddenly.

## Listen and Talk
# 핵심 노트

## 1 계획 말하기

> **I'm planning to** see a movie this Saturday.　　　나는 이번 주 토요일에 영화를 볼 계획이야.

자신의 미래 계획을 말할 때 「I'm planning to+동사원형 ~.」으로 표현한다. 이 외에도 「I'm going to+동사원형 ~.」이나 I'm thinking of -ing ~.로도 자신의 미래 계획을 표현할 수 있다.

I'm planning to go shopping this Friday.
(나는 이번 주 금요일에 쇼핑하러 갈 계획이야.)

I'm going to go see a soccer game next Tuesday.
(나는 다음 주 화요일에 축구 경기를 보러 갈 거야.)

I'm thinking of going to a piano concert this weekend.
(나는 이번 주말에 피아노 연주회에 갈까 생각 중이야.)

시험 포인트　**point**

What are you going(planning) to do ~? 등의 계획을 묻는 말에 대한 대답으로 계획을 나타내는 말을 고르는 문제와 화자의 계획이 무엇인지 고르는 문제가 자주 출제되므로, 계획을 말하는 표현을 잘 익혀 두도록 한다.

## 2 약속 정하기

> A: **What time and where should we meet?**　　　몇 시에 어디에서 만날까?
>
> B: **How about meeting** at 2:30 in front of Star Movie Theater?　　　Star 영화관 앞에서 2시 30분에 만나는 게 어때?
>
> A: OK. See you then.　　　좋아. 그때 보자.

**(1) 약속 제안하기**
함께 가자고 약속을 제안할 때는 What(How) about joining me?나 Do you want to join(go with) me? 또는 You can go with me if you want to. 등으로 말한다.

시험 포인트　**point**

약속 시간이나 장소를 묻는 문제가 주로 출제되므로, 약속 시간과 장소를 정하는 다양한 표현을 익히고 Let's meet이나 How about 다음에 이어지는 내용을 잘 파악하도록 한다.

**(2) 약속 시간 정하기**
약속 시간을 정할 때는 When(What time) should we meet?나 「Let's meet at+숫자.」 또는 「How about (meeting at)+숫자?」 등과 같이 말한다.

**(3) 약속 장소 정하기**
약속 장소를 정할 때는 Where should we meet? 또는 「Let's meet+장소를 나타내는 부사구.」 등과 같이 말한다.

· A: I'm going to play badminton after school. Do you want to join me?
   (나는 방과 후에 배드민턴을 칠 거야. 나랑 함께할래?)
  B: Sure. (물론이야.)

· A: What time and where should we meet? (몇 시에 어디에서 만날까?)
  B: Let's meet at 4 at the subway station. (4시에 지하철역에서 만나자.)
  A: OK. I'll see you then. (그래. 그때 보자.)

# L&T  Listen and Talk
## 만점 노트

### Listen and Talk A-1
교과서 102쪽

G: ❶I'm planning to go to a piano concert tomorrow. Do you want to go with me, Kevin?

B: Sure. ❷What time should we meet?

G: The concert begins at 7 o'clock, so ❸let's meet at 6 at the bus stop.

B: OK. ❹See you then.

❶ 자신의 계획을 말할 때 「I'm planning to+동사원형 ~.」으로 표현한다.

❷ 약속 시간을 정할 때 사용하는 표현이다.
(= When should we meet?)

❸ 만날 시각과 장소를 제안할 때 「Let's meet at+시각+장소를 나타내는 부사구.」로 표현할 수 있다.

❹ 만날 약속을 정한 후 헤어질 때 하는 말이다.
(= I'll see you then.)

Q1 두 사람은 몇 시에 만나기로 했나요? (     )

ⓐ 6시  ⓑ 7시

### Listen and Talk A-2
교과서 102쪽

G: I'm planning to go see *Cats* ❶this Saturday. ❷Do you want to go with me?

B: Sure. ❸What time and where should we meet?

G: The musical starts at 3 o'clock. Let's meet at 2 at Dream Art Hall.

B: Great. See you ❹on Saturday.

❶ 이번 주 토요일에

❷ 상대방에게 함께 가자고 제안하는 표현이다.
(= Do you want to join me?)

❸ 약속 시간과 장소를 정할 때 사용하는 표현이다.

❹ 요일, 날짜, 또는 특정한 날 앞에는 전치사 on을 쓴다.

Q2 소녀는 토요일에 무엇을 할 계획인가요?

Q3 When does the musical start? (     )

ⓐ at 2  ⓑ at 3

### Listen and Talk A-3
교과서 102쪽

G: I'm planning to go see a soccer game next Friday. ❶What about joining me, Jinho?

B: ❷That sounds great. What time should we meet?

G: Let's meet at 10:30 ❸in front of Green Stadium.

B: OK. See you then.

❶ 「What(How) about+동사원형-ing ~?」는 '~하는 게 어때?'라는 뜻으로 제안하는 표현이다.
(= Do you want to join me, Jinho?)

❷ 상대방의 제안을 수락할 때 사용하는 표현이다.

❸ ~ 앞에(서)

Q4 두 사람은 어디에서 만나기로 했나요?

### Listen and Talk A-4
교과서 102쪽

B: ❶What are you going to do this Sunday?

G: I'm planning to go to Dream Amusement Park with my brother. ❷You can go with us if you want to.

B: ❸I'd love to. When should we meet?

G: I want to go early, so let's meet at 9 at the ❹subway station.

B: Sounds good. I'll see you then.

❶ 상대방에게 미래의 계획을 물을 때 사용하는 표현이다.
(= What are you planning to do this Sunday?)

❷ 조건을 나타내는 접속사 if를 사용하여 '원하면 함께 가도 돼.'라고 상대방에게 함께 갈 것을 제안하는 말이다. go with 대신에 join을 사용할 수도 있다.

❸ 상대방의 제안을 수락하는 표현이다.
(= I'd love to go with you.)

❹ 지하철역

Q5 The boy and the girl will meet at 9 at Dream Amusement Park.    (T / F)

## Listen and Talk C

교과서 103쪽

*(Smartphone rings.)*

B: Hi, Kate. ❶What's up?

G: Hi, Minho. What are you going to do this Saturday?

B: ❷Nothing special. Why?

G: ❸I'm planning to go to the Van Gogh exhibition at the ❹National Art Museum. Do you want to go with me?

B: ❺I'd love to! He's my favorite painter. What time should we meet?

G: ❻How about meeting at 11?

B: OK. Where should we meet?

G: Let's meet in front of the ❼ticket office.

B: Sounds good. ❽I'll see you there at 11.

❶ '무슨 일이니?'라는 의미로 안부를 묻는 말이다.

❷ 특별한 일이나 계획이 없음을 나타내는 말이다.

❸ 자신의 계획을 말할 때 「I'm planning to+동사원형 ~.」으로 표현하며, 「I'm going to+동사원형 ~.」으로 바꿔 쓸 수 있다.

❹ 국립 미술관

❺ 상대방의 제안을 수락할 때 쓰는 말로, I'd는 I would의 줄임말이다.

❻ 약속 시간을 제안할 때는 「How about (meeting at)+숫자?」로 표현한다. 전치사 about 뒤에는 명사(구)나 동명사(구)가 이어진다. (= Let's meet at 11.)

❼ 매표소

❽ there는 in front of the ticket office를 가리킨다.

**Q6** Kate and Minho are going to see the _____ _____ _____ this Saturday.

## Review-1

교과서 116쪽

G: I'm planning to go to a piano concert ❶this Friday. ❷Why don't you join me, Kevin?

B: Sure. ❸What time should we meet?

G: Let's meet at 10:30 at the bus stop.

B: OK. See you then.

❶ 이번 주 금요일

❷ 「Why don't you+동사원형 ~?」은 상대방에게 제안하는 표현으로, 「What(How) about+동사원형-ing ~?」로도 말할 수 있다.

❸ 약속 시간을 정하는 표현으로, When should we meet?으로 바꿔 말할 수 있다.

**Q7** 두 사람은 언제 만나기로 했나요?

## Review-2

교과서 116쪽

B: I'm planning to go to a soccer game tomorrow. ❶Do you want to go with me, Susan?

G: Sure. What time should we meet?

B: The game begins at 7, so ❷let's meet at 6 in front of Dream Stadium.

G: OK. ❸See you then.

❶ 상대방에게 함께 갈 것을 제안하는 표현이다.
(= How about joining me, Susan?)

❷ 약속 시간과 장소를 정하는 표현으로, How(What) about meeting at 6 in front of Dream Stadium?으로 바꿔 말할 수 있다.

❸ 만날 약속을 정한 후 헤어질 때 하는 말로, then은 tomorrow at 6를 가리킨다.

**Q8** The soccer game starts at 6 at Dream Stadium. (T / F)

## Review-3

교과서 116쪽

B: Sumi, ❶I'm planning to ❷go shopping with Jenny this Saturday. ❸Will you join us?

G: Sounds great. What time should we meet?

B: How about meeting at 12:30?

G: OK. ❹Where should we meet?

B: Let's meet in front of the shopping mall.

❶ 자신의 계획을 말하는 표현으로, I'm going to ~.로 말할 수도 있다.

❷ 쇼핑하러 가다

❸ 함께 가자고 제안하는 표현이다.
(= Do you want to join us?)

❹ '어디서 만날까?'라는 의미로 약속 장소를 정할 때 쓰는 표현이다.

**Q9** Sumi is going to _____ _____ with her friends this Saturday.

## Listen and Talk

# 빈칸 채우기

• 주어진 우리말과 일치하도록 교과서 대화문을 완성하시오.

교과서 102쪽

### Listen and Talk A-1

G: I'm _____ _____ _____ to a piano concert tomorrow. Do you want to go with me, Kevin?

B: Sure. What time _____ _____ _____?

G: The concert begins at 7 o'clock, so _____ _____ _____ 6 at the bus stop.

B: OK. See you _____.

G: 나는 내일 피아노 콘서트에 갈 계획이야. 나랑 같이 갈래, Kevin?

B: 물론이야. 몇 시에 만날까?

G: 콘서트는 7시에 시작하니까, 6시에 버스 정류장에서 만나자.

B: 그래. 그때 보자.

### Listen and Talk A-2

교과서 102쪽

G: I'm _____ _____ go see *Cats* this Saturday. Do you _____ _____ _____ _____?

B: Sure. What time and _____ _____ _____ meet?

G: The musical starts at 3 o'clock. Let's meet at 2 at Dream Art Hall.

B: Great. See you _____ _____.

G: 나는 이번 주 토요일에 '캣츠'를 보러 갈 계획이야. 나랑 같이 갈래?

B: 물론이야. 몇 시에 어디에서 만날까?

G: 그 뮤지컬은 3시에 시작해. 2시에 Dream 아트 홀에서 만나자.

B: 좋아. 토요일에 보자.

### Listen and Talk A-3

교과서 102쪽

G: I'm planning to go see a soccer game next Friday. What _____ _____ _____, Jinho?

B: That sounds great. _____ _____ _____ _____ _____?

G: Let's meet at 10:30 _____ _____ _____ Green Stadium.

B: OK. _____ _____ _____.

G: 나는 다음 주 금요일에 축구 경기를 보러 갈 계획이야. 나랑 같이 가는 게 어때, 진호야?

B: 좋은데. 몇 시에 만날까?

G: Green 경기장 앞에서 10시 30분에 만나자.

B: 그래. 그때 보자.

### Listen and Talk A-4

교과서 102쪽

B: _____ _____ _____ _____ _____ _____ this Sunday?

G: I'm planning to go to Dream Amusement Park with my brother. You can go with us _____ _____ _____ _____.

B: I'd love to. _____ _____ _____ _____?

G: I _____ _____ _____ _____, so let's meet at 9 at the subway station.

B: Sounds good. I'll see you then.

B: 이번 주 일요일에 무엇을 할 거니?

G: 나는 남동생과 Dream 놀이공원에 갈 계획이야. 원하면 너도 우리와 함께 가도 돼.

B: 정말 그러고 싶어. 언제 만날까?

G: 나는 일찍 가고 싶어. 그러니 9시에 지하철 역에서 만나자.

B: 좋아. 그때 보자.

## Listen and Talk C

*(Smartphone rings.)*

B: Hi, Kate. _____ _____?

G: Hi, Minho. What are you going to do this Saturday?

B: _____ _____. Why?

G: I'm _____ _____ _____ _____ the Van Gogh exhibition at the National Art Museum. Do you want to _____ _____ _____?

B: I'd _____ _____! He's my favorite painter. What time should we meet?

G: How _____ _____ _____ _____?

B: OK. Where should we meet?

G: Let's meet in front of the ticket office.

B: Sounds good. I'll _____ _____ _____ _____ 11.

교과서 103쪽

(스마트폰이 울린다.)

B: 안녕, Kate. 무슨 일이니?

G: 안녕, 민호야. 이번 주 토요일에 무엇을 할 거니?

B: 특별한 계획은 없어. 왜?

G: 나는 국립 미술관에서 하는 반 고흐 전시회에 갈 계획이야. 나랑 같이 갈래?

B: 정말 그러고 싶어! 그는 내가 가장 좋아하는 화가거든. 몇 시에 만날까?

G: 11시에 만나는 게 어때?

B: 좋아. 어디에서 만날까?

G: 매표소 앞에서 만나자.

B: 좋아. 11시에 거기에서 봐.

## Review-1

G: I'm planning to go to a piano concert _____ _____. Why _____ _____ _____ _____, Kevin?

B: Sure. What time should we meet?

G: _____ _____ _____ 10:30 at the bus stop.

B: OK. _____ _____ _____.

교과서 116쪽

G: 나는 이번 주 금요일에 피아노 콘서트에 갈 계획이야. 나랑 같이 가는 게 어때, Kevin?

B: 물론이야. 몇 시에 만날까?

G: 10시 30분에 버스 정류장에서 만나자.

B: 그래. 그때 보자.

## Review-2

B: _____ _____ _____ _____ to a soccer game tomorrow. Do you want to go with me, Susan?

G: Sure. _____ _____ _____ _____ _____?

B: The game _____ _____ 7, so let's _____ _____ 6 in front of Dream Stadium.

G: OK. See you then.

교과서 116쪽

B: 나는 내일 축구 경기에 갈 계획이야. 나랑 같이 갈래, Susan?

G: 물론이야. 몇 시에 만날까?

B: 경기가 7시에 시작하니까, Dream 경기장 앞에서 6시에 만나자.

G: 그래. 그때 보자.

## Review-3

B: Sumi, I'm planning _____ _____ _____ with Jenny this Saturday. _____ _____ join us?

G: Sounds great. What time should we meet?

B: How _____ _____ _____ 12:30?

G: OK. Where should we meet?

B: _____ _____ _____ _____ the shopping mall.

교과서 116쪽

B: 수미야, 나는 이번 주 토요일에 Jenny와 쇼핑하러 갈 계획이야. 너도 같이 갈래?

G: 좋아. 몇 시에 만날까?

B: 12시 30분에 만나는 게 어때?

G: 그래. 어디에서 만날까?

B: 쇼핑몰 앞에서 만나자.

**Listen and Talk**

# 대화 순서 배열하기

## 1 Listen and Talk A-1

교과서 102쪽

ⓐ OK. See you then.
ⓑ Sure. What time should we meet?
ⓒ I'm planning to go to a piano concert tomorrow. Do you want to go with me, Kevin?
ⓓ The concert begins at 7 o'clock, so let's meet at 6 at the bus stop.

(     ) – (     ) – (     ) – (     )

## 2 Listen and Talk A-2

교과서 102쪽

ⓐ The musical starts at 3 o'clock. Let's meet at 2 at Dream Art Hall.
ⓑ I'm planning to go see *Cats* this Saturday. Do you want to go with me?
ⓒ Great. See you on Saturday.
ⓓ Sure. What time and where should we meet?

(     ) – (     ) – (     ) – (     )

## 3 Listen and Talk A-3

교과서 102쪽

ⓐ That sounds great. What time should we meet?
ⓑ I'm planning to go see a soccer game next Friday. What about joining me, Jinho?
ⓒ OK. See you then.
ⓓ Let's meet at 10:30 in front of Green Stadium.

(     ) – (     ) – (     ) – (     )

## 4 Listen and Talk A-4

교과서 102쪽

ⓐ I'd love to. When should we meet?
ⓑ I'm planning to go to Dream Amusement Park with my brother. You can go with us if you want to.
ⓒ Sounds good. I'll see you then.
ⓓ What are you going to do this Sunday?
ⓔ I want to go early, so let's meet at 9 at the subway station.

(     ) – (     ) – ⓐ – (     ) – (     )

## 5 Listen and Talk C

*(Smartphone rings.)*
A: Hi, Kate. What's up?
ⓐ How about meeting at 11?
ⓑ Let's meet in front of the ticket office.
ⓒ I'm planning to go to the Van Gogh exhibition at the National Art Museum. Do you want to go with me?
ⓓ Nothing special. Why?
ⓔ Hi, Minho. What are you going to do this Saturday?
ⓕ Sounds good. I'll see you there at 11.
ⓖ I'd love to! He's my favorite painter. What time should we meet?
ⓗ OK. Where should we meet?

A – (　　) – (　　) – (　　) – ⓖ – (　　) – (　　) – ⓑ – (　　)

## 6 Review-1

ⓐ Let's meet at 10:30 at the bus stop.
ⓑ OK. See you then.
ⓒ Sure. What time should we meet?
ⓓ I'm planning to go to a piano concert this Friday. Why don't you join me, Kevin?

(　　) – (　　) – (　　) – (　　)

## 7 Review-2

ⓐ The game begins at 7, so let's meet at 6 in front of Dream Stadium.
ⓑ OK. See you then.
ⓒ I'm planning to go to a soccer game tomorrow. Do you want to go with me, Susan?
ⓓ Sure. What time should we meet?

(　　) – (　　) – (　　) – (　　)

## 8 Review-3

ⓐ How about meeting at 12:30?
ⓑ Sumi, I'm planning to go shopping with Jenny this Saturday. Will you join us?
ⓒ OK. Where should we meet?
ⓓ Sounds great. What time should we meet?
ⓔ Let's meet in front of the shopping mall.

(　　) – (　　) – (　　) – (　　) – ⓔ

**[01~02]** 다음 대화의 빈칸에 들어갈 말로 알맞은 것을 고르시오.

**01**

A: _____

B: I'm planning to see a movie with my friends.

① When should we meet?

② What are you watching now?

③ What did you do last weekend?

④ What kind of movies do you like?

⑤ What are you going to do this weekend?

**02**

A: I'm planning to go see a soccer game next Friday. Do you want to go with me?

B: That sounds good. _____

A: Let's meet at 10:30 in front of Green Stadium.

① What time does it start?

② Which team do you like more?

③ What were you doing this morning?

④ What time and where should we meet?

⑤ What are you planning to do next Friday?

**03** 다음 중 짝지어진 대화가 <u>어색한</u> 것은?

① A: What about joining me, Kevin?

B: Sorry, but I have other plans.

② A: What time should we meet?

B: How about meeting at 7?

③ A: Where should we meet?

B: I want to go there early, so let's meet at 10.

④ A: What are you going to do tomorrow?

B: I'm going to go to the Picasso exhibition.

⑤ A: I'm planning to go shopping. Do you want to go with me?

B: Sure. What time and where should we meet?

**[04~05]** 다음 대화를 읽고, 물음에 답하시오.

A: ( ① ) I'm planning to go to a piano concert tomorrow. ⓐDo you want to go with me, Kevin? ( ② )

B: Sure. ( ③ )

A: The concert begins at 7 o'clock, so let's meet at 6 at the bus stop. ( ④ )

B: OK. See you then. ( ⑤ )

**04** 위 대화의 ①~⑤ 중 주어진 문장이 들어갈 위치로 알맞은 것은?

What time should we meet?

①　　　　②　　　　③　　　　④　　　　⑤

**05** 위 대화의 밑줄 친 ⓐ에 담긴 화자의 의도로 알맞은 것은?

① 제안하기　　　　② 길 묻기

③ 당부하기　　　　④ 장소 정하기

⑤ 계획 말하기

**06** 자연스러운 대화가 되도록 (A)~(D)를 바르게 배열한 것은?

(A) How about meeting at 5:30 in front of the library?

(B) I'm planning to go to the library this Monday. What about joining me, Jiho?

(C) Sure. What time and where should we meet?

(D) Sounds good. See you then.

① (A) – (D) – (B) – (C)　　② (A) – (D) – (C) – (B)

③ (B) – (A) – (C) – (D)　　④ (B) – (C) – (A) – (D)

⑤ (C) – (B) – (A) – (D)

**07** 다음 대화의 빈칸에 들어갈 말로 알맞지 <u>않은</u> 것은?

> A: What are you going to do this Sunday?
> B: _____ Will you join me?
> A: That sounds good. When should we meet?

① I'm going to go camping.
② I'm cleaning my room now.
③ I plan to go to an art exhibition.
④ I'm thinking of going to the beach.
⑤ I'm planning to go to a baseball game.

**[08~09]** 다음 대화를 읽고, 물음에 답하시오.

> *(Smartphone rings.)*
> A: Hi, Kate. What's up?
> B: Hi, Minho. ①<u>What are you going to do this Saturday?</u>
> A: Nothing special. Why?
> B: I'm planning to go to the Van Gogh exhibition at the National Art Museum. ②<u>Do you know any of his paintings?</u>
> A: I'd love to! He's my favorite painter. ③<u>What time should we meet?</u>
> B: How about meeting at 11?
> A: OK. ④<u>Where should we meet?</u>
> B: Let's meet in front of the ticket office.
> A: Sounds good. ⑤<u>I'll see you there at 11.</u>

**08** 위 대화의 밑줄 친 ①~⑤ 중 흐름상 어색한 것은?

①      ②      ③      ④      ⑤

**09** 위 대화의 내용과 일치하지 <u>않는</u> 것은?

① 반 고흐 전시회는 국립 미술관에서 열린다.
② 민호는 Kate와 전시회를 보러 가기로 했다.
③ 민호가 가장 좋아하는 화가는 빈센트 반 고흐이다.
④ Kate와 민호는 이번 주 토요일에 국립 미술관에 갈 것이다.
⑤ Kate와 민호는 지하철역 앞에서 11시에 만날 것이다.

---

**서술형**

**10** 다음 괄호 안에 주어진 말을 바르게 배열하여 대화를 완성하시오.

> A: What are you going to do tomorrow?
> B: _____
>     (go, planning, a rock concert, to, I'm, to)

**11** 다음 대화를 읽고, 아래 요약문을 완성하시오.

> **Girl:** I'm planning to go see *Cats* this Saturday. Do you want to go with me?
> **Boy:** Sure. What time and where should we meet?
> **Girl:** The musical starts at 3 o'clock. Let's meet at 2 at Dream Art Hall.
> **Boy:** Great. See you on Saturday.

⬇

> The girl and the boy are going to (1) _____ this Saturday. They will meet at (2) _____ o'clock at Dream Art Hall.

**12** 다음 일정표를 보고, 대화를 완성하시오.

| What to do | go to Dream Amusement Park |
| --- | --- |
| When to meet | Sunday, 9:00 |
| Where to meet | at the subway station |

> A: What are you going to do this Sunday?
> B: I'm (1) _____ _____ with my brother. You can go with us if you want to.
> A: I'd love to. What time and where should we meet?
> B: I want to go early, so let's (2) _____ _____.
> A: Sounds good. I'll see you then.

# 핵심 노트

## 1 지각동사+목적어+-ing/동사원형

읽기 본문 Daedalus **saw** birds **flying**.
　　　　see+목적어+-ing: ～가 …하고 있는 것을 보다

대표 예문 In Matisse's painting, you can **see** Icarus **flying**.

I **saw** my brother **swimming** in the river.

He **heard** the bird **singing**.
　　hear+목적어+-ing: ～가 …하고 있는 것을 듣다

They **heard** the baby **crying**.

Daedalus는 새가 날고 있는 것을 보았다.

Matisse의 그림에서는 Icarus가 날고 있는 것을 볼 수 있다.

나는 남동생이 강에서 수영하고 있는 것을 보았다.

그는 새가 노래하고 있는 것을 들었다.

그들은 아기가 울고 있는 것을 들었다.

### (1) 지각동사의 의미와 종류

보고 듣고 느끼는 것과 같은 감각을 나타내는 동사를 지각동사라고 하며, 지각동사에는 see, hear, listen to, feel, smell, watch 등이 있다.

### (2) 지각동사가 쓰인 5형식 문장

'(목적어)가 …하는 것을 보다/듣다/느끼다/냄새 맡다'라는 뜻으로 「지각동사+목적어+-ing/동사원형」의 형태로 쓴다. 목적격 보어로 -ing(현재분사)를 쓸 때와 동사원형을 쓸 때 의미상 큰 차이는 없지만, -ing를 쓸 경우 동작이 진행 중임을 강조한다.

We **saw** him **cross** the street. (우리는 그가 길을 건너는 것을 보았다.)
　　see+목적어+동사원형: ～가 …하는 것을 보다

I **heard** Jenny **talking** on the phone. (나는 Jenny가 통화하고 있는 것을 들었다.)
　　hear+목적어+-ing: ～가 …하고 있는 것을 듣다

He **felt** someone **touch** his shoulder. (그는 누군가가 어깨를 만지는 것을 느꼈다.)
　　feel+목적어+동사원형: ～가 …하는 것을 느끼다

Can you **smell** something **burning**? (무언가가 타고 있는 냄새가 나니?)
　　smell+목적어+-ing: ～가 …하고 있는 냄새를 맡다

### 한 단계 더!

「지각동사+목적어+과거분사」: 목적어가 어떤 행동을 당하게 되는 수동의 의미를 나타낼 때는 목적격 보어로 과거분사 형태를 쓴다.

I **heard my name called**. (나는 내 이름이 불리는 것을 들었다.)
　　　└─수동 관계─┘

**시험 포인트 ❶** point

지각동사(see, hear, feel 등)가 쓰인 5형식 문장에서 목적격 보어의 형태를 묻는 문제가 주로 출제되므로, 목적격 보어로 동사원형이나 -ing를 쓰는 것에 유의한다.

**시험 포인트 ❷** point

목적격 보어로 동사원형이나 -ing를 쓰는 지각동사(see, hear 등)와 to부정사를 쓰는 동사(want, tell 등)를 구분하는 문제가 주로 출제된다.

**want+목적어+to부정사**

want, tell, ask, advise, expect 등의 동사는 목적어 뒤에 목적격 보어로 to부정사를 쓴다.

I **want** you **to understand** the meaning of "upcycling."
▶ 중 2 교과서 3과

---

### QUICK CHECK

**1** 다음 괄호 안에서 알맞은 것을 고르시오.

(1) I didn't see anything ( move / to move ).

(2) We watched them ( playing / played ) basketball.

(3) Did you hear someone ( calls / calling ) for help?

**2** 다음 빈칸에 들어갈 말을 괄호 안의 단어들을 바르게 배열하여 쓰시오.

(1) Did you ＿＿＿＿＿＿＿＿＿＿＿＿＿＿＿＿＿＿＿ out? (my sister, see, go)

(2) I ＿＿＿＿＿＿＿＿＿＿＿＿＿＿＿＿＿＿＿ once. (shake, felt, the ground)

(3) I'm sure I ＿＿＿＿＿＿＿＿＿＿＿＿＿＿＿＿ to you. (heard, talking, him)

# 2  so ~ that ...

읽기 본문  <u>Icarus was **so** excited</u> **that** <u>he forgot his father's warning.</u>  Icarus는 너무 흥분해서 아버지의 경고를 잊었다.
　　　　　　　　　원인　　　　　　　　　　　　　결과

대표 예문  I was **so** hungry **that** I ate a whole pizza.  나는 너무 배고파서 피자 한 판을 먹었다.

　　　　The movie was **so** sad **that** everybody cried.  그 영화는 너무 슬퍼서 모든 사람이 울었다.

　　　　He was **so** busy **that** he skipped lunch.  그는 너무 바빠서 점심 식사를 걸렀다.

　　　　The dog ran **so** quickly **that** I couldn't catch it.  그 개는 너무 빨리 달려서 나는 그 개를 잡을 수 없었다.

**(1) 형태:** so+형용사/부사+that+주어+동사

**(2) 의미와 쓰임**

「so+형용사/부사+that+주어+동사」는 '너무(매우) ~해서 (그 결과) …하다'라는
의미로, 원인과 결과의 관계를 나타낸다.

I was **so** tired **that** I went to bed early last night.
　　　　형용사　　　　　주어　동사

= I was very tired, so I went to bed early last night.

(나는 너무 피곤해서 어젯밤에 일찍 잠자리에 들었다.)

「so+형용사/부사+that+주어+can't+동사원형」은 '너무(매우) ~해서 (그 결과)
…할 수 없다'라는 부정의 결과를 나타낸다.

The man spoke **so** fast **that** we **couldn't** understand him well.

(그가 너무 빨리 말해서 우리는 그의 말을 잘 이해할 수 없었다.)

**한 단계 더!**

「so+형용사/부사+that+주어+can't+동사원형」은 「too+형용사/부사+to+동사원
형」 구문으로 바꿔 쓸 수 있다.

I am **so** sleepy **that** I **can't** finish my homework.

= I am **too** sleepy **to** finish my homework.

(나는 너무 졸려서 숙제를 다 끝낼 수가 없다.)

**point**

시험 포인트 ❶
원인과 결과의 관계를 나타내는 「so+형용사/
부사+that+주어+동사」 구문의 어순을 묻는
문제가 주로 출제되므로, 형태를 확실하게 익
히도록 한다.

**point**

시험 포인트 ❷
「so+형용사/부사+that+주어+can't+동
사원형」을 「too+형용사/부사+to+동사원형」
으로 바꿔 쓰는 문제가 자주 출제되므로, 바꿔
쓰는 연습을 충분히 하도록 한다.

## QUICK CHECK

**1** 다음 괄호 안에서 알맞은 것을 고르시오.

(1) Andrew ran ( so / very ) fast that he won the race.

(2) It was so dark ( that / which ) I couldn't see anything.

(3) The students were ( so / too ) tired to study anymore.

**2** 다음 빈칸에 들어갈 말을 괄호 안의 단어들을 바르게 배열하여 쓰시오.

(1) It was _____ out for a swim. (that, we, so, hot, went)

(2) He is _____ lift the heavy box. (so, can, he, that, strong)

(3) Kate is _____ find the answer. (can, smart, that, so, she)

**1** 지각동사+목적어+-ing/동사원형

**A** 다음 괄호 안에서 알맞은 것을 <u>모두</u> 고르시오.

1 We heard a plane ( fly / flown / to fly ) in the sky.

2 She saw her mom ( drives / driving / driven ) away.

3 I could feel you ( shake / to shake / shaking ) with fear.

4 They watched him ( solve / solving / solved ) the problem.

5 I saw my brother ( swum / swim / swimming ) in the river.

**B** 다음 빈칸에 알맞은 말을 [보기]에서 골라 어법상 올바른 형태로 쓰시오. (단, 한 번씩만 쓸 것)

| [보기] | play | listen | climb | burn |
| --- | --- | --- | --- | --- |

1 They saw a cat _____ a tree over there.

2 The woman smelled something _____ downstairs.

3 Did you hear someone _____ the piano last night?

4 Kate saw a boy _____ to music on the bus yesterday.

**C** 다음 문장에서 어법상 <u>틀린</u> 부분을 찾아 바르게 고쳐 쓰시오.

1 The girl saw a baby smiles at her.　　　　　_____ → _____

2 Did you see him danced on the stage?　　　　_____ → _____

3 I listened to my sister to sing a song beautifully.　_____ → _____

4 Let's ask them having dinner with us some time.　_____ → _____

5 He heard the song repeat several times on the radio.　_____ → _____

**D** 주어진 우리말과 의미가 같도록 괄호 안의 말을 바르게 배열하여 문장을 쓰시오.

1 그들은 그들을 향해 무언가가 움직이고 있는 것을 느꼈다.

　→ _____

　　　　　　　( moving, they, towards them, something, felt )

2 나는 아이들이 축구를 하고 있는 것을 잠시 지켜보았다.

　→ _____

　　　　　　( watched, for a while, the children, I, playing soccer )

3 우리는 유명한 오페라 스타가 콘서트에서 노래하는 것을 들었다.

　→ _____

　　　　　　( a famous opera star, heard, sing, we, at the concert )

## 2   so ~ that ...

**A**   자연스러운 문장이 되도록 바르게 연결하시오.

1   I'm so tired   •
2   This car is so large   •
3   Amy studied so hard   •
4   The pizza was so delicious •

• ⓐ that they ate it all.
• ⓑ that she got an A on the test.
• ⓒ that it can hold ten people.
• ⓓ that I want to take a nap now.

**B**   주어진 우리말과 의미가 같도록 괄호 안의 단어들을 사용하여 빈칸에 알맞은 말을 쓰시오.

1   나는 너무 졸려서 그 일을 끝낼 수가 없다. (sleepy, finish)

→ I'm _____ _____ _____ I _____ _____ the work.

2   너무 어두워서 우리는 그의 얼굴을 볼 수 없었다. (dark, see)

→ It was _____ _____ _____ we _____ _____ his face.

3   그 개는 너무 빨리 달려서 Tim은 그것을 잡을 수 없었다. (fast, catch)

→ The dog ran _____ _____ _____ Tim _____ _____ it.

**C**   다음 두 문장을 so ~ that ... 구문을 사용하여 한 문장으로 연결하시오.

1   I'm very full. I can't eat anymore.

→ _____

2   The movie was so sad. Everybody cried.

→ _____

3   Jason was very sick. He couldn't go to school.

→ _____

4   He spoke very fast. We couldn't understand him well.

→ _____

**D**   주어진 우리말과 의미가 같도록 괄호 안의 말을 바르게 배열하여 문장을 쓰시오.

1   그는 너무 흥분해서 말을 할 수 없었다. (could, that, he, speak, he, so, not, was, excited)

→ _____

2   음악이 너무 시끄러워서 나는 잠을 잘 수 없었다. (so, was, sleep, couldn't, loud, I, that, the music)

→ _____

3   그녀는 매우 일찍 일어나서 일출을 볼 수 있었다. (the sunrise, got up, that, so, she, see, early, could, she)

→ _____

STEP
A

[01~02] 다음 빈칸에 들어갈 말로 알맞은 것을 고르시오.

**01**

She heard her baby _____ in the room.

① cries     ② will cry     ③ to cry
④ crying     ⑤ to crying

**02**

My parents saw me _____ on the stage.

① sing     ② sang     ③ sings
④ to sing     ⑤ will sing

**03** 다음 두 문장의 의미가 같도록 할 때, 빈칸에 들어갈 말이 순서대로 바르게 짝지어진 것은?

It was very dark, so he turned on the lights.
= It was _____ dark _____ he turned on the lights.

① very – that     ② such – but
③ so – but     ④ so – that
⑤ so – when

**04** 다음 두 문장을 한 문장으로 바꿔 쓸 때, 빈칸에 들어갈 말로 알맞은 것을 모두 고르시오.

I saw my father. He was doing the dishes.
→ I saw my father _____.

① do the dishes     ② does the dishes
③ done the dishes     ④ doing the dishes
⑤ to do the dishes

**05** 다음 우리말을 영어로 바르게 옮긴 것은?

나는 너무 배가 고파서 피자 한 판을 먹었다.

① I was hungry when I ate a whole pizza.
② I was so hungry that I ate a whole pizza.
③ I was very hungry that I ate a whole pizza.
④ I was not hungry, so I didn't eat a whole pizza.
⑤ I was so hungry, but I couldn't eat a whole pizza.

**06** 다음 중 어법상 틀린 문장은?

① Jane watched children ride bikes.
② He heard the girls talking loudly.
③ They heard him to play the violin.
④ Did you see the birds flying across the evening sky?
⑤ I saw my brother swim in the river yesterday afternoon.

한 단계 더!
**07** 다음 중 나머지 문장과 의미가 다른 하나는?

① He was too sleepy to read a book.
② He wasn't sleepy, so he could read a book.
③ He was so sleepy that he couldn't read a book.
④ He was very sleepy, so he couldn't read a book.
⑤ He couldn't read a book because he was very sleepy.

**08** 다음 밑줄 친 ①~⑤ 중 어법상 틀린 것은?

> When I <u>entered</u> the classroom, I heard two
> ① ②
> girls <u>to talk</u> to each other. I also <u>saw</u> a boy
> ③ ④
> <u>sleeping</u> on the desk.
> ⑤

**09** 다음 빈칸에 공통으로 들어갈 말로 알맞은 것은?

> • It was _____ cold that I wanted to drink
> hot tea.
> • Sarah had a bad headache, _____ she
> took some medicine.

① so ② as ③ too
④ very ⑤ because

**10** 다음 빈칸에 들어갈 말이 순서대로 바르게 짝지어진 것은?

> • The doctor advised me _____ more
> vegetables.
> • People saw the firefighter _____ a little
> boy.

① eat – save ② eat – saving
③ to eat – saves ④ to eat – saving
⑤ eating – to save

**11** 다음 중 빈칸에 saw를 쓸 수 <u>없는</u> 것은?

① We _____ two boys help an old lady.
② Jack _____ his sister feeding the cat.
③ Sarah _____ her son to clean his room.
④ They _____ a musician singing on the street.
⑤ I _____ a strange man entering the house
last night.

**12** 주어진 문장과 의미가 같은 것은?

> They couldn't go camping because it was very
> cold.

① It was cold, but they went camping.
② It was not cold, so they went camping.
③ It was very cold when they went camping.
④ It was very cold that they could go camping.
⑤ It was so cold that they couldn't go camping.

한 단계 │ 더!

**13** 다음 우리말과 의미가 같도록 할 때, 빈칸에 들어갈 말로 알맞은 것은?

> 나는 스피커로 내 이름이 불리는 것을 들었다.
> →I heard my name _____ through the
> speaker.

① call ② calls ③ calling
④ called ⑤ to call

**14** 다음 중 어법상 올바른 문장끼리 짝지어진 것은?

> ⓐ They heard somebody shouts outside.
> ⓑ I saw Lisa and her dog cross the street.
> ⓒ Did you see the girl playing the drums?
> ⓓ The coat was too small that I couldn't wear
> it.
> ⓔ The girl was so happy that she jumped up
> and down.

① ⓐ, ⓑ, ⓒ ② ⓐ, ⓒ, ⓓ
③ ⓑ, ⓒ, ⓔ ④ ⓑ, ⓓ, ⓔ
⑤ ⓒ, ⓓ, ⓔ

**15** 다음 우리말과 의미가 같도록 괄호 안의 단어들을 배열할 때, 5번째로 오는 단어는?

> 그 문제가 너무 어려워서 나는 답을 찾을 수 없었다.
> (I, the, answer, that, could, difficult, not, was, so, problem, find, the)

① so      ② difficult      ③ that
④ find      ⑤ could

**16** 다음 중 밑줄 친 부분을 바르게 고쳐 쓴 것 중 어법상 틀린 것은?

> ⓐ She felt the house shook.
> ⓑ Can you smell something cooks?
> ⓒ I heard someone knocked on the door.
> ⓓ Jenny saw her puppy to run towards her.
> ⓔ Andrew watched his brother got on the bus.

① ⓐ → shake      ② ⓑ → cooking
③ ⓒ → to knock      ④ ⓓ → running
⑤ ⓔ → get

**17** 다음 중 어법상 올바른 문장의 개수는?

> ⓐ I saw my uncle wash his car.
> ⓑ Did you hear a big dog barks loudly?
> ⓒ The book was so funny that I laughed a lot.
> ⓓ Emma felt someone touching her shoulder.
> ⓔ We were such tired that we couldn't walk anymore.

① 1개      ② 2개      ③ 3개
④ 4개      ⑤ 5개

---

**서술형**

**[18~19]** 다음 우리말과 의미가 같도록 괄호 안의 말을 사용하여 문장을 완성하시오. (단, 필요시 형태를 바꿀 것)

**18** 나는 그녀가 방으로 걸어 들어가는 것을 보았다.
(see, walk into)

→ I _____ the room.

**19** 그는 너무 바빠서 점심 식사를 걸렀다. (busy, skip)

→ He was _____ lunch.

한 단계 │ 더!
**20** 다음 두 문장의 의미가 같도록 빈칸에 알맞은 말을 쓰시오.

> The boy is too short to reach the shelf.
> = The boy is _____ short _____ he _____ reach the shelf.

**21** 다음 대화에서 어법상 틀린 부분을 찾아 바르게 고쳐 쓰시오.

> A: Where is your dad?
> B: He's in the garage. I just saw him washed his car there.

_____ → _____

22 주어진 문장과 의미가 같도록 so ~ that ... 구문을 사용하여 문장을 완성하시오.

(1) Because the weather was very good, we went on a picnic.

= The weather _____

_____ .

(2) The boxes were very heavy, so he couldn't carry them.

= The boxes _____

_____ .

(3) We could see stars well because the sky was very clear.

= The sky _____

_____ .

23 그림을 보고, Sue가 보거나 들은 것을 [보기]의 표현을 사용하여 [예시]와 같이 쓰시오.

[보기] • fly a kite
• play basketball
• listen to music
• talk on the phone
• call her dog's name

[예시] Sue saw Tom flying a kite.

(1) Sue saw Jina _____ .

(2) Sue heard Kate _____ .

(3) Sue saw _____ .

(4) Sue heard _____ .

24 다음 두 문장을 [예시]와 같이 한 문장으로 쓰시오.

[예시] Some birds were flying in the sky.
I saw them.
→ I saw some birds flying in the sky.

(1) Kevin was jogging along the river. I saw him.

→ _____

(2) Someone was calling my name. I heard the person.

→ _____

(3) His mother is singing a song. He is listening to her.

→ _____

(4) Something is burning in the kitchen. I smell it.

→ _____

(5) The children were playing at the beach. Amy watched them.

→ _____

25 다음 중 원인과 결과를 나타내는 문장을 하나씩 골라 [예시]와 같이 한 문장으로 쓰시오. (단, 한 번씩만 쓸 것)

| 원인 | • ~~The fog was very thick.~~<br>• The test was very easy.<br>• It was very noisy outside.<br>• The jacket was very expensive. |
|---|---|
| 결과 | • ~~I couldn't drive.~~<br>• I couldn't buy it.<br>• I couldn't fall asleep.<br>• I got a good grade on the test. |

[예시] The fog was so thick that I couldn't drive.

(1) _____

(2) _____

(3) _____

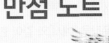

같은 이야기, 다른 그림

## Same Story, Different Paintings

**01** 우리는 종종 같은 주제의 다른 그림들을 발견한다.

**01** We often find different paintings with the same subject.
종종, 자주 (빈도부사 – 주로 일반동사 앞에 옴)　명 주제, 대상

**02** 한 예가 Henri Matisse가 그린 'The Flight of Icarus(이카로스의 비행)'와 Marc Chagall이 그린 'The Fall of Icarus(이카로스의 추락)'이다.

**02** An example is *The Flight of Icarus* by Henri Matisse and *The Fall of Icarus*
명 예, 예시
by Marc Chagall.

**03** 그 그림들은 둘 다 같은 그리스 신화에 관한 것이다.

**03** They are both about the same Greek myth.
둘 다
= *The Flight of Icarus* and *The Fall of Icarus*

Icarus에 관한 그리스 신화

## The Greek Myth of Icarus

**04** Daedalus는 훌륭한 발명가였다.

**04** Daedalus was a great inventor.
명 발명가

**05** Minos왕은 Daedalus의 작품을 몹시 좋아해서 Daedalus를 자신의 곁에 영원히 두고 싶어 했다.

**05** King Minos liked Daedalus' work so much that he wanted to keep
명 작품　「so+부사/형용사+that+주어+동사」
너무(매우) ～해서 …하다
that절의 목적어로 쓰인 명사적 용법의 to부정사
Daedalus with him forever.

**06** 그러나 Daedalus는 떠나려고 했고, 그러자 왕은 그와 그의 아들인 Icarus를 높은 탑에 가두었다.

**06** Daedalus, however, tried to leave, so the King kept him and his son,
그러나　「try+to부정사」～하려고 노력하다　접 그래서　Daedalus
Icarus, in a tall tower.
his son과 동격 관계

**07** Daedalus는 탈출하고 싶었다.

**07** Daedalus wanted to escape.
목적어로 쓰인 명사적 용법의 to부정사

**08** 어느 날, Daedalus는 새가 날고 있는 것을 보았다.

**08** One day, Daedalus saw birds flying.
(과거의) 어느 날　「지각동사 see+목적어+현재분사(-ing)/동사원형」
(목적어)가 ～하는 것을 보다

**09** "날개! 날개가 필요해!" 그가 외쳤다.

**09** "Wings! I need wings!" he shouted.

**10** 그리고 나서 Daedalus는 새의 깃털을 모아서 그것들을 밀랍으로 붙였다.

**10** Daedalus then gathered bird feathers and glued them together with
등위접속사 and로 연결된 병렬 구조　= bird feathers　～을 이용하여
(수단·도구의 의미)
wax.

**11** 날개가 준비되었을 때, 그는 아들에게 경고했다. "태양에 너무 가까이 날지 말거라. 밀랍이 녹을 거야."

**11** When the wings were ready, he warned his son, "Don't fly too close to
be ready: 준비가 되다　「Don't+동사원형 ～」～하지 마라
(부정 명령문(금지))
the sun. The wax will melt."

**12** Daedalus와 Icarus는 날기 시작했다.

**12** Daedalus and Icarus began to fly.
「begin+to부정사/동명사」～하기 시작하다
= began flying
"Don't fly too close to the sun.
(The wax will melt.)"

**13** Icarus는 너무 흥분해서 아버지의 경고를 잊었다.

**13** Icarus was so excited that he forgot his father's warning.
「so+형용사/부사+that+주어+동사」　명 경고, 주의
너무(매우) ～해서 …하다

14 He flew higher and higher, and the wax began to melt.
「비교급＋and＋비교급」　　　　　　= began melting
점점 더 ～한(하게)　　　　　　　　begin: to부정사와 동명사를 모두 목적어로
　　　　　　　　　　　　　　　　취하는 동사

15 "Oh, no! I'm falling," Icarus cried out.

16 Icarus fell into the sea and died.
　　　　　　　　└등위접속사 and로 연결된┘
　　　　　　　　　　병렬 구조

## Two Different Paintings

17 Matisse and Chagall both deal with the same subject in their paintings,
　　　　　　　　　　　┌둘 다
　　　　　　　　　　～을 다루다　= the Greek myth of Icarus
but they are different.　　　　　(Icarus에 관한 그리스 신화)
　　└= their paintings

18 First, in Matisse's painting, you can see Icarus flying, but in Chagall's
　　　　　　　　　　　　　　　「see＋목적어＋현재분사(-ing)/동사원형」
painting, the boy is falling.
　　　　　└= Icarus

19 This difference comes from the different ideas [that the two painters had].
　└────────┘　　　　　　　　　　　　　　　　┌───────관계대명사절
앞 문장의 내용(두 그림의 차이점)　　　선행사　　목적격 관계대명사(= which)
　　　　　　　　　　　　　　　　　　　　　　　(생략 가능)

20 Matisse thought that Icarus was brave and adventurous.
　　　　　　　　　　목적어 역할을 하는 명사절을
　　　　　　　　　　이끄는 접속사 (생략 가능)

21 In contrast, Chagall thought that Icarus was foolish.
　반면에 (대조)　　　　　　　　　명사절을 이끄는 접속사 (생략 가능)

22 Second, Matisse's painting is very simple, but Chagall's painting has
　　　　　　　　　　　　　　　　　　　두 화가의 차이점을 설명하기
many details.　　　　　　　　　　　위해 역접의 접속사 but을 사용
└= is detailed

23 In Matisse's painting, there are only Icarus and some stars.
　　　　　　　　　　　└～가 있다┘　　　　　　주어

24 Furthermore, Icarus' body has just a simple outline.
　게다가, 더욱이 (부연 설명)

25 In contrast, Chagall painted many people and houses in addition to
　반면에 (대조)　　　　　　　　　　　　　　　　～뿐만 아니라, ～에 덧붙여
Icarus.

26 This difference comes from the different painting styles of the two
　　　└형 차이점
painters.

27 Whose painting do you like more?
　┌→ (의문형용사) 누구의　　　　　┌much의 비교급
　(의문형용사) 누구의

28 People will have different answers because they may see the same
　　　　　　　　　　　　　　　　　　　　┌조 ～일 수도 있다 (추측)
thing in different ways.　　　　　접 ～ 때문에 (이유, 원인)
　　└ in (a) ～ way ┘
　　　～한 방식으로

---

14 그는 점점 더 높이 날았고, 밀랍은 녹기 시작했다.

15 "오, 안 돼! 나는 추락하고 있어." Icarus는 비명을 질렀다.

16 Icarus는 바다로 떨어져서 죽었다.

두 개의 다른 그림

17 Matisse와 Chagall 둘 다 그들의 그림에서 같은 주제를 다루지만, 그 그림들은 다르다.

18 첫째, Matisse의 그림에서는 Icarus가 날고 있는 것을 볼 수 있지만, Chagall의 그림에서는 그가 추락하고 있다.

19 이러한 차이는 두 화가들이 갖고 있던 서로 다른 생각에서 기인한다.

20 Matisse는 Icarus가 용감하고 모험심이 강하다고 생각했다.

21 반면에, Chagall은 Icarus가 어리석다고 생각했다.

22 둘째, Matisse의 그림은 매우 단순하지만, Chagall의 그림에는 세부적인 것들이 많다.

23 Matisse의 그림에는 Icarus와 몇 개의 별들만 있다.

24 게다가 Icarus의 몸은 단지 단순한 윤곽만으로 되어 있다.

25 반면에, Chagall은 Icarus뿐만 아니라 많은 사람들과 집들을 그렸다.

26 이러한 차이는 두 화가의 서로 다른 화풍에서 기인한다.

27 여러분은 누구의 그림이 더 좋은가?

28 사람들은 같은 것을 다른 방식들로 볼 수도 있기 때문에 서로 다른 대답을 할 것이다.

• 주어진 우리말과 일치하도록 교과서 본문의 문장을 완성하시오.

**STEP A**

**01** We often find different paintings with the _____ _____.

**02** An example is *The Flight of Icarus* _____ Henri Matisse and *The Fall of Icarus* _____ Marc Chagall.

**03** They are _____ about the same _____ _____.

**04** Daedalus was a great _____.

**05** King Minos liked Daedalus' work _____ much _____ he wanted to keep Daedalus with him forever.

**06** Daedalus, however, _____ _____ _____, so the King kept him and his son, Icarus, in a tall tower.

**07** Daedalus wanted _____ _____.

**08** One day, Daedalus _____ _____ _____.

**09** "Wings! I need wings!" he _____.

**10** Daedalus then _____ bird feathers and _____ them together with wax.

**11** When the wings were ready, he warned his son, "Don't _____ _____ _____ to the sun. The _____ will _____."

**12** Daedalus and Icarus _____ _____ _____.

**13** Icarus was _____ _____ _____ he forgot his father's _____.

**14** He flew _____ _____ _____, and the wax began to melt.

**15** "Oh, no! I'm falling," Icarus _____ _____.

**01** 우리는 종종 같은 주제의 다른 그림들을 발견한다.

**02** 한 예가 Henri Matisse가 그린 'The Flight of Icarus(이카로스의 비행)'와 Marc Chagall이 그린 'The Fall of Icarus(이카로스의 추락)'이다.

**03** 그 그림들은 둘 다 같은 그리스 신화에 관한 것이다.

**04** Daedalus는 훌륭한 발명가였다.

**05** Minos왕은 Daedalus의 작품을 몹시 좋아해서 Daedalus를 자신의 곁에 영원히 두고 싶어 했다.

**06** 그러나 Daedalus는 떠나려고 했고, 그러자 왕은 그와 그의 아들인 Icarus를 높은 탑에 가두었다.

**07** Daedalus는 탈출하고 싶었다.

**08** 어느 날, Daedalus는 새가 날고 있는 것을 보았다.

**09** "날개! 날개가 필요해!" 그가 외쳤다.

**10** 그리고 나서 Daedalus는 새의 깃털을 모아서 그것들을 밀랍으로 붙였다.

**11** 날개가 준비되었을 때, 그는 아들에게 경고했다. "태양에 너무 가까이 날지 말거라. 밀랍이 녹을 거야."

**12** Daedalus와 Icarus는 날기 시작했다.

**13** Icarus는 너무 흥분해서 아버지의 경고를 잊었다.

**14** 그는 점점 더 높이 날았고, 밀랍은 녹기 시작했다.

**15** "오, 안 돼! 나는 추락하고 있어." Icarus는 비명을 질렀다.

16 Icarus _____ _____ the sea and died.

16 Icarus는 바다로 떨어져서 죽었다.

17 Matisse and Chagall both _____ _____ the same subject in their paintings, but they are different.

17 Matisse와 Chagall 둘 다 그들의 그림에서 같은 주제를 다루지만, 그 그림들은 다르다.

18 First, in Matisse's painting, you can _____ Icarus _____, but in Chagall's painting, the boy is falling.

18 첫째, Matisse의 그림에서는 Icarus가 날고 있는 것을 볼 수 있지만, Chagall의 그림에서는 그가 추락하고 있다.

19 This difference _____ _____ the different ideas that the two painters had.

19 이러한 차이는 두 화가들이 갖고 있던 서로 다른 생각에서 기인한다.

20 Matisse thought _____ Icarus was brave and _____.

20 Matisse는 Icarus가 용감하고 모험심이 강하다고 생각했다.

21 In contrast, Chagall thought _____ Icarus was _____.

21 반면에, Chagall은 Icarus가 어리석다고 생각했다.

22 Second, Matisse's painting is very _____, but Chagall's painting has many _____.

22 둘째, Matisse의 그림은 매우 단순하지만, Chagall의 그림에는 세부적인 것들이 많다.

23 _____ Matisse's painting, there are _____ Icarus and some stars.

23 Matisse의 그림에는 Icarus와 몇 개의 별들만 있다.

24 _____, Icarus' body has just a simple outline.

24 게다가 Icarus의 몸은 단지 단순한 윤곽만으로 되어 있다.

25 _____ _____, Chagall painted many people and houses _____ _____ _____ Icarus.

25 반면에, Chagall은 Icarus뿐만 아니라 많은 사람들과 집들을 그렸다.

26 This difference _____ _____ the different painting styles of the two painters.

26 이러한 차이는 두 화가의 서로 다른 화풍에서 기인한다.

27 _____ painting do you like _____?

27 여러분은 누구의 그림이 더 좋은가?

28 People will have different answers because they may see the same thing _____ _____ _____.

28 사람들은 같은 것을 다른 방식들로 볼 수도 있기 때문에 서로 다른 대답을 할 것이다.

**Reading**

# 바른 어휘 · 어법 고르기

STEP A

**01**    We often find different paintings ( to / with ) the same subject.

**02**    An ( example / experience ) is *The Flight of Icarus* by Henri Matisse and *The Fall of Icarus* by Marc Chagall.

**03**    They are both about the same ( Greece / Greek ) myth.

**04**    Daedalus was a great ( invent / inventor ).

**05**    King Minos liked Daedalus' work ( very / so ) much that he wanted to keep Daedalus with him forever.

**06**    Daedalus, however, tried to ( live / leave ), so the King kept him and his son, Icarus, in a tall tower.

**07**    Daedalus wanted ( escaping / to escape ).

**08**    One day, Daedalus saw birds ( flying / to fly ).

**09**    "Wings! I ( need / need to ) wings!" he shouted.

**10**    Daedalus then gathered bird feathers and ( glue / glued ) them together with wax.

**11**    When the wings were ready, he warned his son, "Don't ( fly / flying ) too close to the sun. The wax will ( melted / melt )."

**12**    Daedalus and Icarus began ( fly / to fly ).

**13**    Icarus was so ( exciting / excited ) that he forgot his father's warning.

**14**    He flew higher and higher, and the wax began to ( melt / freeze ).

15  "Oh, no! I'm falling," Icarus cried ( out / off ).

16  Icarus fell into the sea and ( dies / died ).

17  Matisse and Chagall both deal ( for / with ) the same subject in their paintings, but they are different.

18  First, in Matisse's painting, you can see Icarus flying, ( so / but ) in Chagall's painting, the boy is falling.

19  This ( different / difference ) comes from the different ideas that the two painters had.

20  Matisse thought ( that / which ) Icarus was brave and adventurous.

21  ( For example / In contrast ), Chagall thought that Icarus was foolish.

22  Second, Matisse's painting is very simple, ( but / so ) Chagall's painting has many details.

23  In Matisse's painting, there are only Icarus and some ( star / stars ).

24  ( Therefore / Furthermore ), Icarus' body has just a simple outline.

25  In contrast, Chagall painted many people and houses ( in addition to / except for ) Icarus.

26  This difference comes ( for / from ) the different painting styles of the two painters.

27  ( Whose / Who ) painting do you like more?

28  People will have different answers because they may see the same thing in ( the same / different ) ways.

## Reading

# 틀린 문장 고치기

• 밑줄 친 부분이 내용이나 어법상 바르면 ○, 틀리면 ×에 동그라미하고 틀린 부분을 바르게 고쳐 쓰시오.

**01** We <u>often find</u> different paintings with the same subject.　○　×

**02** An example is *The Flight of Icarus* by Henri Matisse and *The Fall of Icarus* <u>by</u> Marc Chagall.　○　×

**03** <u>They are both</u> about the same Greek myth.　○　×

**04** Daedalus was a great <u>invention</u>.　○　×

**05** King Minos liked Daedalus' work <u>so much</u> that he wanted to keep Daedalus with him forever.　○　×

**06** Daedalus, however, <u>tried leave</u>, so the King kept him and his son, Icarus, in a tall tower.　○　×

**07** Daedalus wanted <u>escaping</u>.　○　×

**08** One day, Daedalus saw birds <u>flown</u>.　○　×

**09** "Wings! I <u>need wings</u>!" he shouted.　○　×

**10** Daedalus then gathered bird feathers and glued <u>it</u> together with wax.　○　×

**11** When the wings were ready, he warned his son, "<u>Not fly</u> too close to the sun. The wax will melt."　○　×

**12** Daedalus and Icarus began <u>fly</u>.　○　×

**13** Icarus was so excited <u>what</u> he forgot his father's warning.　○　×

**14** He flew <u>higher or higher</u>, and the wax began to melt.　○　×

**15** "Oh, no! I'm falling," Icarus <u>cried out</u>.　○　×

**16**    Icarus <u>fell into</u> the sea and died.      ◯ ✕

**17**    Matisse and Chagall both <u>deals with</u> the same subject in their paintings,      ◯ ✕
but they are different.

**18**    First, in Matisse's painting, you can see Icarus <u>flying</u>, but in Chagall's painting,      ◯ ✕
the boy is falling.

**19**    This difference comes from the different ideas <u>who</u> the two painters had.      ◯ ✕

**20**    Matisse thought that Icarus was brave and <u>adventurous</u>.      ◯ ✕

**21**    <u>On contrast</u>, Chagall thought that Icarus was foolish.      ◯ ✕

**22**    Second, Matisse's painting is very simple, but Chagall's painting has many <u>detail</u>.      ◯ ✕

**23**    In Matisse's painting, there are only Icarus and <u>some stars</u>.      ◯ ✕

**24**    Furthermore, Icarus' body has just a <u>simply</u> outline.      ◯ ✕

**25**    In contrast, Chagall painted many people and houses <u>in addition</u> Icarus.      ◯ ✕

**26**    <u>This difference</u> comes from the different painting styles of the two painters.      ◯ ✕

**27**    Whose painting do you like <u>more</u>?      ◯ ✕

**28**    People will have different answers <u>because of</u> they may see the same thing      ◯ ✕
in different ways.

## Reading
# 배열로 문장 완성하기

**1** 우리는 종종 같은 주제의 다른 그림들을 발견한다.
( with / different paintings / the same subject / often / we / find )
>

**2** 한 예가 Henri Matisse가 그린 'The Flight of Icarus(이카로스의 비행)'와 Marc Chagall이 그린 'The Fall of Icarus(이카로스의 추락)'이다.
( is / by Henri Matisse / by Marc Chagall / an example / and / *The Flight of Icarus* / *The Fall of Icarus* )
>

**3** 그 그림들은 둘 다 같은 그리스 신화에 관한 것이다. ( are / about / they / the same Greek myth / both )
>

**4** Daedalus는 훌륭한 발명가였다. ( a / inventor / was / Daedalus / great )
>

**5** Minos왕은 Daedalus의 작품을 몹시 좋아해서 Daedalus를 자신의 곁에 영원히 두고 싶어 했다.
( so much / forever / he wanted / King Minos / Daedalus' work / that / to keep / liked / with him / Daedalus )
>

**6** 그러나 Daedalus는 떠나려고 했고, 그러자 왕은 그와 그의 아들인 Icarus를 높은 탑에 가두었다.
( so / him and his son, Icarus / Daedalus, however / the King / tried / kept / to leave / in a tall tower )
>

**7** Daedalus는 탈출하고 싶었다. ( wanted / to escape / Daedalus )
>

**8** 어느 날, Daedalus는 새가 날고 있는 것을 보았다. ( saw / flying / one day / Daedalus / birds )
>

**9** "날개! 날개가 필요해!" 그가 외쳤다. ( wings / he / shouted / wings / need / I )
>

**10** 그러고 나서 Daedalus는 새의 깃털을 모아서 그것들을 밀랍으로 붙였다.
( bird feathers / gathered / glued / together / and / them / with wax / Daedalus then )
>

**11** 날개가 준비되었을 때, 그는 아들에게 경고했다. "태양에 너무 가까이 날지 말거라. 밀랍이 녹을 거야."
( warned / the wings / his son / the wax / when / he / melt / too close / will / were ready / don't fly / to the sun )
>

**12** Daedalus와 Icarus는 날기 시작했다. ( began / Daedalus and Icarus / to fly )
>

**13** Icarus는 너무 흥분해서 아버지의 경고를 잊었다.
( that / his father's warning / he / was / Icarus / forgot / so excited )
>

**14** 그는 점점 더 높이 날았고, 밀랍은 녹기 시작했다.
( he / to melt / the wax / flew / and / began / higher and higher )
>

**15** "오, 안 돼! 나는 추락하고 있어." Icarus는 비명을 질렀다. ( oh, no / falling / cried out / I'm / Icarus )

> 

**16** Icarus는 바다로 떨어져서 죽었다. ( the sea / Icarus / fell into / died / and )

> 

**17** Matisse와 Chagall 둘 다 그들의 그림에서 같은 주제를 다루지만, 그 그림들은 다르다.
( the same subject / are / in their paintings / different / Matisse and Chagall both / but / deal with / they )

> 

**18** 첫째, Matisse의 그림에서는 Icarus가 날고 있는 것을 볼 수 있지만, Chagall의 그림에서는 그가 추락하고 있다.
( flying / can / the boy / Icarus / but / first / see / in Matisse's painting / is falling / you / in Chagall's painting )

> 

**19** 이러한 차이는 두 화가들이 갖고 있던 서로 다른 생각에서 기인한다.
( the different ideas / had / this difference / the two painters / comes from / that )

> 

**20** Matisse는 Icarus가 용감하고 모험심이 강하다고 생각했다.
( that / brave / adventurous / Matisse / Icarus / was / and / thought )

> 

**21** 반면에, Chagall은 Icarus가 어리석다고 생각했다. ( that / Chagall / foolish / Icarus / thought / was / in contrast )

> 

**22** 둘째, Matisse의 그림은 매우 단순하지만, Chagall의 그림에는 세부적인 것들이 많다.
( is / Chagall's painting / very simple / but / has / second / many details / Matisse's painting )

> 

**23** Matisse의 그림에는 Icarus와 몇 개의 별들만 있다. ( are only / Icarus and some stars / in Matisse's painting / there )

> 

**24** 게다가 Icarus의 몸은 단지 단순한 윤곽만으로 되어 있다. ( just / has / Icarus' body / a simple outline / furthermore )

> 

**25** 반면에, Chagall은 Icarus뿐만 아니라 많은 사람들과 집들을 그렸다.
( many people and houses / Chagall / in contrast / in addition to / painted / Icarus )

> 

**26** 이러한 차이는 두 화가의 서로 다른 화풍에서 기인한다.
( the two painters / this difference / from / of / the different painting styles / comes )

> 

**27** 여러분은 누구의 그림이 더 좋은가? ( more / painting / like / you / whose / do )

> 

**28** 사람들은 같은 것을 다른 방식들로 볼 수도 있기 때문에 서로 다른 대답을 할 것이다.
( because / the same thing / different answers / in different ways / they / will have / people / may see )

>

**[01~02]** 다음 글을 읽고, 물음에 답하시오.

> We often find ____ⓐ____ paintings with the ____ⓑ____ subject. An example is *The Flight of Icarus* by Henri Matisse and *The Fall of Icarus* by Marc Chagall. They are both about the same Greek myth.

**01** 윗글의 흐름상 빈칸 ⓐ와 ⓑ에 들어갈 말이 순서대로 바르게 짝지어진 것은?

① same – same
② different – same
③ different – strange
④ same – common
⑤ common – unique

**02** 다음 영영풀이에 해당하는 단어를 윗글에서 찾아 쓰시오.

> an old story about gods, brave people, magical creatures, etc.

_____

**[03~05]** 다음 글을 읽고, 물음에 답하시오.

> Daedalus was a great inventor. ⓐKing Minos liked Daedalus' work very much, so he wanted to keep Daedalus with him forever. Daedalus, however, tried to leave, so the King kept him and his son, Icarus, in a tall tower. Daedalus wanted to ____ⓑ____.

**03** 윗글의 밑줄 친 ⓐ를 다음과 같이 바꿔 쓸 때, 빈칸에 들어갈 말이 순서대로 바르게 짝지어진 것은?

> King Minos liked Daedalus' work _____ much _____ he wanted to keep Daedalus with him forever.

① so – but
② so – that
③ so – then
④ such – then
⑤ such – as

**04** 윗글의 흐름상 빈칸 ⓑ에 들어갈 말로 가장 알맞은 것은?

① invent
② stay
③ laugh
④ escape
⑤ warn

**05** 윗글의 내용과 일치하지 않는 것은?

① Daedalus는 위대한 발명가였다.
② Minos왕은 Daedalus의 작품을 매우 좋아했다.
③ Minos왕은 Daedalus를 영원히 자신의 곁에 두고 싶어 했다.
④ Daedalus는 Minos왕의 곁에 있고 싶지 않았다.
⑤ Minos왕은 Daedalus와 그의 아들을 지하 감옥에 가두었다.

**[06~09]** 다음 글을 읽고, 물음에 답하시오.

> One day, Daedalus saw birds ____ⓐ____. "Wings! I need wings!" he shouted. ( ① ) Daedalus then gathered bird feathers and glued ⓑthem together with wax. ( ② ) When the wings were ready, he warned his son, "Don't fly too close to the sun. The wax will melt." ( ③ )
>
> Daedalus and Icarus began to fly. ( ④ ) Icarus was so excited that he forgot his father's warning. ( ⑤ ) "Oh, no! I'm falling," Icarus cried out. Icarus fell into the sea and died.

**06** 윗글의 빈칸 ⓐ에 들어갈 fly의 어법상 올바른 형태로 알맞은 것은?

① flown
② flying
③ are flying
④ flies
⑤ to fly

**07** 윗글의 밑줄 친 ⓑ them이 가리키는 것은?

① birds　　　　　② wings
③ Daedalus' sons　　④ bird feathers
⑤ Daedalus and Icarus

**08** 윗글의 ①~⑤ 중 주어진 문장이 들어갈 위치로 알맞은 것은?

> He flew higher and higher, and the wax began to melt.

①　　②　　③　　④　　⑤

**09** 윗글을 읽고 답할 수 <u>없는</u> 질문은?

① How did Daedalus make wings?
② What did Daedalus use to make wings?
③ Where did Daedalus and Icarus try to go?
④ What did Daedalus warn Icarus not to do?
⑤ How did Icarus feel when he started to fly?

[10~14] 다음 글을 읽고, 물음에 답하시오.

　Matisse and Chagall both deal ____ⓐ____ the same subject in their paintings, but they are different.
　(A) First, in Matisse's painting, you can see Icarus to fly, but in Chagall's painting, the boy is falling. This difference comes ____ⓑ____ the different ideas ⓒthat the two painters had. Matisse thought that Icarus was brave and adventurous. In contrast, Chagall thought that Icarus was foolish.

**10** 윗글의 제목으로 가장 알맞은 것은?

① Great Paintings of All Time
② Famous Stories from Greek Myths
③ Characters in the Greek Myth of Icarus
④ The Relationship between Matisse and Chagall
⑤ Two Different Paintings with the Same Subject

**11** 윗글의 빈칸 ⓐ와 ⓑ에 들어갈 말이 순서대로 바르게 짝지어진 것은?

① of – from　　　② from – into
③ with – into　　　④ with – from
⑤ from – with

**12** 윗글의 밑줄 친 문장 (A)에서 어법상 틀린 부분을 찾아 바르게 고친 것은?

① see → be seen　　② to fly → flying
③ but → so　　　　④ is → are
⑤ falling → will fall

**13** 윗글의 밑줄 친 ⓒthat과 쓰임이 <u>다른</u> 하나는?

① The subject that I'm good at is science.
② The chicken soup that Tim made was good.
③ I heard that Alex would join the reading club.
④ The man that I saw on the street was a singer.
⑤ Do you know the girl that James is talking to?

**14** 윗글의 내용을 바르게 이해한 사람은?

① 지호: Matisse and Chagall painted the same subject in the same way.

② 소윤: Both Matisse and Chagall painted Icarus of the Greek myth.

③ 민아: In Matisse's painting, Icarus is falling.

④ 나리: Chagall thought that Icarus was courageous.

⑤ 우진: Matisse and Chagall had the same idea about the subject of the painting.

**17** 윗글의 밑줄 친 ①~⑤의 우리말 뜻이 바르지 **않은** 것은?

① 게다가　　　　　② ~가 있다

③ 그러므로　　　　④ ~뿐만 아니라

⑤ ~에서 기인한다

**[15~19]** 다음 글을 읽고, 물음에 답하시오.

> Second, Matisse's painting is very ___ⓐ___, but Chagall's painting has many details.
> (A) ①Furthermore, Icarus' body has just a simple outline.
> (B) In Matisse's painting, ②there are only Icarus and some stars.
> (C) ③In contrast, Chagall painted many people and houses ④in addition to Icarus.
> This difference ⑤comes from the different painting styles of the two painters.
> Whose painting do you like more? People will have different answers because they may ___ⓑ___.

**15** 윗글의 흐름상 빈칸 ⓐ에 들어갈 말로 가장 알맞은 것은?

① simple　　② creative　　③ colorful

④ unusual　　⑤ complicated

**16** 윗글의 흐름에 맞게 (A)~(C)를 바르게 배열한 것은?

① (A) – (B) – (C)　　② (A) – (C) – (B)

③ (B) – (A) – (C)　　④ (C) – (A) – (B)

⑤ (C) – (B) – (A)

**18** 윗글의 흐름상 빈칸 ⓑ에 들어갈 말로 가장 알맞은 것은?

① not be interested in paintings

② want to follow others' opinions

③ see the same thing in different ways

④ have the same view on the paintings

⑤ like other paintings of the two painters

**19** 윗글의 내용과 일치하도록 할 때, 빈칸에 들어갈 말로 알맞은 것은?

> **Q:** What did Matisse paint in his painting?
> **A:** He painted _____.

① only some houses

② Icarus and Daedalus

③ Icarus and many people

④ only Icarus and some stars

⑤ only Icarus and the broken wings

서술형

**[20~22]** 다음 글을 읽고, 물음에 답하시오.

Daedalus was a great inventor. King Minos liked Daedalus' work ⓐso much that he wanted to keep Daedalus with him forever. Daedalus, however, tried to leave, so the King kept him and his son, Icarus, in a tall tower. Daedalus wanted ⓑto escape.

One day, Daedalus saw birds ⓒflying. "Wings! I need wings!" he shouted. Daedalus then gathered bird feathers and ⓓglued them together with wax. When the wings were ready, he warned his son, "Don't fly too close to the sun. The wax will melt."

Daedalus and Icarus began to fly. (A)Icarus는 너무 흥분해서 아버지의 경고를 잊었다. He flew ⓔhighest and higher, and the wax began to melt. "Oh, no! I'm falling," Icarus cried out. Icarus fell into the sea and died.

**20** 윗글의 밑줄 친 ⓐ~ⓔ 중 어법상 틀린 것을 찾아 기호를 쓰고 바르게 고쳐 쓰시오.

(      ) → _____

**21** 윗글의 밑줄 친 우리말 (A)와 의미가 같도록 주어진 단어들을 바르게 배열하여 문장을 쓰시오.

> he, so, was, Icarus, his father's warning, excited, forgot, that

→ _____

**22** 윗글의 내용과 일치하도록 주어진 질문에 완전한 영어 문장으로 답하시오.

(1) What did Daedalus make to escape from the tall tower?

→ _____

(2) What happened to the wax when Icarus flew too close to the sun?

→ _____

**[23~24]** 다음 글을 읽고, 물음에 답하시오.

Matisse and Chagall both deal with the same subject in their paintings, but they are different.

First, in Matisse's painting, you can see Icarus flying, but in Chagall's painting, the boy is falling. (A)This difference comes from the different ideas that the two painters had. Matisse thought that Icarus was brave and adventurous. In contrast, Chagall thought that Icarus was foolish.

Second, Matisse's painting is very simple, but Chagall's painting has many details. In Matisse's painting, there are only Icarus and some stars. Furthermore, Icarus' body has just a simple outline. In contrast, Chagall painted many people and houses in addition to Icarus. (B)This difference comes from the different painting styles of the two painters.

고난도

**23** 윗글의 밑줄 친 (A)와 (B)의 **This difference**가 가리키는 내용을 각각 우리말로 쓰시오.

(A) _____

_____

(B) _____

_____

**24** 윗글의 내용을 요약한 다음 표를 완성하시오.

| Subject | the Greek Myth of Icarus | |
|---|---|---|
| Painter | Matisse | Chagall |
| Icarus' action in the painting | flying | (1) _____ |
| Painter's view on Icarus | (2) _____ | foolish |
| Feature of the painting | (3) _____ | detailed |

# 만점 노트

## Listen and Talk D

교과서 103쪽

Hi. ❶Are you interested in sci-fi movies? I'm planning to watch ❷the movie, *Star Wars*, this Sunday. ❸Please join me. Let's meet at 11:10 in front of the movie theater.

안녕. 공상 과학 영화에 관심이 있니? 나는 이번 주 일요일에 영화 '스타워즈'를 볼 계획이야. 나랑 같이 보자. 11시 10분에 영화관 앞에서 만나자.

❶ be interested in: ~에 관심이 있다
❷ the movie와 'Star Wars'는 동격이다.
❸ 상대방에게 함께할 것을 제안하는 표현이다. (= How about joining me? / Do you want to go with me?)

## Around the World

교과서 111쪽

- Narcissus ❶was proud of his beauty. ❷One day, he saw his face in the water and ❸fell in love with himself.

- There was a box ❹that had all the bad things in the world inside. Pandora opened it, and they all came out.

- Orpheus was a great musician. When his wife died, he met Hades and told him, "Please ❺return my wife to me."

- 나르키소스는 자신의 아름다움을 자랑스러워했다. 어느 날, 그는 물에 비친 자신의 얼굴을 보고 자신과 사랑에 빠졌다.

- 세상의 온갖 나쁜 것들이 들어 있는 상자가 하나 있었다. 판도라는 그 상자를 열었고, 그것들이 모두 밖으로 나왔다.

- 오르페우스는 훌륭한 음악가였다. 그는 아내가 죽었을 때 하데스를 만나, "제발 제 아내를 제게 돌려보내 주십시오."라고 말했다.

❶ be proud of: ~을 자랑스러워하다
❷ One day는 '(과거의) 어느 날'을 의미한다.
❸ fall in love with: ~와 사랑에 빠지다, ~에게 반하다
❹ 주격 관계대명사 that이 이끄는 관계대명사절로, 선행사 a box를 수식한다.
❺ return *A* to *B*: A를 B에게 돌려보내다(돌려주다)

## Think and Write

교과서 114쪽

The two paintings, *The Fiddler* by Marc Chagall and *The Violinist at the Window* by Henri Matisse, ❶both ❷deal with a violinist. In both paintings, we ❸see a man playing the violin. The two paintings, however, have some differences. First, in Chagall's painting, we can see the man's face, but in Matisse's painting, we cannot see it. Second, in Chagall's painting, we see the violinist dancing, ❹while in Matisse's painting, we see him ❺standing still. Finally, another difference between the two paintings is ❻that Chagall's painting is more dynamic.

Marc Chagall이 그린 'The Fiddler(바이올린 연주자)'와 Henri Matisse가 그린 'The Violinist at the Window(창가의 바이올린 연주자)'라는 두 그림은 모두 바이올린 연주자를 다루고 있다. 두 그림 모두에서 한 남자가 바이올린을 연주하고 있는 것이 보인다. 그러나 두 그림에는 몇 가지 차이점들이 있다. 첫째, Chagall의 그림에서는 남자의 얼굴을 볼 수 있지만, Matisse의 그림에서는 그것을 볼 수 없다. 둘째, Chagall의 그림에서는 바이올린 연주자가 춤을 추고 있는 것이 보이는 반면에, Matisse의 그림에서는 그가 가만히 서 있는 것이 보인다. 마지막으로, 이 두 그림 사이의 또 다른 차이점은 Chagall의 그림이 더 역동적이라는 점이다.

❶ both는 '둘 다'라는 의미이다.
❷ deal with: (주제·소재로) ~을 다루다
❸ 「see+목적어+-ing/동사원형」은 '(목적어)가 ~하는 것을 보다'라는 뜻을 나타낸다. 목적격 보어로 -ing를 쓸 경우 진행의 의미가 강조된다.
❹ while은 '반면에'라는 뜻의 접속사로 주절과 대조되는 내용을 이끈다.
❺ stand still: 가만히 서 있다
❻ that은 명사절을 이끄는 접속사이며, 여기에서는 보어 역할을 하는 절을 이끌고 있다. dynamic은 앞에 more를 붙여 비교급을 만든다.

# 실전 TEST

**[01~02]** 다음 글을 읽고, 물음에 답하시오.

Hi. Are you interested in sci-fi movies? I'm planning to watch the movie, *Star Wars*, this Sunday. ⓐPlease join me. ⓑ11시 10분에 영화관 앞에서 만나자.

**01** 윗글의 밑줄 친 ⓐ와 바꿔 쓸 수 없는 것은?

① Why don't you join me?
② What about joining me?
③ Do you want to go with me?
④ You can go with me if you want to.
⑤ I'm glad that you can go with me.

**02** 윗글의 밑줄 친 우리말 ⓑ와 의미가 같도록 괄호 안의 말을 사용하여 문장을 쓰시오.

→ _____

(meet, the movie theater)

**[03~04]** 다음 글을 읽고, 물음에 답하시오.

- Narcissus was proud of his beauty. One day, he saw his face in the water and fell ____ⓐ____ love with himself.
- There was a box that had all the bad things in the world inside. Pandora opened it, and they all came out.
- Orpheus was a great musician. When his wife died, he met Hades and told him, "Please return my wife ____ⓑ____ me."

**03** 윗글의 빈칸 ⓐ와 ⓑ에 들어갈 말이 순서대로 바르게 짝지어진 것은?

① in – to          ② in – from
③ of – to          ④ of – from
⑤ from – to

**04** 윗글을 읽고 답할 수 없는 것은?

① What was Narcissus proud of?
② What was in the box Pandora opened?
③ Why did Pandora open the box?
④ Who did Orpheus meet when his wife died?
⑤ What did Orpheus ask the god, Hades?

**[05~06]** 다음 글을 읽고, 물음에 답하시오.

The two paintings, *The Fiddler* by Marc Chagall and *The Violinist at the Window* by Henri Matisse, both deal with a violinist. In both paintings, we see a man ⓐplaying the violin. The two paintings, however, have some differences. First, in Chagall's painting, we can see the man's face, but in Matisse's painting, we cannot see it. Second, in Chagall's painting, we see the violinist dancing, while in Matisse's painting, we see him standing still. Finally, another difference between the two paintings is that Chagall's painting is more dynamic.

**05** 윗글의 밑줄 친 ⓐplaying과 쓰임이 같은 것은?

① She felt the wind blowing.
② He's very good at cooking.
③ I finished doing my homework.
④ Getting up early is not easy for me.
⑤ My hobby is making model airplanes.

**06** 윗글의 내용과 일치하지 않는 것을 모두 고르시오.

① The two paintings deal with a painter.
② There is a man playing the violin in both paintings.
③ In Chagall's painting, we can see the man's face.
④ In Matisse's painting, the man is dancing.
⑤ Chagall's painting is more dynamic than Matisse's.

**Words**

# 고득점 맞기

**01** Which word has the following definition?

> a small fact, feature, or piece of information about something

① myth   ② detail   ③ subject
④ inventor   ⑤ difference

**02** 다음 빈칸에 들어갈 말로 알맞은 것은?

> Bill was not the captain of the soccer team. _____, he was not even on the soccer team.

① Thus   ② However
③ Otherwise   ④ Furthermore
⑤ Therefore

**03** 다음 대화의 빈칸에 들어갈 말이 순서대로 바르게 짝지어진 것은?

> A: Are you and your twin sister alike?
> B: No. We are very different. I like to go _____ a walk or ride a bike. _____ contrast, my sister likes to rest at home.

① to – Of   ② for – In   ③ to – With
④ for – Of   ⑤ at – With

**04** 다음 중 짝지어진 단어의 관계가 서로 같지 <u>않은</u> 것은?

① end : finish = shout : yell
② exhibit : exhibition = fly : flight
③ brave : courageous = foolish : wise
④ different : same = simple : complicated
⑤ difference : different = adventure : adventurous

**05** 다음 중 밑줄 친 단어의 의미가 [보기]와 같은 것은?

> [보기] He always treats people in a friendly <u>way</u>.

① A broken car blocked the <u>way</u>.
② There is only one <u>way</u> across the field.
③ Which <u>way</u> is the right direction to the museum?
④ What is the easiest <u>way</u> to learn a foreign language?
⑤ I happened to meet my old friend on my <u>way</u> back home.

**06** 다음 영영풀이에 해당하는 단어를 빈칸에 쓰시오.

> *n.* the topic of what is said, written, or studied

> The _____ of today's discussion was our field trip.

**07** 다음 우리말과 의미가 같도록 빈칸에 알맞은 말을 쓰시오.

> 그녀는 생각에 잠겨 있을 때 가끔 혼잣말을 한다.

→ She sometimes _____ _____ _____ when she is thinking deeply.

**08** 다음 중 단어와 영영풀이가 바르게 연결되지 <u>않은</u> 것은?

① shout: to say something very loudly
② exhibition: a public show of something
③ myth: a line that shows the shape of something
④ adventurous: willing to take risks in order to find excitement
⑤ feather: one of the light soft things that cover a bird's body

**09** 다음 빈칸에 공통으로 들어갈 단어를 주어진 철자로 시작하여 쓰시오.

- Dad said that he could fix the broken vase with g_____.
- I'll g_____ a big ribbon on the box.

**10** 다음 ⓐ~ⓓ의 빈칸 중 어느 곳에도 들어갈 수 없는 것은?

ⓐ The snow will _____ away soon.
ⓑ He tried to _____ from the building.
ⓒ Andy drew a(n) _____ of the mountains.
ⓓ There are lots of _____ parks in Kenya.

① melt        ② brave        ③ outline
④ national        ⑤ escape

**11** 다음 중 밑줄 친 부분의 우리말 의미가 알맞지 않은 것은?

① The ticket office closes at 7.
(매표소)
② Please tell me the details as well.
(세부 사항들)
③ The flight of the wild birds looked very beautiful.
(비행)
④ Most societies have their own creation myths.
(신화들)
⑤ I went to the library to gather information about the subject. (찾다)

**12** 다음 빈칸에 알맞은 단어를 주어진 철자로 시작하여 쓰시오.

We need to w_____ them not to enter the lake because the ice in the lake may melt soon.

**13** 다음 중 밑줄 친 부분과 바꿔 쓸 수 없는 것은?

① The musical starts at 6 o'clock.
(= begins)
② The man made a courageous decision.
(= brave)
③ She gathered pieces of cloth to make a bag.
(= collected)
④ When I was crossing the street, a man shouted at me. (= followed)
⑤ I didn't want to look foolish in front of my friends. (= stupid)

**14** 다음 중 밑줄 친 부분의 쓰임이 어색한 것은?

① Look at the bird. It has beautiful feathers.
② Some adventurous travelers wanted to skydive.
③ The black dress she was wearing was simple but elegant.
④ Her stories often deal with the subject of cultural differences.
⑤ I am interested in natural science. In contrast, Sue is interested in it, too.

**15** 다음 빈칸에 들어갈 단어의 영영풀이로 알맞은 것은?

The children enjoyed the story about the strong man in the Greek _____.

① how you do something
② the act of flying through the air
③ the way in which one thing is not the same as something else
④ someone who makes or thinks of something completely new
⑤ an old story about gods, brave people, magical creatures, etc.

## Listen and Talk
# 영작하기

• 주어진 우리말 뜻과 일치하도록 교과서 대화문을 완성하시오.

### Listen and Talk A-1

G: _____

B: _____

G: _____

B: _____

교과서 102쪽

해석

G: 나는 내일 피아노 콘서트에 갈 계획이야. 나랑 같이 갈래, Kevin?

B: 물론이야. 몇 시에 만날까?

G: 콘서트는 7시에 시작하니까, 6시에 버스 정류장에서 만나자.

B: 그래. 그때 보자.

### Listen and Talk A-2

G: _____

B: _____

G: _____

B: _____

교과서 102쪽

G: 나는 이번 주 토요일에 '캣츠'를 보러 갈 계획이야. 나랑 같이 갈래?

B: 물론이야. 몇 시에 어디에서 만날까?

G: 그 뮤지컬은 3시에 시작해. 2시에 Dream 아트 홀에서 만나자.

B: 좋아. 토요일에 보자.

### Listen and Talk A-3

G: _____

B: _____

G: _____

B: _____

교과서 102쪽

G: 나는 다음 주 금요일에 축구 경기를 보러 갈 계획이야. 나랑 같이 가는 게 어때, 진호야?

B: 좋은데. 몇 시에 만날까?

G: Green 경기장 앞에서 10시 30분에 만나자.

B: 그래. 그때 보자.

### Listen and Talk A-4

B: _____

G: _____

_____

B: _____

G: _____

B: _____

교과서 102쪽

B: 이번 주 일요일에 무엇을 할 거니?

G: 나는 남동생과 Dream 놀이공원에 갈 계획이야. 원하면 너도 우리와 함께 가도 돼.

B: 정말 그러고 싶어. 언제 만날까?

G: 나는 일찍 가고 싶어. 그러니 9시에 지하철 역에서 만나자.

B: 좋아. 그때 보자.

## Listen and Talk C

*(Smartphone rings.)*

B: _____

G: _____

B: _____

G: _____

_____

B: _____

G: _____

B: _____

G: _____

B: _____

교과서 103쪽

**해석**

(스마트폰이 울린다.)

B: 안녕, Kate. 무슨 일이니?

G: 안녕, 민호야. 이번 주 토요일에 무엇을 할 거니?

B: 특별한 계획은 없어. 왜?

G: 나는 국립 미술관에서 하는 반 고흐 전시회에 갈 계획이야. 나랑 같이 갈래?

B: 정말 그러고 싶어! 그는 내가 가장 좋아하는 화가거든. 몇 시에 만날까?

G: 11시에 만나는 게 어때?

B: 좋아. 어디에서 만날까?

G: 매표소 앞에서 만나자.

B: 좋아. 11시에 거기에서 봐.

## Review-1

G: _____

B: _____

G: _____

B: _____

교과서 116쪽

G: 나는 이번 주 금요일에 피아노 콘서트에 갈 계획이야. 나랑 같이 가는 게 어때, Kevin?

B: 물론이야. 몇 시에 만날까?

G: 10시 30분에 버스 정류장에서 만나자.

B: 그래. 그때 보자.

## Review-2

B: _____

G: _____

B: _____

G: _____

교과서 116쪽

B: 나는 내일 축구 경기에 갈 계획이야. 나랑 같이 갈래, Susan?

G: 물론이야. 몇 시에 만날까?

B: 경기가 7시에 시작하니까, Dream 경기장 앞에서 6시에 만나자.

G: 그래. 그때 보자.

## Review-3

B: _____

G: _____

B: _____

G: _____

B: _____

교과서 116쪽

B: 수미야, 나는 이번 주 토요일에 Jenny와 쇼핑하러 갈 계획이야. 너도 같이 갈래?

G: 좋아. 몇 시에 만날까?

B: 12시 30분에 만나는 게 어때?

G: 그래. 어디에서 만날까?

B: 쇼핑몰 앞에서 만나자.

**01** 다음 대화의 빈칸에 들어갈 말로 알맞지 <u>않은</u> 것은?

> A: What are you planning to do tomorrow?
> B: _____

① I'm going to visit my grandparents.
② I have no special plans for tomorrow.
③ I'm thinking of going to a music festival.
④ I went camping with my family last weekend.
⑤ I'm planning to go see *Romeo and Juliet* with my sister.

**02** What is the correct order of (A)~(D) to make a natural dialog?

> (A) The concert begins at 7 o'clcock, so let's meet at 6 at the bus stop.
> (B) Sure. What time should we meet?
> (C) OK. See you then.
> (D) I'm planning to go to a piano concert tomorrow. Do you want to go with me, Kevin?

① (A) – (C) – (D) – (B)　② (B) – (A) – (C) – (D)
③ (C) – (A) – (B) – (D)　④ (D) – (B) – (A) – (C)
⑤ (D) – (C) – (A) – (B)

**03** 다음 대화의 밑줄 친 ①~⑤ 중 흐름상 <u>어색한</u> 것은?

> A: ①Sumi, I'm planning to go shopping with Jenny this Saturday. Will you join us?
> B: ②Thanks, but I have other plans. What time should we meet?
> A: ③How about meeting at 12:30?
> B: OK. Where should we meet?
> A: ④Let's meet in front of the shopping mall.
> B: OK. ⑤See you then.

**[04~05]** 다음 대화를 읽고, 물음에 답하시오.

> Boy: What are you going to do this Sunday?
> Girl: I'm planning to go to Dream Amusement Park with my brother. ⓐYou can go with us if you want to.
> Boy: I'd love to. When should we meet?
> Girl: I want to go early, so let's meet at 9 at the subway station.
> Boy: Sounds good. I'll see you then.

**04** 위 대화의 밑줄 친 ⓐ와 바꿔 쓸 수 있는 표현을 <u>모두</u> 고르시오.

① How about joining us?
② When do you want to go?
③ Would you like to go with us?
④ What do you want to do with us?
⑤ I can go with you if you want me to.

**05** 위 대화의 내용과 일치하지 <u>않는</u> 것은?

① The girl plans to go to the amusement park this Sunday.
② The girl asked the boy if he wanted to join her.
③ The boy wants to go to the amusement park.
④ The girl wants to meet the boy at 9 at the amusement park.
⑤ The boy and the girl will meet at the subway station.

**06** 다음 상황에서 친구에게 할 말로 가장 알맞은 것은?

> You have two movie tickets. You would like to watch a movie with your friend, so you want to know what your friend will do this Sunday.

① I'll buy two movie tickets this Sunday.
② What are you going to do this Sunday?
③ Will you watch a movie with your friend?
④ Let's meet in front of the movie theater.
⑤ What movie do you want to watch with me?

서술형

**[07~09]** 다음 대화를 읽고, 물음에 답하시오.

> *(Smartphone rings.)*
> **A:** Hi, Kate. What's up?
> **B:** Hi, Minho. What are you going to do this Saturday?
> **A:** Nothing special. Why?
> **B:** I'm planning to go to the Van Gogh exhibition at the National Art Museum. (A) <u>Do you want to go with me?</u>
> **A:** I'd love to! He's my favorite painter. What time should we meet?
> **B:** How about meeting at 11?
> **A:** OK. Where should we meet?
> **B:** Let's meet in front of the ticket office.
> **A:** Sounds good. I'll see you there at 11.

**07** 위 대화의 밑줄 친 문장 (A)와 의미가 같도록 괄호 안의 단어를 사용하여 문장을 쓰시오. (4단어)

→ _____? (joining)

**08** 다음 ⓐ~ⓓ 중 위 대화를 읽고 답할 수 있는 질문을 찾아 기호를 쓰고, 완전한 영어 문장으로 답하시오.

> ⓐ What did Kate do last Saturday?
> ⓑ Who is Kate's favorite painter?
> ⓒ Where is the Van Gogh exhibition held?
> ⓓ How long will the Van Gogh exhibition last?

( ) → _____

**09** 위 대화의 내용과 일치하도록 다음 요약문을 완성하시오.

> Kate and Minho will go see the _____ _____ _____ this Saturday. They are going to meet at _____ in front of the _____ _____.

**10** 다음 대화의 밑줄 친 우리말을 괄호 안의 단어를 사용하여 영어로 쓰시오.

> **A:** (1)<u>난 내일 축구 경기에 갈 거야.</u> Will you join me?
> **B:** Sure. (2)<u>몇 시에 어디에서 만날까?</u>
> **A:** The game begins at 7, so let's meet at 6 in front of Dream Stadium.
> **B:** OK. See you then.

(1) _____ (going)

(2) _____ (should)

**11** Read the following dialog and answer the question.

> **Boy:** I'm planning to play basketball this Saturday. Do you want to play with me?
> **Girl:** Sure. When should we meet?
> **Boy:** How about meeting at 10?
> **Girl:** OK. Where should we meet?
> **Boy:** Let's meet at the park.
> **Girl:** Sounds good. See you then.

**Q:** When and where will the boy and the girl meet this Saturday?

**A:** _____

**12** 다음 포스터를 보고, 괄호 안의 단어들을 사용하여 약속을 정하는 대화를 완성하시오. (단, 필요시 형태를 바꿀 것)

> **A:** I'm (1) _____.
> Do you want to join me? (plan)
> **B:** Sure. (2) _____
> (when, where)
> **A:** Let's meet at 6:30 in front of Hana Concert Hall.
> **B:** OK. See you then.

## Grammar
# 고득점 맞기

**01** 다음 대화의 빈칸에 들어갈 말로 알맞은 것은?

> **A:** Did you see Karen?
> **B:** Yes. I saw her _____ out books in the library.

① checks    ② checking    ③ to check
④ checked    ⑤ will check

한 단계 | 더!

**02** 다음 두 문장의 의미가 같도록 할 때, 빈칸에 들어갈 말이 순서대로 바르게 짝지어진 것은?

> Ben was so short that he couldn't ride the roller coaster.
> = Ben was _____ short _____ ride the roller coaster.

① too – to    ② too – so    ③ so – to
④ so – as    ⑤ very – that

**03** 다음 빈칸에 들어갈 말로 알맞지 <u>않은</u> 것을 <u>모두</u> 고르시오.

> I _____ Alice and Sharon talk about their presentation.

① saw    ② asked    ③ heard
④ wanted    ⑤ watched

신유형

**04** 다음 문장에서 어법상 <u>틀린</u> 부분을 바르게 고친 것은?

> The movie which I saw yesterday was very boring that I fell asleep.

① which → who    ② saw → see
③ very → so    ④ boring → bored
⑤ that → but

**05** 다음 중 밑줄 친 부분이 어법상 <u>틀린</u> 것은?

① I saw your parents <u>take</u> a walk.
② She felt someone <u>touching</u> her bag.
③ Mom saw Daisy <u>sleeping</u> on the sofa.
④ Mr. Kent didn't see us <u>chatted</u> in class.
⑤ They heard a kitten <u>crying</u> on the street.

**06** 다음 두 문장을 한 문장으로 바르게 연결한 것을 <u>모두</u> 고르시오.

> Alex and his sister were crossing the street. I saw them.

① I saw Alex and his sister cross the street.
② I saw Alex and his sister crosses the street.
③ I saw Alex and his sister to cross the street.
④ I saw Alex and his sister crossing the street.
⑤ I saw Alex and his sister were crossed the street.

고난도

**07** 다음 중 짝지어진 대화가 <u>어색한</u> 것은?

① **A:** I smell something burning.
   **B:** Me, too. Let's go check.
② **A:** Do you want some more cookies?
   **B:** Yes, please. I'm so full that I can't eat anymore.
③ **A:** Did you hear somebody call my name?
   **B:** No, I didn't.
④ **A:** I'm so tired that I can't help you. Sorry.
   **B:** That's OK.
⑤ **A:** I was so nervous that I made many mistakes.
   **B:** That's too bad.

**08** 다음 우리말과 의미가 같도록 괄호 안의 단어들을 배열할 때, 4번째로 오는 단어는?

> 나는 미나가 개를 산책시키는 것을 보았다.
> (I, dog, saw, her, walking, Mina)

① her ② saw ③ dog
④ Mina ⑤ walking

---

한 단계 더!

**09** 다음 중 짝지어진 두 문장의 의미가 같지 <u>않은</u> 것은?

① Dan is so funny that we all like him.
 = We all like Dan because he is very funny.
② I was so hungry that I ate three sandwiches.
 = I ate three sandwiches, so I wasn't hungry.
③ They were too tired to get up early.
 = They were so tired that they couldn't get up early.
④ The shoes are so small that I can't wear them.
 = The shoes are very small, so I can't wear them.
⑤ It was so windy that we couldn't take a boat.
 = We couldn't take a boat because it was very windy.

---

**10** 다음 중 어법상 <u>틀린</u> 문장을 <u>모두</u> 고르시오.

① Ann listened to her son playing the cello.
② I watched Kelly and you dance on the stage.
③ Ted ate so much that he had a stomachache.
④ Did you hear them complained about the food?
⑤ Mom and I were too tired that we couldn't go shopping.

---

**11** 다음 대화의 밑줄 친 ①~⑤ 중 어법상 <u>틀린</u> 것은?

> A: I heard a girl ①<u>makes</u> a speech in public.
> B: ②<u>What</u> was the speech about?
> A: It was about ③<u>protecting</u> the environment. It was ④<u>so</u> touching that everyone ⑤<u>was moved</u>.

---

한 단계 더!

**12** 다음 중 밑줄 친 부분을 어법상 바르게 고치지 <u>않은</u> 것은?

① I saw the room <u>cleaning</u> by my brother.
　　　　　　　　　→ clean
② The child was too young <u>that</u> watch the movie.
　　　　　　　　　→ to
③ They were watching Jane <u>climbed</u> up the tree.
　　　　　　　　　→ climb
④ Tom spoke <u>such</u> fast that I couldn't understand him well.　→ so
⑤ You can see people <u>thrown</u> tomatoes at each other at the festival. → throwing

---

곳
산도 한 단계 더!

**13** How many sentences are grammatically correct?

> ⓐ She felt tears running down the face.
> ⓑ He was too busy to call you yesterday.
> ⓒ Julie heard her name call during the class.
> ⓓ I saw Angela makes almond cookies for us.
> ⓔ It snowed so much that the trip was canceled.

① 1개 ② 2개 ③ 3개 ④ 4개 ⑤ 5개

서술형

한 단계 더!

**14** 다음 문장과 의미가 같도록 빈칸에 알맞은 말을 쓰시오.

> My dad was so busy that he couldn't have dinner with us.
> = My dad was _____ _____ _____
> _____ _____ with us.

**15** 다음 ⓐ~ⓓ 중 어법상 틀린 것을 2개 찾아 기호를 쓰고, 바르게 고쳐 문장을 다시 쓰시오.

> ⓐ She watched her son ridden a bike.
> ⓑ I heard someone come down the stairs.
> ⓒ The food was so spicy which I couldn't eat it.
> ⓓ Christine was so late that she missed the school bus.

(1) (     ) → _____

(2) (     ) → _____

고
난도

**16** 다음 대화를 읽고, 각 지시에 맞게 문장을 쓰시오.

> A: Did you see Eric?
> B: Yes. (1)I saw him at the cafeteria. He was eating lunch there.
> A: Thank you. (2)이 문제가 너무 어려워서 나는 그의 도움이 필요해.

(1) 의미가 같은 5형식의 한 문장으로 쓰시오.

  → _____

(2) 우리말과 의미가 같도록 괄호 안의 말을 사용하여 문장을 쓰시오. (this problem, so, difficult, need)

  → _____

**17** 다음 화재 현장을 목격한 사람들의 증언을 읽고, [예시]와 같이 문장을 완성하시오.

| Who | What |
|---|---|
| Jane | A man was throwing away a match. |
| Eric | Something was burning. |
| Noah | Smoke was coming from the windows. |
| Amy | A boy was crying out for help. |
| Everyone | A firefighter was saving the boy. |

[예시] Jane saw a man throwing away a match.

(1) Eric smelled _____.

(2) Noah saw _____.

(3) Amy heard _____.

(4) Everyone watched _____

_____.

고
난도   한 단계 더!

**18** 다음 그림을 보고, 괄호 안의 말을 사용하여 [조건]에 맞게 문장을 완성하시오.

(1)     (2)

> [조건] (1) so ~ that ... 구문을 사용할 것
>        (2) too ~ to ... 구문을 사용할 것

(1) The dog is running _____

_____.

(fast, the girl, catch)

(2) The boy is _____

_____.

(short, reach, the books)

• 주어진 우리말 뜻과 일치하도록 교과서 본문의 문장을 쓰시오.

**01** _____

우리는 종종 같은 주제의 다른 그림들을 발견한다.

**02** _____

한 예가 Henri Matisse가 그린 'The Flight of Icarus(이카로스의 비행)'와 Marc Chagall이 그린 'The Fall of Icarus(이카로스의 추락)'이다.

**03** _____

그것들은 둘 다 같은 그리스 신화에 관한 것이다.

**04** _____

Daedalus는 훌륭한 발명가였다.

**05** _____

Minos왕은 Daedalus의 작품을 몹시 좋아해서 Daedalus를 자신의 곁에 영원히 두고 싶어 했다.

**06** _____

그러나 Daedalus는 떠나려고 했고, 그러자 왕은 그와 그의 아들인 Icarus를 높은 탑에 가두었다.

**07** _____

Daedalus는 탈출하고 싶었다.

**08** _____

어느 날, Daedalus는 새가 날고 있는 것을 보았다.

**09** _____

"날개! 난 날개가 필요해!" 그가 외쳤다.

**10** _____

그러고 나서 Daedalus는 새의 깃털을 모아서 그것들을 밀랍으로 붙였다.

**11** _____

날개가 준비되었을 때, 그는 아들에게 경고했다. "태양에 너무 가까이 날지 말거라. 밀랍이 녹을 거야."

**12** _____

Daedalus와 Icarus는 날기 시작했다.

**13** _____

Icarus는 너무 흥분해서 아버지의 경고를 잊었다.

**14** _____

그는 점점 더 높이 날았고, 밀랍은 녹기 시작했다.

**15**

"오, 안 돼! 나는 추락하고 있어." Icarus는 비명을 질렀다.

**16**

Icarus는 바다로 떨어져서 죽었다.

**17**

Matisse와 Chagall 둘 다 그들의 그림에서 같은 주제를 다루지만, 그것들은 다르다.

**18**

첫째, Matisse의 그림에서는 Icarus가 날고 있는 것을 볼 수 있지만, Chagall의 그림에서는 그 소년이 추락하고 있다.

**19**

이러한 차이는 두 화가들이 갖고 있던 서로 다른 생각에서 기인한다.

**20**

Matisse는 Icarus가 용감하고 모험심이 강하다고 생각했다.

**21**

반면에, Chagall은 Icarus가 어리석다고 생각했다.

**22**

둘째, Matisse의 그림은 매우 단순하지만, Chagall의 그림에는 세부적인 것들이 많다.

**23**

Matisse의 그림에는 Icarus와 몇 개의 별들만 있다.

**24**

게다가 Icarus의 몸은 단지 단순한 윤곽만으로 되어 있다.

**25**

반면에, Chagall은 Icarus뿐만 아니라 많은 사람들과 집들을 그렸다.

**26**

이러한 차이는 두 화가의 서로 다른 화풍에서 기인한다.

**27**

여러분은 누구의 그림이 더 좋은가?

**28**

사람들은 같은 것을 다른 방식들로 볼 수도 있기 때문에 서로 다른 대답을 할 것이다.

# 고득점 맞기

**01** 다음 글의 빈칸 ⓐ에 들어갈 단어의 영영풀이로 알맞은 것은?

> We often find different paintings with the same ___ⓐ___. An example is *The Flight of Icarus* by Henri Matisse and *The Fall of Icarus* by Marc Chagall. They are both about the same Greek myth.

① a public show of something
② the act of flying through the air
③ a line that shows the shape of something
④ the topic of what is said, written, or studied
⑤ a small fact, feature, or piece of information about something

**[02~06]** 다음 글을 읽고, 물음에 답하시오.

> Daedalus was a great inventor. King Minos liked Daedalus' work ⓐ<u>very</u> much that he wanted to keep Daedalus with him forever. ( ① ) Daedalus, however, tried to (A) leave / stay , so the King kept him and his son, Icarus, in a tall tower. ( ② ) Daedalus wanted ⓑ<u>escaping</u>. ( ③ )
> One day, Daedalus saw birds ⓒ<u>to fly</u>. ( ④ ) Daedalus then gathered bird feathers and glued them together with wax. When the wings were ready, he (B) encouraged / warned his son, "Don't fly too close to the sun. The wax will melt." ( ⑤ )
> Daedalus and Icarus began to fly. Icarus was so ⓓ<u>exciting</u> that he (C) remembered / forgot his father's warning. He flew higher and ⓔ<u>highest</u>, and the wax began to melt. "Oh, no! I'm falling," Icarus cried out. Icarus fell into the sea and died.

**02** 윗글의 ①~⑤ 중 주어진 문장이 들어갈 위치로 알맞은 것은?

> "Wings! I need wings!" he shouted.

①　　　②　　　③　　　④　　　⑤

**03** 윗글의 밑줄 친 ⓐ~ⓔ를 바르게 고쳐 쓴 것 중 어법상 틀린 것은?

① ⓐ → so
② ⓑ → to escape
③ ⓒ → flown
④ ⓓ → excited
⑤ ⓔ → higher

**04** 윗글의 (A)~(C)의 각 네모 안에 주어진 말 중 문맥상 알맞은 것끼리 짝지어진 것은?

|  | (A) | (B) | (C) |
|---|---|---|---|
| ① | leave ... | encouraged ... | remembered |
| ② | leave ... | warned ... | forgot |
| ③ | stay ... | encouraged ... | remembered |
| ④ | stay ... | warned ... | forgot |
| ⑤ | stay ... | encouraged ... | forgot |

**05** 윗글을 읽고 답할 수 <u>없는</u> 질문은?

① What did Daedalus invent for King Minos?
② Why did King Minos want to keep Daedalus with him?
③ Where did Daedalus get the idea of making wings from?
④ How did Daedalus make wings?
⑤ What happened to Icarus at the end of the story?

**06** What is the best title for the text above?

① The Greek Myth of Icarus
② The Legend of King Minos
③ The Genius Inventor, Icarus
④ Heroes in Ancient Creation Myths
⑤ Various Characters in Greek Myths

Matisse and Chagall both ①deal with the same subject in their paintings, but they are ____(A)____ .

First, in Matisse's painting, you can see Icarus flying, but in Chagall's painting, the boy is ②falling. This ③difference comes from the different ideas that the two painters had. Matisse thought (B)that Icarus was ④brave and adventurous. ⑤Therefore, Chagall thought that Icarus was foolish.

**07** 윗글의 밑줄 친 ①~⑤ 중 문맥상 어색한 것은?

①     ②     ③     ④     ⑤

**08** 윗글의 흐름상 빈칸 (A)에 들어갈 알맞은 단어를 본문에서 찾아 쓰시오.

→ _____

**09** 윗글의 밑줄 친 (B)that과 쓰임이 같은 것끼리 짝지어진 것은?

ⓐ I have a cat that has long white hair.
ⓑ Katie hopes that she will pass the exam.
ⓒ The person that I called was my brother.
ⓓ I heard that you decided to return to Canada.

① ⓐ, ⓑ     ② ⓐ, ⓑ, ⓓ     ③ ⓑ, ⓒ
④ ⓑ, ⓓ     ⑤ ⓒ, ⓓ

**신유형**
**10** 윗글의 내용과 일치하는 문장의 개수는?

ⓐ Matisse and Chagall painted the same subject.
ⓑ Matisse and Chagall painted different characters from the Greek myth of Icarus.
ⓒ In Matisse's painting, Icarus is falling from the sky.
ⓓ Chagall didn't think that Icarus was wise.

① 0개    ② 1개    ③ 2개    ④ 3개    ⑤ 4개

[11~13] 다음 글을 읽고, 물음에 답하시오.

Second, Matisse's painting is very ____ⓐ____ , but Chagall's painting has many ____ⓑ____ . In Matisse's painting, there are only Icarus and some stars. ____(A)____ , Icarus' body has just a simple outline. In contrast, Chagall painted many people and houses ____(B)____ Icarus. This difference ____ⓒ____ the different painting styles of the two painters.

Whose painting do you like more? People will have ____ⓓ____ answers because they may see the same thing in different ____ⓔ____ .

**11** 윗글의 흐름상 빈칸 ⓐ~ⓔ에 들어갈 말로 알맞지 않은 것은?

① ⓐ: simple      ② ⓑ: details
③ ⓒ: comes from    ④ ⓓ: the same
⑤ ⓔ: ways

**12** 윗글의 흐름상 빈칸 (A)와 (B)에 들어갈 말이 순서대로 바르게 짝지어진 것은?

① Therefore – instead of
② For instance – because of
③ However – in addition to
④ For example – instead of
⑤ Furthermore – in addition to

**13** According to the text above, which is true about Chagall?

① His painting is simpler than Matisse's painting.
② You can see only Icarus and some stars in his painting.
③ His painting shows a simple outline of Icarus' body.
④ There are many people and houses as well as Icarus in his painting.
⑤ His painting style is similar to Matisse's.

**[14~15]** 다음 글을 읽고, 물음에 답하시오.

Daedalus was a great inventor. (A) Minos왕은 Daedalus의 작품을 몹시 좋아해서 Daedalus를 자신의 곁에 영원히 두고 싶어 했다. Daedalus, however, tried to leave, so the King kept him and his son, Icarus, in a tall tower. Daedalus wanted to escape.

One day, Daedalus saw birds flying. "Wings! I need wings!" he shouted. Daedalus then gathered bird feathers and glued them together with wax. When the wings were ready, he warned his son, "Don't fly too close to the sun. The wax will melt."

Daedalus and Icarus began to fly. Icarus was so excited that he forgot his father's warning. He flew higher and higher, and the wax began to melt. "Oh, no! I'm falling," Icarus cried out. Icarus fell into the sea and died.

**14** 윗글의 밑줄 친 우리말 (A)와 의미가 같도록 주어진 단어들과 so ~ that ... 구문을 사용하여 문장을 완성하시오. (단, 필요시 형태를 바꿀 것)

keep, much, Daedalus' work, like, want

→ King Minos _____
_____ with him forever.

**15** 다음 ⓐ~ⓓ 중 윗글의 내용과 일치하지 <u>않는</u> 것을 2개 찾아 기호를 쓰고, 틀린 부분을 바르게 고쳐 쓰시오.

ⓐ Daedalus and Icarus were locked in a tall tower by King Minos.
ⓑ Daedalus thought of making wings to escape from the tower.
ⓒ Daedalus made wings with bird feathers and wood.
ⓓ Icarus fell into the sea because he flew too close to the rock.

(1) (   ) _____ → _____
(2) (   ) _____ → _____

**[16~17]** 다음 글을 읽고, 물음에 답하시오.

Matisse and Chagall both deal with the same subject in their paintings, but they are different.

First, in Matisse's painting, you can see Icarus flying, but in Chagall's painting, the boy is falling. ⓐ이러한 차이는 두 화가들이 갖고 있던 다른 생각에서 기인한다. Matisse thought that Icarus was brave and adventurous. In contrast, Chagall thought that Icarus was foolish.

Second, Matisse's painting is very simple, but Chagall's painting has many details. In Matisse's painting, there are only Icarus and some stars. Furthermore, Icarus' body has just a simple outline. In contrast, Chagall painted many people and houses in addition to Icarus. This difference comes from the different painting styles of the two painters.

**16** 윗글의 밑줄 친 우리말 ⓐ와 의미가 같도록 [조건]에 맞게 문장을 쓰시오.

[조건] 1. 관계대명사를 사용할 것
　　　 2. difference, come from, ideas, have를 사용하고 필요시 형태를 바꿀 것
　　　 3. 12단어의 완전한 문장으로 쓸 것

→ _____
_____

**17** 윗글의 내용과 일치하도록 다음 요약문을 완성하시오.

Matisse focused on Icarus flying because he thought that Icarus was _____ and _____. However, Chagall focused on Icarus _____ because he thought that Icarus was foolish. Furthermore, Matisse and Chagall had different _____ _____. Matisse's painting is _____, while Chagall's has a lot of _____.

# 서술형 100% TEST

**01** 다음 영영풀이에 해당하는 단어를 [보기]에서 골라 쓰시오.

> [보기]   myth   escape   warn   detail

(1) _____ : to get away from a place or person

(2) _____ : a small fact, feature, or piece of information

(3) _____ : an old story about gods, brave people, magical creatures, etc.

(4) _____ : to tell someone that something bad might happen, so that he or she can avoid it

**02** 다음 우리말과 의미가 같도록 빈칸에 알맞은 말을 쓰시오.

(1) 그 영화는 두 소년의 숲속 모험을 다룬다.

→ The movie _____ _____ two boys' adventures in the woods.

(2) 인호는 영어뿐만 아니라 프랑스어도 말할 수 있다.

→ Inho can speak French in _____ _____ English.

(3) 그에 반해, 학생들 중 20%가 수면 장애가 있다.

→ _____ _____, 20% of the students have sleeping problems.

**03** 다음 대화에서 흐름상 <u>어색한</u> 문장을 찾아 바르게 고쳐 쓰시오.

> A: I'm planning to go to a piano concert tomorrow. Do you want to go with me, Kevin?
> B: Sure. Whom should we meet?
> A: The concert begins at 7 o'clock, so let's meet at 6 at the bus stop.
> B: OK. See you then.

_____

→ _____

**[04~05]** 다음 일정표를 보고, 아래 대화를 완성하시오.

| Weekend Plans | | |
|---|---|---|
| Day | Saturday | Sunday |
| What to do | go see a movie | play soccer |
| When to meet | 5:00 | 10:00 |
| Where to meet | in front of Star Movie Theater | at the park |

**04**
> A: What are you going to do this Saturday?
> B: I'm planning (1) _____.
>    Will you join me?
> A: Sure. When and where should we meet?
> B: Let's (2) _____.
> A: OK. See you then.

**05**
> A: I'm thinking of (1) _____
>    this Sunday. Do you want to play with me?
> B: That sounds great. When should we meet?
> A: How about (2) _____?
> B: OK. Where should we meet?
> A: Let's (3) _____.

**06** 괄호 안에 주어진 단어들을 바르게 배열하여 대화를 완성하시오.

> A: I'm planning to go see *Cats* this Saturday.
>    You (1) _____.
>    (you, with, if, can, me, want, go, to)
> B: Sure. (2) _____
>    (what, and, we, should, time, meet, where)
> A: The musical starts at 3 o'clock. Let's meet at 2 at Dream Art Hall.
> B: Great. See you on Saturday.

STEP B

**[07~08]** 다음 대화를 읽고, 물음에 답하시오.

> *(Smartphone rings.)*
> A: Hi, Kate. What's up?
> B: Hi, Minho. (1)<u>너는 이번 주 토요일에 무엇을 할 거니?</u>
> A: Nothing special. Why?
> B: I'm planning to go to the Van Gogh exhibition at the National Art Museum. (2)<u>나랑 같이 갈래?</u>
> A: I'd love to! He's my favorite painter. What time should we meet?
> B: How about meeting at 11?
> A: OK. Where should we meet?
> B: (3)<u>매표소 앞에서 만나자.</u>
> A: Sounds good. I'll see you there at 11.

**07** 위 대화의 밑줄 친 우리말 (1)~(3)을 괄호 안의 지시에 맞게 영어로 쓰시오.

(1) (going을 사용할 것)

→ _____

(2) (want, go with를 사용할 것)

→ _____

(3) (meet, the ticket office를 사용할 것)

→ _____

**08** 다음 ⓐ~ⓓ 중 위 대화의 내용과 일치하지 <u>않는</u> 것을 골라 기호를 쓰고, 틀린 부분을 바르게 고쳐 쓰시오.

> ⓐ Kate is going to volunteer at the Van Gogh exhibition this Saturday.
> ⓑ The Van Gogh exhibition is held at the National Art Museum.
> ⓒ Van Gogh is the painter Minho likes the most.
> ⓓ Kate and Minho will meet at 11 in front of the ticket office this Saturday.

( _____ ) _____ → _____

**09** 다음 표의 (A)~(C)에 주어진 표현을 각각 한 번씩만 사용하여 [예시]와 같이 그림을 설명하는 문장을 쓰시오.

[예시]
(1)
(2)
(3)

| (A) | (B) | (C) |
|---|---|---|
| ~~felt~~ | ~~his heart~~ | ~~beat fast~~ |
| saw | a girl | fly to the nest |
| smelled | something | play the piano |
| listened to | a blue bird | burn in the kitchen |

[예시] Jiho felt his heart beating fast.

(1) _____

(2) _____

(3) _____

한 단계 더!

**10** 주어진 문장과 의미가 같도록 so ~ that ... 구문을 사용하여 문장을 바꿔 쓰시오.

(1) Yuna ran very fast, so she could win the race.

→ _____

(2) This mushroom soup is very hot, so I can't eat it now.

→ _____

(3) The climbers were too tired to walk any further.

→ _____

(4) Tim can't carry those boxes because they are too heavy.

→ _____

**11** 다음 글에서 어법상 **틀린** 부분 두 군데를 찾아 바르게 고쳐 쓰시오.

> When I arrived at home, I saw my sister cries. So I asked her what happened at school. She had a science test today, and she failed it. She said that the questions were so difficult which she couldn't answer them.

(1) _____ → _____

(2) _____ → _____

**12** 다음 ⓐ~ⓔ 중 어법상 **틀린** 문장을 2개 찾아 기호를 쓰고, 바르게 고쳐 문장을 다시 쓰시오.

> ⓐ I saw my dad doing the dishes.
> ⓑ Jina heard someone to call her name.
> ⓒ He felt someone touch him on the back.
> ⓓ She was too hungry that she ate up all the pizza.
> ⓔ The movie was so interesting that I saw it three times.

(1) (      ) → _____

(2) (      ) → _____

**13** 다음 글의 내용과 일치하도록 빈칸에 알맞은 말을 쓰시오.

> We often find different paintings with the same subject. An example is *The Flight of Icarus* by Henri Matisse and *The Fall of Icarus* by Marc Chagall. They are both about the same Greek myth.

⬇

> The _____ of *The Flight of Icarus* and *The Fall of Icarus* is the same. Both of the paintings deal with the _____ _____ of Icarus.

**[14~15]** 다음 글을 읽고, 물음에 답하시오.

> Daedalus was a great inventor. King Minos liked Daedalus' work so much that he wanted to keep Daedalus with him forever. Daedalus, however, tried to leave, so the King kept him and his son, Icarus, in a tall tower. Daedalus wanted to escape.
>
> (A) One day, birds were flying. Daedalus saw them. "Wings! I need wings!" he shouted. Daedalus then gathered bird feathers and glued them together with wax. When the wings were ready, he warned his son, "Don't fly too close to the sun. The wax will melt."
>
> Daedalus and Icarus began to fly. Icarus was so excited that he forgot his father's warning. He flew higher and higher, and the wax began to melt. "Oh, no! I'm falling," Icarus cried out. Icarus fell into the sea and died.

**14** 윗글의 밑줄 친 (A)를 한 문장으로 바꿔 쓸 때, 빈칸에 알맞은 말을 쓰시오.

→ One day, Daedalus _____ _____ _____.

**15** 다음 ⓐ~ⓓ 중 윗글을 읽고 답할 수 있는 질문을 2개 골라 기호를 쓰고, 완전한 영어 문장으로 답하시오.

> ⓐ Why did King Minos want to keep Daedalus with him forever?
> ⓑ How long did King Minos keep Daedalus and Icarus in a tall tower?
> ⓒ What did Daedalus warn Icarus not to do before they began to fly?
> ⓓ Where did Icarus want to go when the wings were ready?

(1) (      ) → _____

_____

(2) (      ) → _____

_____

**[16~18]** 다음 글을 읽고, 물음에 답하시오.

Matisse and Chagall both ⓐdeal with (A) the same subject in their paintings, but they are different.

First, in Matisse's painting, you can see Icarus ⓑflying, but in Chagall's painting, the boy is falling. This difference comes from the different ideas ⓒwho the two painters had. Matisse thought that Icarus was brave and adventurous. In contrast, Chagall thought ⓓthat Icarus was foolish.

**16** 윗글의 밑줄 친 **(A) the same subject**가 가리키는 것을 본문에서 찾아 한 단어로 쓰시오.

→ _____

**17** 윗글의 밑줄 친 ⓐ~ⓓ 중 어법상 **틀린** 것을 찾아 바르게 고쳐 쓰고 **틀린** 이유를 쓰시오.

(1) 틀린 부분: (     ) → _____

(2) 틀린 이유: _____

_____

고<br>난도<br>**18** 다음 글에서 윗글의 내용과 일치하지 <u>않는</u> 부분을 두 군데 찾아 바르게 고쳐 쓰시오.

Matisse and Chagall painted the story about Icarus differently because they had different ideas about Icarus. In Matisse's painting, Icarus is dancing because he considered Icarus to be brave and adventurous. However, Chagall considered Icarus to be unlucky, so Icarus is falling in his painting.

(1) _____ → _____

(2) _____ → _____

**[19~20]** 다음 글을 읽고, 물음에 답하시오.

Second, Matisse's painting is very simple, but Chagall's painting has many details. In Matisse's painting, there are only Icarus and some stars. _____ⓐ_____, Icarus' body has just a simple outline. _____ⓑ_____, Chagall painted many people and houses in addition to Icarus. This difference comes from the different painting styles of the two painters.

Whose painting do you like more? People will have different answers because they may see the same thing in different ways.

**19** 윗글의 흐름상 빈칸 ⓐ와 ⓑ에 알맞은 말을 [보기]에서 찾아 쓰시오.

| [보기] Furthermore | At last |
|---|---|
| For this reason | In contrast |

ⓐ _____

ⓑ _____

**20** 윗글의 내용과 일치하도록 다음 대화를 완성하시오.

A: Matisse and Chagall expressed Icarus differently in their paintings.

B: How are they different?

A: Matisse's painting is very _____. You can see only _____ and _____ _____ in his painting. The _____ of Icarus' _____ is simple, too.

B: How about Chagall's painting?

A: Chagall's painting has a lot of _____. You can see _____ _____ and _____ as well as _____.

B: What makes this difference?

A: It's because Matisse and Chagall had _____ _____ _____.

**01** 다음 영영풀이에 해당하는 단어로 알맞은 것은?  3점

> one of the light soft things that cover a bird's body

① myth ② detail ③ inventor
④ flight ⑤ feather

**04** 다음 대화의 밑줄 친 문장과 바꿔 쓸 수 <u>없는</u> 것은?  3점

> A: I'm planning to go see *Cats* this Saturday. <u>Do you want to go with me?</u>
> B: Sure. When should we meet?

① Will you join me?
② What about joining me?
③ What are you planning to do?
④ Would you like to go with me?
⑤ You can go with me if you want to.

서술형 1

**02** 다음 빈칸에 공통으로 들어갈 단어를 주어진 철자로 시작하여 쓰시오.  4점

> • I love the w_____ Uncle Joe plays with the children.
> • Can you tell me the w_____ to the post office?
> • She usually talks to students in a slow and careful w_____.

서술형 2

**05** 자연스러운 대화가 되도록 (A)~(D)를 바르게 배열하시오.  4점

> (A) That sounds great. What time should we meet?
> (B) OK. See you then.
> (C) Let's meet at 10:30 in front of Green Stadium.
> (D) I'm planning to go see a soccer game next Friday. What about joining me, Jinho?

( ) – ( ) – ( ) – ( )

**03** 다음 빈칸에 들어갈 말이 순서대로 바르게 짝지어진 것은?  3점

> • The author often deals _____ the theme of friendship.
> • I have a math exam today in addition _____ an English speaking test.
> • _____ contrast, the population of this city increased last year.

① from – at – In ② from – to – On
③ with – at – On ④ with – to – In
⑤ with – on – In

**06** 다음 대화의 밑줄 친 ①~⑤ 중 흐름상 어색한 것은?  4점

> A: What are you going to do this Sunday?
> B: ①I'm planning to go to Dream Amusement Park with my brother. You can go with us if you want to.
> A: ②Sorry, maybe next time. When should we meet?
> B: ③I want to go early, so let's meet at 9.
> A: Sure. Where should we meet?
> B: ④How about meeting at the subway station?
> A: Sounds good. ⑤I'll see you then.

**[07~08]** 다음 대화를 읽고, 물음에 답하시오.

> (Smartphone rings.)
> A: Hi, Kate. What's up?
> B: Hi, Minho. ⓐ이번 주 토요일에 무엇을 할 거니?
> A: Nothing special. Why?
> B: I'm planning to go to the Van Gogh exhibition at the National Art Museum. Do you want to go with me?
> A: I'd love to! He's my favorite painter. What time should we meet?
> B: How about meeting at 11?
> A: OK. Where should we meet?
> B: Let's meet in front of the ticket office.
> A: Sounds good. I'll see you there at 11.

서술형**3**

**07** 위 대화의 밑줄 친 우리말 ⓐ와 의미가 같도록 괄호 안의 단어들을 바르게 배열하시오.　　　　　5점

→ _____

(going, are, this, to, what, Saturday, you, do)

**08** 위 대화의 내용과 일치하지 <u>않는</u> 것은?　　　4점

① Kate is going to go see the Van Gogh exhibition.
② Kate asked Minho to join her plan for Saturday.
③ Minho will go to the National Art Museum this Saturday.
④ The painter Kate likes the most is Van Gogh.
⑤ Minho and Kate will meet at 11 in front of the ticket office.

**09** 다음 우리말과 의미가 같도록 할 때, 빈칸에 들어갈 말이 순서대로 바르게 짝지어진 것은?　　　3점

> 그 상자가 너무 무거워서 나는 친구에게 도와달라고 부탁했다.
> → The box was _____ heavy _____
> 　 I asked my friend to help me.

① too – that
② very – because
③ so – which
④ too – because
⑤ so – that

**10** 다음 중 밑줄 친 부분이 어법상 틀린 것은?　　　3점

① Everyone heard her <u>sang</u> a song.
② He saw a squirrel <u>climbing</u> up a tree.
③ I see a person <u>swimming</u> in the pool.
④ The chair is so small <u>that</u> he can't sit on it.
⑤ The clerk is so <u>kind</u> that all the customers like him.

서술형**4**

**11** 다음 문장과 의미가 같도록 빈칸에 알맞은 말을 쓰시오.　　　5점

> I had to wear a warm coat because it was very cold outside.
> = It was _____ _____ _____ _____
> 　 I had to wear a warm coat.

**12** 다음 글의 밑줄 친 ①~⑤ 중 어법상 <u>틀린</u> 것은?　　　4점

> Today was a strange day. When I was reading a book in the garden, I heard a rabbit ①<u>talk</u> to himself. I followed him and ②<u>found</u> a ③<u>surprising</u> world. There I saw a queen ④<u>smelling</u> a rose. I also saw a cat ⑤<u>smiles</u> in a tree.

고<sub>난도</sub> 한 단계 **더!**

**13** 다음 중 어법상 올바른 문장의 개수는?　　　5점

> ⓐ Ms. Wilson saw her baby sleeps.
> ⓑ Julia watched the boys flying kites.
> ⓒ The man was too busy to eat lunch.
> ⓓ The story was so sad that I cried a lot.
> ⓔ I was very thirsty that I drank a bottle of water.

① 1개　② 2개　③ 3개　④ 4개　⑤ 5개

**서술형 5**

**14** 다음 글의 밑줄 친 ⓐThey가 가리키는 것을 본문에서 찾아 쓰시오. 5점

> We often find different paintings with the same subject. An example is *The Flight of Icarus* by Henri Matisse and *The Fall of Icarus* by Marc Chagall. ⓐThey are both about the same Greek myth.

→ _____

_____

**[15~16]** 다음 글을 읽고, 물음에 답하시오.

> Daedalus was a great inventor. King Minos liked Daedalus' work ___ⓐ___ much that he wanted to keep Daedalus with him forever. Daedalus, however, tried to leave, ___ⓑ___ the King kept him and his son, Icarus, in a tall tower. Daedalus wanted to escape.

**15** 윗글의 빈칸 ⓐ와 ⓑ에 공통으로 들어갈 말로 알맞은 것은?

3점

① too　　② very　　③ and
④ so　　⑤ but

**16** 윗글의 내용과 일치하지 <u>않는</u> 것끼리 짝지어진 것은? 5점

> ⓐ King Minos was not happy with Daedalus' inventions.
> ⓑ Daedalus wanted to stay with King Minos forever.
> ⓒ Daedalus had a son named Icarus.
> ⓓ King Minos locked Daedalus and Icarus in a tall tower.

① ⓐ, ⓑ　　② ⓐ, ⓒ　　③ ⓑ, ⓒ
④ ⓑ, ⓓ　　⑤ ⓒ, ⓓ

**[17~19]** 다음 글을 읽고, 물음에 답하시오.

> One day, Daedalus saw birds ⓐflying. "Wings! I need wings!" he shouted. Daedalus then gathered bird feathers and ⓑglues them together with wax. When the wings were ready, he warned his son, "Don't fly ⓒtoo close to the sun. The wax will melt."
>
> Daedalus and Icarus began to fly. (A)Icarus was very excited, so he forgot his father's warning. He flew higher and higher, and the wax began ⓓto melt. "Oh, no! I'm falling," Icarus cried out. Icarus ⓔfell into the sea and died.

**17** 윗글의 밑줄 친 ⓐ~ⓔ 중 어법상 틀린 것은? 4점

① ⓐ　　② ⓑ　　③ ⓒ　　④ ⓓ　　⑤ ⓔ

**서술형 6**

**18** 윗글의 밑줄 친 (A)와 의미가 같도록 so ~ that ... 구문을 사용하여 문장을 다시 쓰시오. 5점

→ _____

_____

**19** 윗글의 내용과 일치하도록 할 때, 다음 질문에 대한 답으로 알맞은 것은? 5점

> **Q:** Why did Daedalus warn his son not to fly too close to the sun?
> **A:** Because _____.

① it was too high
② the wax would melt
③ King Minos would find him
④ Icarus was afraid of the sun
⑤ Icarus had a fear of heights

**[20~22]** 다음 글을 읽고, 물음에 답하시오.

Matisse and Chagall both deal with the same subject in their paintings, but they are different.

First, in Matisse's painting, you can see Icarus flying, but in Chagall's painting, the boy is falling. This ⓐ comes from the different ideas that the two painters had. Matisse thought that Icarus was brave and adventurous. ⓑ , Chagall thought that Icarus was foolish.

서술형7

**20** 윗글의 빈칸 ⓐ에 들어갈 단어를 다음 영영풀이에 맞게 쓰시오. 4점

a way in which one thing is not the same as something else

→ _____

**21** 윗글의 흐름상 빈칸 ⓑ에 들어갈 말로 알맞은 것은? 3점

① Similarly        ② In addition
③ In contrast      ④ Furthermore
⑤ For example

**22** 윗글의 내용을 잘못 이해한 사람은? 4점

① 나리: Matisse와 Chagall은 같은 주제로 서로 다른 그림을 그렸어.
② 소윤: Matisse는 Icarus가 용감하다고 생각해서 하늘을 날고 있는 모습으로 그렸어.
③ 호준: Chagall의 그림에서 Icarus는 추락하고 있어.
④ 우진: Chagall과 Matisse는 Icarus에 대한 생각이 달라서 Icarus를 서로 다르게 표현했어.
⑤ 혜미: Chagall은 Icarus가 어리석지만 모험심이 강하다고 생각했어.

**[23~25]** 다음 글을 읽고, 물음에 답하시오.

( ① ) Second, Matisse's painting is very (A) simple / complicated , but Chagall's painting has many details. ( ② ) In Matisse's painting, there are only Icarus and some stars. (B) However / Furthermore , Icarus' body has just a simple outline. ( ③ ) This difference comes from the (C) similar / different painting styles of the two painters. ( ④ )

Whose painting do you like more? ( ⑤ ) People will have different answers because they may see the same thing in different ways.

**23** 윗글의 (A)~(C)의 각 네모 안에 주어진 말 중 문맥상 알맞은 것끼리 짝지어진 것은? 4점

|   | (A) | (B) | (C) |
|---|---|---|---|
| ① | simple | However | similar |
| ② | simple | Furthermore | different |
| ③ | simple | Furthermore | similar |
| ④ | complicated | Furthermore | similar |
| ⑤ | complicated | However | different |

**24** 윗글의 ①~⑤ 중 주어진 문장이 들어갈 위치로 알맞은 것은? 3점

In contrast, Chagall painted many people and houses in addition to Icarus.

①        ②        ③        ④        ⑤

서술형8

**25** 윗글의 내용과 일치하도록 주어진 질문에 완전한 영어 문장으로 답하시오. 5점

Whose painting is more complicated, Matisse's or Chagall's?

→ _____
_____

모의고사

**01** 다음 중 짝지어진 단어의 관계가 나머지와 <u>다른</u> 하나는? 3점

① bright – dark  ② shout – yell
③ foolish – wise  ④ different – same
⑤ simple – complicated

**02** 다음 중 단어와 영영풀이가 바르게 연결되지 <u>않은</u> 것은?
4점

① foolish: silly or not sensible
② escape: to get away from a place or person
③ outline: a line that shows the shape of something
④ detail: a small fact, feature, or piece of information about something
⑤ wax: an old story about gods, brave people, magical creatures, etc.

[서술형 1]
**03** 다음 빈칸에 공통으로 들어갈 말을 한 단어로 쓰시오. 4점

> • _____ addition to swimming, Tom also enjoys mountain climbing.
> • Jenny is very active and outgoing. _____ contrast, her brother is shy and quiet.

**04** 다음 중 밑줄 친 단어의 의미가 [보기]와 같은 것은? 4점

> [보기] P.E. is my favorite <u>subject</u>.

① He wrote songs about various <u>subjects</u>.
② We usually take seven <u>subjects</u> every year.
③ We talked about two <u>subjects</u>; love and hope.
④ I went to the library to find some books on the <u>subject</u>.
⑤ I changed the <u>subject</u> because I didn't want to write about it.

**05** 다음 대화의 빈칸에 들어갈 말로 알맞은 것은? 3점

> A: I'm planning to go to a rock concert this Friday. What about joining me?
> B: _____
> A: Let's meet at 7 at the bus stop.

① I don't like rock music.
② OK. See you on Saturday.
③ Sure. When should we meet?
④ I'm sorry, but I have other plans.
⑤ I went to the rock concert last night.

**06** 다음 대화의 ①~⑤ 중 주어진 문장이 들어갈 위치로 알맞은 것은? 3점

> Do you want to go with me?

> A: I'm planning to go see *Cats* this Saturday. ( ① )
> B: Sure. ( ② ) When and where should we meet?
> A: The musical starts at 3 o'clock. ( ③ ) Let's meet at 2 at Dream Art Hall. ( ④ )
> B: ( ⑤ ) Great. See you on Saturday.

①　　②　　③　　④　　⑤

[서술형 2]
**07** 다음 대화의 밑줄 친 우리말과 의미가 같도록 괄호 안의 말을 사용하여 문장을 쓰시오. (11단어) 5점

> A: I'm planning to go shopping this Sunday. Do you want to go with me, Minji?
> B: Sure. What time should we meet?
> A: <u>3시에 지하철역 앞에서 만나는 게 어때?</u>
> B: Sounds good. See you then.

→ _____

_____

(how, the subway station)

**[08~09]** 다음 대화를 읽고, 물음에 답하시오.

> *(Smartphone rings.)*
> A: Hi, Kate. What's up?
> B: Hi, Minho. What are you going to do this Saturday?
> A: Nothing special. Why?
> (A) OK. Where should we meet?
> (B) I'd love to! He's my favorite painter. What time should we meet?
> (C) How about meeting at 11?
> (D) I'm planning to go to the Van Gogh exhibition at the National Art Museum. Do you want to go with me?
> B: Let's meet in front of the ticket office.
> A: Sounds good. I'll see you there at 11.

**08** 위 대화의 흐름에 맞게 (A)~(D)를 바르게 배열한 것은?

3점

① (A) – (C) – (B) – (D)
② (B) – (A) – (C) – (D)
③ (B) – (C) – (D) – (A)
④ (D) – (B) – (C) – (A)
⑤ (D) – (C) – (A) – (B)

서술형3
**09** 위 대화의 내용과 일치하도록 다음 질문에 대한 답을 완전한 영어 문장으로 쓰시오.

5점

> What time and where are Kate and Minho going to meet this Saturday?

→ _____
_____

**10** 다음 빈칸에 들어갈 말로 알맞은 것을 <u>모두</u> 고르시오.

3점

> I saw two boys _____ basketball on the playground.

① play          ② plays          ③ will play
④ playing      ⑤ to play

---

서술형4
**11** 다음 우리말과 의미가 같도록 괄호 안의 단어들을 바르게 배열하여 문장을 완성하시오.

5점

> 눈이 너무 많이 내려서 우리는 캠핑을 갈 수 없었다.
> (that, we, heavily, camping, couldn't, so, go)

→ It snowed _____.

**12** 다음 중 빈칸에 **saw**를 쓸 수 <u>없는</u> 것은?

4점

① I _____ a man shout outside.
② He _____ his sister playing the piano.
③ We _____ a woman knock on the door.
④ I _____ her singing a song at the party.
⑤ Ms. Jones _____ her children to help her.

**13** 다음 문장과 의미가 같도록 바르게 바꿔 쓴 것은?

3점

> The coat was very small, so I couldn't wear it.

① I wore the coat because it wasn't small.
② I couldn't wear the coat because it was big.
③ The coat wasn't small, but I couldn't wear it.
④ The coat was so small that I couldn't wear it.
⑤ The coat was very small so that I could wear it.

고
/산도
**14** 다음 중 어법상 <u>틀린</u> 문장을 <u>모두</u> 고르시오.

4점

① Did you see the child drawn a picture?
② Nobody heard Mina crying in her room.
③ I'm too sleepy that I want to take a nap.
④ Emma watched the dog come towards her.
⑤ The movie was so scary that Jack couldn't see it alone.

**[15~17]** 다음 글을 읽고, 물음에 답하시오.

> Daedalus was a great inventor. King Minos liked Daedalus' work ___ⓐ___ much that he wanted to keep Daedalus with (A) him forever. Daedalus, however, tried to ___ⓑ___, so the King kept him and his son, Icarus, in a tall tower. Daedalus wanted to escape.
>
> One day, Daedalus saw birds ___ⓒ___. "Wings! I ___ⓓ___ wings!" he shouted. Daedalus then gathered bird feathers and glued (B) them together ___ⓔ___ wax.

**15** 윗글의 빈칸 ⓐ~ⓔ에 들어갈 말로 알맞지 <u>않은</u> 것은?

4점

① ⓐ: so  
② ⓑ: stay  
③ ⓒ: flying  
④ ⓓ: need  
⑤ ⓔ: with

서술형 **5**

**16** 윗글의 밑줄 친 (A) him과 (B) them이 각각 가리키는 것을 본문에서 찾아 쓰시오.

각 2점

(A) _____

(B) _____

**17** 윗글의 내용과 일치하는 것은?

4점

① King Minos didn't like anything that Daedalus made.  
② Daedalus locked himself in a tall tower to think about a new invention.  
③ Icarus tried to escape without his father's help.  
④ Daedalus thought of making wings for King Minos.  
⑤ Daedalus gathered bird feathers in order to make wings.

**[18~20]** 다음 글을 읽고, 물음에 답하시오.

> When the wings were ready, he warned his son, "Don't fly too close to the sun. The wax will melt."
>
> Daedalus and Icarus began to fly. Icarus was so excited that he ___ⓐ___. ⓑ그는 점점 더 높이 날았다, and the wax began to melt. "Oh, no! I'm falling," Icarus cried out. Icarus fell into the sea and died.

**18** 윗글의 흐름상 빈칸 ⓐ에 들어갈 말로 가장 알맞은 것은?

4점

① lost Daedalus' wings  
② could not fly by himself  
③ forgot his father's warning  
④ flew too far away from the sun  
⑤ wanted to escape from the tower

서술형 **6**

**19** 윗글의 밑줄 친 우리말 ⓑ를 [조건]에 맞게 영어로 쓰시오.

5점

[조건] 1. fly, high를 사용하고 필요시 형태를 바꿀 것  
2. 5단어로 쓸 것

→ _____

**20** 윗글의 내용과 일치하도록 할 때, 빈칸에 들어갈 말로 알맞은 것은?

4점

Daedalus told Icarus _____ before they flew.

① to follow the wind  
② not to go too far away  
③ to hold the wings very tightly  
④ not to fly too close to the sun  
⑤ to go near King Minos' castle

**[21~23]** 다음 글을 읽고, 물음에 답하시오.

Matisse and Chagall both deal with the same ①subject in their paintings, _____ⓐ_____ they are different.

First, in Matisse's painting, you can see Icarus flying, _____ⓑ_____ in Chagall's painting, the boy is falling. This ② difference comes from the different ideas that the two painters had. Matisse thought that Icarus was ③brave and ④adventurous. In contrast, Chagall thought that Icarus was ⑤foolish.

**21** 윗글의 빈칸 ⓐ와 ⓑ에 공통으로 들어갈 말로 알맞은 것은?

3점

① so          ② but
③ unless      ④ since
⑤ because

**22** 윗글의 밑줄 친 ①~⑤의 영영풀이로 알맞지 않은 것은?

4점

① the topic of what is said, written, or studied
② the way in which one thing is not the same as something else
③ showing no fear of dangerous or difficult things
④ willing to take risks in order to find excitement
⑤ having or showing the ability to make good judgments

서술형**7**

**23** 다음 ⓐ~ⓓ 중 윗글을 읽고 답할 수 있는 질문을 2개 골라 기호를 쓰고 완전한 영어 문장으로 답하시오. 각 3점

ⓐ What subject did both Matisse and Chagall paint?
ⓑ What is Icarus doing in Matisse's painting?
ⓒ Why did Chagall think that Icarus was foolish?
ⓓ Which painter thought Icarus was wise?

(1) (      ) → _____

(2) (      ) → _____

**[24~25]** 다음 글을 읽고, 물음에 답하시오.

Second, Matisse's painting is very simple, but Chagall's painting has many details. In Matisse's painting, there are only Icarus and some stars. Furthermore, Icarus' body ⓐhave just a simple outline. In contrast, Chagall painted many people and houses ⓑin addition Icarus. This difference ⓒcome from the different painting styles of the two painters.

ⓓWho painting do you like more? People will have different answers ⓔbecause of they may see the same thing in different ways.

**24** 윗글의 밑줄 친 ⓐ~ⓔ를 바르게 고쳐 쓴 것 중 어법상 틀린 것은? 4점

① ⓐ → has
② ⓑ → in addition to
③ ⓒ → comes from
④ ⓓ → Whose
⑤ ⓔ → that

고<sub>난도</sub> 신<sub>유형</sub>

**25** 윗글의 내용을 잘못 이해한 사람끼리 짝지어진 것은? 5점

• 소연: Chagall painted Icarus in a simple way.
• 준호: Matisse painted Icarus and stars in his painting.
• 민서: You can see many houses, people, and Icarus in Chagall's painting.
• 진우: Matisse and Chagall had very similar painting styles.
• 채영: People will have the same idea about the two paintings.

① 소연, 민서        ② 준호, 민서
③ 준호, 진우        ④ 소연, 진우, 채영
⑤ 민서, 진우, 채영

모의고사

**서술형 1**

**01** 다음 영영풀이에 해당하는 단어를 주어진 철자로 시작하여 쓰시오. 4점

> to collect several things, often from different places or people

→ g_____

**02** 다음 중 빈칸에 들어갈 말이 [보기]와 같은 것은? 4점

> [보기] The northern area is cold. _____ contrast, the southern area is hot.

① The boy cried _____ for help.
② The energy comes _____ the sun.
③ Let's go _____ a walk after dinner.
④ A red car was parked in front _____ the house.
⑤ Andy can play the violin _____ addition to the piano.

**03** 다음 중 밑줄 친 부분의 우리말 의미가 알맞지 <u>않은</u> 것은? 3점

① Would you like to <u>join</u> us for lunch today? (함께하다)
② The girl talked to <u>herself</u> when she was alone. (혼잣말을 했다)
③ I want to <u>deal with</u> the issues in our presentation. (~을 다루다)
④ It is snowing heavily. <u>Furthermore</u>, it's cold and windy. (그와 반대로)
⑤ My friend tried to <u>warn</u> me, but I didn't listen to him. (경고하다)

**04** 다음 대화의 빈칸에 들어갈 말로 알맞지 <u>않은</u> 것은? 3점

> A: I'm planning to go shopping with Jenny this Saturday. _____
> B: Sounds good. What time should we meet?

① Will you join us?
② Why don't you join us?
③ Do you want to go with us?
④ You can go with us if you want to.
⑤ How about meeting at 5 at the mall?

**서술형 2**

**05** 다음 대화를 읽고, 아래 요약문을 완성하시오. 5점

> Girl: I'm planning to go see a soccer game next Friday. What about joining me?
> Boy: That sounds great. What time should we meet?
> Girl: Let's meet at 10:30 in front of Green Stadium.
> Boy: OK. See you then.

⬇

> The girl and the boy are going to go see a (1) _____ _____ next Friday. They will (2) _____ _____ 10:30 in front of (3) _____ _____.

**06** 다음 중 짝지어진 대화가 <u>어색한</u> 것은? 4점

① A: What are you planning to do this Sunday?
  B: I'm planning to go hiking.
② A: Where should we meet?
  B: Let's meet in front of Star Movie Theater.
③ A: What time should we meet tomorrow?
  B: I want to go there early, so let's meet at 9.
④ A: How about going to the concert tonight?
  B: That sounds good. When should we meet?
⑤ A: I'm planning to play basketball tomorrow. Do you want to join me?
  B: Sorry, I have other plans. When should we meet?

**[07~08]** 다음 대화를 읽고, 물음에 답하시오.

> (*Smartphone rings.*)
> A: Hi, Kate. _____ⓐ_____
> B: Hi, Minho. What are you going to do this Saturday?
> A: _____ⓑ_____ Why?
> B: I'm planning to go to the Van Gogh exhibition at the National Art Museum. _____ⓒ_____
> A: I'd love to! He's my favorite painter. _____ⓓ_____
> B: How about meeting at 11?
> A: OK. Where should we meet?
> B: Let's meet in front of the ticket office.
> A: Sounds good. _____ⓔ_____

**07** 위 대화의 빈칸 ⓐ~ⓔ에 들어갈 말로 알맞지 <u>않은</u> 것은?
4점

① ⓐ: What's up?
② ⓑ: Nothing special.
③ ⓒ: Do you want to go with me?
④ ⓓ: How do we go there?
⑤ ⓔ: I'll see you there at 11.

**08** 위 대화를 읽고 답할 수 <u>없는</u> 질문은?
4점

① What is Kate's plan for this Saturday?
② Where is the Van Gogh exhibition held?
③ When does the Van Gogh exhibition start?
④ Who is the painter Minho likes the most?
⑤ When and where will Kate and Minho meet this Saturday?

**09** 다음 빈칸에 들어갈 말로 알맞지 <u>않은</u> 것은?
3점

> I _____ someone coming down the stairs.

① felt          ② saw          ③ heard
④ watched          ⑤ wanted

고난도
**10** 다음 우리말과 의미가 같도록 괄호 안의 단어들을 배열할 때, 4번째로 오는 단어는?
4점

> 너무 추워서 우리는 바다에서 수영할 수 없었다.
> (that, sea, not, it, we, so, cold, could, was, the, swim, in)

① so          ② in          ③ that
④ cold          ⑤ swim

서술형3
**11** 다음 두 문장을 한 문장으로 바꿔 쓸 때, 빈칸에 알맞은 말을 쓰시오.
5점

> The dog was catching the ball. I saw it.

→ I saw _____.

한 단계 더!
**12** 다음 중 나머지 문장과 의미가 <u>다른</u> 하나는?
3점

① She was too busy to take a rest.
② She wasn't busy, but she didn't take a rest.
③ She was so busy that she couldn't take a rest.
④ She was very busy, so she couldn't take a rest.
⑤ She couldn't take a rest because she was very busy.

서술형4 고난도
**13** 다음 중 어법상 <u>틀린</u> 문장을 찾아 기호를 쓰고, 틀린 부분을 바르게 고쳐 쓰시오.
5점

> ⓐ They felt the ship shaking heavily.
> ⓑ She heard her brother to play the piano.
> ⓒ He was so tired that he went to bed early.
> ⓓ I was so nervous that I couldn't ask for help.
> ⓔ Did you see the students dancing on the street?

(          ) _____ → _____

서술형 **5**

**14** 다음 글을 읽고, 빈칸 ⓐ에 들어갈 알맞은 말을 본문에서 찾아 쓰시오. 5점

> We often find different paintings with the same subject. An example is *The Flight of Icarus* by Henri Matisse and *The Fall of Icarus* by Marc Chagall. They are both about the _____ⓐ_____ Greek myth.

→ _____

**[15~19]** 다음 글을 읽고, 물음에 답하시오.

> **The Greek Myth of Icarus**
> Daedalus was a great inventor. King Minos liked Daedalus' work so much (A)| that / which | he wanted to keep Daedalus with him forever. Daedalus, _____ⓐ_____, tried to leave, so the King kept him and his son, Icarus, in a tall tower. Daedalus _____ⓑ_____.
> One day, Daedalus saw birds (B)| flown / flying |. "Wings! I need wings!" he shouted. ( ① ) Daedalus then gathered bird feathers and glued them together with wax. ( ② ) When the wings were ready, he warned his son, "Don't fly too close to the sun. The wax will melt." ( ③ )
> Daedalus and Icarus began to fly. ( ④ ) He flew higher and higher, and the wax began (C)| melted / to melt |. ( ⑤ ) "Oh, no! I'm falling," Icarus cried out. Icarus fell into the sea and died.

**15** 윗글의 (A)~(C)의 각 네모 안에 주어진 말 중 어법상 올바른 것끼리 짝지어진 것은? 4점

|     | (A)   | (B)    | (C)     |
|-----|-------|--------|---------|
| ① | that | … flown | … to melt |
| ② | that | … flown | … melted |
| ③ | that | … flying | … to melt |
| ④ | which | … flying | … melted |
| ⑤ | which | … flown | … melted |

**16** 윗글의 흐름상 빈칸 ⓐ에 들어갈 말로 알맞은 것은? 3점

① instead
② however
③ furthermore
④ for example
⑤ in other words

**17** 윗글의 흐름상 빈칸 ⓑ에 들어갈 말로 알맞은 것은? 3점

① wanted to escape
② didn't want to leave
③ tried to please the King
④ liked to stay in the tower
⑤ needed his son with him

**18** 윗글의 ①~⑤ 중 주어진 문장이 들어갈 위치로 알맞은 것은? 3점

> Icarus was so excited that he forgot his father's warning.

①    ②    ③    ④    ⑤

고난도 신유형

**19** 윗글의 내용과 일치하는 문장의 개수는? 5점

> ⓐ King Minos allowed Daedalus to leave him.
> ⓑ Icarus thought of making wings.
> ⓒ Daedalus used wax in order to put bird feathers together.
> ⓓ Daedalus warned Icarus not to fly too close to the sea.
> ⓔ Icarus died because he didn't follow his father's warning.

① 1개  ② 2개  ③ 3개  ④ 4개  ⑤ 5개

**[20~22]** 다음 글을 읽고, 물음에 답하시오.

Matisse and Chagall both deal with the same subject in their paintings, but they are different.

First, in Matisse's painting, (A)당신은 Icarus가 날고 있는 것을 볼 수 있다, but in Chagall's painting, the boy is falling. This difference comes from the different ideas ___ⓐ___ the two painters had. Matisse thought ___ⓑ___ Icarus was brave and adventurous. In contrast, Chagall thought that Icarus was foolish.

서술형6

**20** 윗글의 밑줄 친 우리말 (A)와 의미가 같도록 빈칸에 알맞은 말을 쓰시오. **5점**

→ you can _____ _____ _____

**21** 윗글의 빈칸 ⓐ와 ⓑ에 공통으로 들어갈 말로 알맞은 것은? **3점**

① who    ② that    ③ which
④ whose   ⑤ whom

서술형7

**22** 윗글의 내용과 일치하도록 다음 대화를 완성하시오. **5점**

A: What subject do both Matisse and Chagall deal with?
B: They both deal with (1)_____, but their paintings are (2)_____.
A: Why did they paint the same subject differently?
B: Because they had (3)_____ _____ about the subject.

**[23~25]** 다음 글을 읽고, 물음에 답하시오.

Second, Matisse's painting is very ①simple, but Chagall's painting has many details. In Matisse's painting, there are only Icarus and some stars. ②Furthermore, Icarus' body has just a simple outline. ③For example, Chagall painted many people and houses in addition to Icarus. This difference ④comes from the different painting styles of the two painters.

Whose painting do you like more? People will have different answers ⑤because they may see the same thing in different ways.

**23** 윗글의 밑줄 친 ①~⑤ 중 문맥상 어색한 것은? **4점**

①    ②    ③    ④    ⑤

**24** According to the text above, which is true about Matisse? Choose TWO. **4점**

① There are a lot of details in his painting.
② There are Icarus and some stars in his painting.
③ He painted many people and houses.
④ Icarus' body has just a simple outline in his painting.
⑤ His painting style is similar to that of Chagall.

서술형8

**25** 윗글의 내용과 일치하도록 다음 질문에 대한 답을 완성하시오. **5점**

Q: What did Chagall paint in addition to Icarus?
A: He painted _____

_____.

모의고사

**서술형 1**

**01** 다음 영영풀이에 해당하는 단어를 빈칸에 쓰시오.  4점

> *n.* a line that shows the shape of something

> We could see the _____ of the island from the top of the tower.

**신유형**

**02** 다음 ⓐ~ⓓ의 빈칸 중 어느 곳에도 들어갈 수 <u>없는</u> 것은?  4점

> ⓐ The author often _____ with nature.
> ⓑ Mr. Brown _____ us not to run in the hallway.
> ⓒ The sun rose, and the snow soon _____ away.
> ⓓ In _____ to helping the poor, the man is interested in protecting the environment.

① escapes    ② deals    ③ melted
④ warned    ⑤ addition

**03** 다음 ⓐ~ⓓ의 영영풀이에 해당하는 단어가 <u>아닌</u> 것은?  3점

> ⓐ silly or not sensible
> ⓑ to get away from a place or person
> ⓒ a small fact, feature, or piece of information about something
> ⓓ willing to take risks in order to find excitement

① myth    ② detail    ③ foolish
④ escape    ⑤ adventurous

**04** 다음 대화의 빈칸 (A)~(C)에 들어갈 말로 알맞은 것을 [보기]에서 골라 순서대로 짝지은 것은?  3점

> A: _____(A)_____ Do you want to join me?
> B: Sure. _____(B)_____
> A: _____(C)_____
> B: OK. See you then.

> [보기] ⓐ How about meeting at 2:30 in front of Star Movie Theater?
> ⓑ I'm planning to see a movie this Saturday.
> ⓒ When and where should we meet?

① ⓐ - ⓒ - ⓑ    ② ⓑ - ⓐ - ⓒ    ③ ⓑ - ⓒ - ⓐ
④ ⓒ - ⓐ - ⓑ    ⑤ ⓒ - ⓑ - ⓐ

**[05~06]** 다음 대화를 읽고, 물음에 답하시오.

> Boy: What are you going to do this Sunday?
> Girl: I'm planning to go to Dream Amusement Park with my brother. You can go with us if you want to.
> Boy: Sorry, I can't. When should we meet?
> Girl: I want to go early, so let's meet at 9 at the subway station.
> Boy: Sounds good. I'll see you then.

**서술형 2**

**05** 위 대화에서 흐름상 어색한 문장을 찾아 바르게 고치시오. 5점

→ _____

**06** 위 대화를 읽고 답할 수 <u>없는</u> 것은?  4점

① What day is the girl going to go to Dream Amusement Park?
② When does Dream Amusement Park open?
③ How many people will go to Dream Amusement Park with the girl?
④ What time is the girl going to meet the boy?
⑤ Where will the girl and the boy meet?

**[07~09]** 다음 대화를 읽고, 물음에 답하시오.

> *(Smartphone rings.)*
> A: Hi, Kate. What's up?
> B: Hi, Minho. ⓐWhat are your plans for this Saturday?
> A: ⓑNothing special. Why?
> B: I'm planning to go to the Van Gogh exhibition at the National Art Museum. ⓒWhy don't you join me?
> A: I'd love to! He's my favorite painter. ⓓWhat time should we meet?
> B: (A) 11시에 만나는 게 어때?
> A: OK. Where should we meet?
> B: Let's meet in front of the ticket office.
> A: ⓔSure. I'll see you there at 11.

**07** 위 대화의 밑줄 친 ⓐ~ⓔ와 바꿔 쓸 수 없는 것은?　3점

① ⓐ: What are you planning to do this Saturday?
② ⓑ: I don't have any plans.
③ ⓒ: Do you want me to stay with you?
④ ⓓ: When should we meet?
⑤ ⓔ: That sounds good.

서술형3

**08** 위 대화의 밑줄 친 우리말 (A)와 의미가 같도록 [조건]에 맞게 문장을 쓰시오.　5점

> [조건]　1. how를 사용할 것
> 　　　　2. 5단어의 의문문으로 쓸 것

→ _____

**09** 위 대화의 내용과 일치하는 것은?　4점

① Minho already has a special plan for this Saturday.
② The Van Gogh exhibition starts from this Saturday.
③ Kate is going to meet her favorite painter this Saturday.
④ Minho doesn't like Van Gogh much.
⑤ Kate and Minho are going to meet in front of the ticket office this Saturday.

**10** 다음 우리말을 영어로 옮길 때 필요하지 <u>않은</u> 단어는?　4점

> Matt는 그 소년들이 길을 건너고 있는 것을 보았다.

① saw　　　② to　　　③ boys
④ street　　⑤ crossing

한 단계 더!

**11** 다음 문장과 의미가 같은 것을 <u>모두</u> 고르시오.　3점

> I was so full that I couldn't eat anymore.

① I was too full to eat anymore.
② I was not full, so I could eat some more.
③ I was very full, but I could eat some more.
④ I couldn't eat anymore because I was very full.
⑤ I could eat some more because I was not that full.

고난도 한 단계 더!

**12** 다음 빈칸에 calling이 들어갈 수 있는 것끼리 짝지어진 것은?　5점

> ⓐ Jessica heard her name _____.
> ⓑ Andrew is _____ his girlfriend.
> ⓒ The man asked me _____ my mother.
> ⓓ I heard someone _____ my name in the crowd.

① ⓐ, ⓑ　　② ⓐ, ⓒ　　③ ⓑ, ⓒ
④ ⓑ, ⓓ　　⑤ ⓒ, ⓓ

서술형4 한 단계 더!

**13** 주어진 문장과 의미가 같도록 [조건]에 맞게 문장을 쓰시오.　각 3점

> [조건]　1. so ~ that ... 구문을 사용할 것
> 　　　　2. 완전한 영어 문장으로 쓸 것

(1) Tony is tall enough to reach the top shelf.
　→ _____

(2) The girl was too young to go on the ride.
　→ _____

한 단계 더! 신유형

**14** How many sentences are grammatically correct?

4점

> ⓐ I felt someone touching my hair.
> ⓑ She was too sleepy to read the book.
> ⓒ My dad saw his car fix at the repair shop.
> ⓓ Did you hear someone shouts last night?
> ⓔ The soup was so hot that the child couldn't eat it.

① 1개　② 2개　③ 3개　④ 4개　⑤ 5개

서술형5

**15** 다음 글의 빈칸 ⓐ와 ⓑ에 공통으로 들어갈 전치사를 쓰시오.

3점

> We often find paintings with the same subject. An example is *The Flight of Icarus* ___ⓐ___ Henri Matisse and *The Fall of Icarus* ___ⓑ___ Marc Chagall. They are both about the same Greek myth.

→ _____

[16~19] 다음 글을 읽고, 물음에 답하시오.

> (A) One day, Daedalus saw birds ①fly. "Wings! I need wings!" he shouted. Daedalus then gathered bird feathers and ②glued them together with wax. When the wings were ready, he warned his son, "Don't fly too close to the sun. The wax will melt."
>
> (B) Daedalus was a great inventor. King Minos liked Daedalus' work so much ③that he wanted to keep Daedalus with him forever. Daedalus, however, tried ④left, so the King kept him and his son, Icarus, in a tall tower. Daedalus wanted to escape.
>
> (C) Daedalus and Icarus began flying. ⓐ Icarus는 너무 흥분해서 아버지의 경고를 잊었다. He flew ⑤higher and higher, and the wax started to melt. "Oh, no! I'm falling," Icarus cried out. Icarus fell into the sea and died.

**16** 윗글의 흐름에 맞게 (A)~(C)를 바르게 배열한 것은?　3점

① (A) – (B) – (C)　② (B) – (A) – (C)
③ (B) – (C) – (A)　④ (C) – (A) – (B)
⑤ (C) – (B) – (A)

**17** 윗글의 밑줄 친 ①~⑤ 중 어법상 틀린 것을 바르게 고친 것은?　3점

① → to fly　② → was glued
③ → which　④ → to leave
⑤ → high and highest

서술형6 한 단계 더!

**18** 윗글의 밑줄 친 우리말 ⓐ를 [조건]에 맞게 영어로 쓰시오.

5점

> [조건] 1. so ~ that ... 구문을 사용할 것
> 2. excited, forget을 사용하고 필요시 형태를 바꿀 것
> 3. 10단어의 완전한 문장으로 쓸 것

→ _____

고난도 신유형

**19** 다음 질문과 응답 중 윗글의 내용과 일치하지 않는 것은?

5점

① Q: Why did King Minos want to keep Daedalus with him forever?
　A: Because Daedalus could make wings.
② Q: Where did King Minos keep Daedalus and Icarus?
　A: He kept them in a tall tower.
③ Q: What did Daedalus use to make wings?
　A: He used bird feathers and wax.
④ Q: What did Daedalus warn Icarus about before they began to fly?
　A: Daedalus warned Icarus not to fly too close to the sun.
⑤ Q: What happened when Icarus forgot his father's warning?
　A: The wax began to melt and Icarus fell into the sea.

**[20~25]** 다음 글을 읽고, 물음에 답하시오.

Matisse and Chagall both deal with the same ____ⓐ____ in their paintings, but they are different.

First, in Matisse's painting, (A) you can see Icarus flown, but in Chagall's painting, the boy is falling. (B) 이 차이는 두 화가들이 갖고 있던 서로 다른 생각에서 기인한다. Matisse thought that Icarus was brave and adventurous. ____ⓑ____, Chagall thought that Icarus was foolish.

Second, Matisse's painting is very simple, but Chagall's painting has many details. In Matisse's painting, there are only Icarus and some stars. Furthermore, Icarus' body has just a simple outline. ____ⓒ____, Chagall painted many people and houses in addition to Icarus. This difference comes from the different painting styles of the two painters.

Whose painting do you like more? People will have different answers because they may see the same thing in different ways.

**20** 윗글의 빈칸 ⓐ와 [보기]의 빈칸에 공통으로 들어갈 단어의 영영풀이로 알맞은 것은? **4점**

[보기] The _____ of his book is upcycling.

① a public show of something
② the act of flying through the air
③ the topic of what is said, written, or studied
④ one of the light soft things that cover a bird's body
⑤ an old story about gods, brave people, magical creatures, etc.

서술형**7**

**21** 윗글의 밑줄 친 (A)에서 어법상 틀린 부분을 찾아 바르게 고쳐 쓰시오. **5점**

_____ → _____

서술형**8**

**22** 윗글의 밑줄 친 우리말 (B)와 의미가 같도록 주어진 표현들을 바르게 배열하여 문장을 쓰시오. **5점**

comes from, the two painters, that, had, the different ideas, this difference

→ _____
_____

**23** 윗글의 빈칸 ⓑ와 ⓒ에 공통으로 들어갈 말로 알맞은 것은? **3점**

① Therefore
② In addition
③ For example
④ In contrast
⑤ In other words

**24** 윗글의 내용과 일치하는 것(T)과 일치하지 <u>않는</u> 것(F)이 순서대로 바르게 짝지어진 것은? **4점**

· In Chagall's painting, Icarus is falling although Chagall thought he was brave.
· Chagall and Matisse had the same view on Icarus.
· Icarus' body has a simple outline in Matisse's painting.
· People will have similar ideas about Matisse's and Chagall's painting.

① T－F－T－T  ② T－F－T－F  ③ F－T－T－F
④ F－T－F－F  ⑤ F－F－T－F

**25** What is the best title for the text above? **3점**

① The Tragic Story of the Fall of Icarus
② The Great Paintings of Henri Matisse
③ The Different Lives of Matisse and Chagall
④ Major Characteristics of Chagall's Paintings
⑤ Two Different Paintings about the Same Myth

# 내신 적중 모의고사
# 오답 공략

○ 틀린 문항을 표시해 보세요.

○ 부족한 영역을 점검하고 어떻게 더 학습할지 계획을 적어 보세요.

〈제1회〉 대표 기출로 내신 **적중** 모의고사　　　총점 _____ / 100

| 문항 | 영역 | 문항 | 영역 | 문항 | 영역 |
|---|---|---|---|---|---|
| 01 | p.84(W) | 10 | pp.96~97(G) | 19 | pp.104~105(R) |
| 02 | p.84(W) | 11 | p.97(G) | 20 | p.105(R) |
| 03 | p.82(W) | 12 | p.96(G) | 21 | p.105(R) |
| 04 | p.87(L&T) | 13 | pp.96~97(G) | 22 | p.105(R) |
| 05 | p.88(L&T) | 14 | p.104(R) | 23 | p.105(R) |
| 06 | p.88(L&T) | 15 | p.104(R) | 24 | p.105(R) |
| 07 | p.89(L&T) | 16 | p.104(R) | 25 | p.105(R) |
| 08 | p.89(L&T) | 17 | pp.104~105(R) | | |
| 09 | p.97(G) | 18 | pp.104~105(R) | | |

| 제1회 오답 공략 |
|---|
| 부족한 영역 |
| 학습 계획 |

〈제2회〉 대표 기출로 내신 **적중** 모의고사　　　총점 _____ / 100

| 문항 | 영역 | 문항 | 영역 | 문항 | 영역 |
|---|---|---|---|---|---|
| 01 | p.84(W) | 10 | p.96(G) | 19 | pp.104~105(R) |
| 02 | p.84(W) | 11 | p.97(G) | 20 | pp.104~105(R) |
| 03 | p.82(W) | 12 | p.96(G) | 21 | p.105(R) |
| 04 | p.84(W) | 13 | p.97(G) | 22 | p.105(R) |
| 05 | p.87(L&T) | 14 | pp.96~97(G) | 23 | p.105(R) |
| 06 | p.88(L&T) | 15 | p.104(R) | 24 | p.105(R) |
| 07 | p.87(L&T) | 16 | p.104(R) | 25 | p.105(R) |
| 08 | p.89(L&T) | 17 | p.104(R) | | |
| 09 | p.89(L&T) | 18 | pp.104~105(R) | | |

| 제2회 오답 공략 |
|---|
| 부족한 영역 |
| 학습 계획 |

〈제3회〉 대표 기출로 내신 **적중** 모의고사　　　총점 _____ / 100

| 문항 | 영역 | 문항 | 영역 | 문항 | 영역 |
|---|---|---|---|---|---|
| 01 | p.84(W) | 10 | p.97(G) | 19 | pp.104~105(R) |
| 02 | p.82(W) | 11 | p.96(G) | 20 | p.105(R) |
| 03 | p.82(W) | 12 | p.97(G) | 21 | p.105(R) |
| 04 | p.87(L&T) | 13 | pp.96~97(G) | 22 | p.105(R) |
| 05 | p.88(L&T) | 14 | p.104(R) | 23 | p.105(R) |
| 06 | p.87(L&T) | 15 | pp.104~105(R) | 24 | p.105(R) |
| 07 | p.89(L&T) | 16 | pp.104~105(R) | 25 | p.105(R) |
| 08 | p.89(L&T) | 17 | pp.104~105(R) | | |
| 09 | p.96(G) | 18 | pp.104~105(R) | | |

| 제3회 오답 공략 |
|---|
| 부족한 영역 |
| 학습 계획 |

〈제4회〉 고난도로 내신 **적중** 모의고사　　　총점 _____ / 100

| 문항 | 영역 | 문항 | 영역 | 문항 | 영역 |
|---|---|---|---|---|---|
| 01 | p.84(W) | 10 | p.96(G) | 19 | pp.104~105(R) |
| 02 | p.82(W) | 11 | p.97(G) | 20 | p.105(R) |
| 03 | p.84(W) | 12 | p.96(G) | 21 | p.105(R) |
| 04 | p.87(L&T) | 13 | p.97(G) | 22 | p.105(R) |
| 05 | p.88(L&T) | 14 | pp.96~97(G) | 23 | p.105(R) |
| 06 | p.88(L&T) | 15 | p.104(R) | 24 | p.105(R) |
| 07 | p.89(L&T) | 16 | pp.104~105(R) | 25 | p.105(R) |
| 08 | p.89(L&T) | 17 | pp.104~105(R) | | |
| 09 | p.89(L&T) | 18 | pp.104~105(R) | | |

| 제4회 오답 공략 |
|---|
| 부족한 영역 |
| 학습 계획 |

# Lesson
# 7

# Life in Space

| 주요<br>학습 내용 | 의사소통<br>기능 | 알고 있는지 묻기 | **A:** Did you hear about the new musical? (새로운 뮤지컬에 대해 들었니?)<br>**B:** Yes, I did. / No, I didn't. (응, 들었어. / 아니, 못 들었어.) |
|---|---|---|---|
| | | 궁금증 표현하기 | I'm really curious about it.<br>(난 그게 뭔지 정말 궁금해.) |
| | 언어 형식 | 현재완료 | I've never **seen** a blue sky.<br>(나는 파란 하늘을 본 적이 없다.) |
| | | It ~ to부정사 | It's difficult **to walk on Earth**.<br>(지구에서는 걷는 것이 어렵다.) |

| 학습 단계<br>PREVIEW | STEP **A** | Words | Listen and Talk | Grammar | Reading | 기타 지문 |
|---|---|---|---|---|---|---|
| | STEP **B** | Words | Listen and Talk | Grammar | Reading | 서술형 100% Test |
| | 내신 적중 모의고사 | 제 **1** 회 | 제 **2** 회 | 제 **3** 회 | 제 **4** 회 | |

## Words
## 만점 노트

### Listen and Talk

* 완벽히 외운 단어는 □ 안에 √표 해 봅시다.

□□ begin     동 시작하다; 시작되다 (-began-begun)

□□ curious☆     형 궁금한, 호기심이 많은

□□ first     형 첫 번째의 부 우선, 첫째로; 처음으로

□□ life     명 생활; 삶; 생명

□□ marathon     명 마라톤

□□ Mars☆     명 화성

□□ moon☆     명 (행성의) 위성; 달

□□ play     동 (영화가) 상영되다

□□ space station☆     우주 정거장

□□ taste     명 맛 동 맛이 ~하다

□□ type     명 유형, 종류

### Talk and Play

□□ dessert     명 후식

□□ soft drink     청량음료

### Reading

□□ alright     형 괜찮은, 받아들일 만한 (= all right)

□□ container     명 그릇, 용기

□□ Earth     명 지구

□□ ever     부 이전에; 지금까지

□□ everywhere     부 어디에나, 어디든지

□□ exciting     형 신나는, 흥미진진한

□□ far     부 멀리

□□ finally     부 마침내

□□ float     동 (물 위나 공중에서) 뜨다, 떠가다

□□ form     동 형성하다, 만들다 명 양식

□□ grass     명 잔디

□□ hill     명 언덕

□□ land☆     동 착륙하다

□□ later     부 나중에, 후에

□□ laugh     동 웃다

□□ lie☆     동 눕다 (-lay-lain)

□□ secret     명 비밀

□□ shake     동 흔들다 (-shook-shaken)

□□ space☆     명 우주; 공간

□□ space suit     우주복

□□ spaceship     명 우주선

□□ swallow     동 삼키다

□□ towards     전 (어떤 방향을) 향하여

□□ trip     명 여행

□□ wet     형 젖은

□□ be born     태어나다

□□ be covered with     ~으로 뒤덮여 있다

□□ each other     서로

□□ get on     ~에 타다

□□ go back to     ~로 되돌아가다

□□ in surprise     놀라서

□□ lie down     눕다, 누워있다

□□ not ~ anymore     더 이상 ~이 아닌

□□ pull down☆     ~을 끌어내리다, 당겨서 내리다

□□ roll down     굴러 내려가다

□□ run up to     ~로 뛰어 올라가다

□□ tell A about B     A에게 B에 대해 말하다

□□ work on     ~에서 일하다

### Language in Use

□□ dangerous     형 위험한

□□ fix     동 고치다, 수리하다

□□ French     형 프랑스의 명 프랑스어; 프랑스인

□□ thrilling     형 흥미진진한, 스릴 만점의

### Review

□□ alone     부 홀로, 혼자서

□□ foreign     형 외국의

□□ hero     명 영웅

□□ save     동 구하다; 모으다, 저축하다

## Words

# 연습 문제

### A  다음 단어의 우리말 뜻을 쓰시오.

01  alright
02  thrilling
03  later
04  space
05  ever
06  container
07  Mars
08  taste
09  fix
10  hill
11  curious
12  swallow
13  towards
14  everywhere
15  laugh
16  form
17  spaceship
18  shake
19  dessert
20  float

### B  다음 우리말 뜻에 알맞은 영어 단어를 쓰시오.

01  착륙하다
02  멀리
03  잔디
04  시작하다
05  유형, 종류
06  마라톤
07  (행성의) 위성; 달
08  영웅
09  우주 정거장
10  위험한
11  홀로, 혼자서
12  눕다
13  구하다; 모으다
14  비밀
15  젖은
16  외국의
17  신나는, 흥미진진한
18  지구
19  마침내
20  우주복

### C  다음 영어 표현의 우리말 뜻을 쓰시오.

01  each other
02  in surprise
03  be born
04  pull down
05  work on
06  be covered with
07  get on
08  not ~ anymore
09  roll down
10  tell A about B

### D  다음 우리말 뜻에 알맞은 영어 표현을 쓰시오.

01  ~로 뛰어 올라가다
02  태어나다
03  ~에 타다
04  눕다, 누워있다
05  더 이상 ~이 아닌
06  놀라서
07  ~으로 뒤덮여 있다
08  ~을 끌어내리다
09  서로
10  ~로 되돌아가다

## Words Plus
# 만점 노트

### 영영풀이

| | | | |
|---|---|---|---|
| ☐☐ | container | 그릇, 용기 | something that you keep things in |
| ☐☐ | curious | 궁금한 | wanting to know something or to learn about the world |
| ☐☐ | exciting | 신나는, 흥미진진한 | making you feel excited |
| ☐☐ | float | 뜨다, 떠가다 | to move slowly and gently through the water or the air |
| ☐☐ | form | 형성하다, 만들다 | to make something exist or develop |
| ☐☐ | grass | 잔디 | a common plant with thin, green leaves that grows close to the ground |
| ☐☐ | hill | 언덕 | an area of high land, like a small mountain |
| ☐☐ | land | 착륙하다 | to move down onto the ground |
| ☐☐ | laugh | 웃다 | to make a sound with your voice because you think something is funny |
| ☐☐ | lie | 눕다 | to be or to get into a position with your body flat on something |
| ☐☐ | roll | 구르다, 굴러가다 | to turn over and over and move in a particular direction |
| ☐☐ | secret | 비밀 | an idea, plan, or information that you do not tell other people about |
| ☐☐ | shake | 흔들다 | to move up and down or from side to side quickly |
| ☐☐ | space | 우주 | the area outside the Earth |
| ☐☐ | space station | 우주 정거장 | a place or vehicle in space where people can stay |
| ☐☐ | space suit | 우주복 | a special piece of clothing that astronauts wear in space |
| ☐☐ | spaceship | 우주선 | a vehicle that can carry people through space |
| ☐☐ | swallow | 삼키다 | to make food or drink go down your throat |
| ☐☐ | towards | (어떤 방향을) 향하여 | in the direction of somebody or something |
| ☐☐ | trip | 여행 | a visit to a place that you travel to |

### 단어의 의미 관계

● 유의어
alone (혼자) = by oneself
finally (마침내) = eventually
trip (여행) = journey

● 반의어
begin (시작하다, 시작되다) ↔ end (끝나다, 끝내다)
safe (안전한) ↔ dangerous (위험한)
exciting (신나는) ↔ boring (지루한)
far (멀리) ↔ near (가까이)
land (착륙하다) ↔ take off (이륙하다)

● 형용사 - 부사
final (마지막의) - finally (마침내)
real (진짜의, 실제의) - really (실제로, 정말로)

### 다의어

● **land** 1. ⑧ 착륙하다   2. ⑲ 토지, 땅
1. The plane slowly came down to **land**.
(비행기는 착륙하기 위해 천천히 내려왔다.)
2. The **land** around here is quite flat.
(이 근처의 땅은 꽤 평평하다.)

● **lie** 1. ⑧ 눕다 (-lay-lain)   2. ⑧ 거짓말하다 (-lied-lied)
1. I told him to **lie** in bed.
(나는 그에게 침대에 누워 있으라고 말했다.)
2. Don't **lie** to me! (내게 거짓말하지 마!)

● **space** 1. ⑲ 우주   2. ⑲ 공간
1. The astronauts will spend a week in **space**.
(우주 비행사들은 우주에서 일주일을 보낼 것이다.)
2. She found a parking **space** near the supermarket.
(그녀는 슈퍼마켓 근처에서 주차 공간을 발견했다.)

## Words Plus

# 연습 문제

**A** 다음 영영풀이에 해당하는 단어를 [보기]에서 찾아 쓴 후, 우리말 뜻을 쓰시오.

| [보기] | roll | form | shake | secret | container | float | space | curious |
|---|---|---|---|---|---|---|---|---|

1 _____ : the area outside the Earth : _____

2 _____ : something that you keep things in : _____

3 _____ : to make something exist or develop : _____

4 _____ : to move up and down or from side to side quickly : _____

5 _____ : to move slowly and gently through the water or the air : _____

6 _____ : wanting to know something or to learn about the world : _____

7 _____ : to turn over and over and move in a particular direction : _____

8 _____ : an idea, plan, or information that you do not tell other people about : _____

**B** 다음 빈칸에 알맞은 단어를 [보기]에서 찾아 쓰시오. (단, 한 번씩만 쓸 것)

| [보기] | laugh | towards | swallow | everywhere | lie |
|---|---|---|---|---|---|

1 Her dog goes _____ with her.

2 I heard him suddenly _____ aloud.

3 He stood up and walked _____ his friends.

4 You can _____ down if you're not feeling well.

5 I have a sore throat, and it hurts when I _____ something.

**C** 우리말과 의미가 같도록 빈칸에 알맞은 말을 쓰시오.

1 그녀는 놀라서 올려다보았다. → She looked up _____ _____.

2 그녀는 1877년 2월 7일에 태어났다. → She _____ _____ on February 7, 1877.

3 모퉁이에서 50번 버스를 타세요. → _____ _____ bus number 50 at the corner.

4 그 소녀들은 서로를 쳐다보고 미소 지었다. → The girls looked at _____ _____ and smiled.

5 그의 책상은 책과 종이로 뒤덮여 있었다. → His desk _____ _____ _____ books and paper.

**D** 다음 짝지어진 단어의 관계가 같도록 빈칸에 알맞은 단어를 쓰시오.

1 real : really = final : _____

2 begin : end = _____ : take off

3 safe : dangerous = _____ : near

4 finally : eventually = _____ : by oneself

## 실전 TEST

**01** 다음 영영풀이에 해당하는 단어로 알맞은 것은?

> to make something exist or develop

① land  ② form  ③ float
④ roll  ⑤ shake

**02** 다음 중 짝지어진 단어의 관계가 나머지와 <u>다른</u> 하나는?

① far – near  ② trip – journey
③ land – take off  ④ exciting – boring
⑤ safe – dangerous

**03** 다음 빈칸에 들어갈 말이 순서대로 바르게 짝지어진 것은?

> • He opened his eyes wide _____ surprise.
> • We got _____ the wrong subway train this morning.

① in – on  ② on – in  ③ in – by
④ of – in  ⑤ of – on

**04** 다음 빈칸에 공통으로 들어갈 말로 알맞은 것은?

> • Please tell me the truth. Don't _____ to me.
> • You should _____ down on the bed and get some rest.

① fix  ② play  ③ shake
④ laugh  ⑤ lie

**05** 다음 중 밑줄 친 부분의 우리말 의미가 알맞지 <u>않은</u> 것은?

① They <u>ran up to</u> the tree on the hill.
  (~로 뛰어 올라갔다)
② The mountains are <u>covered with</u> snow.
  (~로 뒤덮여 있다)
③ Pull the handle <u>down</u> on the machine.
  (~을 무너뜨리다)
④ The children looked at <u>each other</u> and laughed.
  (서로)
⑤ He <u>was born</u> in Germany, but his parents are from France. (태어났다)

**06** 다음 중 단어와 영영풀이가 바르게 연결되지 <u>않은</u> 것은?

① space: the area outside the Earth
② land: to move down onto the ground
③ trip: a visit to a place that you travel to
④ container: something that you keep things in
⑤ shake: to make food or drink go down your throat

**07** 다음 우리말과 의미가 같도록 빈칸에 알맞은 말을 쓰시오.

> 그 우주선은 곧 국제 우주 정거장에 착륙할 것이다.

→ The spaceship will soon land at the international _____ _____.

**Listen and Talk**

# 핵심 노트

## 1 알고 있는지 묻기

> A: **Did you hear about** the new musical**?**　　　　새로운 뮤지컬에 대해 들었니?
>
> B: Yes, I did. / No, I didn't.　　　　응, 들었어. / 아니, 못 들었어.

Did you hear (about) ~?은 '(~에 대해) 들었니?'라는 뜻으로 어떤 새로운 정보에 대해 알고 있는지 묻는 말이다. 비슷한 표현으로는 Do you know (about) ~? / Have you heard (about) ~? / Are you aware (of) ~? 등이 있다. Did you hear (about) ~? 에 답할 때는 Yes, I did. 또는 No, I didn't.로 말한다.

**point**

시험 포인트

새로운 정보의 구체적인 내용이 무엇인지 묻는 문제가 출제되므로, Did you hear about ~? 등의 표현 뒤에 이어지는 정보의 내용을 잘 파악하도록 한다.

- A: Did you hear about the new teacher? (새로 오신 선생님에 대해 들었니?)
  B: Yes, I did. I heard she's a science teacher. (응, 들었어. 과학 선생님이라고 들었어.)

- A: Do you know about the movie, *My Hero*? ('나의 영웅'이라는 영화에 대해 알고 있니?)
  B: Yes, I do. It's about a father who saves his son.
  　(응, 알아. 아들을 구하는 한 아버지에 관한 영화야.)

- A: Have you heard about the book, *Matilda*? ('마틸다'라는 책에 대해 들어 봤니?)
  B: No, I haven't. (아니, 못 들어 봤어.)
  A: It's about a girl who uses her special powers to help her friends.
  　(친구들을 돕기 위해 자신의 특별한 능력을 사용하는 한 소녀에 관한 거야.)

## 2 궁금증 표현하기

> **I'm** really **curious about** it.　　　　난 그게 뭔지 정말 궁금해.

어떤 대상에 관해 궁금하거나 그 대상에 대해 더 많은 정보를 알고 싶을 때 '나는 ~에 관해 궁금해.'라는 뜻으로 I'm curious about ~.으로 말한다. I'd like to know more about ~.으로 말할 수도 있다.

**point**

시험 포인트

언급된 대상에 대해 궁금증을 나타내는 다양한 표현을 알고 있는지 확인하는 문제가 자주 출제되므로, 궁금증을 나타내는 다양한 표현들을 익혀 두도록 한다. 또한 I'm curious about ~. 등의 표현 뒤에 이어지는 구체적인 정보를 묻는 문제가 출제되기도 하므로 화자가 궁금해 하는 내용과 관련 정보를 파악하도록 한다.

- A: Did you hear about the new TV show? (새 TV 프로그램에 대해 들었니?)
  B: No, I didn't. I'm curious about it. (아니, 못 들었어. 난 그게 뭔지 궁금해.)

- A: Did you hear about the new smartphone? (새로 나온 스마트폰에 대해 들었니?)
  B: No, I didn't. I'd like to know more about it.
  　(아니, 못 들었어. 난 그것에 대해 더 알고 싶어.)

- A: Do you know about the new snack? (새로 나온 과자에 대해 알고 있니?)
  B: No, I don't. I'm really curious about the taste. (아니, 몰라. 맛이 정말 궁금하다.)

### Listen and Talk A-1

교과서 120쪽

B: ❶Did you hear about the first spaceship that went into space?

G: No, I didn't. ❷I'm curious about it.

B: This is a poster of the spaceship.

G: Really? ❸I want to buy it.

❶ Did you hear about ~?은 어떤 새로운 정보에 대해 알고 있는지 물을 때 사용하는 표현이다. 주격 관계대명사 that이 이끄는 관계대명사절이 the first spaceship을 수식하고 있다.

❷ I'm curious about ~.은 어떤 대상에 대해 궁금하거나 더 알고 싶을 때 사용하는 표현이다.

❸ it은 앞에 나온 a poster of the spaceship을 가리킨다.

**Q1** The girl wants to buy a ( model / poster ) of the spaceship.

### Listen and Talk A-2

교과서 120쪽

G: Did you hear about the new book about ❶Mars?

B: No, I didn't. ❷I'm really curious about Mars.

G: Look. ❸It's right here. ❹It's about Mars and its moons.

B: Great. I think I'll buy the book.

❶ 화성

❷ '나는 ~에 대해 정말 궁금해.'라고 말할 때는 I'm really curious about ~.이라고 한다.

❸ '그것은 바로 여기에 있어.'라는 뜻으로, right은 '바로'라는 뜻의 부사로 쓰였다.

❹ 어떤 대상을 소개할 때 '그것은 ~에 관한 거야.'라는 뜻으로 It's about ~.이라고 말한다. its는 Mars'를 가리키며, moon은 '위성'이라는 의미로 쓰였다.

**Q2** What is the boy curious about? He is curious about _____.

**Q3** 두 사람이 이야기하고 있는 책은 무엇에 관한 내용인가요? (        ) ⓐ 지구와 달  ⓑ 화성과 그것의 위성들

### Listen and Talk A-3

교과서 120쪽

G: ❶Did you hear about the space marathon?

B: No, I didn't.

G: It's a marathon on a ❷space station. Look at this video.

B: OK. ❸I'm really curious about it.

❶ 어떤 정보에 대해 들어서 알고 있는지 묻는 말이다.

❷ 우주 정거장

❸ 어떤 대상에 대한 궁금증이나 더 알고 싶음을 나타내는 말이다. (= I'd like to know more about it.)

**Q4** The boy is going to watch the _____ about the _____ _____.

### Listen and Talk A-4

교과서 120쪽

G: Did you hear about the new space food?

B: Yes, I did. It's ❶a type of ice cream.

G: Yes, and ❷here it is. It ❸looks good.

B: I'm really curious about the ❹taste.

❶ ~의 한 종류, 일종의 ~

❷ '여기 있네'라는 뜻으로, 찾는 것을 발견했을 때 사용하는 표현이다.

❸ look+형용사: ~해 보이다

❹ taste는 '맛'이라는 뜻의 명사로 쓰였다.

**Q5** The new space food is a kind of ice cream.         (T / F)

## Listen and Talk C

교과서 121쪽

B: ❶Subin, did you hear about the new movie, *Life on the Moon*?

G: No, I didn't.

B: ❷I heard it's really good.

G: I'm really curious about the movie. ❸What's it about?

B: ❹It's about a man who is trying to live on the moon.

G: ❺That sounds interesting.

B: Look. ❻The movie is playing at the Space Theater here.

G: What time is the movie?

B: It begins at 2:30.

G: ❼Let's eat lunch first and then see the movie.

B: OK. I'm hungry. Let's go!

❶ 어떤 새로운 정보에 대해 알고 있는지 물을 때 Did you hear about ~?이라고 말한다.

❷ 자신이 들은 내용을 말할 때 「I heard (that)+주어+동사 ~.」로 표현한다.

❸ '그것은 무엇에 관한 거니?'라는 뜻으로, 앞서 언급된 대상에 대한 구체적인 내용을 물을 때 쓰는 표현이다.

❹ 앞서 언급된 대상이 무엇에 관한 것인지 말할 때 It's about ~.으로 표현한다. 주격 관계대명사 who가 이끄는 관계대명사절이 a man을 수식하고 있다.

❺ '그거 재미있겠다.'라는 뜻으로, 주어를 생략하고 Sounds interesting.으로도 말할 수 있다.

❻ 여기서 play는 '(영화가) 상영되다'라는 뜻으로, 보통 진행형의 형태로 쓰인다.

❼ 「Let's+동사원형 ~.」은 제안하는 표현으로, How(What) about -ing ~?로도 말할 수 있다.

**Q6** The boy didn't hear about the movie, *Life on the Moon*. (T / F)

**Q7** 두 사람은 대화 직후에 무엇을 할까요? (          ) ⓐ 영화 보러 가기  ⓑ 점심 식사하기

## Talk and Play

교과서 122쪽

G: Did you hear about the new dessert, Strawberry Bubbles?

B: No, I didn't, but ❶I'm curious about it.

G: It is a ❷soft drink.

❶ = I'd like to know more about it

❷ 청량음료

**Q8** The boy is curious about Strawberry Bubbles. (T / F)

## Review-1

교과서 134쪽

G: ❶Tony, did you hear about the movie, *My Hero*?

B: No, I didn't.

G: Well, ❷I heard it's really good.

B: I'm really curious about the movie. What's it about?

G: ❸It's about a father who saves his son.

❶ 어떤 정보에 대해 들어서 알고 있는지 묻는 말이다.

❷ 자신이 들은 내용을 말할 때 I heard (that) ~.라고 하며, it은 the movie, *My Hero*를 가리킨다.

❸ 앞서 언급된 대상에 대해 설명하는 말로, 주격 관계대명사 who가 이끄는 관계대명사절이 a father를 수식하고 있다.

**Q9** 'My Hero'의 내용은 무엇인가요?

## Review-2

교과서 134쪽

G: Did you hear about the new book, *Living in a Foreign Country*?

B: No, I didn't.

G: Look. It's right here. ❶It's about living in New York.

B: Great. I'm really curious about this book.

G: ❷Me, too.

❶ It은 the new book, *Living in a Foreign Country*를 가리키며, 전치사 about의 목적어로 쓰인 living은 '사는 것, 살기'를 뜻하는 동명사이다.

❷ 상대방의 말에 자신도 그렇다며 동조하는 표현으로, 여기서는 I'm really curious about this book, too.를 의미한다.

**Q10** The boy and the girl want to know more about the new book. (T / F)

## Listen and Talk
# 빈칸 채우기

• 주어진 우리말과 일치하도록 교과서 대화문을 완성하시오.

### Listen and Talk A-1

B: _____ _____ _____ _____ the first spaceship that went into space?

G: No, I didn't. I'm _____ _____ it.

B: This is a poster of the _____.

G: Really? I want to buy it.

교과서 120쪽

B: 우주로 간 첫 번째 우주선에 대해 들었니?

G: 아니, 못 들었어. 난 그게 뭔지 궁금해.

B: 이것이 그 우주선의 포스터야.

G: 정말? 그것을 사고 싶다.

### Listen and Talk A-2

G: _____ _____ hear about the new book about Mars?

B: _____, _____ _____. I'm really _____ about Mars.

G: Look. It's _____ _____. It's _____ Mars and its moons.

B: Great. I think I'll buy the book.

교과서 120쪽

G: 화성에 관한 새로 나온 책에 대해 들었니?

B: 아니, 못 들었어. 난 화성에 대해 정말 궁금해.

G: 봐. 바로 여기 있어. 화성과 그것의 위성들에 관한 책이야.

B: 멋지다. 그 책을 사야겠어.

### Listen and Talk A-3

G: Did you _____ _____ the space marathon?

B: No, _____ _____.

G: It's a marathon on a _____ _____. Look at this video.

B: OK. I'm _____ _____ about it.

교과서 120쪽

G: 우주 마라톤에 대해 들었니?

B: 아니, 못 들었어.

G: 그것은 우주 정거장에서 하는 마라톤이야. 이 비디오를 봐.

B: 그럴게. 정말 궁금하다.

### Listen and Talk A-4

G: _____ _____ _____ _____ the new _____ _____?

B: Yes, I did. It's _____ _____ _____ ice cream.

G: Yes, and here it is. It looks good.

B: I'm really _____ _____ the _____.

교과서 120쪽

G: 새로 나온 우주 음식에 대해 들었니?

B: 응, 들었어. 그건 아이스크림의 한 종류야.

G: 맞아, 그리고 여기 있네. 맛있어 보인다.

B: 맛이 어떨지 정말 궁금하다.

## Listen and Talk C

B: Subin, did you _____ about the new movie, _____ on the Moon?

G: No, I didn't.

B: I _____ it's really good.

G: I'm really curious about the movie. _____ _____ _____?

B: _____ _____ a man who is trying to live on the moon.

G: That _____ _____.

B: Look. The movie _____ _____ at the Space Theater here.

G: What time is the movie?

B: It _____ at 2:30.

G: Let's _____ _____ _____ and then see the movie.

B: OK. I'm hungry. Let's go!

## Talk and Play

A: _____ _____ _____ about the new dessert, Strawberry Bubbles?

B: No, I didn't, but I'm _____ _____ _____.

A: It is a soft drink.

## Review-1

G: Tony, did you hear _____ _____ _____, *My Hero*?

B: No, I didn't.

G: Well, _____ _____ _____ _____ _____.

B: _____ _____ _____ about the movie. What's it about?

G: It's _____ _____ _____ who saves his son.

## Review-2

G: _____ _____ _____ _____ the new book, *Living in a Foreign Country*?

B: No, I didn't.

G: Look. It's right here. _____ _____ _____ in New York.

B: Great. _____ _____ _____ _____ this book.

G: Me, too.

교과서 121쪽

B: 수빈아, '달에서의 삶'이라는 새로 나온 영화에 대해 들었니?

G: 아니, 못 들었어.

B: 나는 굉장히 좋다고 들었어.

G: 그 영화가 정말 궁금하네. 무엇에 관한 거니?

B: 달에서 살기 위해 노력하는 한 남자에 관한 것이야.

G: 그거 재미있겠다.

B: 봐. 그 영화가 여기 우주 극장에서 상영 중이야.

G: 영화가 몇 시에 상영되니?

B: 2시 30분에 시작해.

G: 우선 점심부터 먹고 나서 영화를 보자.

B: 그래. 배고프다. 가자!

교과서 122쪽

A: 새로 나온 후식인 Strawberry Bubbles에 대해 들었니?

B: 아니, 못 들었어. 그런데 그게 뭔지 궁금해.

A: 그것은 청량음료야.

교과서 134쪽

G: Tony, 'My Hero'라는 영화에 대해 들었니?

B: 아니, 못 들었어.

G: 음, 나는 정말 좋다고 들었어.

B: 그 영화에 대해 정말 궁금하다. 무엇에 관한 것이니?

G: 아들을 구하는 한 아버지에 관한 영화야.

교과서 134쪽

G: '외국에서 살기'라는 새로 나온 책에 대해 들었니?

B: 아니, 못 들었어.

G: 봐. 바로 여기 있어. 뉴욕에서 사는 것에 관한 책이야.

B: 멋지다. 이 책에 대해 정말 궁금해.

G: 나도 그래.

## Listen and Talk
# 대화 순서 배열하기

## 1 Listen and Talk A-1

교과서 120쪽

ⓐ No, I didn't. I'm curious about it.
ⓑ Really? I want to buy it.
ⓒ Did you hear about the first spaceship that went into space?
ⓓ This is a poster of the spaceship.

(　　) – (　　) – (　　) – (　　)

## 2 Listen and Talk A-2

교과서 120쪽

ⓐ Look. It's right here. It's about Mars and its moons.
ⓑ No, I didn't. I'm really curious about Mars.
ⓒ Great. I think I'll buy the book.
ⓓ Did you hear about the new book about Mars?

(　　) – (　　) – ⓐ – (　　)

## 3 Listen and Talk A-3

교과서 120쪽

ⓐ OK. I'm really curious about it.
ⓑ No, I didn't.
ⓒ Did you hear about the space marathon?
ⓓ It's a marathon on a space station. Look at this video.

(　　) – (　　) – (　　) – (　　)

## 4 Listen and Talk A-4

교과서 120쪽

ⓐ Yes, and here it is. It looks good.
ⓑ Did you hear about the new space food?
ⓒ Yes, I did. It's a type of ice cream.
ⓓ I'm really curious about the taste.

(　　) – (　　) – ⓐ – (　　)

## 5 Listen and Talk C

교과서 121쪽

**A:** Subin, did you hear about the new movie, *Life on the Moon*?
ⓐ It begins at 2:30.
ⓑ What time is the movie?
ⓒ That sounds interesting.
ⓓ No, I didn't.
ⓔ Let's eat lunch first and then see the movie.
ⓕ OK. I'm hungry. Let's go!
ⓖ I'm really curious about the movie. What's it about?
ⓗ Look. The movie is playing at the Space Theater here.
ⓘ I heard it's really good.
ⓙ It's about a man who is trying to live on the moon.

A – (      ) – (      ) – ⓖ – (      ) – (      ) – ⓗ – (      ) – (      ) – (      ) – ⓕ

## 6 Talk and Play

교과서 122쪽

ⓐ No, I didn't, but I'm curious about it.
ⓑ Did you hear about the new dessert, Strawberry Bubbles?
ⓒ It is a soft drink.

(      ) – (      ) – (      )

## 7 Review-1

교과서 134쪽

ⓐ I'm really curious about the movie. What's it about?
ⓑ Well, I heard it's really good.
ⓒ It's about a father who saves his son.
ⓓ Tony, did you hear about the movie, *My Hero*?
ⓔ No, I didn't.

(      ) – (      ) – ⓑ – (      ) – (      )

## 8 Review-2

교과서 134쪽

ⓐ Look. It's right here. It's about living in New York.
ⓑ Great. I'm really curious about this book.
ⓒ No, I didn't.
ⓓ Me, too.
ⓔ Did you hear about the new book, *Living in a Foreign Country*?

(      ) – (      ) – ⓐ – (      ) – (      )

STEP A

**[01~02]** 다음 대화의 빈칸에 들어갈 말로 알맞은 것을 고르시오.

**01**
A: Did you hear about the TV show?
B: _____ It's a show about training pets.

① Yes, it was.　　② Yes, I did.
③ No, I didn't.　　④ No, I haven't.
⑤ Of course not.

**02**
A: Did you hear about the new movie, *My Hero*?
B: No, I didn't, but _____.
A: It's about a father who saves his son.

① I'm curious about it
② I like the movie a lot
③ I watched it yesterday
④ I didn't like the movie that much
⑤ I think the movie is a little boring

**03** 다음 대화의 빈칸에 들어갈 말로 알맞지 <u>않은</u> 것은?

A: _____
B: No, but I'd like to know about it.
A: It's a baseball game. You can choose a player who you like and play.

① Are you aware of the new game?
② Did you hear about the new game?
③ Do you know about the new game?
④ Have you heard about the new game?
⑤ Do you want to know more about the new game?

**04** 자연스러운 대화가 되도록 (A)~(D)를 바르게 배열한 것은?

(A) Really? I want to buy it.
(B) Did you hear about the first spaceship that went into space?
(C) This is a poster of the spaceship.
(D) No, I didn't. I'm curious about it.

① (A) – (B) – (C) – (D)　　② (A) – (C) – (B) – (D)
③ (B) – (A) – (C) – (D)　　④ (B) – (D) – (C) – (A)
⑤ (C) – (D) – (B) – (A)

**05** 다음 대화의 밑줄 친 ⓐ~ⓓ 중 흐름상 어색한 것은?

A: Did you hear about the new space food?
B: ⓐ<u>No, I didn't.</u> It's a type of ice cream.
A: ⓑ<u>Yes, and here it is.</u> It looks good.
B: ⓒ<u>I'm really curious about the taste.</u>
A: Me, too. ⓓ<u>I want to try some.</u>

① 없음　　② ⓐ　　③ ⓑ　　④ ⓒ　　⑤ ⓓ

**06** 다음 대화를 읽고 답할 수 <u>없는</u> 질문은?

Girl: Did you hear about the new book about Mars?
Boy: No, I didn't. I'm curious about Mars.
Girl: Look. It's right here. It's about Mars and its moons.
Boy: Great. I think I'll buy the book.

① Did the boy know about the new book?
② What is the title of the new book?
③ What is the boy curious about?
④ What is the new book about?
⑤ What is the boy going to buy?

**[07~09]** 다음 대화를 읽고, 물음에 답하시오.

A: Subin, did you hear about the new movie, *Life on the Moon*?
B: No, I didn't. ( ① )
A: I heard it's really good.
B: ⓐI'm really curious about the movie. ( ② )
A: It's about a man who is trying to live on the moon.
B: That sounds interesting. ( ③ )
A: Look. The movie is playing at the Space Theater here. ( ④ )
B: What time is the movie?
A: It begins at 2:30. ( ⑤ )
B: Let's eat lunch first and then see the movie.
A: OK. I'm hungry. Let's go!

**07** 위 대화의 ①~⑤ 중 주어진 문장이 들어갈 위치로 알맞은 것은?

What's it about?

① ② ③ ④ ⑤

**08** 위 대화의 밑줄 친 문장 ⓐ와 바꿔 쓸 수 있는 것은?

① I want to be a movie star.
② I'm not interested in the movie.
③ I don't want to watch the movie.
④ I'd like to know more about the movie.
⑤ I've never heard about the movie before.

**09** 위 대화의 내용과 일치하지 <u>않는</u> 것은?

① 새로 나온 영화의 제목은 'Life on the Moon'이다.
② 새로 나온 영화는 달에서 살기 위해 노력하는 한 남자에 관한 내용이다.
③ 영화의 상영 장소는 우주 극장이다.
④ 영화의 시작 시각은 2시 30분이다.
⑤ 두 사람은 영화를 본 후 점심을 먹을 것이다.

서술형

**10** 다음 괄호 안의 말을 바르게 배열하여 대화를 완성하시오.

A: _____,
Strawberry Bubbles?
(you, about, did, the new dessert, hear)
B: Yes, I did.

고난도

**11** 다음 대화의 빈칸에 들어갈 말을 괄호 안의 지시대로 쓰시오.

A: (1) _____,
(새로 나온 책에 대해 알고 있는지 묻기)
*Living in a Foreign Country*?
B: No, I didn't.
A: Look. It's right here. It's about living in New York.
B: Great. (2) _____
(궁금증 표현하기)
A: Me, too.

**12** 다음 대화를 읽고, 주어진 질문에 대한 답을 완전한 영어 문장으로 쓰시오.

A: Did you hear about the space marathon?
B: No, I didn't.
A: It's a marathon on a space station. Look at this video.
B: OK. I'm really curious about it.

Q: What are the speakers talking about?
A: _____

## Grammar
# 핵심 노트

## 1 현재완료

| | | |
|---|---|---|
| 읽기 본문 | I've never **seen** a blue sky. 경험 | 나는 한 번도 파란 하늘을 본 적이 없다. |
| 대표 예문 | I've **known** him since I was a child. 계속 | 나는 어릴 때부터 그를 알고 지내 왔다. |
| | I **have** just **finished** my homework. 완료 | 나는 숙제를 막 끝냈다. |
| | Jane **has** never **been** to London. 경험 | Jane은 런던에 가 본 적이 전혀 없다. |
| | **Have** you ever **seen** the movie before? 경험 | 너는 전에 그 영화를 본 적이 있니? |

### (1) 형태

| 평서문 | have/has+과거분사 |
|---|---|
| 부정문 | have/has+not/never+과거분사 |
| 의문문 | (의문사+)Have/Has+주어+과거분사 ~? |

### (2) 쓰임: 과거의 일이 현재까지 영향을 미치거나 관련이 있을 때 사용한다.

(1) 경험: 과거부터 현재까지 경험 여부를 나타낸다.

  I **have** never **seen** a whale. (나는 고래를 본 적이 없다.)

(2) 계속: 과거의 일이 현재까지 지속됨을 나타낸다.

  He **has lived** in Toronto since last year. (그는 작년부터 토론토에서 살고 있다.)

(3) 완료: 과거에 시작된 일이 현재 완료되었음을 나타낸다.

  Andy **has** already **done** his homework. (Andy는 이미 숙제를 끝냈다.)

(4) 결과: 과거에 일어난 일이 현재까지 영향을 미침을 나타낸다.

  I **have left** my phone on the bus. (나는 버스에 전화기를 두고 내렸다.)

**시험 포인트 ❶** point

현재완료의 쓰임을 구분하는 문제가 자주 출제되므로, 현재완료를 사용한 문장이 어떤 의미로 쓰이고 있는지 구분할 수 있도록 연습한다.

**현재완료와 자주 쓰이는 표현**
· 경험: ever, never, once 등
· 계속: 「for+기간」, 「since+시점」
· 완료: just, already, yet 등

**시험 포인트 ❷** point

현재완료는 명백한 과거를 나타내는 표현(ago, yesterday, last night, when 등)과 함께 쓰지 않는 것에 유의한다.

I've lost my bag *yesterday*. (×)
I **lost** my bag yesterday. (○)
(나는 어제 가방을 잃어버렸다.)

### 한 단계 더!

have been to는 '~에 가 본 적이 있다'라는 경험의 의미를 나타내고, have gone to는 '~에 가서 (현재) 여기 없다'라는 결과의 의미를 나타낸다.

I**'ve been to** Australia. (나는 호주에 가 본 적이 있다.)
She **has gone to** France. (그녀는 프랑스로 가 버렸다.)

### QUICK CHECK

**1** 다음 괄호 안에서 알맞은 것을 고르시오.

  (1) I haven't ( eaten / eating ) lunch yet.

  (2) I've ( felt never / never felt ) the wind.

  (3) ( Did / Have ) you ever rolled down a hill?

**2** 다음 괄호 안의 단어와 현재완료를 사용하여 빈칸에 알맞은 말을 쓰시오.

  (1) _____ you ever _____ to Europe? (be)

  (2) I _____ _____ my pencil, so I'm looking for it. (lose)

  (3) Harry isn't here. He _____ _____ to New Mexico. (go)

## 2 It ~ to부정사

읽기 본문 **It**'s difficult **to walk on Earth**.
　　　　가주어　　　　　　　진주어

지구에서 걷는 것은 어렵다.

대표 예문 **It**'s hard **to fix a bike**.

자전거를 고치는 것은 어렵다.

**It**'s good **to eat a lot of vegetables**.

채소를 많이 먹는 것은 좋다.

**It**'s nice **to take a walk in the park**.

공원에서 산책하는 것은 좋다.

**It** was exciting **to think about all the new things**.

그 모든 새로운 것들에 대해 생각하는 것은 흥미진진했다.

문장의 주어 자리에 to부정사(구)가 올 경우, 주로 to부정사(구)를 뒤로 보내고 주어 자리에 It을 쓴다. 이때 It을 가주어, to부정사(구)를 진주어라고 한다. 가주어 It은 특별한 뜻이 없으므로 해석하지 않는다.

To play the piano well is very difficult. (피아노를 잘 치는 것은 매우 어렵다.)

→ **It** is very difficult **to play the piano well**.
　 가주어　　　　　　　　　　진주어

**It** is a good idea **to play the guitar at the party**.

(파티에서 기타를 치는 것은 좋은 생각이다.)

**It** is impossible **to build the bridge within three months**.

(3개월 내에 다리를 건설하는 것은 불가능하다.)

### 한 단계 더!

to부정사의 행위의 주체를 to부정사의 의미상의 주어라고 한다. to부정사의 의미상의 주어는 대부분은 to부정사 앞에 「for+목적격」의 형태로 쓴다.

**It** is impossible *for you* **to go** there. (네가 그곳에 가는 것은 불가능하다.)

**It** was difficult *for her* **to pass** the exam. (그녀가 그 시험을 통과하는 것은 어려웠다.)

---

### point

**시험 포인트 ❶**

문장의 주어로 쓰인 It의 쓰임을 구분하는 문제가 자주 출제된다. 다음과 같이 다양한 It의 쓰임을 알아 두도록 한다.

- 대명사 it: '그것'이라는 의미로 주어나 목적어 역할로 사용
- 가주어 it: to부정사(구)가 진주어인 문장의 가주어
- 비인칭 주어 it: 날씨, 날짜, 거리, 시간 등을 나타내는 문장의 형식상의 주어로 사용

**It is very cold high up in the Andes Mountains.** 〈비인칭 주어 it〉

▶ 중 1 교과서 5과

### point

**시험 포인트 ❷**

문장에서 주어, 목적어, 보어의 역할을 하는 to부정사의 명사적 용법과 부사의 역할을 하는 부사 용법을 구별하여 알아 두도록 한다.

**To watch** a 4D movie is fun.
〈명사적 용법 – 주어 역할〉

▶ 중 1 교과서 6과

They have to produce a lot of milk **to win** a prize.
〈부사적 용법 – 목적의 의미〉

▶ 중 2 교과서 2과

---

### QUICK CHECK

**1** 다음 괄호 안에서 알맞은 것을 고르시오.

(1) It is dangerous ( play / to play ) with fire.

(2) It is important ( to / for ) read good books.

(3) ( It / That ) is not easy to take care of children.

**2** 다음 문장에서 어법상 틀린 부분을 찾아 바르게 고쳐 쓰시오.

(1) It was easy solve the problem.　　　＿＿＿＿＿＿＿＿ → ＿＿＿＿＿＿＿＿

(2) It is difficult breathes underwater.　　＿＿＿＿＿＿＿＿ → ＿＿＿＿＿＿＿＿

(3) It is very exciting made new friends.　＿＿＿＿＿＿＿＿ → ＿＿＿＿＿＿＿＿

**1** 현재완료

**A** 다음 괄호 안에서 알맞은 것을 고르시오.

1 Jane ( has / have ) been to London.

2 It ( rains / has rained ) since last night.

3 I have just ( finished / finish ) my homework.

4 How long ( did you have studied / have you studied ) English?

**B** 다음 두 문장을 한 문장으로 바꿔 쓸 때, 빈칸에 알맞은 말을 쓰시오.

1 Ben lost his umbrella. He doesn't have it now.

  → Ben _____ _____ his umbrella.

2 I had a toothache a week ago. I still have it.

  → I _____ _____ a toothache for a week.

3 Sam started living in Seoul when he was born. He still lives there.

  → Sam _____ _____ in Seoul since he was born.

4 We first went to Jeju-do three years ago. We went there again last year.

  → We _____ _____ to Jeju-do twice.

**C** 다음 문장의 밑줄 친 부분을 어법상 바르게 고쳐 쓰시오.

1 Tom has <u>visit</u> Thailand four times.      → _____

2 I <u>have passed</u> the exam last month.      → _____

3 She <u>doesn't have</u> told us anything yet.   → _____

4 <u>Did you</u> ever seen a shooting star before? → _____

**D** 주어진 우리말과 의미가 같도록 괄호 안의 말을 바르게 배열하여 문장을 쓰시오.

1 그녀는 아직 저녁을 다 먹지 못했다. (finished, yet, she, her dinner, hasn't)

  → _____

2 나는 어린아이였을 때부터 그를 알고 지냈어. (since, a child, known, was, I've, him, I)

  → _____

3 그는 Alaska에 몇 번 가 봤니? (been to, he, Alaska, how many times, has)

  → _____

## 2 It ~ to부정사

### A 다음 문장을 가주어 It을 사용한 문장으로 바꿔 쓰시오.

1 To fix a bike is hard. → _____

2 To exercise regularly is important. → _____

3 To eat a lot of vegetables is good. → _____

4 To move this rock alone is impossible. → _____

### B 다음 문장에서 어법상 틀린 부분을 찾아 바르게 고쳐 쓰시오.

1 It is exciting travel with friends. _____ → _____

2 It's nice to taking a walk in the park. _____ → _____

3 There was difficult to make new friends. _____ → _____

4 Is this possible to remember all the names? _____ → _____

### C 주어진 우리말과 의미가 같도록 괄호 안의 단어를 사용하여 빈칸에 알맞은 말을 쓰시오.

1 드럼을 치는 것은 재미있다.

→ _____ is fun _____ _____ the drums. (play)

2 공기 없이 사는 것은 불가능하다.

→ _____ is impossible _____ _____ without air. (live)

3 그렇게 빨리 운전하는 것은 위험할 수 있다.

→ _____ can be dangerous _____ _____ so fast. (drive)

4 그가 그 문제를 푸는 것은 쉽다.

→ It is easy _____ _____ _____ _____ the problem. (solve)

### D 주어진 우리말과 의미가 같도록 괄호 안의 말을 바르게 배열하여 문장을 쓰시오.

1 애완동물을 키우는 것은 쉽지 않다.

→ _____

(is, it, a pet, easy, to keep, not)

2 콘서트 표를 사는 것은 어려웠다.

→ _____

(a ticket, was, it, for the concert, to buy, difficult)

3 헬멧 없이 오토바이를 타는 것은 안전하지 않다.

→ _____

(without, a motorcycle, is, to ride, not, it, a helmet, safe)

**[01~02]** 다음 빈칸에 들어갈 말로 알맞은 것을 고르시오.

**01**

I _____ Tom since he was a child.

① know    ② known    ③ will know
④ has known    ⑤ have known

**02**

_____ is really wonderful to travel to other countries.

① This    ② What    ③ It
④ There    ⑤ Where

**03** 다음 빈칸에 들어갈 말로 알맞지 <u>않은</u> 것은?

I have been to Italy _____.

① once       ② twice
③ before      ④ two years ago
⑤ many times

**04** 다음 우리말과 의미가 같도록 할 때, 빈칸에 들어갈 말이 순서대로 바르게 짝지어진 것은?

매일 운동을 하는 것은 어렵다.
→ _____ is hard _____ every day.

① It – exercise    ② It – to exercise
③ This – to exercise    ④ This – exercise
⑤ That – exercising

**05** 다음 중 밑줄 친 부분의 쓰임이 [보기]와 같은 것은?

[보기] He <u>has been</u> ill since last night.

① Julie <u>has left</u> the party.
② They <u>have met</u> each other before.
③ Dad <u>has</u> just <u>arrived</u> at the station.
④ She <u>has</u> already <u>finished</u> her homework.
⑤ I <u>have used</u> this computer for three years.

**06** 다음 중 밑줄 친 **It**의 쓰임이 나머지와 <u>다른</u> 하나는?

① <u>It</u> is fun to play board games.
② <u>It</u> is very hot this summer in Korea.
③ <u>It</u> is exciting to watch action movies.
④ <u>It</u> is dangerous to swim in a deep river.
⑤ <u>It</u> is important to eat breakfast every day.

**07** 다음 중 밑줄 친 부분이 어법상 <u>틀린</u> 것은?

① <u>Have</u> you ever <u>ridden</u> a horse?
② Jessica <u>have lost</u> her passport.
③ I <u>have not checked</u> my email yet.
④ We <u>have played</u> soccer since 2 o'clock.
⑤ The students <u>have learned</u> Chinese for six months.

**08** 다음 우리말을 영어로 바르게 옮긴 것은?

> 외국어를 배우는 것은 쉽지 않다.

① It is not easy learn a foreign language.
② It is not easy to learn a foreign language.
③ It is easy to learn not a foreign language.
④ It is not to learn easy a foreign language.
⑤ It is easy not learning a foreign language.

**09** 다음 중 어법상 틀린 문장은?

① Amy has just finished her project.
② Have you ever eaten Indian food?
③ She has gone to Canada last winter.
④ I have kept my diary since I was seven.
⑤ How long have you lived in this house?

한 단계 ┃ 더!

**10** 다음 두 문장의 의미가 같도록 할 때, 빈칸에 들어갈 말로 알맞은 것은?

> Tina went to London, so she's not here now.
> = Tina _____ to London.

① goes         ② is going         ③ will go
④ has been     ⑤ has gone

**11** 다음 문장에서 어법상 틀린 부분을 바르게 고친 것은?

> This is important to keep an open mind to others.

① This → It             ② to keep → keep
③ open → openly         ④ to → of
⑤ others → other

고난도

**12** 다음 대화의 밑줄 친 ①~⑤ 중 어법상 틀린 것은?

> A: How long ①have you known Minho?
> B: ②For six years. I first ③have met him when I was in elementary school.
> A: ④Were you in the same class?
> B: Yes. We ⑤became best friends then.

**13** 다음 두 문장과 의미가 같도록 한 문장으로 바르게 나타낸 것은?

> I started to study English five years ago. I still study it.

① I studied English five years ago.
② I have studied English for five years.
③ I have studied English since I was five.
④ I haven't studied English for five years.
⑤ I'm going to study English for five years.

고난도

**14** 다음 중 어법상 올바른 문장끼리 짝지어진 것은?

> ⓐ It's hard washes a big dog.
> ⓑ It'll be fun to go camping with us.
> ⓒ The restaurant hasn't opened yet.
> ⓓ Jason has never lied to his parents.
> ⓔ Did you ever seen a rainbow before?

① ⓐ, ⓒ          ② ⓐ, ⓓ          ③ ⓐ, ⓓ, ⓔ
④ ⓑ, ⓒ, ⓓ       ⑤ ⓑ, ⓓ, ⓔ

**15** 다음 우리말과 의미가 같도록 괄호 안의 단어들을 배열할 때, 5번째로 오는 단어는?

> 안전벨트를 매는 것이 필요하다.
> (is, belt, it, a, necessary, wear, to, safety)

① to      ② is      ③ belt
④ wear      ⑤ necessary

한 단계 | 더!
**16** 다음 중 두 문장의 의미가 같지 않은 것은?

① Reading books is interesting.
  = It is interesting to read books.
② She lost her ring, so she doesn't have it.
  = She has lost her ring.
③ To stay at home all day is boring.
  = It is boring to stay at home all day.
④ They went to Jeju-do, so they're not here.
  = They have been to Jeju-do.
⑤ Jiho started living in Busan in 2015, and he still lives there.
  = Jiho has lived in Busan since 2015.

고 | 한 단계 | 더!
**17** 다음 중 어법상 틀린 문장의 개수는?

ⓐ It is important to study history.
ⓑ It was easy for me to solve the puzzles.
ⓒ This is always fun to go to the movies.
ⓓ Have you ever heard this song before?
ⓔ I have finished my homework an hour ago.

① 1개    ② 2개    ③ 3개    ④ 4개    ⑤ 5개

---

**서술형**

**18** 다음 두 문장의 의미가 같도록 빈칸에 알맞은 말을 쓰시오.

> To ride a mountain bike is exciting.
> = _____ is exciting _____.

**19** 다음 두 문장을 한 문장으로 바꿔 쓸 때, 빈칸에 알맞은 말을 쓰시오.

> Joe bought the wallet three years ago. He still has it.
> → Joe _____ _____ _____ _____ for three years.

**20** 다음 대화의 빈칸에 동사 see를 각각 어법상 올바른 형태로 쓰시오.

> **A:** Have you ever (1)_____ the movie, *My Hero*?
> **B:** Yes, I have. I (2) _____ it with my brother last Saturday. It was so sad that I cried a lot.

**21** 다음 문장의 밑줄 친 ⓐ~ⓓ 중 어법상 틀린 것을 찾아 기호를 쓰고, 바르게 고쳐 쓰시오.

> ⓐIt is ⓑgood for your health ⓒeats a lot of ⓓfruit and vegetables.

(     ) → _____

**고 난도**

**22** 다음 우리말과 의미가 같도록 [조건]에 맞게 문장을 쓰시오.

> [조건] 1. 괄호 안의 표현을 사용할 것
>    2. 현재완료 문장으로 쓸 것

(1) 나는 전에 해돋이를 본 적이 전혀 없다.
   (see the sunrise)
   → _____

(2) 너는 기타 연습을 얼마나 오래 했니?
   (practice playing the guitar)
   → _____

(3) 그녀는 10년 동안 이 회사에서 근무해 왔다.
   (work for this company)
   → _____

**23** 다음 그림을 보고, [보기]에 주어진 표현을 사용하여 [예시]와 같이 문장을 완성하시오.

[예시]    (1)

(2)    (3)

> [보기] · travel abroad · ride a roller coaster
>    · do yoga        · watch a baseball game

[예시] It is fun to travel abroad.

(1) It is exciting _____.

(2) It is relaxing _____.

(3) It is thrilling _____.

---

**한 단계 더!**

**24** 다음 [예시]와 같이 두 문장을 한 문장으로 바꿔 쓰시오.

> [예시] The boy lost his watch. He can't find it anywhere.
>    → The boy has lost his watch.

(1) Jason started to be sick two days ago. He's still sick.
   → _____

(2) Ms. Davis went to New York. She's not here anymore.
   → _____

(3) We spent all of our money. We don't have any now.
   → _____

(4) Mina and I became friends when we were children. We are still friends.
   → _____

**25** 다음 표를 보고, [조건]에 맞게 문장을 쓰시오.

|  | good | exciting | difficult |
|---|---|---|---|
| (1) get enough sleep | ✓ |  |  |
| (2) explore new places |  | ✓ |  |
| (3) stand on my hands |  |  | ✓ |
| (4) watch a soccer game |  | ✓ |  |

> [조건] 1. 가주어와 to부정사를 사용할 것
>    2. 현재 시제로 쓸 것

(1) _____

(2) _____

(3) _____

(4) _____

## R Reading
# 만점 노트

■ 주요 문장

STEP A

**최고의 새로운 것**

# The Best New Thing

01 Rada는 먼 우주의 작은 세계에 살았다.

01 Rada lived on a little world, far out in space.

02 그녀는 아빠와 엄마, 그리고 남동생 Jonny와 함께 그곳에 살았다.

02 She lived there with her father, mother, and brother Jonny.
= on a little world, far out in space
=

03 Rada의 아빠와 다른 사람들은 우주선에서 일했다.

03 Rada's father and other people worked on spaceships.
명 우주선

04 Rada와 Jonny만 아이들이었고, 그들은 우주에서 태어났다.

04 Only Rada and Jonny were children, and they were born in space.
부 오직, ~만                              = Rada and Jonny

05 어느 날, 아빠가 Rada와 Jonny에게 "우리는 내일 지구로 돌아갈 거야."라고 말했다.

직접화법 (다른 사람의 말을 그대로 전달)
05 One day, Dad told Rada and Jonny, "We're going back to Earth tomorrow."
(과거의) 어느 날                          현재진행형의 형태로 가까운 미래를 나타냄

06 Rada와 Jonny는 깜짝 놀라 아빠를 바라보았고 그를 향해 둥둥 떠서 갔다.

전 (어떤 방향을) 향하여, ~ 쪽으로 (= toward)
06 Rada and Jonny looked at Dad in surprise [and] floated towards him.
└─────병렬 구조─────┘                    = Dad

07 Rada는 "지구는 어떤 곳인가요?"라고 아빠에게 물었다.

전 ~ 같은
07 Rada asked Dad, "What's it like on Earth?"
= How's it ~? (~은 어떤가요?)

08 "그곳에서는 모든 것이 다르단다.

08 "Everything is different there.
모든 것 (단수 취급)          = on Earth

09 예를 들어, 하늘이 파란색이지."라고 아빠가 대답했다.

09 For example, the sky is blue," answered Dad.
= For instance          인용문 다음에 '~가 말했다'와 같은 말을 쓸 경우
                        → 「동사+주어」의 어순

10 "전 한 번도 파란 하늘을 본 적이 없어요."라고 Jonny가 말했다.

10 "I've never seen a blue sky," said Jonny.
「have never+과거분사」 ~한 적이 전혀 없다 (현재완료 – 경험)

11 "여기는 하늘이 항상 검은색이잖아요."라고 Rada가 말했다.

= in space
11 "The sky is always black here," said Rada.
항상 (빈도부사 – 주로 be동사 뒤에 위치)

12 "그곳에는 어디에나 공기가 있기 때문에 크고 무거운 우주복을 입을 필요가 없단다.

「don't have to+동사원형」 ~할 필요가 없다 (= don't need to)
12 "You don't have to wear your big heavy space suits because there is air everywhere.
부 어디에나                                          이유의 부사절을
                                                  이끄는 접속사
                                                  셀 수 없는 명사

13 또한 지구가 너희를 끌어당기기 때문에 그곳에서는 점프하는 것도 어렵단다."라고 아빠가 말했다.

= on Earth          pull down: 잡아당기다
13 It's also hard to jump there because Earth pulls you down," said Dad.
가주어          진주어                    이어동사(동사+부사)의 목적어가 대명사일
                                        경우 목적어는 동사와 부사 사이에 위치

**178** Lesson 7 Life in Space

14 "What else?" asked Rada.
   휑 그 밖에 다른

14 "그 밖에 또 뭐가 있어요?"라고 Rada가
   물었다.

15 "There are hills, and they are covered with soft green grass.
   휑 언덕      = hills                          휑 잔디, 풀

15 "언덕들이 있는데 부드러운 초록색 잔디로
   뒤덮여 있단다.

16 You can roll down the hills," answered Mom.
   굴러 내려가다

16 언덕을 굴러 내려갈 수도 있어."라고 엄마
   가 대답했다.

17 "Dad, have you ever rolled down a hill?" asked Rada.
   「Have/Has you ever+과거분사 ~?」
   현재완료를 사용해 상대방의 경험을 묻는 말

17 "아빠, 언덕을 굴러 내려가 보신 적 있으세
   요?"라고 Rada가 물었다.

18 "Yes, it's really amazing!" answered Dad.
   언덕을 굴러 내려가는 것

18 "그래, 정말 굉장해!"라고 아빠가 대답했다.

19 Jonny was thirsty, so he opened a milk container and shook it.
   접 그래서 (결과)        병렬 구조        ⌐ shake의 과거형
                                        = a milk
                                        container

19 Jonny는 목이 말라서 우유 용기를 열어
   그것을 흔들었다.

20 The milk floated in the air and formed balls.
                병렬 구조

20 우유가 공중에 떠서 방울을 형성했다.

21 Jonny swallowed the balls.
   동 삼키다

21 Jonny는 그 방울들을 삼켰다.

22 "Jonny, if you drink milk that way on Earth, you'll get wet," said Mom.
   ⌐ (만약) ~라면 (조건)
   조건의 부사절에서는 미래를     우유 용기를 열어 흔들어서      「get+형용사」
   현재시제로 나타냄              우유 방울을 만들어 마시는 방식   ~한 상태가 되다

22 "Jonny, 지구에서 그런 식으로 우유를 마
   시면 너는 젖을 거야."라고 엄마가 말했다.

23 Later that night, Rada and Jonny talked a long time about Earth.
   휑 나중에, 후에

23 그날 밤 늦게, Rada와 Jonny는 지구에
   대해 오랫동안 이야기했다.

24 It was exciting to think about all the new things [they were going to see
   ⌐ 가주어    → 이하가 진주어        「be going to+동사원형」 ~할 것이다 (시제 일치 – 과거)
                                     목적격 관계대명사 생략
   and do].
                선행사              관계대명사절

24 그들이 보고, 하게 될 모든 새로운 것들에
   대해 생각하는 것은 흥미진진했다.

25 There was one new thing [Rada and Jonny really wanted to do].
   선행사              목적격 관계대명사 생략
                      관계대명사절

25 Rada와 Jonny가 정말로 하고 싶은 한
   가지 새로운 것이 있었다.

26 They thought about it all night and didn't tell Mom and Dad about it.
                        = one new thing Rada and Jonny
                          really wanted to do

26 그들은 그것에 대해 밤새 생각했고 엄마와
   아빠에게는 말하지 않았다.

27 It was their secret.
   = One new thing Rada and Jonny really wanted to do

27 그것은 그들의 비밀이었다.

28 The next day, Rada's family got on a spaceship.
                            get on: (교통수단을) 타다

28 다음 날, Rada의 가족은 우주선에 올라
   탔다.

29 "It's going to be a long trip," said Mom.

29 "긴 여행이 될 거야."라고 엄마가 말했다.

30 "That's alright. I'm so excited!" said Rada.
   ⌐ 휑 매우, 정말
   괜찮은          과거분사 형태의 형용사
   (all right의 구어 표현)  (주어가 감정을 느낄 때 사용)

30 "괜찮아요. 정말 신나요!"라고 Rada가 말
   했다.

STEP A

31 우주선이 마침내 착륙했다.

31 The spaceship finally landed.
(부) 마침내 (동) 착륙하다

32 "아빠, 지구에서는 걷는 것이 어려워요."라고 Rada가 말했다.

32 "Dad, it's difficult to walk on Earth," said Rada.
가주어       진주어

33 "그래. 지구가 너를 끌어당기고 있거든."이라고 아빠가 말했다.

33 "I know. Earth is pulling you down," said Dad.

34 Rada와 Jonny는 더 이상 떠다닐 수 없었다.

34 Rada and Jonny couldn't float anymore.
not ~ anymore: 더 이상 ~이 아닌

35 그것이 첫 번째 새로운 것이었다.

35 That was the first new thing.
더 이상 떠다닐 수 없다는 사실 (앞 문장 전체를 가리킴)

36 "저건 무슨 소리죠?"라고 Rada가 물었다.

36 "What's that sound?" asked Rada.
(명) 소리

37 "새가 노래하고 있어."라고 엄마가 말했다.

37 "A bird is singing," said Mom.
현재진행형

38 "저는 새가 노래하는 것을 들어 본 적이 전혀 없어요."라고 Rada가 말했다.

┌ have never+과거분사 (현재완료 – 경험)
38 "I've never heard a bird sing," said Rada.
「지각동사 hear+목적어+목적격 보어(동사원형/-ing)」 ~가 …하는 것을 듣다

39 "그리고 저는 바람을 느껴 본 적도 전혀 없어요."라고 Jonny가 말했다.

39 "And I've never felt the wind," said Jonny.
현재완료 (경험)

40 이러한 것들이 모두 새로운 것들이었다.

40 These were all new things.
새가 노래하는 것을 듣는 것과 바람을 느끼는 것

41 Rada와 Jonny는 가장 가까운 언덕을 뛰어 올라갔다.

41 Rada and Jonny ran up the nearest hill.
near의 최상급

42 꼭대기에서, 그들은 서로를 쳐다보고 웃었다.

42 At the top, they looked at each other and laughed.
―――――병렬 구조―――――

43 그리고 나서 그들은 부드러운 초록 잔디에 누워서 언덕 아래로 굴러 내려갔다.

lie(눕다)의 과거형 (lie-lay-lain)
43 Then they lay down on the soft green grass and rolled down the hill.
―――――병렬 구조―――――

44 그것이 그들의 비밀이었다!

44 That was their secret!
잔디에 누워서 언덕 아래로 굴러 내려가는 것(앞 문장 전체를 가리킴)

45 "이것이 모든 것들 중에서 최고의 새로운 것이에요!"라고 Rada와 Jonny는 외쳤다.

┌ 잔디에 누워서 언덕 아래로 굴러 내려가는 것
45 "This is the best new thing of all!" shouted Rada and Jonny. good의 최상급

46 그리고 그들은 언덕 꼭대기로 다시 뛰어 올라갔다.

46 And they ran up to the top of the hill again.

## Reading

# 빈칸 채우기

• 주어진 우리말과 일치하도록 교과서 본문의 문장을 완성하시오.

**01** Rada lived on a little world, _____ out in space.

**02** She _____ there _____ her father, mother, and brother Jonny.

**03** Rada's father and other people _____ _____ spaceships.

**04** _____ Rada and Jonny were children, and they _____ _____ in space.

**05** One day, Dad told Rada and Jonny, "We're _____ _____ _____ Earth tomorrow."

**06** Rada and Jonny looked at Dad _____ _____ and _____ towards him.

**07** Rada asked Dad, "What's it _____ on Earth?"

**08** "_____ _____ different there.

**09** _____ _____, the sky is blue," answered Dad.

**10** "I've _____ _____ a blue sky," said Jonny.

**11** "The sky _____ _____ black here," said Rada.

**12** "You _____ _____ _____ _____ your big heavy space suits because there is air _____.

**13** It's also hard to jump there because Earth _____ _____ _____," said Dad.

**14** "_____ _____?" asked Rada.

**15** "There are hills, and they _____ _____ _____ soft green grass.

**16** You can _____ _____ the hills," answered Mom.

**17** "Dad, _____ you _____ _____ down a hill?" asked Rada.

**18** "Yes, it's really _____!" answered Dad.

**19** Jonny was _____, so he opened a milk container and _____ it.

**20** The milk floated in the air and _____ balls.

**21** Jonny _____ the balls.

**01** Rada는 먼 우주의 작은 세계에 살았다.

**02** 그녀는 아빠와 엄마, 그리고 남동생 Jonny와 함께 그곳에 살았다.

**03** Rada의 아빠와 다른 사람들은 우주선에서 일했다.

**04** Rada와 Jonny만 아이들이었고, 그들은 우주에서 태어났다.

**05** 어느 날, 아빠가 Rada와 Jonny에게 "우리는 내일 지구로 돌아갈 거야."라고 말했다.

**06** Rada와 Jonny는 깜짝 놀라 아빠를 바라보았고 그를 향해 둥둥 떠서 갔다.

**07** Rada는 "지구는 어떤 곳인가요?"라고 아빠에게 물었다.

**08** "그곳에서는 모든 것이 다르단다.

**09** 예를 들어, 하늘이 파란색이지."라고 아빠가 대답했다.

**10** "전 한 번도 파란 하늘을 본 적이 없어요."라고 Jonny가 말했다.

**11** "여기는 하늘이 항상 검은색이잖아요."라고 Rada가 말했다.

**12** "그곳에는 어디에나 공기가 있기 때문에 크고 무거운 우주복을 입을 필요가 없단다.

**13** 또한 지구가 너희를 끌어당기기 때문에 그곳에서는 점프하는 것도 어렵단다."라고 아빠가 말했다.

**14** "그 밖에 또 뭐가 있어요?"라고 Rada가 물었다.

**15** "언덕들이 있는데 부드러운 초록색 잔디로 뒤덮여 있단다.

**16** 언덕을 굴러 내려갈 수도 있어."라고 엄마가 대답했다.

**17** "아빠, 언덕을 굴러 내려가 보신 적 있으세요?"라고 Rada가 물었다.

**18** "그래, 정말 굉장해!"라고 아빠가 대답했다.

**19** Jonny는 목이 말라서 우유 용기를 열어 그것을 흔들었다.

**20** 우유가 공중에 떠서 방울을 형성했다.

**21** Jonny는 그 방울들을 삼켰다.

**22** "Jonny, _____ you drink milk that way on Earth, you'll _____ _____," said Mom.

**23** _____ that night, Rada and Jonny talked a long time about Earth.

**24** It was exciting _____ _____ about all the new things they _____ _____ _____ _____ and do.

**25** There was one new thing Rada and Jonny really _____ _____ _____.

**26** They thought about it all night and didn't _____ Mom and Dad _____ it.

**27** It was _____ secret.

**28** The next day, Rada's family _____ _____ a spaceship.

**29** "It's _____ _____ _____ a long trip," said Mom.

**30** "That's _____. I'm so _____!" said Rada.

**31** The spaceship _____ _____.

**32** "Dad, it's _____ _____ walk on Earth," said Rada.

**33** "I know. Earth is _____ _____ _____," said Dad.

**34** Rada and Jonny _____ float _____.

**35** That was the first _____ _____.

**36** "What's that _____?" asked Rada.

**37** "A bird _____ _____," said Mom.

**38** "I've never _____ _____ _____ _____," said Rada.

**39** "And _____ _____ _____ the wind," said Jonny.

**40** _____ _____ all new things.

**41** Rada and Jonny ran up _____ _____ _____.

**42** At the top, they looked at _____ _____ and laughed.

**43** Then they _____ _____ on the soft green grass and _____ _____ the hill.

**44** That was their _____!

**45** "This is the _____ new thing of all!" _____ Rada and Jonny.

**46** And they ran up to the _____ _____ _____ _____ again.

**22** "Jonny, 지구에서 그런 식으로 우유를 마시면 너는 젖을 거야."라고 엄마가 말했다.

**23** 그날 밤 늦게, Rada와 Jonny는 지구에 대해 오랫동안 이야기했다.

**24** 그들이 보고, 하게 될 모든 새로운 것들에 대해 생각하는 것은 흥미진진했다.

**25** Rada와 Jonny가 정말로 하고 싶은 한 가지 새로운 것이 있었다.

**26** 그들은 그것에 대해 밤새 생각했고 엄마와 아빠에게는 말하지 않았다.

**27** 그것은 그들의 비밀이었다.

**28** 다음 날, Rada의 가족은 우주선에 올라탔다.

**29** "긴 여행이 될 거야."라고 엄마가 말했다.

**30** "괜찮아요. 정말 신나요!"라고 Rada가 말했다.

**31** 우주선이 마침내 착륙했다.

**32** "아빠, 지구에서는 걷는 것이 어려워요."라고 Rada가 말했다.

**33** "그래. 지구가 너를 끌어당기고 있거든."이라고 아빠가 말했다.

**34** Rada와 Jonny는 더 이상 떠다닐 수 없었다.

**35** 그것이 첫 번째 새로운 것이었다.

**36** "저건 무슨 소리죠?"라고 Rada가 물었다.

**37** "새가 노래하고 있어."라고 엄마가 말했다.

**38** "저는 새가 노래하는 것을 들어 본 적이 전혀 없어요."라고 Rada가 말했다.

**39** "그리고 저는 바람을 느껴 본 적도 전혀 없어요."라고 Jonny가 말했다.

**40** 이러한 것들이 모두 새로운 것들이었다.

**41** Rada와 Jonny는 가장 가까운 언덕을 뛰어 올라갔다.

**42** 꼭대기에서, 그들은 서로를 쳐다보고 웃었다.

**43** 그리고 나서 그들은 부드러운 초록 잔디에 누워서 언덕 아래로 굴러 내려갔다.

**44** 그것이 그들의 비밀이었다!

**45** "이것이 모든 것들 중에서 최고의 새로운 것이에요!"라고 Rada와 Jonny는 외쳤다.

**46** 그리고 그들은 언덕 꼭대기로 다시 뛰어 올라갔다.

# 바른 어휘·어법 고르기

**01** Rada lived on a little world, far out ( in / to ) space.

**02** She lived there with her father, mother, ( and / or ) brother Jonny.

**03** Rada's father and ( others / other ) people worked on spaceships.

**04** Only Rada and Jonny were children, and they ( are / were ) born in space.

**05** One day, Dad told Rada and Jonny, "We're going back ( to / at ) Earth tomorrow."

**06** Rada and Jonny looked at Dad in surprise and ( floated / floating ) towards him.

**07** Rada asked Dad, "( What's / Where's ) it like on Earth?"

**08** "Everything ( is / are ) different there.

**09** ( However / For example ), the sky is blue," answered Dad.

**10** "I've never ( seen / saw ) a blue sky," said Jonny.

**11** "The sky ( are / is ) always black here," said Rada.

**12** "You ( have to / don't have to ) wear your big heavy space suits because there is air everywhere.

**13** It's also hard to jump there ( so / because ) Earth pulls you down," said Dad.

**14** "What else?" ( asking / asked ) Rada.

**15** "There are hills, and they are covered ( with / of ) soft green grass.

**16** You can roll ( down / up ) the hills," answered Mom.

**17** "Dad, ( have / did ) you ever rolled down a hill?" asked Rada.

**18** "Yes, it's really ( amazing / amazed )!" answered Dad.

**19** Jonny was thirsty, so he opened a milk container and ( shakes / shook ) it.

**20** The milk floated ( in / of ) the air and formed balls.

**21** Jonny ( swallowing / swallowed ) the balls.

**22** "Jonny, ( if / although ) you drink milk that way on Earth, you'll get wet," said Mom.

**23** ( Later / Lately ) that night, Rada and Jonny talked a long time about Earth.

24 It was exciting ( to think / think ) about all the new things they were going to see and do.

25 There was one new thing Rada and Jonny really wanted ( doing / to do ).

26 They thought about it all night and didn't tell Mom and Dad ( about / of ) it.

27 It was their ( secret / space ).

28 The next day, Rada's family got ( on / up ) a spaceship.

29 "It's going to ( do / be ) a long trip," said Mom.

30 "That's alright. I'm so ( exciting / excited )!" said Rada.

31 The spaceship ( finally / final ) landed.

32 "Dad, ( it's / that's ) difficult to walk on Earth," said Rada.

33 "I know. Earth is pulling ( down you / you down )," said Dad.

34 Rada and Jonny couldn't float ( anymore / no more ).

35 That was the first ( new / same ) thing.

36 "What's that ( sound / sounded )?" asked Rada.

37 "A bird is ( singing / sung )," said Mom.

38 "( I'm / I've ) never heard a bird sing," said Rada.

39 "And I've never ( feel / felt ) the wind," said Jonny.

40 These ( was / were ) all new things.

41 Rada and Jonny ran up the ( nearly / nearest ) hill.

42 At the top, they looked at each other and ( laugh / laughed ).

43 Then they ( lay / lied ) down on the soft green grass and rolled down the hill.

44 That was ( their / theirs ) secret!

45 "This is the best new thing of ( some / all )!" shouted Rada and Jonny.

46 And they ran up to the ( top / bottom ) of the hill again.

# 틀린 문장 고치기

• 밑줄 친 부분이 내용이나 어법상 바르면 ○, 틀리면 ×에 동그라미하고 틀린 부분을 바르게 고쳐 쓰시오.

**01** Rada lived on a little world, <u>far out</u> in space.   ○ ×

**02** She lived there <u>from</u> her father, mother, and brother Jonny.   ○ ×

**03** Rada's father and other people <u>worked on</u> spaceships.   ○ ×

**04** Only Rada and Jonny were children, and they <u>bore</u> in space.   ○ ×

**05** One day, Dad told Rada and Jonny, "We're <u>going back</u> to Earth tomorrow."   ○ ×

**06** Rada and Jonny looked at Dad <u>in surprised</u> and floated towards him.   ○ ×

**07** Rada asked Dad, "What's <u>it like</u> on Earth?"   ○ ×

**08** "<u>Everything are different</u> there.   ○ ×

**09** For example, the sky is blue," <u>answered Dad</u>.   ○ ×

**10** "I've <u>seen never</u> a blue sky," said Jonny.   ○ ×

**11** "The sky <u>is always</u> black here," said Rada.   ○ ×

**12** "You don't have to wear your big heavy space suits because <u>there is air everywhere</u>.   ○ ×

**13** It's also hard <u>jumps</u> there because Earth pulls you down," said Dad.   ○ ×

**14** "<u>Else what?</u>" asked Rada.   ○ ×

**15** "<u>There is</u> hills, and they are covered with soft green grass.   ○ ×

**16** You can <u>roll down</u> the hills," answered Mom.   ○ ×

**17** "Dad, <u>have you ever rolled</u> down a hill?" asked Rada.   ○ ×

**18** "Yes, it's really <u>amazing!</u>" answered Dad.   ○ ×

**19** Jonny was thirsty, <u>but</u> he opened a milk container and shook it.   ○ ×

**20** The milk floated in the air and <u>forms</u> balls.   ○ ×

**21** Jonny <u>swallowed</u> the balls.   ○ ×

**22** "Jonny, if you <u>drink</u> milk that way on Earth, you'll get wet," said Mom.   ○ ×

23  Later that night, Rada and Jonny talked a long time about Earth.  ○ ×

24  This was excited to think about all the new things they were going to see and do.  ○ ×

25  There was one new thing Rada and Jonny really wanted to do.  ○ ×

26  They thought about it all night and didn't tell to Mom and Dad about it.  ○ ×

27  It was their secret.  ○ ×

28  The next day, Rada's family got at a spaceship.  ○ ×

29  "It's going to be a long trip," said Mom.  ○ ×

30  "That's alright. I'm so excited!" said Rada.  ○ ×

31  The spaceship finally landed.  ○ ×

32  "Dad, it's difficult for walk on Earth," said Rada.  ○ ×

33  "I know. Earth is pulled you down," said Dad.  ○ ×

34  Rada and Jonny couldn't float anymore.  ○ ×

35  That was a first new thing.  ○ ×

36  "What's that sound?" asked Rada.  ○ ×

37  "A bird is singing," said Mom.  ○ ×

38  "I've never heard a bird to sing," said Rada.  ○ ×

39  "And I'm never felt the wind," said Jonny.  ○ ×

40  These were all new thing.  ○ ×

41  Rada and Jonny ran up the nearest hill.  ○ ×

42  At the top, they looked at each others and laughed.  ○ ×

43  Then they lay down on the soft green grass and rolling down the hill.  ○ ×

44  That was their secret!  ○ ×

45  "This is the better new thing of all!" shouted Rada and Jonny.  ○ ×

46  And they ran down to the top of the hill again.  ○ ×

# 배열로 문장 완성하기

**1** Rada는 먼 우주의 작은 세계에 살았다. ( on a little world / Rada / in space / far / lived / out )
> 

**2** 그녀는 아빠와 엄마, 그리고 남동생 Jonny와 함께 그곳에 살았다.
( her father / lived / she / brother Jonny / with / mother / and / there )
> 

**3** Rada의 아빠와 다른 사람들은 우주선에서 일했다. ( worked / Rada's father / and / spaceships / other people / on )
> 

**4** Rada와 Jonny만 아이들이었고, 그들은 우주에서 태어났다.
( were / they / and / children / in space / only Rada and Jonny / were born )
> 

**5** 어느 날, 아빠가 Rada와 Jonny에게 "우리는 내일 지구로 돌아갈 거야."라고 말했다.
( told / tomorrow / we're / one day / to Earth / Rada and Jonny / going back / Dad )
> 

**6** Rada와 Jonny는 깜짝 놀라 아빠를 바라보았고 그를 향해 둥둥 떠서 갔다.
( in surprise / towards him / and / Rada and Jonny / Dad / floated / looked at )
> 

**7** Rada는 "지구는 어떤 곳인가요?"라고 아빠에게 물었다. ( asked / Rada / on Earth / Dad / what's it like )
> 

**8** "그곳에서는 모든 것이 다르단다. ( different / is / everything / there )
> 

**9** 예를 들어, 하늘이 파란색이지."라고 아빠가 대답했다. ( Dad / blue / for example / is / answered / the sky )
> 

**10** "전 한 번도 파란 하늘을 본 적이 없어요."라고 Jonny가 말했다. ( a blue sky / said / I've / Jonny / never seen )
> 

**11** "여기는 하늘이 항상 검은색이잖아요."라고 Rada가 말했다. ( black / always / Rada / the sky / here / is / said )
> 

**12** "그곳에는 어디에나 공기가 있기 때문에 크고 무거운 우주복을 입을 필요가 없단다.
( everywhere / your big heavy space suits / there / you / wear / because / is / don't have to / air )
> 

**13** 또한 지구가 너희를 끌어당기기 때문에 그곳에서는 점프하는 것도 어렵단다."라고 아빠가 말했다.
( pulls you down / there / it's / because / said / also hard / Earth / Dad / to jump )
> 

**14** "그 밖에 또 뭐가 있어요?"라고 Rada가 물었다. ( asked / what / Rada / else )
> 

**15** "언덕들이 있는데 부드러운 초록색 잔디로 뒤덮여 있단다.
( they / there are / are covered with / and / soft green grass / hills )
> 

**16** 너희들은 언덕을 굴러 내려갈 수도 있어."라고 엄마가 대답했다.
( roll down / answered / you / can / the hills / Mom )
>

**17** "아빠, 언덕을 굴러 내려가 보신 적 있으세요?"라고 Rada가 물었다.
( rolled down / asked / a hill / Dad / you / have / Rada / ever )

>

**18** "그래, 정말 굉장해!"라고 아빠가 대답했다. ( really / answered / yes / amazing / it's / Dad )

>

**19** Jonny는 목이 말라서 우유 용기를 열어 그것을 흔들었다.
( and / so / a milk container / Jonny / opened / shook it / was / he / thirsty )

>

**20** 우유가 공중에 떠서 방울을 형성했다. ( in the air / the milk / balls / formed / floated / and )

>

**21** Jonny는 그 방울들을 삼켰다. ( swallowed / Jonny / the balls )

>

**22** "Jonny, 지구에서 그런 식으로 우유를 마시면 너는 젖을 거야."라고 엄마가 말했다.
( you'll / milk / on Earth / if / Jonny / drink / said / that way / you / get wet / Mom )

>

**23** 그날 밤 늦게, Rada와 Jonny는 지구에 대해 오랫동안 이야기했다.
( talked / later that night / a long time / Rada and Jonny / Earth / about )

>

**24** 그들이 보고, 하게 될 모든 새로운 것들에 대해 생각하는 것은 흥미진진했다.
( exciting / all the new things / going to see / it / they were / was / and do / to think about )

>

**25** Rada와 Jonny가 정말로 하고 싶은 한 가지 새로운 것이 있었다.
( Rada and Jonny / there / was / to do / one new thing / really wanted )

>

**26** 그들은 그것에 대해 밤새 생각했고 엄마와 아빠에게는 말하지 않았다.
( all night / they / didn't tell / and / about it / Mom and Dad / thought about it )

>

**27** 그것은 그들의 비밀이었다. ( secret / it / their / was )

>

**28** 다음 날, Rada의 가족은 우주선에 올라탔다. ( got on / the next day / a spaceship / Rada's family )

>

**29** "긴 여행이 될 거야."라고 엄마가 말했다. ( a long trip / said / it's / Mom / going to be )

>

**30** "괜찮아요. 정말 신나요!"라고 Rada가 말했다. ( said / so excited / that's / I'm / Rada / alright )

>

**31** 우주선이 마침내 착륙했다. ( finally / the spaceship / landed )

>

**32** "아빠, 지구에서는 걷는 것이 어려워요."라고 Rada가 말했다. ( it's / to walk / Dad / Rada / difficult / on Earth / said )
>

**33** "나도 안단다. 지구가 너를 끌어당기고 있거든."이라고 아빠가 말했다. ( pulling / I know / down / you / is / said / Earth / Dad )
>

**34** Rada와 Jonny는 더 이상 떠다닐 수 없었다. ( float / Rada and Jonny / anymore / couldn't )
>

**35** 그것이 첫 번째 새로운 것이었다. ( the / that / new thing / first / was )
>

**36** "저건 무슨 소리죠?"라고 Rada가 물었다. ( asked / that sound / what's / Rada )
>

**37** "새가 노래하고 있어."라고 엄마가 말했다. ( singing / Mom / is / said / a bird )
>

**38** "저는 새가 노래하는 것을 들어 본 적이 전혀 없어요."라고 Rada가 말했다.
( a bird / Rada / never / said / sing / I've / heard )
>

**39** "그리고 저는 바람을 느껴 본 적도 전혀 없어요."라고 Jonny가 말했다.
( the wind / Jonny / and / never / I've / said / felt )
>

**40** 이러한 것들이 모두 새로운 것들이었다. ( all / these / new things / were )
>

**41** Rada와 Jonny는 가장 가까운 언덕을 뛰어 올라갔다. ( the nearest / Rada and Jonny / hill / ran up )
>

**42** 꼭대기에서, 그들은 서로를 쳐다보고 웃었다. ( and / they / each other / at the top / laughed / looked at )
>

**43** 그리고 나서 그들은 부드러운 초록 잔디에 누워서 언덕 아래로 굴러 내려갔다.
( on the soft green grass / the hill / then / and / lay down / they / rolled down )
>

**44** 그것이 그들의 비밀이었다! ( that / secret / was / their )
>

**45** "이것이 모든 것들 중에서 최고의 새로운 것이에요!"라고 Rada와 Jonny는 외쳤다.
( new thing / this / of all / shouted / the / Rada and Jonny / is / best )
>

**46** 그리고 그들은 언덕 꼭대기로 다시 뛰어 올라갔다. ( again / to the top / and / of the hill / ran up / they )
>

**[01~05] 다음 글을 읽고, 물음에 답하시오.**

Rada lived on a little world, far out in space. She lived there ___ⓐ___ her father, mother, and brother Jonny. Rada's father and other people worked ___ⓑ___ spaceships. Only Rada and Jonny were children, and they (A) bear in space.

One day, Dad told Rada and Jonny, "We're going back to Earth tomorrow."

Rada and Jonny looked at Dad ___ⓒ___ surprise and floated ___ⓓ___ him.

Rada asked Dad, "What's it ___ⓔ___ on Earth?"

"Everything is different there. _____(B)_____, the sky is blue," answered Dad.

"(C) 전 한 번도 파란 하늘을 본 적이 없어요," said Jonny.

"The sky is always black here," said Rada.

**01** 윗글의 빈칸 ⓐ~ⓔ에 들어갈 말로 알맞지 <u>않은</u> 것은?

① ⓐ: with      ② ⓑ: on      ③ ⓒ: of

④ ⓓ: towards      ⑤ ⓔ: like

**02** 윗글의 밑줄 친 (A) bear의 어법상 올바른 형태로 알맞은 것은?

① bore
② born
③ are born
④ were born
⑤ were bearing

**03** 윗글의 흐름상 빈칸 (B)에 들어갈 말로 알맞은 것은?

① However
② Instead
③ Similarly
④ For example
⑤ In contrast

**04** 윗글의 밑줄 친 우리말 (C)를 영어로 바르게 옮긴 것은?

① I can't see a blue sky

② I won't see a blue sky

③ I'd love to see a blue sky

④ I've seen a blue sky once

⑤ I've never seen a blue sky

**05** 윗글의 내용과 일치하지 <u>않는</u> 것은?

① Rada의 아빠는 우주선에서 일한다.

② 우주선에는 Rada와 Jonny 외에 아이들이 많다.

③ Rada와 Jonny는 우주에서 태어났다.

④ Rada의 가족은 내일 지구로 돌아갈 것이다.

⑤ Rada가 살고 있는 곳의 하늘은 항상 검은색이다.

**[06~10] 다음 글을 읽고, 물음에 답하시오.**

"You don't have to wear your big heavy space suits ___ⓐ___ there (A) is / are air everywhere. It's also hard to jump there ___ⓑ___ Earth pulls you down," said Dad.

"What else?" asked Rada.

"There are hills, and they are (B) covered / covering with soft green grass. You can roll down the hills," answered Mom.

"Dad, have you ever (C) roll / rolled down a hill?" asked Rada.

"Yes, it's really amazing!" answered Dad.

Jonny was ___ⓒ___, so he opened a milk container and shook it. The milk floated in the air and formed balls. Jonny swallowed the balls.

"Jonny, if you drink milk that way on Earth, you'll get ___ⓓ___," said Mom.

**06** 윗글의 빈칸 ⓐ와 ⓑ에 공통으로 들어갈 말로 알맞은 것은?

① but          ② until          ③ unless

④ because      ⑤ although

**07** 윗글의 (A)~(C)의 각 네모 안에 주어진 말 중 어법상 올바른 것끼리 짝지어진 것은?

|     | (A)  |     | (B)      |     | (C)    |
| --- | --- | --- | --- | --- | --- |
| ①   | is   | ⋯   | covered  | ⋯   | roll   |
| ②   | is   | ⋯   | covering | ⋯   | roll   |
| ③   | is   | ⋯   | covered  | ⋯   | rolled |
| ④   | are  | ⋯   | covered  | ⋯   | roll   |
| ⑤   | are  | ⋯   | covering | ⋯   | rolled |

**08** 윗글의 빈칸 ⓒ와 ⓓ에 들어갈 말이 순서대로 바르게 짝지어진 것은?

① thirsty – wet          ② hungry – fat

③ sleepy – tired         ④ excited – dirty

⑤ worried – sick

**09** 다음 영영풀이에 해당하는 단어를 윗글에서 찾아 쓰시오.

> something that you keep things in

_____

**10** 윗글의 내용과 일치하도록 할 때, 빈칸에 들어갈 말로 알맞은 것은?

> **Q:** What is Rada's family talking about?
> **A:** They are talking about _____.

① their life in space

② the importance of air

③ how to drink milk in space

④ Mom's childhood memories on Earth

⑤ differences between life in space and life on Earth

**[11~14] 다음 글을 읽고, 물음에 답하시오.**

( ① ) Later that night, Rada and Jonny talked a long time about Earth. (A) It was ___(B)___ to think about all the new things they were going to see and do. ( ② ) There was ⓐone new thing Rada and Jonny really wanted to do. ( ③ ) They thought about ⓑit all night and didn't tell Mom and Dad about ⓒit. ( ④ ) It was ⓓtheir secret.

( ⑤ ) "It's going to be ⓔa long trip," said Mom. "That's alright. I'm so ___(C)___ !" said Rada.

**11** 윗글의 ①~⑤ 중 주어진 문장이 들어갈 위치로 알맞은 것은?

> The next day, Rada's family got on a spaceship.

①     ②     ③     ④     ⑤

**12** 윗글의 밑줄 친 (A) It과 쓰임이 다른 것은?

① It is important to make plans.

② It is not safe to go there alone.

③ It is not far from here to my house.

④ It is fun to go camping with friends.

⑤ It can be dangerous to swim there.

STEP
A

**13** 윗글의 빈칸 (B)와 (C)에 들어갈 excite의 올바른 형태가 순서대로 짝지어진 것은?

① excites – excite
② excited – excited
③ exciting – excites
④ excited – exciting
⑤ exciting – excited

**14** 윗글의 밑줄 친 ⓐ~ⓔ 중 가리키는 내용이 나머지와 다른 하나는?

① ⓐ　　② ⓑ　　③ ⓒ　　④ ⓓ　　⑤ ⓔ

**15** 윗글의 밑줄 친 ⓐ~ⓔ의 우리말 의미가 알맞지 않은 것은?

① ⓐ: 착륙했다
② ⓑ: 너희들을 끌어내리고 있는
③ ⓒ: 각자 따로
④ ⓓ: 드러누웠다
⑤ ⓔ: ~로 뛰어 올라갔다

**16** 윗글의 밑줄 친 ①~⑤ 중 어법상 틀린 것은?

①　　　②　　　③　　　④　　　⑤

**[15~18]** 다음 글을 읽고, 물음에 답하시오.

The spaceship finally ⓐlanded.
"Dad, it's difficult ①to walk on Earth," said Rada.
"I know. Earth is ⓑpulling you down," said Dad.
Rada and Jonny couldn't float anymore. That was (A)the first new thing.
"What's that sound?" asked Rada.
"A bird ②is singing," said Mom.
"I've never heard a bird ③to sing," said Rada.
"And I've never ④felt the wind," said Jonny.
These were all new things.
Rada and Jonny ran up the nearest hill. At the top, they looked at ⓒeach other and laughed. Then they ⓓlay down on the soft green grass and rolled down the hill. That was their secret!
"This is ⑤the best new thing of all!" shouted Rada and Jonny. And they ⓔran up to the top of the hill again.

**17** 윗글의 밑줄 친 (A)the first new thing이 가리키는 것은?

① 언덕을 뛰어 올라가는 것
② 공중에 떠다닐 수 없는 것
③ 바람이 부는 것을 느끼는 것
④ 언덕에서 굴러서 내려오는 것
⑤ 새가 노래하는 소리를 듣는 것

고
난도
**18** 윗글을 읽고 답할 수 없는 질문은?

① How long did it take to go to Earth?
② What couldn't Rada and Jonny do on Earth?
③ What sound did Rada hear on Earth?
④ What did Rada and Jonny do on the hill?
⑤ What was the best new thing to Rada and Jonny?

**[19~21]** 다음 글을 읽고, 물음에 답하시오.

Rada lived on a little world, far out in space. She lived there with her father, mother, and brother Jonny. Rada's father and other people worked on spaceships. Only Rada and Jonny were children, and they were born in space.

One day, Dad told Rada and Jonny, "We're going back to Earth tomorrow."

Rada and Jonny looked at Dad in surprise and floated towards him.

Rada asked Dad, "(A)지구는 어떤 곳인가요?"

"Everything is different there. For example, the sky is blue," answered Dad.

"I've never ⓐsee a blue sky," said Jonny.

"The sky is always black here," said Rada.

"You don't have to wear your big heavy space suits because there is air everywhere. It's also hard ⓑjump there because Earth pulls you down," said Dad.

**19** 윗글의 밑줄 친 우리말 (A)와 의미가 같도록 주어진 단어들을 바르게 배열하시오.

→ _____

(on, it, what's, Earth, like)

**20** 윗글의 밑줄 친 ⓐsee와 ⓑjump를 각각 어법상 올바른 형태로 쓰시오.

ⓐ _____

ⓑ _____

**21** 윗글의 내용과 일치하도록 주어진 질문에 대한 답을 완성하시오.

(1) What is Rada's family going to do tomorrow?

→ They are _____.

(2) Why don't Rada and Jonny have to wear space suits on Earth?

→ It's because _____.

**[22~23]** 다음 글을 읽고, 물음에 답하시오.

"What else?" asked Rada.

"There are hills, and they are covered with soft green grass. You can roll down the hills," answered Mom.

"Dad, _____ ⓐ _____?" asked Rada.

"Yes, it's really amazing!" answered Dad.

Jonny was thirsty, so he opened a milk container and shook it. The milk floated in the air and formed balls. Jonny swallowed the balls.

"Jonny, if you drink milk ⓑthat way on Earth, you'll get wet," said Mom.

**22** 윗글의 빈칸 ⓐ에 알맞은 말을 괄호 안의 말을 배열하여 쓰시오.

→ Dad, _____?

(you, have, a hill, rolled, down, ever)

**23** 윗글의 밑줄 친 ⓑthat way가 가리키는 것을 우리말로 쓰시오.

→ _____

**24** 다음 글의 내용과 일치하도록 주어진 문장에서 틀린 부분을 찾아 바르게 고쳐 쓰시오.

Later that night, Rada and Jonny talked a long time about Earth. It was exciting to think about all the new things they were going to see and do. There was one new thing Rada and Jonny really wanted to do. They thought about it all night and didn't tell Mom and Dad about it. It was their secret.

(1) Rada and Jonny were excited to talk about space.

_____ → _____

(2) Rada and Jonny told their parents one new thing that they really wanted to do.

_____ → _____

### Listen and Talk D

교과서 121쪽

❶Did you hear about the new book, *Dave's Adventures*? This book is about Dave and his adventures in the woods. The ❷main characters are Dave and a big bear. The story is fun. ❸Are you curious about the book? ❹Then you should read it!

'Dave의 모험'이라는 새로 나온 책에 대해 들었나요? 이 책은 Dave와 그의 숲속 모험에 관한 것입니다. 주인공은 Dave와 큰 곰이에요. 이야기가 재미있죠. 그 책에 대해 궁금한가요? 그러면 그것을 꼭 읽어 봐야 해요!

❶ Did you hear about ~?은 새로운 정보에 대해 알고 있는지 묻는 표현이다.
❷ main character: 주인공
❸ Are you curious about ~?은 상대방이 어떤 대상에 대해 궁금하거나 더 알고 싶은지 물을 때 사용하는 표현이다.
❹ 「You should+동사원형 ~.」은 '너는 ~하는 게 좋겠어.'라는 뜻으로, 상대방에게 조언이나 당부하는 표현이다.

### After You Read A

교과서 128쪽

Rada's family lived in space. ❶One day, they ❷decided to go back to Earth. Rada's family talked about life on Earth. They talked about the blue sky and ❸hills which are covered with green grass. The next day, Rada's family ❹got on a spaceship. It was a long trip to Earth. ❺When they arrived on Earth, Rada and Jonny ran up the nearest hill and ❻rolled down it. That was the best new thing to them.

Rada의 가족은 우주에서 살았다. 어느 날, 그들은 지구로 돌아가기로 결정했다. Rada의 가족은 지구에서의 생활에 대해 이야기했다. 그들은 파란 하늘과 초록색 잔디로 뒤덮인 언덕에 대해 이야기했다. 다음 날, Rada의 가족은 우주선에 올라탔다. 그것은 지구로 가는 긴 여행이었다. 그들이 지구에 도착했을 때, Rada와 Jonny는 가장 가까운 언덕을 뛰어 올라가 아래로 굴러 내려갔다. 그것이 그들에게 최고의 새로운 것이었다.

❶ one day: (과거의) 어느 날
❷ decide는 to부정사를 목적어로 쓰는 동사이다.
❸ 주격 관계대명사 which가 이끄는 관계대명사절이 선행사 hills를 수식하고 있다.
❹ get on: (탈것에) 타다, 탑승하다
❺ when은 '~할 때'라는 의미로, 시간의 부사절을 이끄는 접속사로 쓰였다.
❻ roll down은 '아래로 구르다'라는 의미이고, it은 the nearest hill을 가리킨다.

### Around the World

교과서 129쪽

• 1957 – Russia sent the first dog into space. ❶It was small, and its name was Laika.
• 1961 – Yuri Gagarin went into space ❷for the first time.
• 1969 – The USA ❸sent the first human to the moon. His name was Neil Armstrong.
• 1971 – Russia built the first space station. ❹It flew around the Earth almost 3,000 times.

• 1957년 – 러시아가 우주에 최초의 개를 보냈다. 그것은 몸집이 작았고, 이름은 Laika였다.
• 1961년 – Yuri Gagarin이 최초로 우주에 갔다.
• 1969년 – 미국은 달에 최초의 인간을 보냈다. 그의 이름은 Neil Armstrong이었다.
• 1971년 – 러시아가 최초의 우주 정거장을 건설하였다. 그것은 거의 3천 번 지구 주변을 돌았다.

❶ 앞 문장의 the first dog which was sent into space를 가리킨다.
❷ for the first time: 처음으로
❸ send A to B: A를 B로 보내다
❹ around는 '둘레에, 주위에'라는 뜻의 전치사로 쓰였고, 「숫자+time(s)」은 횟수를 나타내어 '~ 번'이라는 의미이다.

# 실전 TEST

## [01~02] 다음 글을 읽고, 물음에 답하시오.

Did you _____ⓐ_____ about (A) the new book, *Dave's Adventures*? This book is about Dave and his adventures in the woods. The main characters are Dave and a big bear. The story is fun. Are you _____ⓑ_____ about the book? Then you should read it!

### 01 윗글의 빈칸 ⓐ와 ⓑ에 들어갈 말이 순서대로 바르게 짝지어진 것은?

① hear – tired
② aware – worried
③ hear – worried
④ aware – curious
⑤ hear – curious

### 02 윗글의 밑줄 친 (A) the new book에 대한 설명으로 알맞지 <u>않은</u> 것은?

① Its title is *Dave's Adventures*.
② It's about Dave who has adventures in the woods.
③ Dave and a bear are the main characters.
④ The writer thinks it is interesting but scary.
⑤ The writer recommends it to others.

## [03~05] 다음 글을 읽고, 물음에 답하시오.

Rada's family lived ⓐ<u>in</u> space. ( ① ) One day, they decided to go back to Earth. Rada's family talked about life on Earth. ( ② ) They talked about the blue sky and hills ⓑ<u>who</u> are covered ⓒ<u>with</u> green grass. ( ③ ) The next day, Rada's family got on a spaceship. ( ④ ) ⓓ<u>When</u> they arrived on Earth, Rada and Jonny ran up ⓔ<u>the nearest</u> hill and rolled down it. ( ⑤ ) That was the best new thing to them.

### 03 윗글의 ①~⑤ 중 주어진 문장이 들어갈 위치로 알맞은 것은?

It was a long trip to Earth.

①        ②        ③        ④        ⑤

### 04 윗글의 밑줄 친 ⓐ~ⓔ 중 어법상 <u>틀린</u> 것은?

① ⓐ        ② ⓑ        ③ ⓒ        ④ ⓓ        ⑤ ⓔ

### 05 윗글의 내용과 일치하도록 빈칸에 알맞은 말을 쓰시오.

_____ _____ _____ _____ to Rada and Jonny was to roll down the hill.

### 06 다음 글의 제목으로 가장 알맞은 것은?

- 1957 – Russia sent the first dog into space. It was small, and its name was Laika.
- 1961 – Yuri Gagarin went into space for the first time.
- 1969 – The USA sent the first human to the moon. His name was Neil Armstrong.
- 1971 – Russia built the first space station. It flew around the Earth almost 3,000 times.

① The Creation of Space
② The Exploration of the Moon
③ History of Space Exploration
④ The First Man and Animal to Go to the Moon
⑤ Communication Between the Earth and the Moon

## Words

# 고득점 맞기

**01** 다음 영영풀이에 해당하는 단어가 순서대로 바르게 짝지어 진 것은?

> • an area of high land, like a small mountain
> • to turn over and over and move in a particular direction

① hill – roll     ② grass – roll

③ hill – shake     ④ grass – shake

⑤ space – float

**02** Which can replace the underlined part?

> The man waved his hand <u>towards</u> the house.

① along     ② next to

③ forward     ④ backwards

⑤ in the direction of

**03** 다음 중 짝지어진 단어들의 관계가 서로 같지 않은 것은?

① final : finally = real : really

② exciting : boring = dry : wet

③ begin : start = trip : journey

④ safe : dangerous = far : near

⑤ alone : by oneself = land : take off

**04** 다음 빈칸에 들어갈 말이 순서대로 바르게 짝지어진 것은?

> • He was so _____ that he opened the box.
> • I tried to catch the leaves that _____ in the wind.

① excited – saved     ② afraid – formed

③ curious – floated     ④ creative – swallowed

⑤ dangerous – laughed

**05** 다음 빈칸에 공통으로 들어갈 단어를 쓰시오.

> • There is enough _____ for the piano.
> • The movie is about some explorers traveling in _____.

**06** 다음 우리말과 의미가 같도록 빈칸에 알맞은 말을 쓰시오.

> 벽은 다채로운 색의 꽃들로 뒤덮여 있다.

→ The wall _____ _____ _____ colorful flowers.

**07** 다음 ⓐ~ⓓ의 빈칸 중 어느 곳에도 들어갈 수 없는 것은?

> ⓐ The child ran _____ the roller coaster.
> ⓑ It'll be so _____ to watch a soccer game.
> ⓒ I'm very satisfied with the _____ of the food.
> ⓓ My family went on a(n) _____ to Europe last summer.

① space     ② trip     ③ taste

④ towards     ⑤ exciting

**08** 다음 중 단어와 영영풀이가 바르게 연결되지 않은 것은?

① form: to move down onto the ground

② float: to move slowly and gently through the water or the air

③ shake: to move up and down or from side to side quickly

④ curious: wanting to know something or to learn about the world

⑤ space suit: a special piece of clothing that astronauts wear in space

**09** 주어진 영영풀이에 맞게 다음 빈칸에 알맞은 말을 주어진 철자로 시작하여 쓰시오.

> *v.* to make food or drink go down your throat

> Don't s_____ your gum! It can be dangerous.

**10** 다음 중 밑줄 친 단어의 쓰임이 <u>어색한</u> 것은?

① Let's look for our concert tickets <u>first</u>.
② I like fishing. It is <u>exciting</u> to catch fish.
③ There were so many people <u>everywhere</u>.
④ My dream is to travel to <u>foreign</u> countries.
⑤ The last part of the book was so sad that I <u>laughed</u> a lot.

**11** 다음 중 밑줄 친 부분의 우리말 의미가 알맞지 <u>않은</u> 것은?

① Could you <u>pull down</u> the bar? (당겨서 내리다)
② Everyone looked at him <u>in surprise</u>. (놀라서)
③ Dolphins use sound to communicate with <u>each other</u>. (계속)
④ Christian Andersen <u>was born</u> on April 2, 1805, in Denmark. (태어났다)
⑤ You should <u>get on</u> the subway after other people get off. (~에 타다)

**12** 다음 영영풀이의 빈칸 ⓐ~ⓔ에 들어갈 단어로 알맞지 <u>않은</u> 것은?

> • space: the area ___ⓐ___ the Earth
> • trip: a ___ⓑ___ to a place that you travel to
> • form: to make something ___ⓒ___ or develop
> • container: something that you ___ⓓ___ things in
> • laugh: to make a sound with your voice because you think something is ___ⓔ___

① ⓐ: inside
② ⓑ: visit
③ ⓒ: exist
④ ⓓ: keep
⑤ ⓔ: funny

**13** 다음 중 밑줄 친 부분과 바꿔 쓸 수 <u>없는</u> 것은?

① Have you ever <u>got on</u> a Tayo bus?
　(= taken)
② James decided to <u>go back to</u> New Zealand.
　(= return to)
③ What <u>type</u> of camera do you want to buy?
　(= kind)
④ It was almost midnight when we <u>finally</u> arrived home.　(= lately)
⑤ I need to buy a new bag before the semester <u>begins</u> next week. (= starts)

**14** 다음 빈칸에 들어갈 단어의 영영풀이로 알맞은 것은?

> Can you promise to keep a(n) _____? You shouldn't tell anybody.

① an area of high land, like a small mountain
② a vehicle that can carry people through space
③ a place or vehicle in space where people can stay
④ a common plant with thin, green leaves that cover the ground
⑤ an idea, plan, or information that you do not tell other people about

**15** 다음 중 밑줄 친 단어의 의미가 같은 것끼리 짝지어진 것은?

> ⓐ You can <u>lie</u> on the beach and sunbathe.
> ⓑ Kate is a very honest girl. She never <u>lies</u>.
> ⓒ He always <u>lies</u> to me on April Fool's Day.
> ⓓ Tom likes to <u>lie</u> under the tree after lunch.
> ⓔ We sometimes go to the park and <u>lie</u> down on the grass.

① ⓐ, ⓑ
② ⓐ, ⓒ
③ ⓐ, ⓓ, ⓔ
④ ⓑ, ⓓ
⑤ ⓑ, ⓓ, ⓔ

## Listen and Talk
# 영작하기

• 주어진 우리말 뜻과 일치하도록 교과서 대화문을 완성하시오.

### Listen and Talk A-1

B: _____

G: _____

B: _____

G: _____

교과서 120쪽

**해석**

B: 우주로 간 첫 번째 우주선에 대해 들었니?

G: 아니, 못 들었어. 난 그게 뭔지 궁금해.

B: 이것이 그 우주선의 포스터야.

G: 정말? 그것을 사고 싶다.

### Listen and Talk A-2

G: _____

B: _____

G: _____

B: _____

교과서 120쪽

G: 화성에 관한 새로 나온 책에 대해 들었니?

B: 아니, 못 들었어. 난 화성에 대해 정말 궁금해.

G: 봐. 바로 여기 있어. 화성과 그것의 위성들에 관한 책이야.

B: 멋지다. 그 책을 사야겠어.

### Listen and Talk A-3

G: _____

B: _____

G: _____

B: _____

교과서 120쪽

G: 우주 마라톤에 대해 들었니?

B: 아니, 못 들었어.

G: 그것은 우주 정거장에서 하는 마라톤이야. 이 비디오를 봐.

B: 그럴게. 정말 궁금하다.

### Listen and Talk A-4

G: _____

B: _____

G: _____

B: _____

교과서 120쪽

G: 새로 나온 우주 음식에 대해 들었니?

B: 응, 들었어. 그건 아이스크림의 한 종류야.

G: 맞아, 그리고 여기 있네. 맛있어 보인다.

B: 맛이 어떨지 정말 궁금하다.

## Listen and Talk C

B: _____

G: _____

B: _____

G: _____

B: _____

G: _____

B: _____

G: _____

B: _____

G: _____

B: _____

**해석**  교과서 121쪽

B: 수빈아, '달에서의 삶'이라는 새로 나온 영화에 대해 들었니?

G: 아니, 못 들었어.

B: 나는 굉장히 좋다고 들었어.

G: 그 영화가 정말 궁금하네. 무엇에 관한 거니?

B: 달에서 살기 위해 노력하는 한 남자에 관한 것이야.

G: 그거 재미있겠다.

B: 봐. 그 영화가 여기 우주 극장에서 상영 중이야.

G: 영화가 몇 시에 상영되니?

B: 2시 30분에 시작해.

G: 우선 점심부터 먹고 나서 영화를 보자.

B: 그래. 배고프다. 가자!

## Talk and Play

A: _____

B: _____

A: _____

교과서 122쪽

A: 새로 나온 후식인 Strawberry Bubbles에 대해 들었니?

B: 아니, 못 들었어. 그런데 그게 뭔지 궁금해.

A: 그것은 청량음료야.

## Review-1

G: _____

B: _____

G: _____

B: _____

G: _____

교과서 134쪽

G: Tony, 'My Hero'라는 영화에 대해 들었니?

B: 아니, 못 들었어.

G: 음, 나는 정말 좋다고 들었어.

B: 그 영화에 대해 정말 궁금하다. 무엇에 관한 것이니?

G: 아들을 구하는 한 아버지에 관한 영화야.

## Review-2

G: _____

B: _____

G: _____

B: _____

G: _____

교과서 134쪽

G: '외국에서 살기'라는 새로 나온 책에 대해 들었니?

B: 아니, 못 들었어.

G: 봐. 바로 여기 있어. 뉴욕에서 사는 것에 관한 책이야.

B: 멋지다. 이 책에 대해 정말 궁금해.

G: 나도 그래.

**01** 다음 대화의 빈칸에 들어갈 말로 알맞은 것은?

> A: _____
>
> B: Yes, I did. It's a type of ice cream.
>
> A: Yes, and here it is. It looks good.
>
> B: I'm really curious about the taste.

① How was the new space food?

② Would you like some ice cream?

③ Did you try the new space food?

④ Did you hear about the new space food?

⑤ Have you visited the new ice cream shop?

**02** 다음 대화의 빈칸에 들어갈 말로 알맞지 <u>않은</u> 것은?

> A: Did you hear about the new restaurant?
>
> B: No, I didn't. I'm curious about it.
>
> A: _____

① The staff there are very kind.

② I'd like to cook dinner for you.

③ I heard the food is not that expensive.

④ It serves very fresh and delicious food.

⑤ Their tomato spaghetti tastes pretty good.

**03** Which one is NOT a natural dialog?

① A: Did you hear about the new musical?

   B: Yes. I heard it has great songs.

② A: I'm curious about the book. What's it about?

   B: It's about living in New York.

③ A: Do you know about the new soccer ball?

   B: No, I don't. It's very light and colorful.

④ A: Have you heard of the new TV show?

   B: Yes, I have. Isn't it a show about training pets?

⑤ A: Did you hear about the first animal that went into space?

   B: No, I didn't, but I'm curious about it.

**04** What is the correct order of (A)~(D) to make a natural dialog?

> (A) OK. I'm really curious about it.
>
> (B) No, I didn't.
>
> (C) It's a marathon on a space station. Look at this video.
>
> (D) Did you hear about the space marathon?

① (A) – (C) – (B) – (D)   ② (C) – (A) – (B) – (D)

③ (C) – (D) – (B) – (A)   ④ (D) – (A) – (B) – (C)

⑤ (D) – (B) – (C) – (A)

**[05~06]** 다음 대화를 읽고, 물음에 답하시오.

> Girl: Did you hear about the movie, *My Hero*?
>
> Boy: No, I didn't.
>
> Girl: Well, I heard it's really good.
>
> Boy: ⓐI'm really curious about the movie.
>
> Girl: It's about a father who saves his son.

**05** 윗글의 밑줄 친 ⓐ와 바꿔 쓸 수 있는 것은?

① I think I'll like the movie.

② I'd like to know about the movie.

③ I know the storyline of the movie.

④ I'm going to buy a ticket for the movie.

⑤ I'm looking forward to seeing the movie.

**06** 위 대화의 내용과 일치하는 것은?

① The boy knew about the movie, *My Hero*.

② The boy thinks that *My Hero* is very good.

③ The girl has never heard about the movie, *My Hero*.

④ The boy watched the movie, *My Hero*.

⑤ *My Hero* is a movie about a father who saves his son.

**[07~09] 다음 대화를 읽고, 물음에 답하시오.**

> A: Subin, did you hear about the new movie, *Life on the Moon*?
> B: No, I didn't.
> A: I heard it's really good.
> B: _____ ⓐ _____ What's it about?
> A: It's about a man who is trying to live on the moon.
> B: That sounds interesting.
> A: Look. The movie is playing at the Space Theater here.
> B: What time is the movie?
> A: It begins at 2:30.
> B: Let's eat lunch first and then see the movie.
> A: OK. I'm hungry. Let's go!

**07** 위 대화의 빈칸 ⓐ에 알맞은 말을 [조건]에 맞게 영어로 쓰시오.

> [조건] 1. 궁금증을 나타낼 것
> 2. really, curious, the movie를 사용할 것

→ _____

**08** 다음 글에서 위 대화의 내용과 일치하지 <u>않는</u> 부분을 찾아 바르게 고쳐 쓰시오.

> The movie, *Life on the Moon*, is about a man that comes from the moon. The speakers will watch the movie at the Space Theater at 2:30.

_____ → _____

**09** What are the speakers going to do right after the conversation?

→ _____

**[10~11] 다음 대화를 읽고, 물음에 답하시오.**

> Girl: ⓐ<u>화성에 관한 새로 나온 책에 대해 들었니?</u>
> Boy: No, I didn't. I'm really curious about Mars.
> Girl: Look. It's right here. It's about Mars and its moons.
> Boy: Great. I think I'll buy the book.

**10** 위 대화의 밑줄 친 우리말 ⓐ와 의미가 같도록 문장을 쓰시오. (9단어)

→ _____

**11** 다음 ⓐ~ⓓ 중 위 대화를 읽고 답할 수 있는 질문을 골라 기호를 쓰고, 완전한 영어 문장으로 답하시오.

> ⓐ What is the title of the new book?
> ⓑ Who wrote the new book?
> ⓒ What is the new book about?
> ⓓ How many moons does Mars have?

( _____ ) → _____

**12** 주어진 [조건]에 맞게 다음 대화를 완성하시오.

> [조건] 1. 괄호 안의 단어를 사용할 것
> 2. (2), (3)에는 대명사를 사용할 것

> A: (1) _____,
> *Dave's Adventures*? (hear, book)
> B: No, I didn't. (2) _____? (about)
> A: It's about Dave and his adventures in the woods.
> B: Oh, (3) _____. (curious)

## Grammar
# 고득점 맞기

**01** 다음 대화의 빈칸에 들어갈 말이 순서대로 바르게 짝지어진 것은?

> A: Have you ever _____ to Vietnam?
> B: Yes, I have. I _____ there last year.

① go – went
② go – have been
③ been – went
④ gone – have been
⑤ been – have gone

**02** Which is correct for the blanks in common?

> • _____ is fun to bake cookies.
> • _____ is warm but partly cloudy.
> • _____ has two handles on the top.

① It
② This
③ How
④ What
⑤ There

**03** 다음 두 문장을 한 문장으로 바꿔 쓸 때, 빈칸에 들어갈 말이 순서대로 바르게 짝지어진 것은?

> Daniel started to work as a pilot five years ago. He is still a pilot.
> → Daniel _____ as a pilot _____ five years.

① worked – in
② worked – since
③ will work – for
④ has worked – for
⑤ has worked – since

**04** 다음 우리말과 의미가 같도록 괄호 안의 단어들을 배열할 때, 5번째로 오는 단어는?

> 그 영화를 이해하는 것은 어렵다.
> (movie, to, is, understand, the, it, difficult)

① is
② to
③ difficult
④ movie
⑤ understand

**05** 다음 문장에서 어법상 틀린 부분을 찾아 바르게 고친 것은?

> I've read the book twice. I have bought it last month.

① I've → I'm
② read → been read
③ twice → two
④ have bought → bought
⑤ last month → next month

**06** 다음 우리말을 영어로 바르게 옮긴 것을 모두 고르시오.

> 일찍 일어나는 것은 좋은 습관이다.

① Get up early is a good habit.
② It is a good habit get up early.
③ To get up early is a good habit.
④ It is a good habit to get up early.
⑤ This is a good habit to get up early.

**07** Which underlined part has the same usage as in the example?

> [보기] She has written her novel for two years.

① Have you ever seen a ghost?
② The plane has not arrived yet.
③ Jessica has just finished her lunch.
④ They have never been late for school.
⑤ My brother has worn glasses since he was five years old.

**08** 다음 두 문장을 한 문장으로 바르게 나타낸 것은?

> Drink a lot of water. It's good for your health.

① You are good to drink a lot of water.
② It is for your health drinking a lot of water.
③ It is drinking a lot of water for your health good.
④ It is good for your health to drink a lot of water.
⑤ It is to drink a lot of water good for your health.

**09** 다음 중 어법상 틀린 문장을 모두 고르시오.

① It is important to protect nature.
② It is very easy make French toast.
③ How long have they known each other?
④ He hasn't eaten anything for last night.
⑤ Have you ever tried bungee jumping?

한 단계 더!

**10** 다음 중 두 문장의 의미가 같지 않은 것은?

① It is exciting to go on a vacation.
   = To go on a vacation is exciting.
② Recycling cans and bottles is necessary.
   = It is necessary to recycle cans and bottles.
③ I bought my laptop a year ago, but I didn't use it.
   = I have used my laptop for a year.
④ Miso went to Sydney two days ago, so she isn't here now.
   = Miso has gone to Sydney.
⑤ I forgot the girl's name, and I still don't remember her name.
   = I have forgotten the girl's name.

**11** 다음 중 밑줄 친 **It**의 쓰임이 같은 것끼리 짝지어진 것은?

> ⓐ It is wrong to tell a lie.
> ⓑ It is an interesting musical.
> ⓒ It is dangerous to skate here.
> ⓓ It was difficult to answer the questions.
> ⓔ It is getting warmer and warmer these days.

① ⓐ, ⓔ
② ⓑ, ⓓ
③ ⓒ, ⓔ
④ ⓐ, ⓒ, ⓓ
⑤ ⓑ, ⓒ, ⓔ

한 단계 더!

**12** 다음 중 내용이 의미상 어색한 것은?

① I know Mark. I have met him before.
② I have lost my dog. I can't find him anywhere.
③ My sister has been to New York, so I miss her a lot.
④ He has never eaten Spanish food. He wants to try it sometime.
⑤ The shopping mall hasn't opened yet. It'll open next month.

**13** 다음 중 각 문장에서 어법상 틀린 부분을 잘못 고친 것은?

> ⓐ Did you ever seen a whale?
> ⓑ There is exciting to ride a horse.
> ⓒ I have know her since she was a child.
> ⓓ They have decided on this topic yesterday.
> ⓔ It is very difficult learn a foreign language.

① ⓐ: Did → Have
② ⓑ: There → It
③ ⓒ: know → known
④ ⓓ: have decided → decided
⑤ ⓔ: learn → learned

**14** 다음 괄호 안의 동사를 어법에 맞게 사용하여 대화를 완성하시오.

(1) (swim, go)

A: _____ you ever _____ in the sea?

B: Yes, _____ _____. Actually, I _____ swimming in the sea last weekend.

(2) (play, teach)

A: How long _____ Minji _____ the cello?

B: She _____ _____ the cello _____ ten years. Her mom first _____ her how to play when she was five.

**15** 다음 [A]와 [B]에서 알맞은 말을 하나씩 골라 자신의 생각을 나타내는 문장을 완성하시오.

| A | | B | |
|---|---|---|---|
| | fun | | travel alone |
| | impossible | | read comic books |
| | dangerous | | live without water |

(1) It _____ .

(2) It _____ .

(3) It _____ .

**16** 다음 두 문장을 [조건]에 맞게 한 문장으로 쓰시오.

> [조건] 1. (1), (2)에는 현재완료를 사용할 것
>
> 2. (3)은 가주어 It으로 시작할 것

(1) I left my homework at home. I don't have it now.

→ _____

(2) Mina was born in Seoul. She still lives there.

→ _____

(3) Do some exercise every day. It is necessary.

→ _____

**17** 다음 표를 보고, [예시]와 같이 문장을 쓰시오.

| 경험한 것 | 세호 | 수미 |
|---|---|---|
| [예시] walk along the beach | ○ | × |
| (1) eat Mexican food | ○ | × |
| (2) sing in front of many people | × | ○ |
| (3) open a bank account | × | ○ |
| (4) run a marathon | ○ | × |

[예시] Seho has walked along the beach, but Sumi hasn't.

(1) _____

(2) _____

(3) _____

(4) _____

한 단계 더!

**18** 다음 그림을 보고, 각 사람의 고민을 [예시]와 같이 difficult 와 「It ~ to부정사」 구문을 사용하여 쓰시오.

[예시] It is difficult for me to learn Chinese.

(1) _____

(2) _____

(3) _____

# 영작하기

• 주어진 우리말 뜻과 일치하도록 교과서 본문의 문장을 쓰시오.

**01** _____

Rada는 먼 우주의 작은 세계에 살았다.

**02** _____

그녀는 아빠와 엄마, 그리고 남동생 Jonny와 함께 그곳에 살았다.

**03** _____

Rada의 아빠와 다른 사람들은 우주선에서 일했다.

**04** _____

Rada와 Jonny만 아이들이었고, 그들은 우주에서 태어났다.

**05** _____

어느 날, 아빠가 Rada와 Jonny에게 "우리는 내일 지구로 돌아갈 거야."라고 말했다.

**06** _____

Rada와 Jonny는 깜짝 놀라 아빠를 바라보았고 그를 향해 둥둥 떠서 갔다.

**07** _____

Rada는 "지구는 어떤 곳인가요?"라고 아빠에게 물었다.

**08** _____

"그곳에서는 모든 것이 다르단다.

**09** _____

예를 들어, 하늘이 파란색이지."라고 아빠가 대답했다.

**10** _____

"전 한 번도 파란 하늘을 본 적이 없어요."라고 Jonny가 말했다. ☆

**11** _____

"여기는 하늘이 항상 검은색이잖아요."라고 Rada가 말했다.

**12** _____

"그곳에는 어디에나 공기가 있기 때문에 크고 무거운 우주복을 입을 필요가 없단다.

**13** _____

또한 지구가 너희를 끌어당기기 때문에 그곳에서는 점프하는 것도 어렵단다."라고 아빠가 말했다. ☆

**14** _____

"그 밖에 또 뭐가 있어요?"라고 Rada가 물었다.

**15** _____

"언덕들이 있는데 그것들은 부드러운 초록색 잔디로 뒤덮여 있단다.

**16** _____

너희들은 언덕을 굴러 내려갈 수도 있어."라고 엄마가 대답했다.

**17** _____

"아빠, 언덕을 굴러 내려가 보신 적 있으세요?"라고 Rada가 물었다. ☆

**18** _____

"그래, 정말 굉장해!"라고 아빠가 대답했다.

**19** _____

Jonny는 목이 말라서 우유 용기를 열어 그것을 흔들었다.

**20** _____

우유가 공중으로 떠서 방울을 형성했다.

**21** _____

Jonny는 그 방울들을 삼켰다.

**22** _____

"Jonny, 지구에서 그런 식으로 우유를 마시면 너는 젖을 거야."라고 엄마가 말했다.

**23** _____

그날 밤 늦게, Rada와 Jonny는 지구에 대해 오랫동안 이야기했다.

**24** _____

그들이 보고, 하게 될 모든 새로운 것들에 대해 생각하는 것은 흥미진진했다. ☆

**25** _____

Rada와 Jonny가 정말로 하고 싶은 한 가지 새로운 것이 있었다.

**26** _____

그들은 그것에 대해 밤새 생각했고 엄마와 아빠에게는 그것에 대해 말하지 않았다.

**27** _____

그것은 그들의 비밀이었다.

**28** _____

다음 날, Rada의 가족은 우주선에 올라탔다.

**29** _____

"긴 여행이 될 거야."라고 엄마가 말했다.

**30** _____

"괜찮아요. 정말 신나요!"라고 Rada가 말했다.

**31** _____

우주선이 마침내 착륙했다.

**32** _____

"아빠, 지구에서는 걷는 것이 어려워요."라고 Rada가 말했다. ☆

**33** _____

"나도 안단다. 지구가 너를 끌어당기고 있거든."이라고 아빠가 말했다.

**34** _____

Rada와 Jonny는 더 이상 떠다닐 수 없었다.

**35** _____

그것이 첫 번째 새로운 것이었다.

**36** _____

"저건 무슨 소리죠?"라고 Rada가 물었다.

**37** _____

"새가 노래하고 있어."라고 엄마가 말했다.

**38** _____

"저는 새가 노래하는 것을 들어 본 적이 전혀 없어요."라고 Rada가 말했다. ☆

**39** _____

"그리고 저는 바람을 느껴 본 적도 전혀 없어요."라고 Jonny가 말했다. ☆

**40** _____

이러한 것들이 모두 새로운 것들이었다.

**41** _____

Rada와 Jonny는 가장 가까운 언덕을 뛰어 올라갔다.

**42** _____

꼭대기에서, 그들은 서로를 쳐다보고 웃었다.

**43** _____

그러고 나서 그들은 부드러운 초록 잔디에 누워서 언덕 아래로 굴러 내려갔다.

**44** _____

그것이 그들의 비밀이었다!

**45** _____

"이것이 모든 것들 중에서 최고의 새로운 것이에요!"라고 Rada와 Jonny는 외쳤다.

**46** _____

그리고 그들은 언덕 꼭대기로 다시 뛰어 올라갔다.

## Reading
### 고득점 맞기

[01~03] 다음 글을 읽고, 물음에 답하시오.

Rada lived on a little world, far out in space. She lived there with her father, mother, and brother Jonny. Rada's father and other people worked ___ⓐ___ spaceships. Only Rada and Jonny were children, and they were born in space.

One day, Dad told Rada and Jonny, "We're going back ___ⓑ___ Earth tomorrow."

Rada and Jonny looked at Dad ___ⓒ___ surprise and floated ___ⓓ___ him.

Rada asked Dad, "What's it like on Earth?"

"Everything is different there. For example, the sky is blue," answered Dad.

"I (A)have never seen a blue sky," said Jonny.

"The sky is always black here," said Rada.

**01** 윗글의 빈칸 ⓐ~ⓓ의 어느 곳에도 들어갈 수 없는 것은?

① in        ② of        ③ on
④ to        ⑤ towards

**02** 윗글의 밑줄 친 (A)와 쓰임이 같은 것을 모두 고르시오.

① Mary has been sick since yesterday.
② Has the train for Daejeon already left?
③ I have heard about the musical many times.
④ The kids have played soccer for three hours.
⑤ She has been to the amusement park before.

**03** 윗글의 내용과 일치하지 않는 것은?

① Rada and Jonny were born on Earth.
② Rada's family will return to Earth tomorrow.
③ Rada asked her father about Earth.
④ Jonny hasn't seen a blue sky before.
⑤ The sky in space is black all the time.

[04~06] 다음 글을 읽고, 물음에 답하시오.

"You don't have to wear your big heavy space suits ⓐbecause of there is air everywhere. ⓑThis is also hard to jump there because Earth ⓒpulls down you," said Dad.

"What else?" asked Rada.

"There are hills, and they are covered with soft green grass. You can roll down the hills," answered Mom.

"Dad, ⓓdid you have ever rolled down a hill?" asked Rada.

"Yes, it's really amazing!" answered Dad.

Jonny was thirsty, so he opened a milk container and ⓔshakes it. The milk floated in the air and formed balls. Jonny swallowed the balls.

"Jonny, if you drink milk that way on Earth, you'll get wet," said Mom.

**04** 윗글의 밑줄 친 ⓐ~ⓔ를 어법상 바르게 고쳐 쓴 것 중 틀린 것은?

① ⓐ → because
② ⓑ → It
③ ⓒ → pulls you down
④ ⓓ → do you have
⑤ ⓔ → shook

**05** 다음 영영풀이에 해당하는 단어 중 윗글에 쓰이지 않은 것은?

① something that you keep things in
② an area of high land, like a small mountain
③ to make food or drink go down your throat
④ to move slowly and gently through the water or the air
⑤ an idea, plan, or information that you do not tell other people about

**06** Which CANNOT be answered from the text above?

① Why don't Rada and Jonny have to wear space suits on Earth?
② What are the hills on Earth covered with?
③ Who has rolled down a hill?
④ How did Rada's family get milk in space?
⑤ How did Jonny drink milk in space?

**[07~08]** 다음 글을 읽고, 물음에 답하시오.

Later that night, Rada and Jonny talked a long time about Earth. It was exciting (A) to think about all the new things they were going to see and do. There was one new thing Rada and Jonny really wanted to do. They thought about it all night and didn't tell Mom and Dad about it. It was their secret.

The next day, Rada's family got on a spaceship.
"It's going to be a long trip," said Mom.
"That's alright. I'm so excited!" said Rada.

**07** 윗글의 밑줄 친 (A) to think와 쓰임이 같은 것끼리 짝지어진 것은?

ⓐ It is relaxing to take a walk.
ⓑ He was happy to win the final match.
ⓒ It is important to wash your hands often.
ⓓ I went to the supermarket to buy milk.

① ⓐ, ⓑ      ② ⓐ, ⓒ      ③ ⓐ, ⓒ, ⓓ
④ ⓑ, ⓒ      ⑤ ⓑ, ⓒ, ⓓ

**08** 윗글의 내용을 바르게 이해한 사람은?

① 소미: Rada and Jonny talked about space all night.
② 하나: Rada wasn't interested in the new things on Earth.
③ 민수: Rada and Jonny told their parents their secret.
④ 지호: Rada's family took a spaceship to Earth.
⑤ 다은: Rada was unhappy to leave for Earth.

**[09~10]** 다음 글을 읽고, 물음에 답하시오.

The spaceship finally landed.
"Dad, it's difficult ⓐto walk on Earth," said Rada.
"I know. Earth ⓑis pulling you down," said Dad.
Rada and Jonny couldn't float anymore. That was the first new thing.
"What's that sound?" asked Rada.
"A bird is singing," said Mom.
"I've never heard a bird ⓒto sing," said Rada.
"And I've never ⓓfeel the wind," said Jonny.
These were all new things.
Rada and Jonny ran up the nearest hill. At the top, they looked at each other and ⓔlaugh. Then they ⓕlay down on the soft green grass and rolled down the hill. That was their secret!
"This is the best new thing of all!" shouted Rada and Jonny.
And they ran up to the top of the hill again.

**09** 윗글의 밑줄 친 ⓐ~ⓕ 중 어법상 **틀린** 것끼리 짝지어진 것은?

① ⓐ, ⓔ, ⓕ      ② ⓑ, ⓒ, ⓓ      ③ ⓑ, ⓔ, ⓕ
④ ⓒ, ⓓ, ⓔ      ⑤ ⓓ, ⓔ, ⓕ

**10** 윗글의 내용과 일치하는 문장의 개수는?

ⓐ Rada could walk more easily on Earth than in space.
ⓑ It was impossible to float on Earth.
ⓒ It was Jonny's first time feeling the wind.
ⓓ Rolling down the hill was the best new thing to Rada and Jonny.

① 0개      ② 1개      ③ 2개      ④ 3개      ⑤ 4개

**[11~13]** 다음 글을 읽고, 물음에 답하시오.

Rada lived on a little world, far out in space. She lived there with her father, mother, and brother Jonny. Rada's father and other people worked on spaceships. Only Rada and Jonny were children, and they ⓐwere born in space.

One day, Dad told Rada and Jonny, "We ⓑare going back to Earth tomorrow."

Rada and Jonny looked at Dad in surprise and ⓒfloated towards him.

Rada asked Dad, "What's it like on Earth?"

"Everything ⓓare different there. For example, the sky is blue," answered Dad.

"(A) 나는 파란 하늘을 전혀 본 적이 없어요," said Jonny.

"The sky ⓔis always black here," said Rada.

**11** 윗글의 밑줄 친 ⓐ~ⓔ 중 어법상 틀린 것을 찾아 기호를 쓰고 바르게 고쳐 쓴 후, 틀린 이유를 쓰시오.

(1) 틀린 부분: ( ) → _____

(2) 틀린 이유: _____

_____

**12** 윗글의 밑줄 친 우리말 (A)를 [조건]에 맞게 영어로 쓰시오.

> [조건] 1. never와 a blue sky를 사용할 것
> 2. 7단어로 쓸 것
> 3. 줄임말을 사용하지 말 것

→ _____

**13** 다음 ⓐ~ⓓ 중 윗글을 읽고 답할 수 있는 질문을 골라 기호를 쓰고, 완전한 영어 문장으로 답하시오.

> ⓐ How long did Rada's family live in space?
> ⓑ How old is Rada?
> ⓒ Where were Rada's parents born?
> ⓓ What's the color of the sky in space?

( ) → _____

**[14~15]** 다음 글을 읽고, 물음에 답하시오.

The spaceship finally landed.

"Dad, it's difficult to walk on Earth," said Rada.

"I know. Earth is pulling you down," said Dad.

Rada and Jonny couldn't float anymore. That was the first new thing.

"What's that sound?" asked Rada.

"A bird is singing," said Mom.

"I've never heard a bird sing," said Rada.

"And I've never felt the wind," said Jonny.

These were all new things.

Rada and Jonny ran up the nearest hill. At the top, they looked at each other and laughed. Then they lay down on the soft green grass and rolled down the hill. That was their secret!

"This is the best new thing of all!" shouted Rada and Jonny.

And they ran up to the top of the hill again.

**14** 윗글에서 Rada와 Jonny가 지구에서 새롭게 경험한 일을 모두 찾아 우리말로 쓰시오.

(1) _____

(2) _____

(3) _____

(4) _____

**15** Read the text above and answer the questions in complete English sentences.

(1) What did Rada hear on Earth?

→ _____

(2) Where did Rada and Jonny lie down?

→ _____

(3) What was the best new thing to Rada and Jonny?

→ _____

# 서술형 100% TEST

## 01 다음 영영풀이에 해당하는 단어를 [보기]에서 골라 쓰시오.

[보기]  lie  curious  form  towards

(1) _____ : to make something exist or develop

(2) _____ : in the direction of somebody or something

(3) _____ : wanting to know something or to learn about the world

(4) _____ : to be or to get into a position with your body flat on something

## 02 다음 우리말과 의미가 같도록 빈칸에 알맞은 말을 쓰시오.

(1) 그녀는 뉴욕에서 태어났지만, 지금은 시애틀에 산다.
  → She _____ _____ in New York, but lives in Seattle now.

(2) Amy는 학교에 가려고 버스를 탔다.
  → Amy _____ _____ the bus to go to school.

(3) 그의 신발은 먼지로 뒤덮여 있었다.
  → His shoes _____ _____ _____ dust.

## 03 괄호 안에 주어진 말을 바르게 배열하여 대화를 완성하시오.

A: (1) _____ the space marathon? (hear, you, about, did)
B: No, I didn't.
A: It's a marathon on a space station. Look at this video.
B: OK. (2) _____
  (really, about, curious, it, I'm)

## 04 다음 표를 보고, 새로운 책과 영화에 대해 아는지 묻고 답하는 대화를 완성하시오.

|  | 제목 | 내용 |
|---|---|---|
| (1) Book | *Wonderful London* | living in London |
| (2) Movie | *My Friend, Max* | a friendship between a boy and his dog |

(1) A: _____,
  *Wonderful London*?
  B: Yes, I did. It's about _____.
  A: Great. I want to read the book.

(2) A: _____,
  *My Friend, Max*?
  B: No, I don't, but _____ about it.
  A: It's about _____
  _____.
  B: That sounds really interesting.

## 05 다음 지나의 글을 읽고, 대화를 완성하시오.

I saw the new space food with my friend, Tony. He already knew about it. He said it's a kind of ice cream. It looked good. Tony and I wondered how it would taste.

⬇

Jina: Did you hear about the new space food?
Tony: (1) _____, _____ _____. It's a type of (2)_____ _____.
Jina: Yes, and here it is. It looks good.
Tony: I'm (3)_____ _____ the taste.
Jina: Me, too.

**[06~07]** 다음 대화를 읽고, 물음에 답하시오.

> **Boy:** Subin, did you hear about the new movie, *Life on the Moon*?
> **Girl:** No, I didn't.
> **Boy:** I heard it's really good.
> **Girl:** (A)I'm really curious about the movie. What's it about?
> **Boy:** It's about a man who is trying to live on the moon.
> **Girl:** That sounds interesting.
> **Boy:** Look. The movie is playing at the Space Theater here.
> **Girl:** What time is the movie?
> **Boy:** It begins at 2:30.
> **Girl:** Let's eat lunch first and then see the movie.
> **Boy:** OK. I'm hungry. Let's go!

**06** 위 대화의 밑줄 친 (A)와 의미가 같은 문장을 괄호 안의 단어들을 사용하여 쓰시오.

→ _____

(like, know)

**07** 다음 ⓐ~ⓔ 중 위 대화를 읽고 답할 수 있는 질문을 2개 골라 기호를 쓰고, 완전한 영어 문장으로 답하시오.

> ⓐ Who told the boy about the movie, *Life on the Moon*?
> ⓑ What is the movie about?
> ⓒ Who played the main role in the movie?
> ⓓ Where is the movie playing?
> ⓔ What time will the boy and the girl have lunch?

(1) (     )→ _____

(2) (     )→ _____

**08** 다음 두 문장을 현재완료를 사용하여 한 문장으로 쓰시오.

(1) Mina left her bag on the taxi. She doesn't have it now.

→ _____

(2) Seho began to study English when he was in elementary school. He still studies it.

→ _____

(3) We first visited New York three years ago. We visited there again last month.

→ _____

**09** 다음 그림을 보고, 각 상황에 맞는 문장을 괄호 안의 말과 가주어를 사용하여 영어로 쓰시오.

(1) My smartphone is broken. _____
_____ (impossible, fix)

(2) _____
Anyone can do it. (easy, make cookies)

**10** 다음 [A]와 [B]에서 각각 알맞은 말을 하나씩 골라 [조건]에 맞게 문장을 완성하시오.

| A | B |
|---|---|
| (1) have been to Russia | • twice |
| (2) have studied Spanish | • yesterday |
| (3) finished his report | • for three years |

[조건] 1. 문장의 주어는 모두 He로 쓸 것
       2. 주어진 말은 필요시 형태를 바꿀 것

(1) _____

(2) _____

(3) _____

**11** 다음 ⓐ~ⓔ 중 어법상 <u>틀린</u> 문장을 2개 골라 기호를 쓰고, 바르게 고쳐 문장을 다시 쓰시오.

> ⓐ Have you finished your homework?
> ⓑ It is important drinks enough water.
> ⓒ Emma has lost her umbrella yesterday.
> ⓓ We have known each other for ten years.
> ⓔ It's not easy to speak in front of many people.

(1) (　　) → _____

(2) (　　) → _____

**STEP B**

**[12~14]** 다음 글을 읽고, 물음에 답하시오.

> Rada lived on a little world, far out in space. She lived there with her father, mother, and brother Jonny. Rada's father and other people worked on spaceships. Only Rada and Jonny were children, and they were born in space.
> One day, Dad told Rada and Jonny, "We're going back to Earth tomorrow."
> Rada and Jonny looked at Dad in surprise and floated towards him.
> Rada asked Dad, "What's it like on Earth?"
> "Everything is different ⓐ<u>there</u>. For example, the sky is blue," answered Dad.
> "I've never seen a blue sky," said Jonny.
> "The sky is always black ⓑ<u>here</u>," said Rada.

**12** 윗글의 밑줄 친 ⓐ<u>there</u>와 ⓑ<u>here</u>가 가리키는 것을 완성하시오.

ⓐ on _____

ⓑ in _____

**13** 다음 빈칸에 들어갈 알맞은 말을 윗글에서 찾아 쓰시오.

> She opened her mouth _____ _____ when she heard the shocking news.

**14** 다음 ⓐ~ⓓ 중 윗글의 내용과 일치하지 <u>않는</u> 것을 찾아 기호를 쓰고, 틀린 부분을 바르게 고쳐 쓰시오.

> ⓐ Rada and Jonny were born in space.
> ⓑ Rada's family decided to return to space.
> ⓒ Rada didn't know much about Earth.
> ⓓ Rada and Jonny have never seen a blue sky.

(　　) _____ → _____

**[15~16]** 다음 글을 읽고, 물음에 답하시오.

> "You don't have to wear your big heavy space suits because there is air everywhere. ⓐ<u>지구가 너희를 끌어당기기 때문에 그곳에서는 점프하는 것 또한 어렵단다</u>," said Dad.
> "What else?" asked Rada.
> "There are hills, and they are covered with soft green grass. You can roll down the hills," answered Mom.
> "Dad, have you ever rolled down a hill?" asked Rada.
> "Yes, it's really amazing!" answered Dad.
> Jonny was thirsty, so he opened a milk container and shook it. The milk floated in the air and formed balls. Jonny swallowed the balls.
> "Jonny, if you drink milk that way on Earth, you'll get wet," said Mom.

고난도

**15** 윗글의 밑줄 친 우리말 ⓐ와 의미가 같도록 [조건]에 맞게 영어로 쓰시오.

> [조건] 1. 괄호 안의 단어들을 바르게 배열할 것
>        2. 어법에 맞게 반드시 한 단어를 추가할 것

→ _____

(you, hard, because, jump, pulls, there, it's, Earth, also, down)

**16** 윗글의 내용과 일치하도록 빈칸에 알맞은 말을 쓰시오.

> If Jonny opens a milk container and _____
> it on _____, he will get wet.

**[17~18]** 다음 글을 읽고, 물음에 답하시오.

Later that night, Rada and Jonny talked a long time about Earth. It was _____ⓐ_____ to think about all the new things they were going to see and do. There was one new thing Rada and Jonny really wanted to do. They thought about (A) it all night and didn't tell Mom and Dad about (B) it. It was their secret.

The next day, Rada's family got on a spaceship.

"It's going to be a long trip," said Mom.

"That's alright. I'm so _____ⓑ_____!" said Rada.

**17** 윗글의 빈칸 ⓐ와 ⓑ에 들어갈 excite의 어법상 올바른 형태를 각각 쓰시오.

ⓐ _____

ⓑ _____

**18** 윗글의 밑줄 친 (A)와 (B)의 it이 공통으로 가리키는 것을 본문에서 찾아 10단어로 쓰시오.

→ _____

**[19~20]** 다음 글을 읽고, 물음에 답하시오.

The spaceship finally landed.

"Dad, it's difficult to walk on Earth," said Rada.

"I know. Earth is pulling you down," said Dad.

Rada and Jonny couldn't float anymore. That was the first new thing.

"What's that sound?" asked Rada.

"A bird is singing," said Mom.

"(A) 저는 새가 노래하는 것을 들은 적이 전혀 없어요," said Rada.

"And I've never felt the wind," said Jonny.

These were all new things.

Rada and Jonny ran up the nearest hill. At the top, they looked at each other and laughed. Then they lay down on the soft green grass and rolled down the hill. That was their secret!

"This is the best new thing of all!" shouted Rada and Jonny.

And they ran up to the top of the hill again.

**19** 윗글의 밑줄 친 우리말 (A)를 괄호 안의 단어들을 사용하여 5형식 문장으로 쓰시오. (단, 필요시 형태를 바꿀 것)

→ _____

(never, hear, sing, a bird)

**20** 다음 Rada의 일기를 읽고, 밑줄 친 ⓐ~ⓔ 중 윗글의 내용과 일치하지 <u>않는</u> 부분을 찾아 기호를 쓰고 바르게 고쳐 쓰시오.

> Today, we finally arrived on Earth. First, I found that we ⓐcouldn't float. Also, ⓑwalking on Earth was very hard. Jonny and I heard a bird's song, and we ⓒfelt the wind, too. These were all ⓓnew things, but the best thing to us was ⓔrunning down a hill.

( ) → _____

**01** 다음 중 짝지어진 단어의 관계가 나머지와 <u>다른</u> 하나는?

3점

① far – near   ② heavy – light
③ soft – hard   ④ exciting – boring
⑤ trip – journey

서술형1

**02** 다음 영영풀이에 해당하는 단어를 주어진 철자로 시작하여 쓰시오.

4점

to move down onto the ground

→ l_____

**03** 다음 빈칸에 들어갈 말이 순서대로 바르게 짝지어진 것은?

3점

• The beach is covered _____ sand.
• I shouted _____ surprise when I saw a mouse under the chair.

① by – at   ② in – at
③ by – in   ④ with – of
⑤ with – in

**04** 다음 중 밑줄 친 부분의 우리말 뜻이 알맞지 <u>않은</u> 것은? 3점

① A sign said, "Keep off the <u>grass</u>." (유리)
② <u>Shake</u> the bottle before you open it. (흔든다)
③ The baby began to walk <u>towards</u> me.
(~을 향하여)
④ My little brother follows me <u>everywhere</u>.
(어디나)
⑤ The bird caught a small fish and <u>swallowed</u> it whole. (삼켰다)

**05** 다음 대화의 빈칸에 들어갈 말로 알맞은 것은?

3점

A: _____ the space marathon?
B: No, I didn't.
A: It's a marathon on a space station.

① When did you run
② Did you hear about
③ Are you ready to enter
④ How do you know about
⑤ Do you want to hear about

**06** 다음 대화의 ①~⑤ 중 주어진 문장이 들어갈 위치로 알맞은 것은?

3점

What's it about?

A: Tony, did you hear about the movie, *My Hero*? ( ① )
B: No, I didn't.
A: Well, I heard it's really good. ( ② )
B: I'd like to know about the movie. ( ③ )
A: It's about a father who saves his son. ( ④ )
B: Sounds interesting. ( ⑤ )

서술형2

**07** 자연스러운 대화가 되도록 (A)~(D)를 바르게 배열하시오.

4점

(A) Really? I want to buy it.
(B) No, I didn't.
(C) This is a poster of the spaceship.
(D) Did you hear about the first spaceship that went into space?

(    ) – (    ) – (    ) – (    )

**[08~10]** 다음 대화를 읽고, 물음에 답하시오.

> **Boy:** Subin, did you hear about ⓐthe new movie, *Life on the Moon*?
> **Girl:** No, I didn't.
> **Boy:** I heard it's really good.
> **Girl:** I'm really ___ⓑ___ about the movie. What's it about?
> **Boy:** It's about a man who is trying to live on the moon.
> **Girl:** That sounds interesting.
> **Boy:** Look. The movie is playing at the Space Theater here.
> **Girl:** What time is the movie?
> **Boy:** It begins at 2:30.
> **Girl:** Let's eat lunch first and then see the movie.
> **Boy:** OK. I'm hungry. Let's go!

**08** 위 대화의 밑줄 친 ⓐ the new movie에 대해 알 수 없는 것은? **3점**

① 제목
② 주요 내용
③ 상영 장소
④ 개봉 일시
⑤ 상영 시각

**09** 위 대화의 빈칸 ⓑ에 들어갈 말로 알맞은 것은? **3점**

① sad
② angry
③ curious
④ nervous
⑤ disappointed

서술형3

**10** 위 대화의 내용과 일치하도록 주어진 질문에 대한 답을 완성하시오. **5점**

> **Q:** What will the boy and the girl do before the movie?
> **A:** They _____ _____ _____ before the movie.

**11** 다음 빈칸에 들어갈 말이 순서대로 바르게 짝지어진 것은? **3점**

> _____ was great _____ swim in the cool blue sea.

① It – to
② It – on
③ It – for
④ This – to
⑤ This – for

서술형4 한 단계 더!

**12** 다음 두 문장을 한 문장으로 바꿔 쓸 때, 빈칸에 알맞은 말을 쓰시오. **5점**

> I first went to Paris two years ago. I went there again last month.
> → I _____ _____ _____ _____ twice.

**13** 다음 중 밑줄 친 It의 쓰임이 나머지와 다른 하나는? **4점**

① It was hard to fix my bike.
② It is my sister's backpack.
③ It was good to study with you.
④ It is exciting to go to his party.
⑤ It is interesting to learn about other cultures.

**14** 다음 우리말을 영어로 옮긴 것 중 어법상 틀린 것은? **4점**

① 너는 상어를 본 적이 있니?
  → Have you ever seen a shark?
② 내 여동생은 뉴질랜드로 가 버렸다.
  → My sister has gone to New Zealand.
③ 그 문제를 설명하는 것은 어려웠다.
  → It was difficult to explain the problem.
④ 부주의하게 운전하는 것은 위험할 수 있다.
  → It can be dangerous to drive carelessly.
⑤ 기차가 아직 역에 도착하지 않았다.
  → The train doesn't have arrived at the station yet.

**[15~17]** 다음 글을 읽고, 물음에 답하시오.

Rada lived on a little world, far out in space. She lived there with her father, mother, and brother Jonny. Rada's father and other people worked on spaceships. Only Rada and Jonny were children, and they were born ____ⓐ____ space.

One day, Dad told Rada and Jonny, "We're going back ____ⓑ____ Earth tomorrow."

Rada and Jonny looked at Dad ____ⓒ____ surprise and floated ____ⓓ____ him.

Rada asked Dad, "What's it like ____ⓔ____ Earth?"

"Everything is different there. For example, the sky is blue," answered Dad.

"_____(A)_____," said Jonny.

"The sky is always black here," said Rada.

**15** 윗글의 빈칸 ⓐ~ⓔ에 들어갈 말이 같은 것끼리 짝지어진 것은? **4점**

① ⓐ, ⓑ          ② ⓐ, ⓒ          ③ ⓑ, ⓒ
④ ⓑ, ⓓ, ⓔ      ⑤ ⓒ, ⓓ, ⓔ

**서술형 5**

**16** 윗글의 빈칸 (A)에 들어갈 알맞은 말을 괄호 안의 말을 바르게 배열하여 쓰시오. **5점**

→ _____

(seen, have, a blue sky, never, I)

**17** 윗글을 읽고 Rada에 대해 알 수 <u>없는</u> 것은? **3점**

① 사는 곳
② 가족 구성원
③ 아버지의 일터
④ 태어난 곳
⑤ 지구로 돌아가는 이유

**[18~19]** 다음 글을 읽고, 물음에 답하시오.

"You don't have to wear your big heavy space suits because there is air everywhere. ⓐTo jump there is also hard because Earth pulls you down," said Dad.

"What else?" asked Rada.

"There are hills, and they are covered with soft green grass. You can roll down the hills," answered Mom.

"Dad, have you ever rolled down a hill?" asked Rada.

"Yes, it's really amazing!" answered Dad.

Jonny was thirsty, so he opened a milk container and shook it. The milk floated in the air and formed balls. Jonny swallowed the balls.

"Jonny, if you drink milk that way on Earth, you'll get wet," said Mom.

**서술형 6**

**18** 윗글의 밑줄 친 부분 ⓐ를 It으로 시작하여 다시 쓰시오. **5점**

→ _____

**고난도**

**19** 다음 질문과 응답 중 윗글의 내용과 일치하지 <u>않는</u> 것은? **5점**

① **Q:** What are Rada and her father talking about?
   **A:** They are talking about living on Earth.
② **Q:** Why doesn't Rada have to wear a space suit on Earth?
   **A:** Because there is air everywhere on Earth.
③ **Q:** On Earth, what are the hills covered with?
   **A:** They are covered with grass.
④ **Q:** Who has rolled down the hill on Earth before?
   **A:** Rada's father has done it before.
⑤ **Q:** What happened when Jonny opened a milk container and shook it in space?
   **A:** He got wet because he spilt milk.

**[20~23]** 다음 글을 읽고, 물음에 답하시오.

Later that night, Rada and Jonny talked a long time about Earth. ( ① ) It was exciting ____ⓐ____ about all the new things they were going to see and do. ( ② ) They thought about it all night and didn't tell Mom and Dad about it. It was their secret. ( ③ )

The next day, Rada's family got on a spaceship. ( ④ )

"It's going to be a long trip," said Mom. ( ⑤ )

"That's alright. I'm so ____ⓑ____!" said Rada.

**20** 윗글의 ①~⑤ 중 주어진 문장이 들어갈 위치로 알맞은 것은? **4점**

There was one new thing Rada and Jonny really wanted to do.

① ② ③ ④ ⑤

**21** 윗글의 빈칸 ⓐ에 들어갈 think의 형태로 알맞은 것은? **4점**

① thinks ② thought ③ to think
④ for thinking ⑤ that thinks

서술형**7**

**22** 윗글에 사용된 단어를 알맞은 형태로 바꿔 빈칸 ⓑ에 들어갈 말을 쓰시오. **5점**

→ _____

서술형**8** 고 난도

**23** 윗글의 내용과 일치하지 <u>않는</u> 한 단어를 찾아 바르게 고쳐 쓰시오. **5점**

Rada and Jonny talked about what they were going to see and do on Earth the night before their trip to space.

_____ → _____

**[24~25]** 다음 글을 읽고, 물음에 답하시오.

The spaceship finally landed.

"Dad, it's difficult to walk on Earth," said Rada.

"I know. Earth is (A) pushing / pulling you down," said Dad.

Rada and Jonny couldn't float anymore. That was the first new thing.

"What's that sound?" asked Rada.

"A bird is singing," said Mom.

"I've never heard a bird sing," said Rada.

"And I've never felt the wind," said Jonny.

These were all new things.

Rada and Jonny ran up the nearest hill. At the top, they looked at each (B) other / one and laughed. Then they (C) lied / lay down on the soft green grass and rolled down the hill. That was their secret!

"This is the best new thing of all!" shouted Rada and Jonny.

And they ran up to the top of the hill again.

**24** 윗글의 (A)~(C)의 각 네모 안에 주어진 말 중 문맥상 알맞은 것끼리 바르게 짝지어진 것은? **5점**

| (A) | (B) | (C) |
|---|---|---|
| ① pushing ⋯ | other ⋯ | lied |
| ② pushing ⋯ | one ⋯ | lied |
| ③ pulling ⋯ | one ⋯ | lay |
| ④ pulling ⋯ | other ⋯ | lay |
| ⑤ pulling ⋯ | other ⋯ | lied |

**25** Which one was NOT a new thing to Rada and Jonny? **5점**

① feeling the wind
② rolling down a hill
③ taking a spaceship
④ hearing a bird sing
⑤ not being able to float

모의고사

**01** 다음 빈칸에 들어갈 말로 알맞은 것은? 3점

> It's our _____, so don't tell anyone about it.

① top ② air ③ suit
④ grass ⑤ secret

서술형 **1**

**02** 다음 빈칸에 공통으로 들어갈 단어를 주어진 철자로 시작하여 쓰시오. 4점

> • Finally, I found a parking s_____.
> • Russia sent the first dog into s_____.

**03** 다음 중 단어와 영영풀이가 바르게 연결되지 <u>않은</u> 것은? 4점

① trip: a visit to a place you travel to
② land: to make something exist or develop
③ towards: in the direction of somebody or something
④ curious: wanting to know something or to learn about the world
⑤ laugh: to make a sound with your voice because you think something is funny

**04** 다음 중 밑줄 친 부분의 쓰임이 <u>어색한</u> 것은? 4점

① He <u>was born</u> in Jeonju in 1990.
② The old car <u>was covered</u> with dirt.
③ The tower is on the top of the <u>hill</u>.
④ The movie was so <u>exciting</u> that I felt sleepy.
⑤ You have to wear <u>a space suit</u> to breathe in space.

**05** 다음 대화의 밑줄 친 부분과 바꿔 쓸 수 있는 것은? 4점

> A: <u>Did you hear about the new art teacher?</u>
> B: Yes, I heard she's very nice.

① Do you like the new art teacher?
② Did you hear from the new art teacher?
③ Have you heard about the new art teacher?
④ What do you think about the new art teacher?
⑤ How did you hear about the new art teacher?

서술형 **2**

**06** 다음 대화에서 흐름상 <u>어색한</u> 문장을 찾아 바르게 고쳐 쓰시오. 4점

> A: Tony, did you hear about the movie, *My Hero*?
> B: No, I didn't. I heard it's really good.
> A: I'm really curious about it. What's it about?
> B: It's about a father who saves his son.

_____ → _____

**07** 다음 중 짝지어진 대화가 <u>어색한</u> 것은? 4점

① A: Are you curious about his new song?
   B: Sure. I want to listen to it.
② A: Do you know about the new musical?
   B: No, thanks. I don't like musicals.
③ A: Did you hear about the new TV show?
   B: No, but I'd like to know about it.
④ A: This is a poster of the first spaceship that went into space.
   B: Really? I want to buy it.
⑤ A: Did you hear about the new book, *Dave's Adventures*?
   B: No. What's it about?

**[08~09]** 다음 대화를 읽고, 물음에 답하시오.

> A: Subin, did you hear about the new movie, *Life on the Moon*?
> B: No, I didn't.
> A: I heard it's really good.
> B: _____ ⓐ _____ What's it about?
> A: It's about a man who is trying to live on the moon.
> B: That sounds interesting.
> A: Look. The movie is playing at the Space Theater here.
> B: What time is the movie?
> A: It begins at 2:30.
> B: Let's eat lunch first and then see the movie.
> A: OK. I'm hungry. Let's go!

서술형**3**

**08** 주어진 말을 바르게 배열하여 위 대화의 빈칸 ⓐ에 알맞은 말을 쓰시오. **4점**

> curious, really, the movie, I'm, about

→ _____

**09** 위 대화를 읽고 답할 수 <u>없는</u> 질문은? **4점**

① What's the title of the new movie?
② What's the movie about?
③ Where is the movie playing?
④ When does the movie start?
⑤ What are the speakers going to do after the movie?

**10** 다음 빈칸에 들어갈 동사 **meet**의 올바른 형태가 순서대로 바르게 짝지어진 것은? **3점**

> • I _____ Susan three days ago.
> • We _____ each other somewhere before.

① meet – meet
② meet – met
③ met – have met
④ met – will meet
⑤ have met – have met

**11** 다음 우리말을 영어로 바르게 옮긴 것은? **4점**

> 혼자 여행하는 것은 재미있지 않다.

① Travel alone is not fun.
② It's not fun to travel alone.
③ It's fun not to travel alone.
④ That's not fun travel alone.
⑤ It's not fun to traveling alone.

**12** 다음 중 어법상 <u>틀린</u> 문장은? **4점**

① How long has Tim waited for me?
② I've eaten not Mexican food before.
③ She has already finished her report.
④ I have known Amy since I moved here.
⑤ We have seen the movie several times.

서술형**4**

**13** 다음 두 문장의 의미가 같도록 빈칸에 알맞은 말을 쓰시오. **4점**

> To drive at night can be dangerous.

= It _____.

**14** 다음 글의 밑줄 친 ①~⑤ 중 어법상 <u>틀린</u> 것은? **4점**

> ①<u>Have</u> you ever been to Jeju-do? There ②<u>are</u> many things ③<u>that</u> you can do there. For example, ④<u>what</u> is fun to ride horses. ⑤<u>If</u> you have never visited Jeju-do, you should go there.

**[15~16]** 다음 글을 읽고, 물음에 답하시오.

Rada lived on a little world, far out in space. She lived there with her father, mother, and brother Jonny. Rada's father and other people worked on spaceships. Only Rada and Jonny were children, and they were born in space.

One day, Dad told Rada and Jonny, "We're going back to Earth tomorrow."

Rada and Jonny looked at Dad in surprise and floated towards him.

Rada asked Dad, "_____ ⓐ _____"

"Everything is different there. For example, the sky is blue," answered Dad.

"I've never seen a blue sky," said Jonny.

"The sky is always black here," said Rada.

**15** 윗글의 흐름상 빈칸 ⓐ에 들어갈 말로 가장 알맞은 것은?

4점

① What's it like on Earth?
② When do we leave for Earth?
③ How do we go back to Earth?
④ Why are we going back to Earth?
⑤ How long does it take to get to Earth?

**16** 윗글의 내용과 일치하지 <u>않는</u> 것을 <u>모두</u> 고르시오.    5점

① Rada's family lived in space.
② Rada was the only child who was born in space.
③ Rada and Jonny were surprised to hear that they were returning to Earth.
④ Rada's mom explained the difference between space and Earth.
⑤ Rada and Jonny have not seen a blue sky before.

**[17~19]** 다음 글을 읽고, 물음에 답하시오.

"You don't have to wear your big heavy space suits because ⓐthere are air everywhere. ⓑThat's also hard to jump there because Earth pulls you ___(A)___," said Dad.

"What else?" asked Rada.

"There are hills, and they are covered ___(B)___ soft green grass. You can roll down the hills," answered Mom.

"Dad, ⓒdid you ever rolled down a hill?" asked Rada.

"Yes, it's really ⓓamazed!" answered Dad.

Jonny was thirsty, so he opened a milk container and ⓔshakes it. The milk floated in the air and formed balls. Jonny swallowed the balls.

"Jonny, If you drink milk that way on Earth, you'll get wet," said Mom.

**17** 윗글의 밑줄 친 ⓐ~ⓔ를 어법상 바르게 고친 것 중 <u>틀린</u> 것은?    4점

① ⓐ → there is
② ⓑ → It's
③ ⓒ → did you have
④ ⓓ → amazing
⑤ ⓔ → shook

**18** 윗글의 빈칸 (A)와 (B)에 들어갈 말이 순서대로 바르게 짝지어진 것은?    4점

① up – of
② up – by
③ down – of
④ down – with
⑤ over – from

서술형5

**19** 윗글의 내용과 일치하도록 주어진 질문에 대한 답을 완성하시오.    4점

Q: What is Rada's family talking about?
A: They're talking about life _____ _____.

**[20~22] 다음 글을 읽고, 물음에 답하시오.**

Later that night, Rada and Jonny talked a long time about Earth. ⓐIt was exciting to think about all the new things they were going to see and do. ⓑRada와 Jonny가 정말로 하고 싶은 한 가지 새로운 것이 있었다. They thought about it all night and didn't tell Mom and Dad about it. It was their secret.

The next day, Rada's family got on a spaceship.

"It's going to be a long trip," said Mom.

"That's alright. I'm so excited!" said Rada.

**20** 윗글의 밑줄 친 ⓐ It과 쓰임이 <u>다른</u> 것은?  4점

① It'll be fun to play with them.
② It's not easy to make cookies.
③ It's going to be a great match.
④ It's boring to stay home all day.
⑤ It's dangerous to touch a hot pot.

서술형6 고난도
**21** 윗글의 밑줄 친 우리말 ⓑ를 [조건]에 맞게 영어로 쓰시오.  6점

> [조건] 1. there, one new thing, want를 어법에 맞게 사용할 것
> 2. 관계대명사를 생략할 것
> 3. 12단어의 완전한 문장으로 쓸 것

→ _____
_____

**22** 윗글의 내용과 일치하는 것은?  3점

① 지구로 떠나기 전날 밤에 Rada와 Jonny는 우주에서의 삶에 대해 오랫동안 이야기했다.
② Rada와 Jonny는 우주를 떠나는 것이 슬펐다.
③ Rada는 비밀을 엄마에게만 몰래 말했다.
④ Rada의 가족은 지구로 돌아갈 때 우주선을 탔다.
⑤ Rada는 지구로 가는 길이 너무 멀어 걱정하고 있다.

**[23~25] 다음 글을 읽고, 물음에 답하시오.**

The spaceship finally landed.

"Dad, it's difficult ⓐwalks on Earth," said Rada.

"I know. Earth is ⓑpulling down you," said Dad.

Rada and Jonny couldn't float anymore. That was the first new thing.

"What's that sound?" asked Rada.

"A bird is singing," said Mom.

"I've never heard a bird ⓒsing," said Rada.

"And ⓓI've never felt the wind," said Jonny.

These were all new things.

Rada and Jonny ran up ⓔthe nearest hill. At the top, they looked at each other and laughed. Then they lay down on the soft green grass and rolled down the hill. That was their secret!

"This is (A) the best new thing of all!" shouted Rada and Jonny.

And they ran up to the top of the hill again.

**23** 윗글의 밑줄 친 ⓐ~ⓔ 중 어법상 틀린 것을 <u>모두</u> 고르시오.  4점

① ⓐ  ② ⓑ  ③ ⓒ  ④ ⓓ  ⑤ ⓔ

서술형7
**24** 다음 영영풀이에 해당하는 단어를 윗글에서 찾아 쓰시오.  3점

> a common plant with thin green leaves that cover the ground

_____

서술형8
**25** 윗글의 밑줄 친 (A) the best new thing에 해당하는 것을 빈칸에 쓰시오.  5점

→ It was _____ _____ _____ _____.

**01** 다음 영영풀이에 해당하는 단어가 순서대로 바르게 짝지어진 것은? **3점**

> • something that you keep things in
> • to move slowly and gently through the water or the air

① secret – form
② container – form
③ secret – laugh
④ container – float
⑤ grass – swallow

**02** 다음 중 밑줄 친 부분의 의미가 [보기]와 같은 것은? **4점**

> [보기] Our farm land is by the river.

① The plane landed safely.
② My flight is going to land on time.
③ Mark bought the land for a house.
④ A small blue bird landed on my finger.
⑤ Who was the first man to land on the moon?

**03** 다음 빈칸에 들어갈 수 있는 단어끼리 짝지어진 것은? **4점**

> • A ball _____ down the stairs.
> • My sister almost jumped up in _____.
> • The man went into his room and _____ down on the bed.

| ⓐ lay | ⓑ lied | ⓒ taste |
| ⓓ rolled | ⓔ formed | ⓕ surprise |

① ⓐ, ⓒ, ⓓ
② ⓐ, ⓓ, ⓕ
③ ⓑ, ⓒ, ⓔ
④ ⓑ, ⓓ, ⓔ
⑤ ⓒ, ⓔ, ⓕ

서술형 **1**

**04** 다음 대화의 빈칸에 알맞은 말을 쓰시오. **4점**

> A: Did _____ _____ _____ the new space food?
> B: Yes, I heard about it. It's a type of ice cream.

**05** 다음 대화의 빈칸에 들어갈 말로 가장 알맞은 것은? **3점**

> A: Do you know about the new book, *Living in a Foreign Country*?
> B: No, I don't.
> A: Look. It's right here. It's about living in New York.
> B: Great. _____

① I have already read it.
② I'm so worried about it.
③ I'm really curious about it.
④ I thought it was really interesting.
⑤ I've heard about the book many times.

**06** 자연스러운 대화가 되도록 (A)~(D)를 바르게 배열한 것은? **3점**

> (A) Really? I think I'll buy it.
> (B) This is a book about her.
> (C) No, I didn't. I'm really curious about her.
> (D) Look! Did you hear about the woman who went into space?

① (B) – (A) – (C) – (D)
② (B) – (A) – (D) – (C)
③ (D) – (A) – (B) – (C)
④ (D) – (C) – (A) – (B)
⑤ (D) – (C) – (B) – (A)

**[07~08]** 다음 대화를 읽고, 물음에 답하시오.

> A: Subin, did you hear about the new movie, *Life on the Moon*?
> B: No, I didn't.
> A: _____ ⓐ _____
> B: I'm really curious about the movie. _____ ⓑ _____
> A: It's about a man who is trying to live on the moon.
> B: _____ ⓒ _____
> A: Look. The movie is playing at the Space Theater here.
> B: _____ ⓓ _____
> A: It begins at 2:30.
> B: _____ ⓔ _____
> A: OK. I'm hungry. Let's go!

**07** 위 대화의 빈칸 ⓐ~ⓔ에 들어갈 말로 알맞지 **않은** 것은?

4점

① ⓐ: I didn't, either.
② ⓑ: What's it about?
③ ⓒ: That sounds interesting.
④ ⓓ: What time is the movie?
⑤ ⓔ: Let's eat lunch first and then see the movie.

**08** 위 대화의 내용과 일치하지 **않는** 것은?

3점

① 대화의 주제는 새로 나온 영화이다.
② 수빈이는 새로 나온 영화에 대해 잘 안다.
③ 두 사람은 새로 나온 영화를 볼 것이다.
④ 'Life on the Moon'은 달에서 살려고 노력하는 사람에 관한 영화이다.
⑤ 'Life on the Moon'은 우주 극장에서 상영 중이다.

**09** 다음 빈칸에 들어갈 수 **없는** 것은?

3점

> Sue has been to Jeju-do _____.

① once          ② before          ③ recently
④ last month     ⑤ many times

서술형2

**10** 다음 우리말과 의미가 같도록 괄호 안의 단어들을 바르게 배열하여 문장을 쓰시오.

4점

> 좋은 친구들을 사귀는 것은 쉽지 않다.

→ _____

(friends, is, good, it, make, easy, to, not)

**11** 다음 중 밑줄 친 부분이 어법상 **틀린** 것은?

4점

① She <u>has won</u> the race twice.
② We <u>haven't finished</u> our lunch yet.
③ I <u>have lost</u> my wallet two days ago.
④ Jisu and Inho <u>have met</u> each other before.
⑤ The students <u>have already arrived</u> at the airport.

서술형3

**12** 다음 그림의 내용에 맞게 괄호 안의 말을 사용하여 문장을 완성하시오.

4점

→ Sumi _____ _____ _____ _____ _____ three hours. (the piano)

**13** 다음 중 어법상 올바른 문장의 개수는?

5점

> ⓐ It's hard to invent new things.
> ⓑ This is good to exercise regularly.
> ⓒ Has he decided to leave the town?
> ⓓ It's exciting to watch action movies.
> ⓔ She has thought never about the matter.

① 1개     ② 2개     ③ 3개     ④ 4개     ⑤ 5개

**[14~16]** 다음 글을 읽고, 물음에 답하시오.

Rada lived on a little world, far out in space. She lived there with her father, mother, and brother Jonny. ( ① ) Rada's father and other people worked on spaceships. ( ② ) Only Rada and Jonny ⓐwere children, and they ⓑbore in space.

( ③ ) Rada and Jonny looked at Dad in surprise and ⓒfloated towards him.

Rada asked Dad, "What's it like on Earth?"

( ④ ) "Everything ⓓis different there. For example, the sky is blue," answered Dad. ( ⑤ )

"ⓔI've never seen a blue sky," said Jonny.

"The sky is always black here," said Rada.

**14** 윗글의 ①~⑤ 중 주어진 문장이 들어갈 위치로 알맞은 것은? **3점**

One day, Dad told Rada and Jonny, "We're going back to Earth tomorrow."

①        ②        ③        ④        ⑤

**15** 윗글의 밑줄 친 ⓐ~ⓔ 중 어법상 **틀린** 것은? **4점**

① ⓐ        ② ⓑ        ③ ⓒ        ④ ⓓ        ⑤ ⓔ

**16** 윗글을 읽고 답할 수 있는 질문끼리 짝지어진 것은? **4점**

ⓐ How long has Rada's parents lived in space?

ⓑ How many people are there in Rada's family?

ⓒ Why did Rada's dad decide to go back to Earth?

ⓓ What is the color of the sky in space?

① ⓐ, ⓑ        ② ⓐ, ⓒ        ③ ⓑ, ⓒ

④ ⓑ, ⓓ        ⑤ ⓒ, ⓓ

**[17~19]** 다음 글을 읽고, 물음에 답하시오.

"You don't have to wear your big heavy space suits because there is air everywhere. It's also hard to jump there because Earth pulls you down," said Dad.

"What else?" asked Rada.

"There are hills, and they are covered with soft green grass. You can roll down the hills," answered Mom.

"Dad, _____ⓐ_____?" asked Rada.

"Yes, it's really amazing!" answered Dad.

Jonny was thirsty, ___ⓑ___ he opened a milk container and shook it. The milk floated in the air and formed balls. Jonny swallowed the balls.

"Jonny, ___ⓒ___ you drink milk that way on Earth, you'll get wet," said Mom.

서술형4

**17** 윗글의 빈칸 ⓐ에 들어갈 알맞은 말을 [조건]에 맞게 영어로 쓰시오. **5점**

[조건]  1. 경험 여부를 묻는 말을 쓸 것
        2. ever, roll down a hill을 어법에 맞게 사용하여 7단어로 쓸 것

→ _____

**18** 윗글의 빈칸 ⓑ와 ⓒ에 들어갈 말이 순서대로 바르게 짝지어진 것은? **3점**

① so – if                ② so – unless

③ because – if          ④ because – unless

⑤ although – before

고
난도

**19** 윗글을 읽고 추론한 내용 중 알맞지 **않은** 것은? **5점**

① You must wear space suits in space.

② It is easier to jump in space than on Earth.

③ It is possible to swallow floating milk balls on Earth.

④ You don't have to worry about spilling milk in space.

⑤ Opening a milk container and shaking it will make you wet on Earth.

**[20~22]** 다음 글을 읽고, 물음에 답하시오.

Later that night, Rada and Jonny talked a long time about ⓐEarth. (A)It was excited think about all the new things they were going to see and do. There was one new thing Rada and Jonny really wanted to do. They thought about it ⓑall night and didn't tell Mom and Dad about it. It was their ⓒsecret.

The next day, Rada's family got on a ⓓspaceship.

"It's going to be a long trip," said Mom.

"That's alright. I'm so ⓔdisappointed!" said Rada.

**20** 윗글의 밑줄 친 ⓐ~ⓔ 중 문맥상 어색한 것은?　　**4점**

① ⓐ　　② ⓑ　　③ ⓒ　　④ ⓓ　　⑤ ⓔ

서술형5

**21** 윗글의 밑줄 친 문장 (A)에서 어법상 틀린 부분을 두 군데 찾아 바르게 고쳐 쓰시오.　　**각 3점**

(1) _____ → _____

(2) _____ → _____

**22** 윗글의 내용과 일치하지 않는 것은?　　**4점**

① Rada and Jonny talked about Earth until late at night.

② Rada and Jonny had one new thing they really wanted to do.

③ Rada's parents knew about what Rada and Jonny wanted to do.

④ Rada's family left for Earth on a spaceship.

⑤ Rada's trip to Earth will take a long time.

**[23~25]** 다음 글을 읽고, 물음에 답하시오.

The spaceship finally landed.

"Dad, ⓐit's difficult to walk on Earth," said Rada.

"I know. (A)지구가 너를 끌어당기고 있단다," said Dad.

Rada and Jonny couldn't float anymore. ⓑThat was the first new thing.

"What's ⓒthat sound?" asked Rada.

"A bird is singing," said Mom.

"I've never heard a bird sing," said Rada.

"And I've never felt the wind," said Jonny.

ⓓThese were all new things.

Rada and Jonny ran up the nearest hill. At the top, they looked at each other and laughed. Then they lay down on the soft green grass and rolled down the hill. ⓔThat was their secret!

"This is the best new thing of all!" shouted Rada and Jonny.

And they ran up to the top of the hill again.

**23** 윗글의 밑줄 친 ⓐ~ⓔ가 가리키는 내용이 알맞지 않은 것은?　　**4점**

① ⓐ: 우주선

② ⓑ: 떠다닐 수 없는 것

③ ⓒ: 새가 노래하는 소리

④ ⓓ: 새가 노래하는 소리를 듣고 바람을 느낀 것

⑤ ⓔ: 언덕을 굴러 내려오는 것

서술형6

**24** 윗글의 밑줄 친 우리말 (A)와 의미가 같도록 주어진 단어들을 바르게 배열하여 쓰시오.　　**4점**

Earth, pulling, is, down, you

→ _____

서술형7

**25** 윗글의 내용과 일치하도록 빈칸에 알맞은 말을 쓰시오.　**6점**

The new things that Rada and Jonny did on Earth were walking on Earth, hearing a bird singing, _____ _____ _____, and _____ _____ _____ _____.

서술형1

**01** 다음 영영풀이에 해당하는 단어를 주어진 철자로 시작하여 빈칸에 쓰시오. 3점

> *adj.* wanting to know something or to learn about the world

> I didn't ask him about it although I was very c_____.

**02** 다음 ⓐ~ⓓ의 빈칸 중 어느 곳에도 들어갈 수 없는 것은? 4점

> ⓐ There were colorful flowers _____.
> ⓑ She poured the soup into a _____.
> ⓒ Josh is walking _____ the bus stop.
> ⓓ We can see many houses _____ on the water in this town.

① float        ② laugh        ③ towards
④ container        ⑤ everywhere

고난도

**03** 다음 중 밑줄 친 단어가 같은 의미로 쓰인 것끼리 짝지어진 것은? 5점

① Go and lie down for a while.
　Don't lie to your parents anymore.
② Where is the sound coming from?
　It may sound strange, but it is true.
③ Can you please fill in the form?
　I tied the two sticks together to form a cross.
④ Russia built the first space station.
　The astronauts will stay in space for a week.
⑤ When does the plane land here?
　My uncle bought the land to build a house on it.

**04** Which one has a different meaning from the other sentences? 3점

① Are you aware of the new TV show?
② Did you hear about the new TV show?
③ Do you know about the new TV show?
④ Are you interested in the new TV show?
⑤ Have you heard about the new TV show?

**05** 다음 대화의 빈칸 (A)~(C)에 들어갈 말이 순서대로 바르게 짝지어진 것은? 3점

> **A:** _____ (A)
> **B:** No, I didn't. _____ (B)
> **A:** Look. It's right here. _____ (C)
> **B:** Great. I think I'll buy the book.

> ⓐ I'm really curious about Mars.
> ⓑ Did you hear about the new book about Mars?
> ⓒ It's about Mars and its moons.

① ⓐ - ⓒ - ⓑ    ② ⓑ - ⓐ - ⓒ    ③ ⓑ - ⓒ - ⓐ
④ ⓒ - ⓐ - ⓑ    ⑤ ⓒ - ⓑ - ⓐ

서술형2

**06** 다음 ⓐ~ⓒ 중 대화를 읽고 답할 수 있는 질문을 골라 기호를 쓰고, 완전한 영어 문장으로 답하시오. 5점

> **Boy:** Did you hear about the first spaceship that went into space?
> **Girl:** No, I didn't. I'm curious about it.
> **Boy:** This is a poster of the spaceship.
> **Girl:** Really? I want to buy it.

> ⓐ What is the name of the first spaceship that went into space?
> ⓑ Who was the first astronaut that went into space?
> ⓒ What is the girl going to buy?

( 　　 ) → _____

**[07~08]** 다음 대화를 읽고, 물음에 답하시오.

> Boy: Subin, ⓐ'달에서의 삶'이라는 새 영화에 대해 들었니?
>
> Girl: No, I didn't.
>
> Boy: I heard it's really good.
>
> Girl: I'm really curious about the movie. What's it about?
>
> Boy: It's about a man who is trying to live on the moon.
>
> Girl: That sounds interesting.
>
> Boy: Look. The movie is playing at the Space Theater here.
>
> Girl: What time is the movie?
>
> Boy: It begins at 2:30.
>
> Girl: Let's eat lunch first and then see the movie.
>
> Boy: OK. I'm hungry. Let's go!

서술형**3**

**07** 위 대화의 밑줄 친 우리말 ⓐ와 의미가 같도록 괄호 안의 단어를 사용하여 문장을 완성하시오. **3점**

→ _____ ,

*Life on the Moon*? (hear)

**08** According to the dialog above, which is true? Choose ALL. **4점**

① The boy and the girl are talking about a new movie.

② The girl has heard about the movie before.

③ The boy knows what the movie is about.

④ The movie will begin at 2:30 at the Moon Theater.

⑤ The boy and the girl are going to have lunch after the movie.

**09** 다음 문장에서 어법상 **틀린** 부분을 바르게 고친 것은? **3점**

> It is very good for your health eats a lot of vegetables.

① It → That　　② good → well

③ for → of　　④ eats → to eat

⑤ a lot of → much

서술형**4**

**10** 다음 우리말과 의미가 같도록 [조건]에 맞게 문장을 쓰시오. **4점**

> [조건] 1. 가주어를 사용할 것
>
> 　　　2. find와 in the desert를 사용할 것
>
> 　　　3. 10단어의 완전한 문장으로 쓸 것

> 사막에서 물을 찾는 것은 쉽지 않다.

→ _____

고난도

**11** 다음 중 밑줄 친 부분의 쓰임이 같은 것끼리 짝지어진 것은? **5점**

> ⓐ Kate has used the bag for five years.
>
> ⓑ Dad has just finished cleaning his car.
>
> ⓒ I have had a toothache since yesterday.
>
> ⓓ Have you ever climbed Hallasan before?
>
> ⓔ Kelly has never learned to play the piano.

① ⓐ, ⓑ　　② ⓐ, ⓒ　　③ ⓑ, ⓓ

④ ⓑ, ⓒ, ⓓ　　⑤ ⓒ, ⓓ, ⓔ

고난도 한 단계 더!

**12** 다음 중 어법상 올바른 것끼리 짝지어진 것은? **5점**

> ⓐ It is fun play board games.
>
> ⓑ I have eaten Chinese food yesterday.
>
> ⓒ The shopping mall hasn't opened yet.
>
> ⓓ He has lived in Busan since last year.
>
> ⓔ It is exciting for me to learn new things.

① ⓐ, ⓒ　　② ⓑ, ⓒ, ⓓ　　③ ⓑ, ⓓ

④ ⓑ, ⓓ, ⓔ　　⑤ ⓒ, ⓓ, ⓔ

서술형**5** 고난도

**13** 다음 표의 내용과 일치하도록 빈칸에 알맞은 말을 쓰시오. **각 3점**

| 경험한 것 | Mike | Simon |
|---|---|---|
| go to Kenya | ○ | ○ |
| see wild animals | ○ | × |

　Both Mike and Simon (1) _____ last winter. Mike (2) _____ there, but Simon hasn't.

**[14~16]** 다음 글을 읽고, 물음에 답하시오.

Rada lived on a little world, far out in space. She lived there with her father, mother, and brother Jonny. Rada's father and other people worked ___ⓐ___ spaceships. Only Rada and Jonny were children, and they were born in space.

One day, Dad told Rada and Jonny, "We're going back to Earth tomorrow."

Rada and Jonny looked at Dad ___ⓑ___ surprise and floated towards him.

Rada asked Dad, "What's it ___ⓒ___ on Earth?"

"(A)Everything is different there. For example, the sky is blue," answered Dad.

"I've never seen a blue sky," said Jonny.

"The sky is always black here," said Rada.

**14** 윗글의 빈칸 ⓐ~ⓒ에 들어갈 말이 순서대로 바르게 짝지어진 것은? 3점

① of – on – for
② of – in – for
③ on – in – like
④ on – from – like
⑤ to – from – over

**15** What is Rada's family going to do tomorrow? 3점

① They're going to leave for Mars.
② They're going to return to Earth.
③ They're going to go on a trip to space.
④ They're going to go see the black sky.
⑤ They're going to move to another space station.

서술형6 곳/간도

**16** 윗글에서 밑줄 친 (A)의 예시로 언급된 것과 일치하도록 문장을 완성하시오. 5점

→ _____ on Earth, while _____ in space.

**[17~19]** 다음 글을 읽고, 물음에 답하시오.

"You ①have not to wear your big heavy space suits because there is air everywhere. It's also hard to jump there because Earth pulls you down," said Dad.

"What else?" asked Rada.

"There are hills, and they ②covered with soft green grass. You can roll down the hills," answered Mom.

"Dad, (A)언덕을 굴러 내려가 보신 적 있어요?" asked Rada.

"Yes, it's really ③amazing!" answered Dad.

Jonny was thirsty, so he opened a milk container and shook it. The milk floated in the air and ④forms balls. Jonny swallowed the balls.

"Jonny, if you ⑤will drink milk that way on Earth, you'll get wet," said Mom.

**17** 윗글의 밑줄 친 ①~⑤ 중 어법상 올바른 것은? 4점

① ② ③ ④ ⑤

**18** 윗글의 밑줄 친 우리말 (A)를 영어로 옮길 때 필요하지 않은 단어는? 3점

① you ② did ③ hill
④ have ⑤ rolled

서술형7

**19** 다음 ⓐ~ⓓ 중 윗글의 내용과 일치하지 않는 것을 골라 기호를 쓰고, 틀린 부분을 바르게 고쳐 쓰시오. 5점

ⓐ It's not necessary to wear space suits on Earth.
ⓑ Jumping on Earth is more difficult than in space.
ⓒ Dad has rolled down a hill on Earth.
ⓓ Jonny will get wet if he opens a milk container and shakes it in space.

( ) _____ → _____

**[20~22] 다음 글을 읽고, 물음에 답하시오.**

Later that night, Rada and Jonny talked ⓐa long time about Earth. (A)It was exciting to think about all the new things they were going to see and do. There was ⓑone new thing Rada and Jonny really wanted to do. They thought about it ⓒall night and didn't tell Mom and Dad about it. It was their ⓓsecret.

The next day, Rada's family ⓔgot off a spaceship.

"It's going to be a long trip," said Mom.

"That's alright. I'm so excited!" said Rada.

**20** 윗글의 밑줄 친 문장 (A)에 대해 <u>잘못</u> 설명한 사람은? 4점

① 여진: It은 진주어인 to부정사구를 대신하는 가주어야.

② 규현: 시제가 과거이므로 was를 썼어.

③ 준하: 흥미진진한 감정을 불러일으키는 의미라서 형용사로 exciting을 썼어.

④ 다연: they were going to see and do는 관계대명사 절이야.

⑤ 성민: 선행사 all the new things 뒤에는 관계대명사 who가 생략되었어.

서술형**8**
**21** 윗글의 밑줄 친 ⓐ~ⓔ 중 문맥상 어색한 것을 골라 기호를 쓰고, 문맥에 맞게 고쳐 쓰시오. 4점

( ) → _____

**22** 윗글의 내용과 일치하는 것(T)과 일치하지 <u>않는</u> 것(F)이 순서대로 바르게 짝지어진 것은? 4점

- Rada and Jonny wanted to stay in space.
- Rada and Jonny didn't tell Mom and Dad about what they really wanted to do.
- It doesn't take very long to get to Earth.

① T – T – F    ② T – F – T    ③ F – T – T

④ F – T – F    ⑤ F – F – F

**[23~25] 다음 글을 읽고, 물음에 답하시오.**

The spaceship finally landed.

"Dad, ⓐit's difficult to walk on Earth," said Rada.

"I know. ⓑEarth is pulling you down," said Dad.

ⓒRada and Jonny couldn't float anymore. That was the first new thing.

"What's that sound?" asked Rada.

"A bird is singing," said Mom.

"ⓓI've never heard a bird to sing," said Rada.

"And I've never felt the wind," said Jonny.

These were all new things.

Rada and Jonny ran up the nearest hill. At the top, they looked at each other and laughed. ⓔThen they lay down on the soft green grass and rolled down the hill. That was their secret!

"This is _____(A)_____ of all!" shouted Rada and Jonny.

And they ran up to the top of the hill again.

서술형**9**
**23** 윗글의 밑줄 친 ⓐ~ⓔ 중 어법상 틀린 문장의 기호를 쓰고 틀린 부분을 바르게 고쳐 쓴 후, 틀린 이유를 쓰시오. 5점

(1) 틀린 부분: ( ) _____ → _____

(2) 틀린 이유: _____

_____

**24** 윗글의 빈칸 (A)에 들어갈 말로 가장 알맞은 것은? 3점

① the worst thing    ② the oldest thing

③ the smallest thing    ④ the best new thing

⑤ the most disappointing thing

**25** Which one CANNOT be answered from the text above? 4점

① How did Rada's family come to Earth?

② How could Rada and Jonny float on Earth?

③ Why was it hard for Rada to walk on Earth?

④ What was the first new thing on Earth to Rada and Jonny?

⑤ What was Rada and Jonny's secret?

○ 틀린 문항을 표시해 보세요.

○ 부족한 영역을 점검하고 어떻게 더 학습할지 계획을 적어 보세요.

### 〈제1회〉 대표 기출로 내신 **적중** 모의고사　　총점 _____ / 100

| 문항 | 영역 | 문항 | 영역 | 문항 | 영역 |
|---|---|---|---|---|---|
| 01 | p.158(W) | 10 | p.163(L&T) | 19 | pp.178~179(R) |
| 02 | p.158(W) | 11 | p.171(G) | 20 | p.179(R) |
| 03 | p.156(W) | 12 | p.170(G) | 21 | p.179(R) |
| 04 | p.156(W) | 13 | p.171(G) | 22 | p.179(R) |
| 05 | p.162(L&T) | 14 | pp.170~171(G) | 23 | p.179(R) |
| 06 | p.163(L&T) | 15 | p.178(R) | 24 | p.180(R) |
| 07 | p.162(L&T) | 16 | p.178(R) | 25 | p.180(R) |
| 08 | p.163(L&T) | 17 | p.178(R) | | |
| 09 | p.163(L&T) | 18 | pp.178~179(R) | | |

| 제1회 오답 공략 |
|---|
| 부족한 영역 |
| 학습 계획 |

### 〈제2회〉 대표 기출로 내신 **적중** 모의고사　　총점 _____ / 100

| 문항 | 영역 | 문항 | 영역 | 문항 | 영역 |
|---|---|---|---|---|---|
| 01 | p.156(W) | 10 | p.170(G) | 19 | pp.178~179(R) |
| 02 | p.158(W) | 11 | p.171(G) | 20 | p.179(R) |
| 03 | p.158(W) | 12 | p.170(G) | 21 | p.179(R) |
| 04 | p.156(W) | 13 | p.171(G) | 22 | p.179(R) |
| 05 | p.161(L&T) | 14 | pp.170~171(G) | 23 | p.180(R) |
| 06 | p.163(L&T) | 15 | p.178(R) | 24 | p.180(R) |
| 07 | p.161(L&T) | 16 | p.178(R) | 25 | p.180(R) |
| 08 | p.163(L&T) | 17 | pp.178~179(R) | | |
| 09 | p.163(L&T) | 18 | pp.178~179(R) | | |

| 제2회 오답 공략 |
|---|
| 부족한 영역 |
| 학습 계획 |

### 〈제3회〉 대표 기출로 내신 **적중** 모의고사　　총점 _____ / 100

| 문항 | 영역 | 문항 | 영역 | 문항 | 영역 |
|---|---|---|---|---|---|
| 01 | p.158(W) | 10 | p.171(G) | 19 | pp.178~179(R) |
| 02 | p.158(W) | 11 | p.170(G) | 20 | p.179(R) |
| 03 | p.156(W) | 12 | p.170(G) | 21 | p.179(R) |
| 04 | p.161(L&T) | 13 | pp.170~171(G) | 22 | p.179(R) |
| 05 | p.163(L&T) | 14 | p.178(R) | 23 | p.180(R) |
| 06 | p.161(L&T) | 15 | p.178(R) | 24 | p.180(R) |
| 07 | p.163(L&T) | 16 | p.178(R) | 25 | p.180(R) |
| 08 | p.163(L&T) | 17 | pp.178~179(R) | | |
| 09 | p.170(G) | 18 | pp.178~179(R) | | |

| 제3회 오답 공략 |
|---|
| 부족한 영역 |
| 학습 계획 |

### 〈제4회〉 고난도로 내신 **적중** 모의고사　　총점 _____ / 100

| 문항 | 영역 | 문항 | 영역 | 문항 | 영역 |
|---|---|---|---|---|---|
| 01 | p.158(W) | 10 | p.171(G) | 19 | pp.178~179(R) |
| 02 | p.156(W) | 11 | p.170(G) | 20 | p.179(R) |
| 03 | p.158(W) | 12 | pp.170~171(G) | 21 | p.179(R) |
| 04 | p.161(L&T) | 13 | p.170(G) | 22 | p.179(R) |
| 05 | p.162(L&T) | 14 | p.178(R) | 23 | p.180(R) |
| 06 | p.162(L&T) | 15 | p.178(R) | 24 | p.180(R) |
| 07 | p.163(L&T) | 16 | p.178(R) | 25 | p.180(R) |
| 08 | p.163(L&T) | 17 | pp.178~179(R) | | |
| 09 | p.171(G) | 18 | pp.178~179(R) | | |

| 제4회 오답 공략 |
|---|
| 부족한 영역 |
| 학습 계획 |

# 시험에 더 강해진다!
# 보카클리어 시리즈

**동아출판**

---

하루 25개 40일, 중학 필수 어휘 끝!

## 중등 시리즈

**중학 기본편** | 예비중~중학 1학년
중학 기본+필수 어휘 1000개

**중학 실력편** | 중학 2~3학년
중학 핵심 어휘 1000개

**중학 완성편** | 중학 3학년~예비고
중학+예비 고등 어휘 1000개

자세한 우리말 풀이로
혼자서도 쉽게!

---

고교필수·수능 어휘 완벽 마스터!

## 고등 시리즈

**고교필수편** | 고등 1~2학년
고교 필수 어휘 1600개
하루 40개, 40일 완성

**수능편** | 고등 2~3학년
수능 핵심 어휘 2000개
하루 40개, 50일 완성

시험에 꼭 나오는
유의어, 반의어, 숙어가 한 눈에!

---

## 학습 지원 서비스

**휴대용 미니 단어장**

**어휘 MP3 파일**

중등    고등

**모바일 어휘 학습 '암기고래' 앱**
일반 모드 입장하기 > 영어 > 동아출판 > 보카클리어

안드로이드    iOS

# 동아출판 영어 교재 가이드

| 영역 | 브랜드 | 초1~2 | 초3~4 | 초5~6 | 중1 | 중2 | 중3 | 고1 | 고2 | 고3 |
|---|---|---|---|---|---|---|---|---|---|---|
| 문법 | [초·중등] 개념서<br>**그래머 클리어 스타터**<br>**중학 영문법 클리어** | | | | | | | | | |
| | [중등] 문법 문제서<br>**그래머 클라우드 3000제** | | | | | | | | | |
| | [중등] 실전 문제서<br>**빠르게 통하는 영문법**<br>**핵심 1200제** | | | | | | | | | |
| | [중등] 서술형 영문법<br>**서술형에 더 강해지는**<br>**중학 영문법** | | | | | | | | | |
| | [고등] 시험 영문법<br>**시험에 더 강해지는**<br>**고등 영문법** | | | | | | | | | |
| | [고등] 개념서<br>**Supreme 고등 영문법** | | | | | | | | | |
| 어법 | [고등] 기본서<br>**Supreme 수능 어법**<br>기본 실전 | | | | | | | | | |
| 쓰기 | [중등] 영작 집중 훈련서<br>**중학 문법+쓰기 클리어** | | | | | | | | | |

동아출판이 만든 진짜 기출예상문제집

# 특급기출

중간고사

중학 영어 **2-2**

윤정미

# 정답 및 해설

동아출판

## Lesson 5
# Living Healthily and Safely

## STEP A

### W Words 연습 문제     p. 9

**A**
01 중독
02 예방하다, 막다
03 안전
04 문자 메시지(를 보내다)
05 사고
06 (눈을) 깜박거리다
07 증가하다
08 유명 인사
09 통증, 고통
10 총명한, 똑똑한
11 엄지손가락
12 일으키다, 야기하다
13 목구멍, 목
14 규칙적으로
15 작가, 저자
16 초조한
17 현명하지 못한, 어리석은
18 그런, 그러한
19 다양한, 여러 가지의
20 치통

**B**
01 sore
02 hurt
03 stretch
04 simple
05 hole
06 fever
07 dentist
08 fall
09 problem
10 promise
11 medicine
12 zombie
13 stress
14 headache
15 without
16 dry
17 person
18 meal
19 meeting
20 finger

**C**
01 ~을 끄다
02 ~을 내려다보다
03 휴식을 취하다
04 감기에 걸리다
05 지금부터
06 다치다
07 콧물이 흐르다
08 (특정한 상황에) 처하다
09 ~ 대신에
10 최선을 다하다

**D**
01 have a runny nose
02 from now on
03 turn off
04 try one's best
05 instead of
06 look down at
07 get hurt
08 get some rest
09 get into
10 have a cold

### W Words Plus 연습 문제     p. 11

**A**
1 blink, (눈을) 깜박거리다    2 hole, 구덩이, 구멍
3 increase, 증가하다    4 without, ~ 없이

5 regularly, 규칙적으로    6 pain, 통증, 고통
7 accident, 사고    8 stretch, 늘이다, 뻗다

**B** 1 nervous   2 addiction   3 prevent   4 hurt   5 meal

**C** 1 got hurt   2 looking down at   3 a runny nose
4 turn off   5 instead of

**D** 1 unwise   2 increase   3 safety   4 sore
5 without

**A** |해석|
1 매우 빠르게 눈을 뜨고 감다
2 땅 표면에 파여 있는 공간
3 커지거나 어떤 것을 커지게 만들다
4 어떤 사람 또는 물건을 가지고 있지 않은
5 매일 또는 매주 등 같은 시간에
6 몸의 일부가 아플 때 드는 느낌
7 원하거나 계획되지 않게 일어난 나쁜 일
8 몸이나 몸의 일부를 더 똑바르고 길게 만들다

**B** |해석|
1 시험 보기 전에 초조하다고 느끼니?
2 스마트폰 중독은 심각한 문제이다.
3 우리는 공기 오염을 막기 위해 무엇을 할 수 있나요?
4 그는 축구하는 동안 무릎을 다쳤다.
5 저녁 식사는 대부분의 사람에게 하루의 주된 식사이다.

**D** |해석|
1 쉬운 : 어려운 = 현명한 : 현명하지 못한
2 건조한, 마른 : 젖은 = 증가하다 : 감소하다
3 통증, 고통 : 아픈 = 안전 : 안전한
4 간단한 : 쉬운 = 아픈 : 아픈, 쓰라린
5 켜다 : 끄다 = ~와 : ~ 없이

### W Words 실전 TEST     p. 12

01 ②    02 ③    03 ②    04 ④    05 ③    06 instead of
07 ①

01 |해석| ① 열 ② 목구멍, 목 ③ 두통 ④ 치통 ⑤ 콧물
|해설| ②는 신체 일부를 나타내는 단어이고, 나머지는 모두 아픈 증상을 나타내는 단어이다.

02 |해석| ① 건조한, 마른 - 젖은
② 현명한 - 현명하지 못한, 어리석은
③ 막다, 예방하다 - 막다
④ ~와 - ~ 없이
⑤ 증가하다 - 감소하다
|해설| ③은 유의어 관계이고, 나머지는 모두 반의어 관계이다.

03 |해석| • 사고의 원인이 무엇인가?
• 정크푸드를 너무 많이 먹는 것은 건강 문제를 야기할 수 있다.
|해설| 첫 번째 빈칸에는 '원인'이라는 뜻의 명사 cause가, 두 번째 빈칸에는 '야기하다'라는 뜻의 동사 cause가 알맞다.

Lesson 5    1

**04** |해석| • 집 안의 불을 모두 껐니?
• 걸을 때 네 발을 내려다보지 말아라.
|해설| turn off: ~을 끄다 / look down at: ~을 내려다보다

**05** |해석| ① 나는 열이 나고 목이 아프다.
② 너는 안경 없이 볼 수 있니?
③ 그들은 건강을 유지하기 위해 규칙적으로 운동한다.
④ 이 약을 먹고 휴식을 취해라.
⑤ 네 안전을 위해, 헬멧을 써라.
|해설| ③ regularly는 '규칙적으로'라는 뜻이다.

**06** |해설| '~ 대신에'는 instead of로 표현한다.

**07** |해설| ① 초조한: 매우 마음이 편안한 (→ 매우 불안해하거나 걱정하는)
② 구멍: 땅 표면에 파여 있는 공간
③ (눈을) 깜박거리다: 매우 빠르게 눈을 뜨고 감다
④ 증가하다: 커지거나 어떤 것을 커지게 만들다
⑤ 고통: 몸의 일부가 아플 때 드는 느낌
|해설| ① nervous는 '초조한'이라는 뜻이므로, 영영풀이는 feeling very anxious or fearful이 알맞다.

### L&T Listen and Talk 만점 노트
pp. 14~15

Q1 목이 아프고 열이 남   Q2 ⓐ   Q3 T   Q4 ⓑ   Q5 F
Q6 오른쪽 엄지손가락   Q7 text   Q8 has a fever   Q9 F
Q10 sore throat, runny nose

### L&T Listen and Talk 빈칸 채우기
pp. 16~17

**Listen and Talk A-1** What's wrong, have a sore throat, Take, medicine, make sure

**Listen and Talk A-2** What's wrong, back hurts, heating pad on, do, exercises

**Listen and Talk A-3** What's the matter, terrible toothache, Take, go to the dentist

**Listen and Talk A-4** with your leg, hurt, hurts, Why don't you, make sure, until next week

**Listen and Talk C** What's wrong, right thumb hurts, Do you use, text, I think you have, pain, from texting, Why don't you, don't text

**Talk and Play** have a fever, too bad, some rest

**Review-1** terrible headache, take some medicine

**Review-2** the matter, have a runny nose, have a cold

### L&T Listen and Talk 대화 순서 배열하기
pp. 18~19

1 ⓓ - ⓐ - ⓒ - ⓑ
2 ⓓ - ⓐ - ⓒ, ⓔ
3 ⓐ - ⓒ - ⓕ, ⓑ - ⓔ
4 ⓒ - ⓐ, ⓑ - ⓓ
5 ⓖ - ⓘ, ⓓ - ⓕ, ⓒ - ⓗ - ⓐ
6 ⓓ - ⓐ - ⓒ - ⓑ
7 ⓑ - ⓓ - ⓐ - ⓒ
8 ⓒ - ⓓ - ⓑ - ⓐ

### L&T Listen and Talk 실전 TEST
pp. 20~21

**01** ⑤   **02** ③   **03** ②   **04** ②   **05** ②   **06** ③   **07** ①
**08** ①   **09** ④
[서술형]
**10** (1) What's the matter (with you) (2) make sure you take a good rest   **11** ⓑ → I have a toothache.
**12** put some ice on, play soccer until next week

**01** |해석| A: 무슨 일이니?
B: _____
① 손가락을 다쳤어.   ② 팔이 많이 아파.
③ 목이 아파.   ④ 심한 치통이 있어.
⑤ 반드시 좀 쉬도록 하렴.
|해설| ⑤ 아픈 증상을 묻는 말에 대한 대답으로 당부의 말을 하는 것은 어색하다.

**02** |해석| A: 나는 열이 있고 콧물이 나.
B: 안됐구나. 반드시 약을 좀 먹어.
① 치과에 가 봐   ② 너무 많이 먹지 마
④ 내일 일찍 일어나   ⑤ 운동하기 전에 스트레칭을 해
|해설| 열이 있고 콧물이 난다고 했으므로, 해 줄 수 있는 당부의 말로 약을 먹으라는 ③이 가장 알맞다.

**03** |해석| ① A: 무슨 일이 있니?
B: 배가 아파.
② A: 무슨 일이야?
B: 이제 나아지고 있는 것 같아.
③ A: 머리가 너무 아파.
B: 약을 좀 먹는 게 어때?
④ A: 등이 많이 아파.
B: 안됐구나. 진찰을 받아 봐.
⑤ A: 나는 달리다가 다리를 다쳤어.
B: 반드시 그 위에 얼음을 좀 올려놔.
|해설| ② 아픈 증상을 묻는 질문에 몸이 나아지고 있다고 답하는 것은 어색하다.

**04** |해석| A: 무슨 일이니, Chris?
(B) 심한 치통이 있어요.
(C) 여기 약이 좀 있단다. 이것을 먹으렴.
(A) 고맙습니다.
(D) 그리고 반드시 치과에 가도록 하렴.
B: 네, 그럴게요.

**[05~06]** |해석|
A: 무슨 일이니, Peter?
B: 모르겠어요, 김 선생님. 그런데 등이 많이 아파요.
A: 그곳에 찜질 패드를 올려놓으렴.
B: 네, 그럴게요
A: 그리고 반드시 스트레칭 운동을 좀 하렴.

**05** |해석| ① 뭘 원하니   ② 무슨 일이니
③ 지금 뭘 하고 있니   ④ 언제 아프기 시작했니
⑤ 진찰을 받아 보는 게 어떠니

|해설| 아픈 증상을 물을 때는 What's wrong?, What's the matter?, Is anything wrong? 등으로 말할 수 있다.

**06** |해설| 주어진 단어들을 바르게 배열하면 make sure you do some stretching exercises이므로 4번째로 오는 단어는 do이다.

**[07~09]** |해석|

A: 무슨 일이니, Andy?

B: 안녕하세요, 김 선생님. 제 오른쪽 엄지손가락이 아파요.

A: 음. 너 스마트폰을 많이 사용하니?

B: 네, 문자를 많이 보내요. 왜요?

A: 내 생각에 너는 texting thumb인 것 같구나.

B: texting thumb이요? texting thumb이 뭔가요?

A: 엄지손가락에 통증이 있는 거야. 문자를 너무 많이 보내면 생길 수 있어.

B: 아, 그건 몰랐어요.

A: 손가락 스트레칭 운동을 좀 하는 게 어떠니?

B: 네, 그럴게요.

A: 그리고 반드시 문자를 너무 많이 보내지 않도록 하렴.

**07** |해설| 주어진 문장은 '오른쪽 엄지손가락이 아프다'라는 뜻이므로 아픈 증상을 묻는 표현 다음인 ①에 들어가는 것이 알맞다.

**08** |해석| ② Andy의 스마트폰
③ Andy의 오른쪽 엄지손가락
④ Andy의 문자 메시지
⑤ 스트레칭 운동
|해설| texting thumb이 무엇인지 묻는 질문에 대한 대답이므로 It은 texting thumb을 가리킨다.

**09** |해설| ④ Andy는 texting thumb이 무엇인지 몰라서 김 선생님께 물어보았다.

**10** |해석| A: 너 아파 보인다. 무슨 일이니, 인호야?

B: 열이 나요. 목도 아파요.

A: 이 약을 먹고 반드시 푹 쉬도록 하렴.

B: 알겠어요. 고맙습니다.

|해설| (1) 상대방에게 무슨 일이 있는지 물을 때는 What's the matter? 로 말할 수 있다.

(2) 상대방에게 어떤 일을 반드시 하라고 당부할 때는 「Make sure you+동사원형 ~」으로 말할 수 있다.

**11** |해석| A: 너 아파 보여. 무슨 일이니?

B: 두통이(→ 치통이) 있어.

A: 안됐구나. 너는 치과에 가는 것이 좋겠어.

B: 응, 그럴게.

|해설| 치과에 가 보라는 조언이 이어지는 것으로 보아, 두통(headache)이 아니라 치통(toothache)이 있다고 해야 맥락상 자연스럽다.

**12** |해석| 여자: 다리에 무슨 문제가 있니?

소년: 축구를 하다가 넘어져서 발을 다쳤어요.

여자: 걸을 수는 있니?

소년: 네, 하지만 많이 아파요.

여자: 발에 얼음을 좀 올려놓는 게 어떠니? 그리고 반드시 다음 주까지는 축구를 하지 않도록 하렴.

Q: 여자는 소년에게 무엇을 하라고 조언했는가?

A: 그녀는 그의 발에 얼음을 좀 올리고 다음 주까지 축구를 하지 말라고 조언했다.

---

**G Grammar 핵심 노트 1 QUICK CHECK**    p. 22

**1** (1) that (2) whom (3) which
**2** (1) whom(who/that) (2) which(that) (3) whom

**1** |해석| (1) 나는 아버지가 내게 주신 자전거를 좋아한다.
(2) 네가 공원에서 본 그 여자는 나의 이모이다.
(3) Lisa는 그녀가 이탈리아에서 산 신발을 신고 있다.

**2** |해석| (1) 그녀는 내가 가장 좋아하는 가수이다.
(2) Julie가 듣는 음악은 좋다.
(3) 내가 함께 이야기를 나누던 그 남자는 나의 선생님이다.

---

**G Grammar 핵심 노트 2 QUICK CHECK**    p. 23

**1** (1) me (2) Max (3) such music hip hop
**2** (1) him (2) call me Sweetie (3) Brooke

**1** |해석| (1) 저를 정 선생님이라고 불러 주세요.
(2) 내 친구들과 나는 그 개를 Max라고 부른다.
(3) 사람들은 그런 음악을 힙합이라고 부른다.

**2** |해석| (1) 그의 학급 친구들은 그를 천재라고 불렀다.
(2) 나의 엄마는 나를 Sweetie라고 부르고 싶어 하셨다.
(3) 그들은 그 아기를 Brooke이라고 이름 짓기로 결정했다.

---

**G Grammar 연습 문제 1**    p. 24

**A** **1** which(that) **2** which(that) **3** whom(who/that)
**4** which(that) **5** whom(who/that)

**B** **1** The bike which(that) I loved was stolen.
**2** I know the girl whom(who/that) everyone likes.
**3** *Jane Eyre* is the book which(that) Yumi read yesterday.

**C** **1** This is the storybook which(that) my uncle wrote.
**2** The cookies which(that) Jane made were delicious.
**3** The man whom(who/that) they saw on TV last night is the lawyer.

**D** **1** The person I often meet
**2** the dogs that I take care of
**3** The map which he lent me

**A** |해석| **1** 내가 방문하고 싶은 도시는 시드니이다.
**2** 내가 어제 네게 준 연필은 어디에 있니?
**3** 헤밍웨이는 내가 가장 좋아하는 작가이다.
**4** 이것은 나의 아버지가 작년에 심은 나무이다.
**5** 내 형이 이야기하고 있는 그 여자는 멕시코 출신이다.
|해설| 선행사가 사람일 때는 목적격 관계대명사로 whom, who나 that을, 사물일 때는 which나 that을 쓴다.

**B** |해석| **1** 내가 정말 좋아하던 그 자전거는 도난당했다.
**2** 나는 모든 사람들이 좋아하는 소녀를 안다.
**3** '제인 에어'는 유미가 어제 읽은 책이다.

ㅣ해설ㅣ 선행사가 사람일 때는 목적격 관계대명사로 whom, who나 that을, 사물일 때는 which나 that을 쓰며, 목적격 관계대명사는 생략할 수 있다.

C ㅣ해석ㅣ **1** 이것은 동화책이다. 내 삼촌이 그것을 썼다.
→ <u>이것은 내 삼촌이 쓴 동화책이다.</u>
**2** 쿠키는 맛있었다. Jane이 그것들을 만들었다.
→ <u>Jane이 만든 쿠키는 맛있었다.</u>
**3** 그 남자는 변호사이다. 그들은 그를 어젯밤에 TV에서 보았다.
→ <u>그들이 어젯밤에 TV에서 본 그 남자는 변호사이다.</u>
ㅣ해설ㅣ 두 번째 문장의 목적어인 대명사가 대신하는 앞 문장의 명사를 선행사로 하여, 두 번째 문장이 「목적격 관계대명사+주어+동사 ~」 형태의 관계대명사절이 되도록 쓴다.

D ㅣ해설ㅣ 「선행사+(목적격 관계대명사+)주어+동사」의 어순이 되도록 문장을 완성한다.
**1** 목적격 관계대명사가 생략되었다.
**2** 관계대명사 that은 「전치사+관계대명사」의 형태로는 쓸 수 없다.

---

### G Grammar 연습 문제 2　　　p.25

**A** **1** call her Dancing Queen　　**2** called him Caveman
**3** call this bread Naan
**B** **1** she → her　　**2** fast food such food → such food fast food　　**3** to → 삭제　　**4** Nate him → him Nate
**C** **1** elect　　**2** call　　**3** make　　**4** name
**D** **1** Jenny calls her cat Coco.
**2** People call the boy a walking dictionary.
**3** My classmates always call me Computer Master.

---

A ㅣ해석ㅣ **1** Amy는 춤을 잘 춰서 우리는 <u>그녀를 Dancing Queen이라고 부른다.</u>
**2** 그가 동굴에 살았기 때문에 우리는 <u>그를 Caveman이라고 불렀다.</u>
**3** 인도에서 사람들은 얇은 빵을 카레와 함께 먹는데 그들은 <u>이 빵을 난이라고 부른다.</u>
ㅣ해설ㅣ 'A를 B라고 부르다'라는 의미가 되도록 call A B의 어순으로 쓴다. A 자리에는 목적어, B 자리에는 목적격 보어를 쓴다.

B ㅣ해석ㅣ **1** 제가 그녀를 White 씨라고 불러도 될까요?
**2** 우리는 그런 음식을 패스트푸드라고 부른다.
**3** 사람들은 방콕을 천사의 도시라고 부른다.
**4** 그의 이름은 Nathaniel이지만 사람들은 그를 Nate라고 부른다.
ㅣ해설ㅣ **1** call A B에서 A는 목적어 자리이므로 목적격 형태로 쓴다.
**2, 4** call A B에서 A에는 목적어, B에는 목적격 보어가 위치한다.
**3** call A B에서 목적격 보어 자리인 B에는 명사(구)가 온다.

C ㅣ해석ㅣ **1** 우리는 그를 학생회장으로 <u>선출할 것이다.</u>
**2** 내 친구들은 나를 Robert 대신에 Bob이라고 <u>부른다.</u>
**3** 나는 세상을 더 나은 곳으로 <u>만들고</u> 싶다.
**4** 그들은 아기가 태어나기 전에 Joy라고 <u>이름 짓기로</u> 결정했다.
ㅣ해설ㅣ 모두 5형식 문장으로, 빈칸 뒤에 「목적어+목적격 보어(명사(구))」가 이어져 '~을 …로 선출하다/부르다/만들다/이름 짓다'를 의미하도록 각각 elect, call, make, name을 쓴다.

D ㅣ해설ㅣ 'A를 B라고 부르다'는 call A B로 나타낸다. 목적어와 목적격 보어를 구별하여 바르게 배열한다.

---

### G Grammar 실전 TEST　　　pp. 26~29

**01** ②　**02** ③　**03** ①　**04** ⑤　**05** ③　**06** ②　**07** ③
**08** ②, ⑤　**09** ①　**10** ③　**11** ⑤　**12** ④　**13** ⑤
**14** ①, ⑤　**15** ①　**16** ④　**17** ②

[서술형]
**18** which(that)　　**19** whom(who/that)　　**20** Big Ben the tower → the tower Big Ben　　**21** I don't know the person that you are talking about.　　**22** (1) We call the food taco.
(2) We call the animal koala.　(3) We call the dance salsa.
**23** (1) People call such music hip hop.
(2) The musical which I want to see is *Cats*.
(3) Do you like the sneakers that you bought yesterday?
(4) The painter whom I like the most is Edgar Degas.
**24** (1) The girl Tim called last night was Jenny.
(2) Everyone likes the strawberry cake I bought.
(3) Look at the man the children are talking to.
(4) I found the cats my sister was looking for.
(5) The piano my daughter is playing now is very old.
**25** (1) which(that) Tom likes is pizza　(2) which(that) Tom likes is soccer　(3) which(that) Tom likes is blue
(4) whom(who/that) Tom likes is Michael Jackson
(5) whom(who/that) Tom likes is Charles Dickens

---

**01** ㅣ해설ㅣ 'A를 B라고 부르다'는 call A B로 나타낸다.

**02** ㅣ해석ㅣ • 케냐는 내가 방문하고 싶은 나라이다.
• Jason은 어제 Sally가 함께 저녁 식사한 남자이다.
ㅣ해설ㅣ 첫 번째 빈칸에는 선행사(the country)가 사물이므로 목적격 관계대명사로 which나 that이 알맞고, 두 번째 빈칸에는 선행사(the man)가 사람이므로 whom, who나 that이 알맞다. 따라서 공통으로 알맞은 것은 that이다.

**03** ㅣ해석ㅣ 그들이 가장 좋아하는 작가는 윌리엄 셰익스피어이다.
ㅣ해설ㅣ they like the most가 관계대명사절로 주어 The writer를 수식하므로, 목적격 관계대명사 whom은 선행사(The writer) 뒤에 와야 한다.

**04** ㅣ해석ㅣ 내 남자친구는 내게 반지를 줬다. 나는 그것을 잃어버렸다.
→ 나는 내 남자친구가 내게 준 반지를 잃어버렸다.
ㅣ해설ㅣ 선행사(the ring)가 사물이므로 목적격 관계대명사는 which나 that을 쓴다.

**05** ㅣ해석ㅣ • 나의 아버지는 내가 가장 사랑하는 사람이다.
• 그녀가 사고 싶어 하는 재킷은 매우 비싸다.
ㅣ해설ㅣ 첫 번째 빈칸에는 선행사(the person)가 사람이므로 목적격 관계대명사로 whom, who나 that을, 두 번째 빈칸에는 선행사(The jacket)가 사물이므로 which나 that을 쓸 수 있다.

**06** ㅣ해설ㅣ 'A를 B라고 부르다'는 call A B로 나타낸다. A에는 목적어인 such people이, B에는 목적격 보어인 celebrities가 온다.

**07** |해석| ① 아빠가 만든 피자는 맛있었다.

② 이것은 그녀가 하루 종일 찾던 펜이다.

③ 내가 가장 좋아하는 동물은 토끼이다.

④ 내가 그녀에게 빌린 책은 '햄릿'이다.

⑤ Davis 씨는 많은 학생들이 존경하는 교사이다.

|해설| ③ 선행사(The animal)가 동물이므로 목적격 관계대명사로 which나 that을 써야 한다.

**08** |해석| 오늘 아침 내가 버스에서 만난 소녀는 내 사촌이다.

|해설| 선행사가 사람일 때 목적격 관계대명사로 whom, who나 that을 쓸 수 있다.

**09** |해석| ① 그들은 Joy가 시험에 합격하기를 바란다.

② 내가 잘하는 과목은 과학이다.

③ 런던은 내가 작년에 방문한 도시이다.

④ Andy는 하준이가 캐나다에서 만난 소년이다.

⑤ 내가 탁자 위에 놓아둔 시계를 봤니?

|해설| ①은 명사절을 이끄는 접속사 that이고, 나머지는 모두 관계대명사절을 이끄는 목적격 관계대명사 that이다.

**10** |해석| ① 저를 윤 박사라고 불러 주세요.

② 우리 가족은 그 개를 Rex라고 불렀다.

③ 그녀는 항상 그녀의 남편을 Honey라고 부른다.

④ 베트남 사람들은 그 모자를 논 라라고 부른다.

⑤ 사람들은 뉴욕시를 the Big Apple이라고 부른다.

|해설| ③ 'A를 B라고 부르다'는 call *A B*로 나타낸다.

**11** |해석| ① 이것들은 내가 파리에서 찍은 사진들이다.

② Jim은 내가 자주 축구를 함께 하는 소년이다.

③ 내가 편지를 쓰고 있는 친구는 Sue이다.

④ 내가 오늘 점심으로 먹은 스파게티는 맛있었다.

⑤ 이것은 나의 조부모님이 살고 계신 집이다.

|해설| ⑤ 「전치사＋관계대명사」의 형태일 때 목적격 관계대명사로 that을 쓸 수 없다.

**12** |해석| ① 나는 믿을 수 있는 몇몇 친구들이 있다.

② 이것은 엄마가 나를 위해 만들어 주신 스카프이다.

③ Ben이 사용하고 있는 스마트폰은 내 것이다.

④ 그 여자는 내가 너에게 얘기했던 의사이다.

⑤ 내가 Tom과 함께 봤던 영화는 '로미오와 줄리엣'이었다.

|해설| ④ 「전치사＋관계대명사」의 형태일 때 목적격 관계대명사는 생략할 수 없다.

**13** |해석| 그 어린 소년은 매우 똑똑해서 모두 그를 아인슈타인이라고 부른다.

|해설| 'A를 B라고 부르다'는 call *A B*이며, B의 자리에는 목적격 보어로 명사가 온다.

**14** |해석| 그 도서관은 조용했다. 나는 어제 그 도서관에 갔다.

내가 어제 간 그 도서관은 조용했다.

|해설| 선행사 The library를 목적격 관계대명사가 이끄는 관계대명사절로 수식하는 형태로 쓴다. 선행사가 사물이므로 관계대명사로 which나 that을 쓰며, 목적격 관계대명사이므로 생략할 수도 있다.

**15** |해석| ① Jenny는 옆집에 사는 소녀이다.

② 그는 우리가 어젯밤에 본 배우이다.

③ Emma가 이야기하고 있는 남자를 보아라.

④ 빈센트 반 고흐는 내가 가장 좋아하는 화가이다.

⑤ 그들은 내가 보통 점심을 함께 먹는 반 친구들이다.

**16** |해설| ① 빈칸 뒤에 동사가 이어지는 주격 관계대명사절이므로, 목적격 관계대명사인 whom은 쓸 수 없다.

**16** |해설| 주어진 단어들을 바르게 배열하면 My brother lost the laptop which he bought a week ago.이므로 6번째로 오는 단어는 which이다.

**17** |해석| ⓐ 사람들은 그런 춤을 탱고라고 부른다.

ⓑ 그녀의 친구들은 모두 그녀를 Queen Bee라고 부른다.

ⓒ 우리가 할 수 있는 것에 대해 생각해 보자.

ⓓ 런던은 내가 10년 동안 살았던 도시이다.

ⓔ 이것은 나의 부모님이 생일날 내게 주신 자전거이다.

|해설| ⓑ 'A를 B라고 부르다'는 call *A B*이며, A는 목적어 자리이므로 목적격을 써야 한다.

ⓔ 관계대명사절에서는 관계대명사가 대신하는 (대)명사를 쓰지 않으므로, 목적어 it을 삭제해야 한다.

**18** |해석| 그 영화는 재미있었다. 나는 지난 주말에 그것을 봤다.

→ 내가 지난 주말에 본 영화는 재미있었다.

|해설| 선행사(The movie)가 사물이므로 목적격 관계대명사로 which나 that을 쓴다.

**19** |해석| 그 여자는 조련사이다. 나는 공원에서 그녀에게 말했다.

→ 내가 공원에서 말했던 여자는 조련사이다.

|해설| 선행사(The woman)가 사람이므로 목적격 관계대명사로 whom, who나 that을 쓴다.

**20** |해석| A: 그 시계탑의 이름은 무엇이니?

B: 사람들은 그 탑을 빅벤이라고 불러.

|해설| 'A를 B라고 부르다'는 call *A B*의 어순으로 나타낸다.

**21** |해석| 나는 네가 말하는 그 사람을 모른다.

|해설| 관계대명사 that은 전치사 바로 뒤에 쓸 수 없으므로 전치사를 관계대명사절의 끝으로 보내야 한다.

**22** |해설| [예시] A: 이 모자를 무엇이라고 부르는가?

B: 우리는 그 모자를 chullo라고 부른다.

(1) A: 이 음식을 무엇이라고 부르는가?

B: 우리는 그 음식을 타코라고 부른다.

(2) A: 이 동물을 무엇이라고 부르는가?

B: 우리는 그 동물을 코알라라고 부른다.

(3) A: 이 춤을 무엇이라고 부르는가?

B: 우리는 그 춤을 살사라고 부른다.

|해설| 'A를 B라고 부르다'는 call *A B*로 나타낸다. 이름에 해당하는 명사가 목적격 보어인 B 자리에 온다.

**23** |해설| (1) 'A를 B라고 부르다'는 call *A B* 형태로 쓴다.

(2)~(4) 각 문장의 선행사를 목적격 관계대명사절이 수식하는 형태로 쓴다.

**24** |해설| [예시] 그 책은 '마지막 잎새'이다. Tim이 그것을 읽고 있다.

→ Tim이 읽고 있는 책은 '마지막 잎새'이다.

(1) 그 소녀는 Jenny였다. Tim은 어젯밤에 그녀에게 전화했다.

→ Tim이 어젯밤에 전화한 소녀는 Jenny였다.

(2) 모두가 딸기 케이크를 좋아한다. 나는 그것을 샀다.

→ 모두가 내가 산 딸기 케이크를 좋아한다.

(3) 그 남자를 봐라. 아이들이 그에게 이야기하고 있다.

→ 아이들이 이야기하고 있는 그 남자를 봐라.

(4) 나는 고양이들을 발견했다. 내 여동생이 그 고양이들을 찾고 있었다.
　　→ 나는 내 여동생이 찾고 있던 고양이들을 발견했다.
(5) 피아노는 매우 오래되었다. 내 딸이 지금 그것을 연주하고 있다.
　　→ 내 딸이 지금 연주하고 있는 피아노는 매우 오래되었다.

|해설| 목적격 관계대명사는 생략이 가능하며, 목적격 관계대명사는 선행사를 가리키는 (대)명사를 대신하므로 관계대명사절에서 그 (대)명사를 삭제해야 하는 것에 유의한다.

**25** |해석| (1) Tom이 좋아하는 음식은 피자이다.
(2) Tom이 좋아하는 운동은 축구이다.
(3) Tom이 좋아하는 색은 파란색이다.
(4) Tom이 좋아하는 가수는 마이클 잭슨이다.
(5) Tom이 좋아하는 작가는 찰스 디킨스이다.

|해설| 각 문장의 선행사를 목적격 관계대명사절이 수식하는 형태로 완성한다. (1)~(3)은 선행사가 사물이므로 which나 that을 쓰고, (4), (5)는 선행사가 사람이므로 whom, who나 that을 쓴다.

## Ⓡ Reading 빈칸 채우기    pp. 32~33

**01** without, these days    **02** unwise, too much    **03** like
**04** down, on    **05** call such people    **06** various safety
**07** may, so, get hurt    **08** get into    **09** to prevent
**10** simple    **11** look at, while    **12** cause various health problems    **13** dry eyes    **14** When, blink often
**15** feel dry    **16** Another problem    **17** look down at, increases    **18** for example, neck pain    **19** call
**20** tips for    **21** try to blink    **22** up to, eye level
**23** neck stretching exercises    **24** feel nervous, around
**25** there is no    **26** If, may have, addiction
**27** to prevent    **28** turn off, during    **29** instead of

## Ⓡ Reading 바른 어휘·어법 고르기    pp. 34~35

**01** Living    **02** unwise    **03** around    **04** down
**05** such people smombies    **06** safety    **07** may
**08** into    **09** to prevent    **10** simple    **11** while
**12** cause    **13** is    **14** at    **15** dry    **16** is
**17** increases    **18** cause    **19** this text neck    **20** tips
**21** to blink    **22** up    **23** do    **24** when    **25** sad
**26** addiction    **27** to prevent    **28** off    **29** instead of

## Ⓡ Reading 틀린 문장 고치기    pp. 36~37

**01** ×, is    **02** ×, too much    **03** ○    **04** ○    **05** ×, such people smombies    **06** ○    **07** ×, get hurt    **08** ×, get into    **09** ×, to prevent    **10** ○    **11** ○    **12** ×, can cause    **13** ○    **14** ○    **15** ○    **16** ×, problem    **17** ○
**18** ○    **19** ○    **20** ×, are    **21** ×, For    **22** ×, to
**23** ○    **24** ×, nervous    **25** ×, there is    **26** ○    **27** ×, to prevent    **28** ×, during    **29** ×, texting

## Ⓡ Reading 실전 TEST    pp. 40~43

**01** ④    **02** ⑤    **03** ③    **04** ①    **05** ①    **06** ②    **07** ②
**08** ③    **09** ⑤    **10** ③    **11** ①, ⑤    **12** ③    **13** ④
**14** ②    **15** ③    **16** ④    **17** ④    **18** ②, ④

[서술형]

**19** ⓑ → is    **20** |모범 답| 좀비처럼 돌아다니면서, 고개를 아래로 숙이고 스마트폰을 보는 사람들    **21** (1) They may not see a hole in the street, so they may fall and get hurt. They may get into a car accident, too.    (2) They shouldn't look at their smartphones while they are walking.
**22** you can have is neck pain    **23** (1) dry eyes    (2) text neck(neck pain)    **24** (1) 스마트폰을 눈높이까지 올려서 보는 것    (2) 목 스트레칭 운동을 하는 것

**[01~02]** |해석|
스마트폰 없이 사는 것은 요즘 많은 이들에게 어렵다. 하지만 스마트폰을 현명하지 못하게 사용하거나 너무 과도하게 사용하는 것은 다양한 문제를 야기할 수 있다.

**01** |해설| ⓐ 문맥상 요즘 스마트폰 없이 생활하는 것이 어렵다(difficult)는 내용이 알맞다.
ⓑ 이어지는 내용에서 너무 과도한 사용이 여러 문제를 야기할 수 있다고 했으므로 unwise(현명하지 못한)가 알맞다.

**02** |해설| 마지막 문장에서 스마트폰을 현명하지 못하게 사용하거나 과도하게 사용하면 다양한 문제를 야기할 수 있다고 했으므로, 뒤에 이어질 내용으로 ⑤가 알맞다.

**[03~08]** |해석|
전 세계적으로 사람들이 좀비처럼 걸어 다니고 있다. 그들의 머리는 아래를 향하고, 그들의 눈은 스마트폰을 향하고 있다. 우리는 그런 사람들을 스몸비, 즉 스마트폰 좀비라고 부른다. 만약 당신이 스몸비라면, 당신은 다양한 안전 관련 문제들을 겪을 수 있다. 당신은 거리에 있는 구덩이를 보지 못할 수도 있고, 그래서 넘어져서 다칠지도 모른다. 당신은 또한 교통사고를 당할지도 모른다. 그렇다면 이런 문제들을 예방하기 위해 무엇을 할 수 있을까? 간단하다. 걷고 있는 동안에는 스마트폰을 보지 마라!

**03** |해설| 주어진 문장은 '스몸비라면 다양한 안전 문제를 겪을 수 있다'는 내용이므로 구체적인 안전 문제에 관한 예시가 제시되는 문장 앞인 ③에 들어가는 것이 자연스럽다.

**04** |해설| 'A를 B라고 부르다'는 call *A B*로 나타낸다.

**05** |해설| ⓐ '그래서'라는 의미로 결과를 나타내는 접속사 so가 알맞다.
ⓒ '걷고 있는 동안에' 스마트폰을 보지 말라는 내용이 되도록 접속사 while(~ 동안에)이 알맞다.

**06** |해석| ① 나의 취미는 쿠키를 굽는 것이다.
② 나는 자전거를 타기 위해 공원에 갔다.
③ 그는 미래에 수의사가 되기를 원한다.
④ 롤러코스터를 타는 것은 매우 재미있다.
⑤ 우리는 병원에서 자원봉사 하기로 결정했다.

|해설| ⓑ와 ②의 to부정사는 목적을 나타내는 부사적 용법으로 쓰였다. 나머지는 모두 명사적 용법으로 쓰였다. (① 보어, ③, ⑤ 목적어, ④ 주어)

**07** |해설| 지민 → 스몸비는 길에서 구덩이를 보지 못해 넘어져 다칠 수 있다.

유나 → 길을 걸을 때 스마트폰을 보면 교통사고 등 안전 문제가 발생할 수 있다.

**08** |해석| ① 스마트폰 없이 사는 것

② 스마트폰을 쉽게 사용하는 법

③ 스마트폰 좀비가 되지 마라

④ 왜 우리는 스마트폰을 필요로 하는가?

⑤ 역대 최고의 좀비 영화

|해설| 스몸비는 다양한 안전 문제를 겪을 수 있으므로 길에서 걷는 동안에는 스마트폰을 보지 말라는 내용이므로, 글의 제목으로 ③ '스마트폰 좀비가 되지 마라'가 가장 적절하다.

**[09~13]** |해석|

당신은 안구 건조증이나 거북목 증후군이 있나요?

스마트폰은 다양한 건강상의 문제를 야기할 수 있다. 한 가지 예가 안구 건조증이다. 스마트폰을 볼 때, 당신은 눈을 자주 깜박거리지 않는다. 그러면 눈이 건조하게 느껴질 것이다.

당신이 겪을 수 있는 또 다른 문제는 목 통증이다. 스마트폰을 내려다볼 때, 목에 가해지는 압박이 증가한다. 스마트폰을 너무 많이 사용하는 것은, 예를 들어, 문자를 너무 많이 보내는 것은 목 통증을 야기할 수 있다. 이런 증상을 거북목 증후군(text neck)이라고 부른다.

이런 문제들을 위한 몇 가지 조언이 여기 있다. 안구 건조증에는, 눈을 자주 깜박이려고 노력해라. 거북목 증후군에는, 스마트폰을 눈높이까지 위로 올려라. 또한 목 스트레칭 운동도 좀 할 수 있다.

**09** |해석| ① 안전 문제를 해결한다

② 당신을 훨씬 건강하게 만든다

③ 몇 가지 건강 조언을 한다

④ 고통을 겪는 것을 방지한다

⑤ 다양한 건강 문제를 야기한다

|해설| 스마트폰 사용으로 인해 발생하는 건강 문제에 대한 구체적인 예(dry eyes, text neck)가 이어지므로 '다양한 건강 문제를 야기한다'는 뜻의 ⑤가 알맞다.

**10** |해석| ① 어떤 일이 일어나게 하다

② 어떤 일이 일어나지 못하게 막다

③ 눈을 매우 빠르게 뜨고 감다

④ 커지거나 어떤 것을 커지게 만들다

⑤ 몸이나 몸의 일부를 더 똑바르고 길게 만들다

|해설| 밑줄 친 ⓑ의 blink는 '(눈을) 깜박거리다'라는 뜻이므로 '눈을 매우 빠르게 뜨고 감다'가 영영풀이로 알맞다.

**11** |해설| 선행사(Another problem)가 사물이므로 빈칸에는 목적격 관계대명사 which나 that이 알맞다.

**12** |해설| (A) 안구 건조증에 대한 내용이므로 눈을 자주 깜박거리지 않으면 눈이 건조해질(dry) 것이라는 내용이 알맞다.

(B) 스마트폰을 내려다볼 때 목에 압박이 증가한다(increases)는 내용이 알맞다.

(C) 거북목 증후군에 대한 조언이므로 스마트폰을 눈높이까지 위로(up) 올리라는 조언이 알맞다.

**13** |해석| ① 그것은 목 통증이다.

② 스마트폰을 내려다볼 때 생길 수 있다.

③ 그것은 문자를 너무 많이 보내는 것으로 인해 야기될 수 있다.

④ 그것이 생기지 않기 위해 눈을 자주 깜박거려야 한다.

⑤ 그것을 예방하기 위해 목 스트레칭 운동을 할 필요가 있다.

|해설| ④ 눈을 자주 깜박이는 것은 dry eyes(안구 건조증)를 예방하는 방법이다. text neck(거북목 증후군)을 예방하기 위해서는 스마트폰을 눈높이까지 들어올리고 목 스트레칭 운동을 하라고 했다.

**[14~18]** |해석|

당신은 스마트폰이 없을 때 어떤 기분이 드나요?

스마트폰이 주위에 없을 때 초조한 기분이 드는가? 스마트폰을 확인했을 때 아무런 문자 메시지가 없으면 슬픈 기분이 드는가? 만약 당신의 대답이 '그렇다'이면, 당신은 스마트폰 중독일지도 모른다. 이를 예방하기 위해 할 수 있는 일은 여러 가지가 있다. 예를 들어, 식사나 회의 중에는 스마트폰을 꺼라. 문자를 보내는 대신에 사람들과 이야기할 수 있다.

**14** |해설| ② '~하게 느끼다'는 「감각동사 feel+형용사」로 나타낸다.

(→ sad)

**15** |해석| ① 목 통증 ② texting thumb ③ 스마트폰 중독

④ 스마트폰 사고 ⑤ 스마트폰 문제를 위한 조언

|해설| 앞에 언급된 증상들이 스마트폰 중독의 증상이므로, 빈칸에는 ③이 알맞다.

**16** |해석| ① 사실은 ② 게다가 ③ 그러나 ④ 예를 들어 ⑤ 반면에

|해설| 빈칸 뒤에 스마트폰 중독을 예방할 방법에 관한 구체적인 예시가 이어지므로, For example(예를 들어)이 알맞다.

**17** |해설| (A) 목적의 의미를 나타내는 부사적 용법의 to부정사가 알맞다.

(B) 전치사 뒤에 동사가 올 때는 동명사(texting) 형태가 알맞다.

**18** |해석| ① 우리는 더 건강하게 먹어야 한다.

② 우리는 사람들에게 문자 메시지를 보내지 않고 말을 해야 한다.

③ 우리는 어느 곳이나 스마트폰을 가져가야 한다.

④ 우리는 먹을 때는 스마트폰을 꺼야 한다.

⑤ 우리는 사람들에게 문자 메시지를 더 자주 보내야 한다.

|해설| 스마트폰 중독을 예방하기 위한 방법으로 사람들에게 문자 메시지를 보내는 대신 말을 하고, 식사나 회의 중에 스마트폰을 끄는 것을 제시하고 있다.

**19** |해설| 문장의 주어가 동명사구이므로 단수 동사를 써야 한다.

**20** |해설| such people(그런 사람들)은 앞서 언급한 좀비처럼 돌아다니면서(people are walking around like zombies), 머리는 아래로, 눈은 스마트폰으로 향하는(Their heads are down, and their eyes are on their smartphones.) 사람들을 의미한다.

**21** |해석| (1) 스몸비들은 어떤 안전 문제를 겪을 수 있는가?

→ 그들은 길에서 구덩이를 보지 못해 넘어져 다칠 수 있다. 그들은 또한 교통사고를 당할 수도 있다.

(2) 안전 문제를 예방하기 위해 스몸비들은 무엇을 하지 말아야 하는가?

→ 그들은 걸을 때 스마트폰을 보지 말아야 한다.

**22** |해설| 「주어(Another problem)+목적격 관계대명사절(you can have)+동사(is)+보어(neck pain)」의 순서로 쓴다. 빈칸 수로 보아 목적격 관계대명사는 생략하도록 한다.

**23** |해설| 본문에 언급된 스마트폰 사용으로 인한 건강 문제는 dry eyes(안구 건조증)와 text neck(거북목 증후군), 즉 neck pain(목 통증)이다.

**24** |해설| 거북목 증후군(text neck)을 예방하기 위한 방법은 스마트폰을 눈높이까지 올리는 것(move your smartphone up to your eye level)과 목 스트레칭 운동을 하는 것(do some neck stretching exercises)이다.

### Ⓜ 기타 지문 실전 TEST
p.45

01 ③  02 make sure you exercise regularly  03 ②
04 ④  05 There are a few things which(that) I need to change to have a healthier life.  06 ②  07 (1) 매일 30분 동안 걸으려고 노력할 것이다. (2) 일주일에 한 번만 패스트푸드를 먹을 것이다. (3) 밤 10시 이후에는 먹지 않을 것이다.

**[01~02]** |해석|
Peter, 이건 너를 위한 내 조언이야. 나는 네가 잘 먹을 필요가 있다고 생각해. 신선한 과일과 채소를 많이 먹도록 노력하렴. 그리고 반드시 규칙적으로 운동을 하도록 해.

**01** |해설| 뒤에 건강에 좋은 음식을 먹고 규칙적으로 운동을 하라는 내용의 조언이 이어지므로 빈칸에는 '조언'이라는 뜻의 advice가 알맞다.

**02** |해설| '반드시 ~하라'고 상대방에게 당부할 때는 「Make sure you+동사원형 ~.」으로 말할 수 있다.

**[03~04]** |해석|
• 이 표지판에는 '보행 중 스마트폰 사용 주의'라고 쓰여 있다.
• 바닥에 신호등이 있어서 사람들이 스마트폰을 사용하는 동안에 신호등을 볼 수 있다.
• 바닥에 있는 이 표지판은 '길의 이쪽 편은 문자를 보내고 있는 사람들을 위한 곳입니다.'라는 의미이다.

**03** |해설| ② There is/are ~. 구문의 주어인 traffic lights가 복수이므로 are가 되어야 한다.

**04** |해설| '~하는 동안'이라는 의미의 접속사 while이 알맞다. 같은 의미의 for와 during은 전치사이므로 뒤에 명사(구)가 와야 한다.

**[05~07]** |해석|
더 건강한 생활을 하기 위해 내가 바꾸어야 할 몇 가지가 있다.
첫 번째로, 나는 운동을 많이 하지 않는다. 지금부터, 나는 매일 30분 동안 걸으려고 노력할 것이다.
두 번째로, 내 생각에 나는 패스트푸드를 너무 많이 먹는다. 나는 일주일에 한 번만 패스트푸드를 먹을 것이다.
세 번째로, 나는 종종 밤에 먹는다. 나는 10시 이후에는 먹지 않을 것이다.
나는 이 약속들을 지키기 위해 최선을 다할 것이다.

**05** |해설| 목적격 관계대명사가 생략된 관계대명사절 I need to change가 선행사 a few things를 수식하는 문장이다. 선행사가 사물이므로 목적격 관계대명사로 which 또는 that을 선행사와 I 사이에 쓴다.

**06** |해석| ① 그녀는 랩 음악 듣기를 좋아한다.
② 나는 농구를 하기 위해 체육관에 간다.
③ 그는 내가 이 문제를 풀기 원한다.
④ 외국어를 배우는 것은 쉽지 않다.
⑤ 나의 꿈은 패션 디자이너가 되는 것이다.
|해설| ⓑ와 ②는 '~하기 위해'라는 뜻으로 목적을 나타내는 부사적 용

---

법의 to부정사로 쓰였다. 나머지는 모두 명사적 용법의 to부정사이다. (① 목적어, ③ 목적격 보어, ④ 주어, ⑤ 보어)

**07** |해설| First, Second, Third로 시작하는 각 단락에서 I will (not) ~. (나는 ~할/하지 않을 것이다.) 부분에 글쓴이가 건강한 생활을 위해 하려는 것의 내용이 나와 있다.

## STEP B

### Ⓦ Words 고득점 맞기
pp. 46~47

01 ③  02 ④  03 ①  04 ②  05 ④  06 (p)ain
07 turn off  08 ④  09 blink  10 ①  11 ②  12 ③
13 ⑤  14 ②  15 ②

**01** |해설| '누군가가 건강하지 않은 것을 하기를 멈출 수 없는 상태'는 addiction(중독)의 영영풀이다.

**02** |해석| 나는 환경을 보호하기 위해 종이컵을 사용하지 않는다. 나는 종이컵 대신에 텀블러를 사용한다.
|해설| '~ 대신에'라는 의미를 나타내는 instead of가 알맞다.

**03** |해설| ① 현명한: 현명하지 못한 = 쉬운, 간단한 : 간단한
② 막다 : 막다, 예방하다 = 아픈, 쓰라린 : 아픈
③ 건조한 : 젖은 = 증가하다 : 감소하다
④ 통증, 고통 : 아픈 = 스트레스, 압박 : 스트레스가 많은
⑤ 중독 : 중독성이 있는 = 안전 : 안전한
|해설| ① wise(현명한)와 unwise(현명하지 못한)는 반의어 관계이고, easy(쉬운, 간단한)와 simple(간단한)은 유의어 관계이다. (② 유의어, ③ 반의어, ④, ⑤ 명사-형용사)

**04** |해설| • 네가 어려움에 처하면, 즉시 내게 전화해라.
• Jessica는 휴식을 취하기 위해 집에 일찍 왔다.
|해설| '(특정한 상황에) 처하다'는 get into로, '휴식을 취하다'는 get some rest로 표현한다. 따라서 빈칸에 공통으로 들어갈 말은 get이다.

**05** |해설| 다음 중 [보기]의 밑줄 친 단어와 의미가 같은 것은?
[보기] 무엇이 산불을 야기했는가?
① 공기 오염에는 많은 원인들이 있다.
② 안개가 사고의 주된 원인이었다.
③ 그 질병의 원인은 아직 알려지지 않았다.
④ 수면 부족은 많은 문제를 야기할 수 있다.
⑤ 이것이 그 사건의 원인과 결과를 설명한다.
|해설| [보기]와 ④는 '~을 야기하다'라는 뜻의 동사로 쓰였고, 나머지는 모두 '원인'이라는 뜻의 명사로 쓰였다.

**06** |해석| 그녀는 넘어지고 나서 바로 자신의 왼쪽 다리에 날카로운 통증을 느꼈다.
|해설| 넘어지고 나서 왼쪽 다리에 느껴지는 것으로 '통증'을 의미하는 pain이 적절하다.

**07** |해설| turn off: ~을 끄다

**08** |해석| ① 휴식: 쉬거나 잠을 자는 시간
② 건조한: 표면에 물이나 액체가 없는

③ 예방하다, 막다: 어떤 일이 일어나지 못하게 막다

④ 증가하다: 작아지거나 어떤 것을 작아지게 만들다

⑤ 사고: 원하거나 계획되지 않게 일어난 나쁜 일

|해설| ④ increase는 '증가하다'이므로 to get bigger or to make something bigger가 알맞다.

**09** |해석| 사진을 찍을 때 눈을 <u>깜박이지</u> 않도록 해라.

|해설| '눈을 매우 빠르게 뜨고 감다'는 blink(깜박거리다)의 영영풀이다.

**10** |해석| ① 나는 온라인 쇼핑에 중독되어 있다.

② 내가 <u>구덩이</u>를 파고 나무를 심는 걸 도와줘.

③ 양파를 자르던 중에 내 <u>엄지손가락</u>을 베었다.

④ <u>식사하러</u> 언제 한번 오는 게 어때?

⑤ 그들은 시계탑에서 도시를 내려다봤다.

|해설| ① addiction은 '중독'이라는 뜻이고, '사고'는 accident이다.

**11** |해석| ⓐ 어렵거나 복잡하지 않은

ⓑ 해로운 것이나 위험으로부터 안전한 상태

ⓒ 매일 또는 매주 등 같은 시간에

ⓓ 휴대 전화를 이용해서 누군가에게 글로 된 메시지를 보내다

|해설| ⓐ는 simple(간단한), ⓑ는 safety(안전), ⓒ는 regularly(규칙적으로), ⓓ는 text(문자 메시지를 보내다)의 영영풀이다.

**12** |해석| ① 나는 이가 아파서 <u>약</u>을 먹었다.

② 운동하기 전에 <u>스트레칭을 해야</u> 한다.

③ 그녀는 <u>유명 인사</u>라서, 아무도 그녀를 모른다.

④ 그의 부주의한 운전이 사고를 <u>야기했다</u>.

⑤ 우리는 일주일에 한 번 <u>규칙적으로</u> 춤 수업을 받는다.

|해설| ③ celebrity는 '유명 인사'라는 의미이므로 아무도 그녀를 모른다는 내용과 자연스럽게 연결되지 않는다.

**13** |해석| ① 그녀는 매우 <u>똑똑한</u> 소녀이다.

② 나는 열쇠 <u>없이</u> 이 문을 결코 열 수 없다.

③ 나는 어제 시험 때문에 <u>초조했다</u>.

④ 이 문제에 대해 <u>간단한</u> 해결책은 없다.

⑤ 스트레칭은 네가 다치는 것을 <u>예방할</u> 수 있다.

|해설| ⑤ prevent는 '예방하다, 막다'라는 뜻으로 stop과 바꿔 쓸 수 있다. cause는 '야기하다, 일으키다'라는 뜻이다.

**14** |해석| ⓐ Jason은 내게 긴 <u>문자 메시지</u>를 보냈다.

ⓑ 그곳에 도착하자마자 내게 <u>문자 메시지를 보내</u>.

ⓒ 나는 그녀의 연설의 <u>원문</u>을 읽고 싶다.

ⓓ 그는 그의 전화기를 보지 않고 <u>문자 메시지</u>를 보낼 수 있다.

ⓔ 300쪽의 <u>글</u>과 그림이 있다.

|해설| ⓐ는 '문자 메시지', ⓑ와 ⓓ는 '문자 메시지를 보내다', ⓒ와 ⓔ는 '글, 본문, 원문'이라는 의미이다.

**15** |해석| 나는 연설하기 전에 항상 <u>초조하다</u>.

① 여러 가지의 다른

② 매우 불안하거나 두려운 느낌이 드는

③ 특히 만졌을 때 고통스러운

④ 표면에 물이나 액체가 없는

⑤ 어떤 것이 없거나 누군가와 함께 있지 않은

|해설| 맥락상 ② '매우 불안하거나 두려운 느낌이 드는'의 의미를 가진 nervous(초조한)가 알맞다.

**01** ④   **02** ④   **03** ③   **04** ②   **05** ③, ⑤   **06** ③, ⑤

[서술형]

**07** |모범 답| 스마트폰으로 문자를 너무 많이 보내면 엄지손가락이 아플 수 있다는 것   **08** |모범 답| make sure you don't text too much   **09** (1) His right thumb hurts. / He has pain in his right thumb. (2) He will do finger stretching exercises (to get better).   **10** (1) I have a sore throat. (2) you get some rest   **11** arm, do some stretching exercises

**12** (1) |모범 답| I have a headache. (2) |모범 답| Make sure you take this medicine

**01** |해석| A: 몸이 안 좋아 보여. 무슨 일 있니?

B: _____

① 온몸이 아파.

② 이 하나가 정말 아파.

③ 콧물이 나고 열이 나.

④ 건강을 유지하기 위해 매일 아침 조깅을 해.

⑤ 나는 뛰다가 넘어져서 다리를 다쳤어.

|해설| ④ 몸이 안 좋아 보인다며 무슨 일인지 묻는 말에 건강을 유지하기 위해 매일 아침 조깅을 한다는 대답은 어색하다.

**02** |해석| A: 아파 보인다. 무슨 일이니, 인호야?

B: 목이 아파요. 열도 나요.

A: 감기에 걸린 것 같구나. 이 약을 먹으렴.

B: 고맙습니다.

A: 그리고 반드시 치과에 가렴.

B: 네, 그럴게요.

|해설| ④ 감기 증상에 대해 이야기하고 있으므로 치과에 가라는 당부의 말은 흐름상 어색하다.

**03** |해석| A: 무슨 일이니, Peter?

B: 모르겠어요, 김 선생님. 그런데 등이 많이 아파요.

A: 그곳에 찜질 패드를 올려놓으렴.

B: 네, 그럴게요.

A: 그리고 반드시 스트레칭 운동을 좀 하렴.

|해설| (A)에는 아픈 증상을 묻는 표현이, (B)에는 증상에 대한 조언이, (C)에는 조언에 이어서 추가로 당부하는 말이 알맞다.

**04** |해석| ⓐ 문제점이나 증상을 물을 때는 What's wrong?, What's the problem? 등으로 말한다.

ⓑ 상대방에게 어떤 일을 당부할 때는 「Make sure you (don't) + 동사원형~.」으로 말한다.

**05** |해석| 위 대화에서 답할 수 없는 것은? 두 개 고르시오.

① 소년에게 무슨 일이 있는가?

② 소년은 어떻게 발을 다쳤는가?

③ 소년은 어떤 종류의 약을 먹어야 하는가?

④ 여자는 소년에게 무엇을 하라고 말했는가?

⑤ 대화 후에 여자는 무엇을 할 것인가?

|해설| ③ 발을 다친 소년이 먹어야 하는 약에 대해서는 언급되지 않았다.

⑤ 대화가 끝난 후 여자가 무엇을 할 지는 알 수 없다.

**06** |해석| 여자는 소년에게 _____ 충고했다.

① 따뜻한 물로 목욕하라고　　② 약을 좀 먹으라고

③ 발에 얼음을 좀 올리라고　　④ 다음 주까지 걷지 말라고

⑤ 당분간 축구를 하지 말라고

|해설| 여자는 소년에게 발에 얼음을 올리고, 다음 주까지 축구를 하지 말라고 조언했다.

**07** |해설| that은 바로 앞에서 김 선생님이 한 말을 가리킨다.

**08** |해설| 상대방에게 어떤 일을 하지 말라고 당부할 때 「Make sure you don't+동사원형 ~.」으로 표현한다.

**09** |해석| 위 대화를 읽고, 다음 질문에 완전한 영어 문장으로 답하시오.

(1) Andy는 어떤 문제를 겪고 있는가?

→ 오른쪽 엄지손가락이 아프다. / 오른쪽 엄지손가락에 통증이 있다.

(2) Andy는 나아지기 위해 어떤 종류의 운동을 할 것인가?

→ 그는 (나아지기 위해) 손가락 스트레칭 운동을 할 것이다.

|해설| (1) Andy는 오른쪽 엄지손가락이 아파서 김 선생님을 찾아왔다. (2) Andy는 김 선생님께 받은 조언대로 손가락 스트레칭 운동을 할 것이다.

**10** |해석| A: 무슨 일이니?

B: 목이 아파요.

A: 물을 많이 마시는 게 어떠니? 그리고 반드시 휴식을 좀 취하렴.

B: 네, 그럴게요.

|해설| (1) '목이 아프다'는 have a sore throat로 나타낸다.

(2) 「Make sure you+동사원형 ~.」을 사용하여 휴식을 취하라는 당부의 말을 할 수 있다.

**11** |해석| A: 무슨 일이니, Sue?

B: 팔이 많이 아파요.

A: 너는 스트레칭 운동을 좀 하는 것이 좋겠어.

Sue는 팔에 통증이 있다. 그녀는 스트레칭 운동을 좀 하라는 조언을 받았다.

**12** |해석| A: Chris, 무슨 문제가 있니?

B: 네. 저는 두통이 있어요.

A: 안됐구나. 반드시 점심 먹고 이 약을 먹으렴.

B: 네, 그럴게요. 고맙습니다.

|해설| (1) '머리가 아프다'는 have a headache로 나타낸다.

(2) 「Make sure you +동사원형 ~.」을 사용하여 약을 꼭 먹으라는 당부의 말을 할 수 있다.

---

**Ⓖ Grammar 고득점 맞기**　　pp. 52~54

01 ③　02 ③, ④　03 ④　04 ②　05 ④　06 ⑤
07 ③　08 ⑤　09 ④　10 ①, ⑤　11 ①　12 ③
13 ③　14 ⑤

[서술형]

15 (1) At the party, I met the girl Andy always talked about. (2) At the party, I met the girl about whom Andy always talked.

16 (1) ⓐ → The soup (which/that) I had for lunch was salty. (2) ⓒ → People call Florida the Sunshine State.

17 the sweater which(that) his mom made (for him)

18 (1) Everyone calls the boy Genius.

(2) British people call the clock tower Big Ben.

(3) Mr. and Mrs. Davis call their daughter Princess.

19 (1) who(that) plays basketball well / who(that) is good at playing basketball (2) which(that) Jiho likes is Korean history (3) call him Mr. Long Legs

---

**01** |해석| 내가 어렸을 때, 나는 내 걱정거리를 토끼 인형에게 말했다. 나는 그것을 걱정 인형이라고 불렀다.

|해설| 'A를 B라고 부르다'는 call A B로 나타내며, call A B에서 A는 목적어이고 B는 목적격 보어이다.

**02** |해석| A: 무슨 영화를 봤니?

B: 나는 '작은 아씨들'을 봤어. 그건 Kelly가 추천한 영화야.

|해설| 선행사(the movie)가 사물이므로 목적격 관계대명사로 which나 that을 쓴다.

**03** |해석| Julie는 내가 팀원으로 뽑고 싶은 소녀이다.

|해설| ④ 목적격 관계대명사절에서 선행사를 가리키는 (대)명사는 관계대명사가 대신하므로 목적어 her를 삭제해야 한다.

**04** |해설| 주어진 우리말을 영어로 옮기면 We call such a dance waltz. 이므로 3번째로 오는 단어는 such이다.

**05** |해석| ① 사람들은 이 스포츠를 컬링이라고 부른다.

② 네가 Amy를 위해 산 반지를 내게 보여 줘.

③ 모든 사람들이 아빠가 구운 쿠키를 좋아했다.

④ 지난 달 내가 방문한 도시는 베니스이다.

⑤ 우리가 파티에서 만난 그 남자는 친절했다.

|해설| ④ 선행사(The city)가 사물이므로 목적격 관계대명사로 which나 that이 알맞다. (whom → which/that)

**06** |해석| ① 우리는 우리 개를 밤토리라고 이름 지었다.

② 사람들은 발리를 신의 섬이라고 부른다.

③ Tom은 그의 가장 친한 친구를 Champion이라고 부른다.

④ 내 여동생은 그 연못을 비밀의 연못이라고 불렀다.

⑤ 내 이름은 Victoria야. 그냥 Vicky라고 불러 줘.

|해설| ⑤ 'A를 B라고 부르다'는 call A B로 나타낸다. (me to Vicky → me Vicky)

**07** |해석| • 이것은 나의 어머니가 쓰신 동화책들이다.

• Mike가 얘기한 그 소녀는 나의 반 친구이다.

|해설| 첫 번째 빈칸에는 선행사(the storybooks)가 사물이므로 목적격 관계대명사 which나 that이 알맞다. 두 번째 빈칸에는 선행사(The girl)가 사람이고 「전치사+목적격 관계대명사」가 관계대명사절을 이끌므로 목적격 관계대명사로 whom이 알맞다.

**08** |해석| ① Emma는 내가 요가를 함께 배운 소녀이다.

② 이것들은 Liam이 우리에게 보낸 편지이다.

③ Grace는 그녀가 음악을 가르쳤던 소녀들을 초대했다.

④ 그들은 내가 언급한 오류들을 확인하지 않았다.

⑤ 나는 대회에서 1등상을 받은 바이올린 연주자를 만났다.

|해설| ⑤ 관계대명사절에서 주어 역할을 하는 주격 관계대명사는 생략할 수 없다.

**09** |해석| ① 네가 오늘 아침에 본 그 소년은 Dan이다.

② 스웨덴은 내가 방문하고 싶은 나라이다.

③ 나는 James 삼촌이 만든 피시 앤 칩스를 좋아했다.

④ 이것은 모두가 흥미로워하던 영화이다.

⑤ 스파이더맨은 Mary가 가장 좋아하는 슈퍼히어로이다.

|해설| ④ 「전치사+목적격 관계대명사」의 형태이므로 that을 쓸 수 없고 which를 써야 한다.

**10** |해설| 관계대명사가 전치사의 목적어일 때 「전치사+목적격 관계대명사」의 형태로 쓸 수 있는데, 이때 관계대명사로 that은 쓸 수 없으며 목적격 관계대명사 또한 생략할 수 없다.

**11** |해석| ① 이것은 나무이다. 나는 그것을 작년에 심었다.
→ 이것은 내가 작년에 심은 나무이다.
② Rena는 소녀이다. 나는 그녀를 도서관에서 만났다.
→ Rena는 내가 도서관에서 만난 소녀이다.
③ 나는 고양이가 있다. 나는 그것을 십 년 동안 키워 왔다.
→ 나는 십 년 동안 키워 온 고양이가 있다.
④ 이 책은 Ryan의 것이다. 나는 그것을 읽고 있다.
→ 내가 읽고 있는 이 책은 Ryan의 것이다.
⑤ 작가는 J. K. Rowling이다. 나는 그녀를 가장 좋아한다.
→ 내가 가장 좋아하는 작가는 J. K. Rowling이다.
|해설| ① 목적격 관계대명사절에는 목적어에 해당하는 (대)명사를 쓰지 않아야 하므로 it을 삭제해야 한다. (it → 삭제)

**12** |해석| 내가 자주 배드민턴을 함께 치는 소녀는 Sue이다.
|해설| 선행사에 관계없이 목적격 관계대명사로 that을 쓸 수 있지만, 「전치사+목적격 관계대명사」 형태에서는 that을 쓸 수 없다.

**13** |해석| ⓐ 너는 이 기계를 주크박스라고 부르니?
ⓑ 사람들은 바흐를 음악의 아버지라고 부른다.
ⓒ 나는 네가 내게 말한 그 사람을 만났다.
ⓓ 너는 내가 어제 보낸 이메일을 받았니?
ⓔ Derek이 살고 있는 집은 학교 근처에 있다.
|해설| ⓐ 'A를 B라고 부르다'는 call A B로 나타낸다. (this machine as jukebox → this machine jukebox)
ⓔ 선행사(The house)가 사물이므로 관계대명사 which나 that을 써야 한다. (who → which/that)

**14** |해석| [보기] 그것은 내가 찾고 있던 개다.
ⓐ 나는 그 소년이 음악적으로 재능이 있다고 생각한다.
ⓑ Joseph은 내가 항상 믿는 친구이다.
ⓒ Sarah는 내가 만난 그 소년을 안다고 말했다.
ⓓ 내가 가진 큰 문제는 시간 부족이다.
ⓔ 많은 사람들이 그녀가 말한 소식을 믿는다.
|해설| [보기]와 ⓑ, ⓓ, ⓔ는 목적격 관계대명사이다. ⓐ는 지시형용사이고 ⓒ는 접속사이다.

**15** |해석| 파티에서 나는 그 소녀를 만났다. Andy는 항상 그녀에 대해 말했다.
→ 파티에서 나는 Andy가 항상 말하던 소녀를 만났다.
|해설| (1) 전치사의 목적어 역할을 하는 목적격 관계대명사를 생략하고 선행사(the girl) 뒤에 관계대명사절을 쓴다. 이때 전치사는 관계대명사절 끝에 쓴다.
(2) 「전치사+목적격 관계대명사」의 형태로 쓸 경우 선행사가 사람이면 목적격 관계대명사로 whom을 써야 한다.

**16** |해석| ⓐ 내가 점심으로 먹은 수프는 짰다.
ⓑ 이것은 내가 태어난 집이다.

ⓒ 사람들은 플로리다를 햇빛의 주라고 부른다.
ⓓ 내가 거리에서 만난 그 남자는 매우 친절했다.
|해설| ⓐ 관계대명사가 관계대명사절에서 목적어의 역할을 하므로 선행사(The soup)에 해당하는 목적어(it)를 쓰지 않는다. (it → 삭제)
ⓒ 'A를 B라고 부르다'는 call A B로 나타내며, 목적격 보어인 B는 명사(구) 형태로 쓰인다. (as → 삭제)

**17** |해석| A: 생일 축하해, Tom. 이건 널 위한 거란다. 너를 위해 이 스웨터를 만들었어.
B: 감사해요, 엄마. 정말 마음에 들어요!
A: 네가 좋아하니 기쁘구나.
→ Tom은 그의 엄마가 (그를 위해) 만드신 스웨터를 정말 좋아한다.
|해설| 엄마가 만들어 주신 스웨터를 좋아한다는 내용이 되도록 문장을 완성한다. 선행사(the sweater)가 사물이므로 목적격 관계대명사 which나 that을 사용한다.

**18** |해석| [예시] Jason은 그의 개를 Max라고 부른다.
(1) 모두가 그 소년을 천재라고 부른다.
(2) 영국 사람들은 그 시계탑을 빅벤이라고 부른다.
(3) Davis 부부는 그들의 딸을 공주라고 부른다.
|해설| 'A를 B라고 부르다'라는 뜻의 call A B를 써서 문장을 완성한다. B에는 명사(구)가 온다.

**19** |해석| (1) 지호는 농구를 잘하는 소년이다.
(2) 지호가 좋아하는 과목은 한국사이다.
(3) 지호는 별명이 있다. 그의 친구들은 그를 롱다리라고 부른다.
|해설| (1) 선행사(the boy)가 사람이므로 주격 관계대명사 who나 that을 쓴다.
(2) 선행사(The subject)가 사물이므로 목적격 관계대명사 which나 that을 쓴다.
(3) 'A를 B라고 부르다'는 call A B로 나타낸다.

---

## ⓡ Reading 고득점 맞기

pp. 57~59

| 01 ① | 02 ④ | 03 ④ | 04 ② | 05 ⑤ | 06 ④ | 07 ③ |

| 08 ① | 09 ⑤ | 10 ② | 11 ① | 12 ① |

[서술형]
**13** We call such people smombies. **14** 거리에 있는 구덩이를 보지 못해 넘어져서 다치거나 교통사고를 당하는 것
**15** (A) learning → health (B) wet → dry (C) decreases → increases **16** (1) Try to blink often. (2) Move your smartphone up to your eye level. (3) Do some neck stretching exercises. **17** smartphone addiction
**18** addiction, turn off your smartphone, talk to people

---

**01** |해설| ① 문장의 주어가 되어야 하므로 명사 역할을 하는 동명사 또는 to부정사 형태로 써야 한다. (Live → Living / To live)

**02** |해설| ⓐ like: ~처럼, ~와 같이
ⓑ '스마트폰에'라는 의미가 되도록 on(~의 표면에, ~ 위에)이 알맞다.
ⓒ get into: (특정한 상황에) 처하다

**03** |해설| ① 우리는 모두 우리 강아지를 Ollie라고 부른다.

② 사람들은 그런 음식을 파히타라고 <u>부른다</u>.

③ 그들은 그들의 아기를 Alisha라고 부르기로 결정했다.

④ Andy는 어젯밤 아빠로부터 전화를 받았다.

⑤ 이 꽃을 영어로 무엇이라 <u>부르니</u>?

|해설| ④는 '전화'라는 뜻의 명사이고, (B)와 나머지는 모두 '~라고 부르다'라는 뜻의 동사이다. / call *A B*: A를 B라고 부르다

**04** |해석| ① 어떤 일이 일어나게 하다

② 어떤 일이 일어나지 못하게 막다

③ 매우 빠르게 눈을 뜨고 감다

④ 커지거나 어떤 것을 커지게 만들다

⑤ 휴대 전화를 이용해서 누군가에게 글로 된 메시지를 보내다

|해설| 뒤에 스몸비의 안전 문제를 예방하기 위한 방법이 이어지므로, 빈칸에는 prevent(예방하다)가 알맞다. prevent의 영영풀이는 '어떤 일이 일어나지 못하게 막다'이다.

**05** |해설| 윗글의 내용과 일치하지 <u>않는</u> 것은?

① 우리는 세계 어느 곳에서든 스몸비를 볼 수 있다.

② 스몸비는 걸으면서 스마트폰을 본다.

③ 스몸비라면 안전 관련 문제들을 겪을 수 있다.

④ 스몸비는 거리에서 스마트폰을 사용하기 때문에 다칠 수 있다.

⑤ 스몸비가 되지 않기 위해서, 외출할 때 스마트폰을 가져가지 말아야 한다.

|해설| ⑤ 스몸비가 겪을 수 있는 안전 문제들을 예방하기 위해서 걷는 동안 스마트폰을 보지 말라고는 했지만, 외출할 때 스마트폰을 가져가지 말라는 언급은 없다.

**06** |해설| ⓓ 'A를 B라고 부르다'는 call *A B*로 나타낸다. (→ this text neck)

**07** |해설| (A)와 (B) 모두 뒤에 구체적인 예시가 이어지므로 '예'라는 뜻의 example이 알맞다. / for example: 예를 들어

**08** |해설| 주어진 단어들을 바르게 배열하면 Another problem that you can have is neck pain.이므로 5번째로 오는 단어는 can이다.

**09** |해석| ① Q: 우리가 스마트폰을 너무 많이 사용하면 겪을 수 있는 건강상의 문제는 무엇인가?

A: 우리는 안구 건조증과 목 통증을 겪을 수 있다.

② Q: 눈을 자주 깜박이지 않으면, 우리 눈에는 어떤 일이 생기는가?

A: 눈이 건조해질 것이다.

③ Q: 무엇이 거북목 증후군을 야기할 수 있는가?

A: 문자를 너무 많이 보내는 것이 그것을 야기할 수 있다.

④ Q: 안구 건조증에 무엇이 도움이 되는가?

A: 눈을 자주 깜박이는 것이 도움이 될 수 있다.

⑤ Q: 거북목 증후군을 예방하기 위해 우리는 무엇을 해야 하는가?

A: 우리는 스마트폰을 내려다봐야 한다.

|해설| ⑤ 거북목 증후군을 예방하기 위해서는 눈높이까지 스마트폰을 올리라고 했다.

**10** |해설| ⓑ 스마트폰을 확인했을 때 문자 메시지가 없어서 '기쁘다면' 스마트폰 중독이라는 내용은 문맥상 자연스럽지 않다.

**11** |해설| (A) 선행사 various things가 사물이므로 목적격 관계대명사로 which가 알맞다.

(B) 뒤에 명사구가 있으므로 전치사 during이 알맞다.

(C) 전치사 of의 목적어이므로 동명사인 texting이 알맞다.

**12** |해석| ① 지윤: 나는 스마트폰을 가지고 있지 않을 때 불안해.

② 예나: 나는 문자 메시지를 자주 확인하지 않아.

③ 하준: 나는 보통 친구들이나 가족들에게 문자 메시지를 보내지 않아.

④ 수호: 나는 먹을 때 스마트폰을 보지 않아.

⑤ 우진: 나는 회의에 갈 때 스마트폰을 가져가지 않아.

|해설| 스마트폰이 주변에 없을 때 불안함을 느끼면 스마트폰 중독일 수 있으므로, ①이 스마트폰 중독의 증상으로 알맞다.

**13** |해설| 'A를 B라고 부르다'는 call *A B*로 나타낸다.

**14** |해설| 앞의 두 문장(You may not see a hole in the street, so you may fall and get hurt. You may get into a car accident, too.)에 언급된 안전 관련 문제들을 가리킨다.

**15** |해설| (A) 스마트폰 사용으로 인해 생기는 건강 문제(안구 건조증, 거북목 증후군)에 관한 글이다.

(B) 안구 건조증에 관한 설명이므로 눈을 자주 깜박거리지 않으면 눈이 건조해진다는 내용이 되어야 알맞다.

(C) 스마트폰을 내려다보면 목에 가해지는 압박이 증가해서 목 통증이 발생한다는 내용이 되어야 알맞다.

**16** |해석| (1) <u>자주 눈을 깜박거리도록 노력해라.</u>

(2) <u>스마트폰을 눈높이까지 위로 올려라.</u>

(3) <u>목 스트레칭 운동을 좀 해라.</u>

**17** |해설| this는 앞 문장의 smartphone addiction(스마트폰 중독)을 가리킨다.

**18** |해설| 스마트폰 중독을 방지하기 위해서 식사나 회의를 하는 동안에 <u>스마트폰을 꺼야</u> 한다. 또한 문자를 보내기보다 <u>사람들과 이야기해야</u> 한다.

---

## 서술형 100% TEST
pp. 60~63

**01** (1) cause (2) prevent (3) blink (4) pain **02** text
**03** (1) have, runny nose (2) turn off (3) get(take) some rest (4) instead of **04** (1) I have a sore throat. (2) Make sure you take some medicine. **05** (1) |모범 답| Make sure you don't run until next week. (2) |모범 답| Don't forget to go to the dentist. **06** back hurts, you do some stretching exercises **07** My right thumb hurts.
**08** (1) ⓑ → Texting too much can cause it(texting thumb).
(2) ⓓ → She advised Andy(him) not to text too much.
**09** (1) Can I call you Eddie? (2) Everyone calls her the Fairy on Ice. (3) I visited the doctor my sister introduced to me. (4) The waterfall that I told you about is in Canada.
**10** (1) The woman whom(who/that) I helped is my aunt.
(2) The police caught the man who(that) stole my wallet.
(3) The T-shirt which(that) I bought yesterday has a stripe pattern. / I bought the T-shirt which(that) has a stripe pattern yesterday. (4) The restaurant to which I went yesterday was very nice. **11** (1) the world a better place (2) the device smartphone (3) Jimmy captain of their team

**12** (1) ⓑ → People in Seattle call the tower Space Needle. (2) ⓓ → Tom is the boy with whom I often play badminton. / Tom is the boy (who(m)/that) I often play badminton with. **13** wise → unwise **14** (1) ⓓ → to prevent, '예방하기 위해서'라는 목적의 뜻을 나타내야 하므로 부사적 용법의 to부정사로 써야 한다. (2) ⓔ → while, 뒤에 주어와 동사가 이어지므로 전치사인 during을 접속사 while로 고쳐야 한다. **15** (1) safety (2) smombies (3) car accident (4) look at (5) walk **16** it → 삭제 **17** We call this text neck. **18** (1) |모범 답| They can cause dry eyes and text neck(neck pain). (2) |모범 답| We should move our smartphones up to our eye level and do some neck stretching exercises. **19** There are various things which(that) you can do to prevent this. **20** (1) smartphone addiction (2) turn off our smartphones (3) talk to

**01** |해석| (1) 일으키다, 야기하다: 어떤 일이 일어나게 하다
(2) 예방하다: 어떤 일이 일어나지 못하게 막다
(3) (눈을) 깜박거리다: 눈을 매우 빠르게 뜨고 감다
(4) 통증: 신체의 일부가 아플 때 드는 느낌

**02** |해석| • 본문 세 번째 줄을 읽어 보자.
• Tom이 네게 그의 주소를 문자 메시지로 보낼 것이다.
• 나는 어젯밤에 유진이로부터 문자 메시지를 받았다.
|해설| text는 명사로 '글, 본문'과 '문자 메시지', 동사로 '문자 메시지를 보내다'라는 뜻을 갖는다.

**03** |해설| (1) have a fever: 열이 나다/have a runny nose: 콧물이 나다
(2) turn off: ~을 끄다 (3) get some rest: 휴식을 좀 취하다
(4) instead of: ~ 대신에

**04** |해석| A: 아파 보이는구나. 무슨 일이니?
B: 저는 목이 아파요. 열도 나요.
A: 감기에 걸린 것 같구나. 반드시 약을 좀 먹도록 하렴.
|해설| (1) 아픈 증상을 나타낼 때는 「have+아픈 증상」으로 말할 수 있다.
(2) 상대방에게 어떤 일을 반드시 하라고 당부할 때 「Make sure you +동사원형 ~.」으로 말할 수 있다.

**05** |해석| (1) 나는 넘어져서 다리를 다쳤어.
|모범 답| 반드시 다음 주까지는 달리기를 하지 않도록 해.
(2) 나는 이가 아파.
|모범 답| 치과에 가는 거 잊지 마.

**06** |해석| Peter는 등의 통증 때문에 학교 양호실에 갔다. 김 선생님은 그에게 찜질 패드를 등에 올리고 스트레칭 운동을 좀 하라고 조언했다.
A: 무슨 일이니, Peter?
B: 등이 많이 아파요.
A: 그곳에 찜질 패드를 올려놓으렴. 그리고 반드시 스트레칭 운동을 좀 하렴.

**07** |해설| 어디가 아프다고 말할 때는 동사 hurt를 사용하여 「신체 부위 +hurt(s)」로 표현할 수 있다. 주어가 3인칭 단수이면서 현재 시제이므로 hurt에 -s를 붙인다.

**08** |해석| ⓐ Andy는 하루에 얼마나 많은 문자 메시지를 보내는가?
ⓑ 무엇이 texting thumb을 야기할 수 있는가?
→ 문자를 너무 많이 보내는 것이 texting thumb을 야기할 수 있다.
ⓒ Andy는 보통 어떤 종류의 운동을 하는가?
ⓓ 김 선생님은 Andy에게 무엇을 하지 말라고 조언했는가?
→ 그녀는 Andy에게 문자를 너무 많이 보내지 말라고 조언했다.
ⓔ 김 선생님은 대화 후에 무엇을 할 것인가?

**09** |해설| (1), (2) 'A를 B라고 부르다'는 call A B의 어순으로 쓴다.
(3) 선행사(the doctor)를 목적격 관계대명사가 생략된 관계대명사절 (my sister introduced to me)이 수식하도록 쓴다.
(4) 목적격 관계대명사 that은 「전치사+목적격 관계대명사」의 형태로 쓸 수 없으므로 전치사를 관계대명사절의 끝에 쓴다.

**10** |해석| (1) 그 여자는 나의 이모이다. 나는 그녀를 도왔다.
→ 내가 도운 그 여자는 나의 이모이다.
(2) 경찰은 그 남자를 잡았다. 그 남자는 내 지갑을 훔쳤다.
→ 경찰은 내 지갑을 훔친 그 남자를 잡았다.
(3) 티셔츠에는 줄무늬가 있다. 나는 그 티셔츠를 어제 샀다.
→ 내가 어제 산 그 티셔츠에는 줄무늬가 있다. / 나는 어제 줄무늬가 있는 티셔츠를 샀다.
(4) 그 식당은 매우 좋았다. 나는 어제 그 식당에 갔다.
→ 내가 어제 간 그 식당은 매우 좋았다.
|해설| (1) 선행사(The woman)가 사람이므로 목적격 관계대명사 whom, who나 that을 쓴다.
(2) 선행사(the man)가 사람이므로 주격 관계대명사 who나 that을 쓴다.
(3) 선행사(the T-shirt)가 사물이므로 목적격 관계대명사 또는 주격 관계대명사 which나 that을 쓴다.
(4) 선행사(The restaurant)가 사물이므로 목적격 관계대명사 which나 that을 써야 하는데, 「전치사+관계대명사」 형태일 때 that 은 쓸 수 없으므로 which로 연결해야 한다.

**11** |해석| [예시] 내 친구들은 나를 Happy Girl이라고 부른다.
(1) 우리는 세상을 더 나은 곳으로 만들 수 있다.
(2) 누가 그 기계를 스마트폰이라고 이름 지었는가?
(3) 그들은 Jimmy를 팀의 주장으로 뽑았다.
|해설| call, make, name, elect는 목적격 보어로 명사(구)를 취하여 「동사+목적어+목적격 보어(명사(구))」의 형태로 쓴다.
(1) make A B: A를 B로 만들다
(2) name A B: A를 B로 이름 짓다
(3) elect A B: A를 B로 선출하다

**12** |해석| ⓐ 내가 어제 만난 그 남자가 지금 TV에 나온다.
ⓑ 시애틀 사람들은 그 탑을 Space Needle이라고 부른다.
ⓒ 나의 오빠가 만든 스파게티는 맛있었다.
ⓓ Tom은 내가 자주 배드민턴을 함께 치는 소년이다.
|해설| ⓑ 'A를 B라고 부르다'는 call A B로 나타낸다.
ⓓ 「전치사+목적격 관계대명사」의 형태로 쓸 때 목적격 관계대명사는 생략할 수 없다. 관계대명사를 생략할 경우에는 전치사를 관계대명사 절의 끝에 써야 한다.

**13** |해설| 스마트폰을 '현명하게(→ 현명하지 않게)' 사용하는 것은 다양한 문제를 일으킬 수 있다는 흐름이 자연스럽다.

**14** |해설| (1) ⓓ 문맥상 '~하기 위해서'라는 목적의 의미가 되어야 하므로 동사원형을 목적을 나타내는 부사적 용법의 to부정사로 쓰는 것이 알맞다.

(2) ⓔ 뒤에 주어와 동사가 이어질 때는 접속사를 써야 하며, '~하는 동안에'라는 뜻의 접속사는 while이다.

15 | 해석 | 스몸비들이 겪을 수 있는 다양한 안전 문제들이 있다. 그들은 길에서 넘어지거나 교통사고를 당할 수 있다. 이런 문제들을 방지하기 위해 그들은 걸을 때 스마트폰을 보지 않아야 한다.

16 | 해설 | 관계대명사절에는 선행사를 가리키는 (대)명사를 쓰지 않아야 하므로 it을 삭제해야 한다.

17 | 해설 | 'A를 B라고 부르다'는 call A B로 나타낸다.

18 | 해석 | (1) 스마트폰은 어떤 건강상의 문제를 야기할 수 있는가?
→ 그것은 안구 건조증과 거북목 증후군(목 통증)을 야기할 수 있다.
(2) 거북목 증후군을 예방하기 위해서 우리가 해야 하는 두 가지 일은 무엇인가?
→ 우리는 스마트폰을 눈높이까지 위로 올리고, 목 스트레칭 운동을 좀 해야 한다.

19 | 해설 | '~이 있다'라는 뜻의 There is/are ~. 구문을 사용하고, 목적격 관계대명사 which나 that이 이끄는 관계대명사절이 선행사 various things를 수식하는 형태로 문장을 쓴다.

20 | 해석 | A: 스마트폰 중독을 예방하기 위해서 우리는 무엇을 할 수 있나요?
B: 우리는 식사나 회의를 하는 동안 스마트폰을 끌 수 있어요.
A: 그 밖에 다른 건요?
B: 사람들에게 문자를 보내는 대신 그들에게 이야기를 하세요.

## 모의고사

01 (c)ause  02 ①  03 ③  04 ②  05 (B)-(D)-(C)-(A)
06 ⑤  07 ③  08 ⑤  09 ④  10 People call Chicago the Windy City.  11 ①, ③  12 ⑤  13 ③  14 ⑤
15 ②  16 We call such people smombies  17 ⑤
18 ③  19 Another problem which(that) you can have is neck pain.  20 ③  21 health, dry eyes, text neck
22 ④  23 ⓐ → nervous  24 ⑤
25 (1) turn off our smartphones during meals or meetings
(2) talk to people instead of texting them

01 | 해석 | 무엇이 지구 온난화를 일으킬 수 있는가?
| 해설 | '어떤 일이 일어나게 하다'는 cause(일으키다, 야기하다)의 영영풀이다.

02 | 해석 | • 나는 우유 대신 주스를 마실 것이다.
• 사용하지 않을 때는 수도꼭지를 잠가라.
• Mike는 운전하는 동안 사고를 당했다.
| 해설 | instead of: ~ 대신에 / turn off: ~을 끄다 / get into: (특정한 상황에) 처하다

03 | 해석 | ① 나는 대회 전에 정말 초조했다.
② 조심하지 않으면, 너는 다칠 수 있어.
③ 너는 덜 먹고 규칙적으로 운동해야 한다.
④ 나는 콧물이 나서 잠을 잘 수가 없었다.
⑤ 휴대폰 게임 중독은 매우 심각한 문제이다.
| 해설 | ③ regularly는 '규칙적으로'라는 뜻이다.

04 | 해석 | A: 무슨 일 있니?
B: _____
① 다리가 많이 아파.
② 네가 감기에 걸린 것 같아.
③ 오늘 몸이 좋지 않아.
④ 두통이 심해.
⑤ 농구를 하다가 팔을 다쳤어.
| 해설 | 무슨 일이 있는지 묻고 있으므로, 문제점이나 아픈 증상을 나타내는 말로 답하는 것이 자연스럽다. ②는 상대방이 감기에 걸린 것 같다는 뜻이므로 알맞지 않다.

05 | 해석 | (B) 무슨 일이니, Peter?
(D) 모르겠어요, 김 선생님. 그런데 등이 많이 아파요.
(C) 그곳에 찜질 패드를 올려놓으렴.
(A) 네, 그럴게요.
A: 그리고 반드시 스트레칭 운동을 좀 하렴.

06 | 해석 | A: 다리에 무슨 문제가 있니, Sam?
B: 축구를 하다가 넘어져서 다리를 다쳤어요.
A: 안됐구나. 걸을 수는 있니?
B: 네, 하지만 많이 아파요.
A: 다리에 얼음을 좀 올려놓는 게 어떠니? 그리고 반드시 축구 연습을 더 열심히 하렴.
B: 네, 그럴게요.
| 해설 | ⓓ 축구를 하다가 다리를 다친 사람에게 축구 연습을 더 열심히 하라고 당부하는 것은 어색하다.

07 | 해설 | 주어진 문장은 texting thumb이 무엇인지 설명하는 문장이므로, texting thumb이 무엇인지 묻는 말에 대한 대답으로 ③에 들어가야 자연스럽다.

08 | 해석 | ① Andy는 오른쪽 엄지손가락에 통증이 있다.
② Andy는 보통 문자를 많이 보낸다.
③ 김 선생님은 Andy에게 texting thumb이 있다고 생각한다.
④ Andy는 손가락 스트레칭 운동을 좀 할 것이다.
⑤ 김 선생님은 Andy에게 문자를 더 자주 보내라고 말했다.
| 해설 | ⑤ 김 선생님은 Andy에게 문자를 너무 많이 보내지 말라고 당부했다.

09 | 해석 | • 네가 만든 파이는 맛있었다.
• 오드리 헵번은 내가 가장 좋아하는 여배우이다.
| 해설 | 두 빈칸 모두 목적격 관계대명사가 들어가야 하며, 첫 번째 빈칸에는 선행사(The pie)가 사물이므로 which나 that, 두 번째 빈칸에는 선행사(Audrey Hepburn)가 사람이므로 whom, who나 that이 알맞다.

10 | 해설 | 'A를 B라고 부르다'라는 뜻은 call A B의 어순으로 쓴다.

11 | 해석 | 그 영화는 슬펐다. 우리는 어젯밤에 그 영화를 봤다.
①, ③ 우리가 어젯밤에 본 영화는 슬펐다.

| 해설 | 선행사(The movie)가 사물이므로 목적격 관계대명사 which나 that으로 연결하며, 목적격 관계대명사는 생략할 수도 있다.

**12** | 해석 | 그 소녀는 내가 믿을 수 있는 내 오랜 친구이다.
| 해설 | 관계대명사절에는 선행사를 가리키는 (대)명사는 쓰지 않는다.

**13** | 해석 | ① 내 여동생은 그 인형을 Molly라고 부른다.
② Joy가 이야기하고 있는 그 소년을 아니?
③ 우리가 들었던 그 음악은 정말 좋았다.
④ 그들은 한국을 고요한 아침의 나라라고 부른다.
⑤ 뉴욕은 지난 겨울 내가 방문했던 도시이다.
| 해설 | ③「전치사＋목적격 관계대명사」의 형태일 때 관계대명사로 that을 쓸 수 없다. (that → which)

**14** | 해설 | 문맥상 스마트폰 없이 사는 것이 어려운(difficult) 요즘이지만 스마트폰을 현명하지 못하게(unwise) 사용하거나 과도하게 사용하는 것은 다양한 문제를 일으킬(cause) 수 있다는 내용이 되는 것이 알맞다.

**15** | 해설 | ⓐ '～ 같이, ～처럼'이라는 뜻의 전치사 like가 알맞다.
ⓑ '～하는 동안에'라는 뜻의 접속사 while이 알맞다.

**16** | 해설 | 'A를 B라고 부르다'라는 뜻은 call A B로 나타낸다.

**17** | 해설 | Q: 안전 문제들을 예방하기 위해 스몸비는 무엇을 해야 하는가?
A: 그들은 걸을 때 스마트폰을 보지 않아야 한다.
① 자주 돌아다니지 않아야
② 그들의 스마트폰을 봐야
③ 그들의 스마트폰을 집에 놔둬야
④ 길을 건널 때 차를 조심해야
| 해설 | 스마트폰으로 인한 안전 문제를 예방하기 위해서는 걸을 때 스마트폰을 보지 않아야 한다.

**18** | 해설 | ⓒ 과도한 스마트폰 사용으로 인한 목 통증에 대한 설명이므로, 스마트폰을 내려다볼 때 목에 가해지는 압박은 증가한다(increases)는 뜻이 되어야 자연스럽다.

**19** | 해설 | 선행사(Another problem)가 사물이므로 목적격 관계대명사로 which나 that을 선행사 바로 뒤에 쓸 수 있다.

**20** | 해설 | 빈칸 뒤에 스마트폰의 지나친 사용의 예(문자를 많이 보내는 것)를 들고 있으므로 for example(예를 들어)이 알맞다.

**21** | 해설 | 스마트폰의 과도한 사용으로 인해 생길 수 있는 다양한 건강 문제가 있다. 이 문제의 예시로는 안구 건조증과 거북목 증후군이 있다.

**22** | 해석 | ① 스마트폰을 너무 많이 사용하면, 여러 문제가 생길 수 있다.
② 문자를 너무 많이 보내는 것은 목 통증을 야기할 수 있다.
③ 눈을 자주 깜박이는 것은 안구 건조증에 좋다.
④ 스마트폰을 눈높이까지 위로 올리면 목 통증이 생길 수 있다.
⑤ 목 스트레칭 운동을 하는 것은 거북목 증후군을 예방하는 데 좋다.
| 해설 | 스마트폰을 눈높이까지 위로 올리는 것은 거북목 증후군을 예방하기 위한 조언이므로, ④는 글의 내용과 일치하지 않는다.

**23** | 해설 | ⓐ '～하게 느끼다'는「감각동사 feel＋형용사」로 나타낸다.

**24** | 해설 | (A) this는 앞 문장에서 언급한 smartphone addiction을 가리키고, (B) them은 앞에 나오는 people을 가리킨다.

**25** | 해석 | 윗글에 따르면, 우리는 스마트폰 중독을 예방하기 위해 무엇을 할 수 있는가?
→ 우리는 식사나 회의 중에 스마트폰을 끄고 문자를 보내는 대신 사람들과 이야기를 할 수 있다.

**01** ⑤   **02** ③   **03** ②   **04** ④   **05** (1) I have a toothache.
(2) Make sure you go to the dentist.   **06** ②   **07** ②
**08** do some finger stretching exercises, text too much /
text a lot   **09** ③   **10** This is the picture which(that) I
painted all day yesterday.   **11** ①   **12** whom → which
(that) 또는 삭제   **13** ②   **14** ①   **15** ①, ⑤   **16** hole
**17** ③   **18** ⑤   **19** ④   **20** ③   **21** (A) dry eyes (B) blink
often   **22** ③   **23** ①   **24** ④   **25** (1) 식사나 회의를 할 때 스마트폰을 끌 것 (2) 사람들에게 문자를 보내는 대신 이야기를 할 것

**01** | 해설 | '커지거나 어떤 것을 커지게 만들다'는 increase(증가하다)의 영영풀이다.

**02** | 해석 | [보기] 나는 네게 최종 점수를 문자 메시지로 보낼 것이다.
① Jessica에게서 문자 메시지를 받았니?
② 누가 본문을 소리 내어 읽어 볼래?
③ 집에 가는 길에 내게 문자 메시지를 보내.
④ 책의 원문은 프랑스어로 쓰였다.
⑤ 거기 도착하면 문자 메시지를 내게 보내 줘.
| 해설 | [보기]와 ③은 '문자 메시지를 보내다'라는 뜻의 동사이고, ①과 ⑤는 '문자 메시지', ②와 ④는 '글, 본문, 원문'이라는 뜻의 명사이다.

**03** | 해석 | ① 그녀는 보통 대회 전에 초조해진다.
② 그 과학자들은 매우 간단한 실험을 했다.
③ 나는 칼로 내 손을 베었다. 그것은 정말 아팠다.
④ 나는 심한 두통이 있어서 병원에 갔다.
⑤ 경찰은 그가 그 나라를 떠나려는 것을 막았다.
| 해설 | ② simple은 '간단한'이라는 뜻이므로 difficult(어려운)와 바꿔 쓸 수 없다.

**04** | 해석 | A: ＿＿＿＿＿＿＿＿＿＿
B: 다리가 많이 아파요.
①, ②, ③, ⑤ 무슨 일 있니?
④ 무엇을 하는 것을 좋아하니?
| 해설 | B의 대답으로 보아 빈칸에는 문제점이나 아픈 증상을 묻는 표현이 들어가야 한다. ④는 어떤 활동을 하는 것을 좋아하는지 묻는 표현이므로 알맞지 않다.

**05** | 해석 | A: 무슨 일이니, Chris?
B: 저는 이가 아파요.
A: 여기 약이 좀 있단다. 이것을 먹으렴.
B: 고맙습니다.
A: 반드시 치과에 가 보렴.
B: 네, 그럴게요.
| 해설 | (1) have a toothache: 이가 아프다(치통이 있다)
(2) 상대방에게 어떤 것을 반드시 하라고 당부하는 말은「Make sure you＋동사원형 ~.」으로 말한다.

**06** | 해석 | A: 너 아파 보인다. 무슨 일이니, 인호야?
B: 목이 아파요. 열도 나요.
A: 감기에 걸린 것 같구나. 이 약을 먹고 반드시 푹 쉬도록 하렴.
B: 알겠어요. 고맙습니다.

|해설| 주어진 문장은 목이 아프다는 말로 아픈 증상을 묻는 말에 대답하는 ②에 들어가야 알맞다.

**07** |해설| ⓑ 이어지는 대화에서 Andy가 texting thumb인 것 같다고 하며 문자를 너무 많이 보내면 생기는 증상이라고 설명하고 문자를 너무 많이 보내지 말라고 당부까지 하는 것으로 보아, 문자를 많이 보내지 않는다고 대답하는 것은 흐름상 어색하다.

**08** |해석| Q: Andy는 자신의 오른쪽 엄지손가락을 위해 무엇을 해야 하는가?
A: 그는 손가락 스트레칭 운동을 좀 해야 하고 문자를 너무 많이 보내지 않아야 한다.

**09** |해설| 'A를 B라고 부르다'라는 뜻은 call A B로 나타낸다.

**10** |해석| 이것은 그림이다. 나는 어제 하루 종일 그것을 그렸다.
→ 이것은 내가 어제 하루 종일 그린 그림이다.
|해설| 선행사 the picture가 목적격 관계대명사가 이끄는 관계대명사절의 수식을 받는 형태가 되도록 문장을 연결한다. 선행사가 사물이므로 목적격 관계대명사는 which나 that을 쓴다.

**11** |해석| ① 그들은 네가 그를 믿지 않을 것이라는 걸 안다.
② 수학은 네가 잘하는 과목이니?
③ 내가 추천했던 소설을 읽었니?
④ Mike는 내가 자주 함께 농구를 하는 친구다.
⑤ 이것은 선생님이 우리에게 말씀하셨던 책이 아니다.
|해설| ①의 that은 동사 know의 목적어 역할을 하는 명사절을 이끄는 접속사이고, 나머지는 모두 관계대명사절을 이끄는 목적격 관계대명사이다.

**12** |해석| 나는 우리가 파티에서 들었던 음악을 정말 좋아한다.
|해설| 선행사(the music)가 사물이므로 목적격 관계대명사는 which나 that으로 쓰거나 생략할 수 있다.

**13** |해석| ⓐ 너는 이 음식을 타코라고 부르니?
ⓑ Alex가 이야기하고 있는 소녀를 봐.
ⓒ 그들은 이 강아지를 Cookie라고 부르기 원한다.
ⓓ Ted는 내가 함께 사진을 찍었던 소년이다.
ⓔ 네가 사고 싶어 하던 그 코트는 품절이다.
|해설| ⓑ 「전치사+목적격 관계대명사」의 형태로 쓰일 때 목적격 관계대명사는 생략할 수 없다. (to → to whom)
ⓒ 'A를 B라고 부르다'라는 뜻은 call A B로 나타낸다. (this puppy as Cookie → this puppy Cookie)
ⓓ 선행사(the boy)가 사람이므로 목적격 관계대명사 whom, who나 that을 쓴다. (which → whom/who/that)

**14** |해석| ① 스마트폰의 역사
② 다양한 종류의 스마트폰
③ 스마트폰으로 인해 야기된 문제들
④ 좋은 스마트폰을 고르는 데 도움이 되는 조언
⑤ 스마트폰 사용의 이점
|해설| 스마트폰을 현명하지 못하게 사용하거나 과도하게 사용하는 것이 다양한 문제를 야기할 수 있다고 했으므로, 뒤에 이러한 문제에 관한 내용이 이어지는 것이 가장 알맞다.

**15** |해석| ① 교통사고를 당하는 것
② 밤에 혼자 걸어 다니는 것
③ 길에서 쉽게 구덩이를 발견하는 것
④ 스마트폰을 보지 않는 것
⑤ 길에서 넘어져서 다치는 것
|해설| 밑줄 친 safety problems(안전 문제)는 이어지는 두 문장에 언급되어 있다. 즉, 길에서 구덩이를 못 봐서 넘어져 다치거나 교통사고를 당하는 것을 가리킨다.

**16** |해설| '땅 표면에 파여 있는 공간'이라는 뜻은 hole(구덩이)이다.

**17** |해설| (A) 조동사 may 뒤의 fall과 등위접속사 and에 의해 연결되므로 동사원형이 알맞다.
(B) '~하기 위해'라는 뜻으로 목적을 나타내는 to부정사의 형태가 알맞다.
(C) 뒤에 주어와 동사가 있는 절이 이어지므로 접속사 while이 알맞다.

**18** |해석| ① 윤지: 그들은 걸어 다닐 때 좀비처럼 보여.
② 서준: 그들은 스마트폰 좀비야.
③ 은빈: 그들은 걸을 때 그들의 스마트폰을 봐.
④ 진호: 그들은 거리에서 위험한 상황에 처할 수 있어.
⑤ 수아: 그들은 눈 운동을 좀 해야 해.
|해설| ⑤ 스몸비들은 안전 문제를 예방하기 위해 걷는 동안에 스마트폰을 보지 않아야 한다는 언급은 있지만, 눈 운동을 해야 한다는 언급은 없다.

**19** |해설| ⓓ 'A를 B라고 부르다'는 call A B로 나타낸다.

**20** |해설| 주어진 문장은 '또 다른 문제'로 목 통증이 생길 수도 있다는 내용이므로 첫 번째로 제시한 문제인 안구 건조증 내용 뒤이고, 목 통증이 생기는 이유를 설명하는 내용 앞인 ③에 들어가는 것이 자연스럽다.

**21** |해설| (A) 스마트폰으로 인해 생길 수 있는 건강 문제 중 하나인 dry eyes(안구 건조증)가 알맞다.
(B) 안구 건조증은 눈을 깜박거리지 않아서 생기는 것이므로 예방하는 방법으로 blink often(눈을 자주 깜박거리다)이 알맞다.

**22** |해석| ① 스마트폰으로 인해 우리는 어떤 건강상의 문제를 겪을 수 있는가?
② 눈을 자주 깜박거리지 않으면 어떤 일이 일어나는가?
③ 우리는 보통 1분 동안 눈을 얼마나 자주 깜박거리는가?
④ 무엇이 거북목 증후군을 야기하는가?
⑤ 거북목 증후군을 예방하기 위해서 할 수 있는 일들에는 어떤 것이 있는가?
|해설| ③ 보통 눈을 1분 동안 얼마나 자주 깜박거리는지는 본문에 언급되어 있지 않다.

**23** |해설| ⓐ '만약 ~라면, ~한다면'이라는 뜻의 접속사 If가 알맞다.
ⓑ '~ 동안에'라는 뜻의 전치사 during이 알맞다.

**24** |해석| ① 우리는 새 차를 사기로 결정했다.
② 나에게 젓가락을 사용하는 것은 쉽지 않다.
③ 나의 취미는 탐정 소설을 읽는 것이다.
④ 나는 요거트를 좀 사기 위해 가게에 들렀다.
⑤ Chris는 언제 태권도 배우는 것을 시작했니?
|해설| (A)와 ④는 목적을 나타내는 부사적 용법의 to부정사로 쓰였고, 나머지는 모두 명사적 용법으로 쓰였다. (①, ⑤ 목적어, ② 주어, ③ 보어)

**25** |해설| 스마트폰 중독을 예방하기 위해서 식사나 회의 중에 스마트폰을 끄고, 문자를 보내는 대신 사람들과 이야기할 수 있다고 했다.

**01** |해석| ① 간단한: 어렵거나 복잡하지 않은
② 건조한: 표면에 물이나 액체가 없는
③ ~ 없이: 무언가를 가지고 있지 않거나 누군가와 함께 있지 않은
④ 중독: 원하거나 계획되지 않게 일어난 나쁜 일
⑤ 문자를 보내다: 휴대 전화를 이용해 누군가에게 글로 된 메시지를 보내다
|해설| ④ addiction은 '중독'이라는 뜻으로 a condition when someone cannot stop doing something that is not healthy 이 알맞은 영영풀이다. 주어진 영영풀이에 해당하는 단어는 '사고'라는 뜻의 accident이다.

**02** |해석| • 화재의 원인은 아직 명확하지 않다.
• 이러한 운동들이 고통을 야기한다면, 그것들을 하는 것을 멈춰야 한다.
|해설| cause는 명사로 '원인', 동사로 '야기하다'라는 뜻이다.

**03** |해석| ① Tom은 나중에 세부 사항을 네게 문자로 보낼 것이다.
② 우리는 제대로 된 식사 대신 샐러드를 먹었다.
③ 나는 그녀에게 이메일을 보내기 위해 컴퓨터를 껐다(→ 켰다).
④ 지나는 우리 학교에서 가장 똑똑한 학생이다.
⑤ 이 도시의 인구 수는 작년에 많이 증가했다.
|해설| ③ 이메일을 보내기 위해 컴퓨터를 껐다는 것은 어색하다. '~을 켰다'라는 뜻의 turned on이 되어야 자연스럽다.

**04** |해석| A: 무슨 일이니?
B: 저는 등이 많이 아파요.
A: _____
① 그곳에 찜질 패드를 올려놓으렴.
② 반드시 진찰을 받아 보렴.
③ 나는 푹 쉬어야 할 것 같아.
④ 약 먹는 걸 잊지 마.
⑤ 스트레칭 운동을 좀 하는 게 어때?
|해설| 등이 아프다고 하는 상대방에게 조언 또는 당부의 말을 하는 것이 자연스러우므로 '나는 푹 쉬어야겠어.'라고 말하는 ③은 대답으로 알맞지 않다.

**05** |해석| A: 무슨 일이니?
B: 심한 치통이 있어요.
A: 여기 약이 좀 있단다. 이것을 먹으렴.
B: 고맙습니다.
A: 그리고 반드시 치과에 가도록 하렴.
B: 네, 그럴게요.
|해설| 반드시 치과에 가라고 당부하는 것으로 보아 치통이 있다는 증상을 말하는 표현이 들어가는 것이 알맞다.

**06** |해석| ① A: 무슨 일이니?

B: 배가 아파요.
② A: 휴식을 좀 취하는 게 어떠니?
B: 병원에 가는 것을 잊지 말아라.
③ A: 왼쪽 발이 많이 아파요.
B: 그것 참 안됐구나. 얼음을 좀 올려 놓으렴.
④ A: 무슨 일이니?
B: 몸이 좋지 않아요. 감기에 걸린 것 같아요.
⑤ A: 목이 아파요. 열도 나요.
B: 이 약을 먹고 물을 많이 마시렴.
|해설| ② Why don't you ~?는 상대방에게 권유하거나 제안하는 표현이므로, 대답으로 당부의 말을 하는 것은 어색하다.

**07** |해설| 엄지손가락이 아프다는 말에 대해 texting thumb인 것 같다고 진단하고(D), 그것이 무엇인지 묻자(B), texting thumb에 대한 설명을 하고(A), 그것을 몰랐다(C)는 말로 이어지는 것이 자연스럽다.

**08** |해석| ① 문자를 너무 많이 보내지 말아라
② 전화로 이야기하지 마라
③ 스마트폰을 많이 사용해라
④ 친구들에게 좀 더 자주 문자 메시지를 보내라
⑤ 네 핸드폰을 떨어뜨리지 않도록 조심해라
|해설| 문자를 너무 많이 보내서 엄지손가락이 아픈 상황이므로 '너무 많이 문자를 보내지 말라'는 의미의 당부의 말인 ①이 알맞다.

**09** |해석| ① Andy에게 무슨 일이 있는가?
② texting thumb이란 무엇인가?
③ 무엇이 texting thumb을 야기할 수 있는가?
④ Andy는 어떤 종류의 스트레칭 운동을 하는가?
⑤ 김 선생님은 Andy에게 무엇을 하라고 조언했는가?
|해설| ④ 김 선생님이 Andy에게 손가락 스트레칭 운동을 하라고 조언하자 그러겠다고 답했으나, 평소 Andy가 스트레칭 운동을 하는지 여부는 알 수 없다.

**10** |해석| ① 내가 잘하는 과목은 역사이다.
② 내가 싫어하는 음식은 쌀국수이다.
③ 네가 가장 좋아하는 배우는 누구니?
④ 내가 어젯밤에 본 영화는 '어벤저스'다.
⑤ 이번 여름에 내가 방문할 나라는 노르웨이다.
|해설| ③은 선행사(the actor)가 사람이므로 목적격 관계대명사로 whom, who나 that을 써야 한다.

**11** |해석| 나의 반 친구 지나는 항상 많이 웃어서 우리 모두는 그녀를 Happy Girl이라고 부른다.
|해설| 'A를 B라고 부르다'라는 뜻은 call A B로 나타내며, 이때 B는 목적격 보어로 전치사 없이 명사를 쓴다.

**12** |해설| 선행사(the song)가 사물이므로 목적격 관계대명사 which나 that을 사용해서 선행사를 수식하는 관계대명사절을 완성한다.

**13** |해석| 나는 그 소녀를 안다. Eric이 그녀와 산책하고 있다.
①, ④ 나는 Eric이 함께 산책하고 있는 소녀를 안다.
|해설| 선행사(the girl)가 사람이며 전치사(with)의 목적어이므로 with whom ~ 또는 who(m)/that ~ with의 형태로 관계대명사절을 쓸 수 있다. 또한 with를 관계대명사절의 끝에 쓰면 목적격 관계대명사를 생략할 수도 있다.

**14** |해설| ⓐ 그런 춤을 플라멩코라고 부르니?

ⓑ Ted가 구운 쿠키는 매우 맛있었다.

ⓒ 사람들은 헨델을 음악의 어머니라고 부른다.

ⓓ 나의 엄마는 내가 가장 사랑하는 사람이다.

ⓔ 이것은 내 조부모님이 사시는 집이다.

|해설| ⓐ 'A를 B라고 부르다'는 call A B로 쓴다. (such a dance as flamenco → such a dance flamenco)

ⓔ 「전치사+목적격 관계대명사」의 형태로 쓸 때는 목적격 관계대명사로 that을 쓸 수 없다. (that → which)

**15** |해설| 주어진 문장은 '우리는 그런 사람들을 스몸비, 스마트폰 좀비라고 부른다'라는 내용이므로 스몸비에 대한 설명 뒤인 ③에 들어가야 알맞다.

**16** |해설| ⓑ 스마트폰 없이 사는 것이 어렵지만, 스마트폰을 현명하지 못하게 사용하거나 과도하게 사용하는 것은 다양한 문제를 해결하는(solve) 것이 아니라 일으킨다(cause)는 내용이 되어야 자연스럽다.

**17** |해석| ① 이 청바지를 입어 봐도 될까요?

② 여기에 들어와서 기다려도 된다.

③ 두통은 스트레스의 신호일지도 모른다.

④ 나는 매우 피곤해. 지금 자도 될까?

⑤ 원한다면 그 책을 빌려도 된다.

|해설| (A)와 ③의 may는 '~일지도 모른다'는 뜻으로 추측을 나타내고, 나머지는 모두 '~해도 된다'는 뜻으로 허락을 나타낸다.

**18** |해설| 밑줄 친 It은 앞에서 언급한 안전 문제들을 예방하는 방법을 가리킨다.

**19** |해석| Q: 안전 문제를 예방하기 위해 스몸비들은 무엇을 해야 하는가?

A: 그들은 걸을 때 스마트폰을 보지 말아야 한다.

**20** |해설| 이어지는 두 가지 예시가 안구 건조증과 거북목 증후군으로 둘 다 건강상의 문제에 해당한다.

**21** |해설| (A) 선행사 Another problem이 사물이므로 목적격 관계대명사로 which가 알맞다.

(B) 주어 Too much ~ texting이 행동의 주체이므로 능동태가 알맞다.

(C) '~하려고 노력하다'라는 뜻은 「try+to부정사」로 나타낸다.

**22** |해설| 'A를 B라고 부르다'라는 뜻은 call A B로 나타낸다.

**23** |해석| ① 눈을 자주 깜박거리면 눈이 건조해 질 것이다.

② 거북목 증후군은 목의 통증이다.

③ 거북목 증후군은 문자를 너무 많이 보내는 것으로 인해 야기될 수 있다.

④ 안구 건조증을 예방하기 위해서는 스마트폰을 올려다봐야 한다.

⑤ 목 스트레칭은 목 통증에 도움이 된다.

|해설| ① 눈을 자주 깜박거리지 않으면 눈이 건조해진다.

④ 안구 건조증을 예방하기 위해서는 눈을 자주 깜박거려야 한다고 했다.

**24** |해설| (A) '~하기 위해'라는 뜻으로 목적을 나타내는 to부정사 형태로 써야 한다.

(B) 전치사의 목적어이므로 동명사로 써야 한다.

**25** |해설| • 지훈 → 스마트폰 중독을 예방할 수 있는 다양한 방법이 있다고 했다.

• 나리 → 스마트폰 중독을 예방하는 방법으로 문자 메시지를 보내는 대신 사람들과 이야기하라고 했지만, 스마트폰으로 소통하는 것이 중요하다는 내용은 없다.

**01** ④  **02** ②  **03** ②  **04** ②, ⑤  **05** ①  **06** ⓑ some ice → a heating pad  **07** ⓐ → My right thumb hurts.
**08** ④  **09** |모범 답| Make sure you don't text too much.
**10** The song to which I am listening now is really good.
**11** ①  **12** ③  **13** ④  **14** ②  **15** (1) ⓐ → People call this winter sport bobsleigh.  (2) ⓓ → Everyone liked the cookies which Mom baked.  (3) ⓔ → This is the comic book in which you're interested.  **16** ①  **17** ②
**18** smombies  **19** ①, ⑤  **20** ①  **21** ①  **22** |모범 답| Dry eyes and text neck can be caused by smartphones.
**23** ⑤  **24** ③  **25** smartphone addiction, Turn off, talk to

**01** |해석| ⓐ 어떤 일이 일어나지 못하게 막다

ⓑ 눈을 매우 빠르게 뜨고 감다

ⓒ 땅 표면에 파여 있는 공간

ⓓ 신체의 일부가 아플 때 드는 느낌

|해설| ⓐ는 prevent(예방하다), ⓑ는 blink(눈을 깜박거리다), ⓒ는 hole(구멍), ⓓ는 pain(통증)의 영영풀이다.

**02** |해석| ① 나는 네가 약속을 지키기 바란다.

그는 거짓말하지 않기로 그의 부모님에게 약속했다.

② 무엇이 그 교통사고를 야기했는가?

나무 뿌리는 건물에 손상을 야기할 수 있다.

③ 보통 어떤 종류의 운동을 하니?

내 언니는 일주일에 세 번 운동한다.

④ Jenny와 나는 보통 문자를 서로 보내지 않는다.

본문을 다시 읽고 질문에 답하세요.

⑤ 사람들은 뉴욕시를 the Big Apple이라고 부른다.

그는 전화를 받지 않았다. 나는 그에게 다시 전화할 것이다.

|해설| ② 두 문장 모두 cause는 '야기하다'는 뜻의 동사로 쓰였다. (① 약속/약속하다 ③ 운동/운동하다 ④ 문자 메시지를 보내다/본문 ⑤ 부르다/전화하다)

**03** |해석| ⓐ 나의 부모님은 내 용돈을 올려 주시지 않을 것이다.

ⓑ 그들은 휴식 시간 없이 일했다.

ⓒ 우리는 약을 시원하고 건조한 장소에 보관한다.

ⓓ 이것은 다양한 종류의 채소들로 만들어졌다.

|해설| ⓐ에는 increase(증가하다, 증가시키다), ⓑ에는 without(~ 없이), ⓒ에는 dry(건조한), ⓓ에는 various(다양한)가 알맞다.

**04** |해석| A: 무슨 일이니?

B: 배가 많이 아파요.

A: 병원에 가 보는 것이 좋겠어.

① 무슨 문제니?  ② 그것에 무슨 문제가 있나?

③ 문제가 뭐니?  ④ 무슨 문제가 있니?

⑤ 무엇을 갖고 싶니?

|해설| 밑줄 친 문장은 상대방에게 문제점이나 증상을 묻는 표현으로, 특정 대상(it)에 어떤 문제가 있는지 묻는 ②와 갖고 싶은 것을 묻는 ⑤와는 바꿔 쓸 수 없다.

**05** |해설| 대화의 흐름상 상대방에게 당부하는 표현이 들어가야 자연스럽다. 상대방에게 무언가를 반드시 하라고 당부할 때는 「Make sure you+동사원형 ~.」, 「Don't forget to+동사원형 ~.」, 「Remember to+동사원형 ~.」 등으로 말할 수 있다.

**06** |해석| ⓐ Peter는 등이 많이 아프다.
ⓑ 김 선생님은 Peter에게 등에 얼음을 좀 올려놓으라고 했다.
ⓒ Peter는 등을 위해 스트레칭을 할 것이다.
|해설| ⓑ 김 선생님은 Peter에게 등에 찜질 패드를 올려놓으라고 했다.

**07** |해설| ⓐ Andy가 texting thumb인 것 같다는 내용이 이어지므로 Andy가 아픈 곳은 엄지손가락(thumb)이 되어야 자연스럽다.

**08** |해석| Q: 김 선생님은 Andy에게 무엇을 하라고 조언했는가?
A: 그녀는 그에게 손가락 스트레칭 운동을 하라고 조언했다.
① 병원에 가라고　　② 왼손을 사용하라고
③ 손을 더 자주 씻으라고
⑤ 전화하는 대신 문자 메시지를 보내라고
|해설| ④ 김 선생님은 Andy에게 손가락 스트레칭 운동을 하라고 했다.

**09** |해설| '반드시 ~하지 않도록 하라.'는 의미로 상대방에게 당부할 때는 「Make sure you don't+동사원형 ~.」으로 말할 수 있다.

**10** |해석| 그 노래는 정말 좋다. 나는 지금 그것을 듣고 있다.
→ 내가 지금 듣고 있는 그 노래는 정말 좋다.
|해설| 선행사(The song)가 사물이며 「전치사+관계대명사」의 형태로 써야 하므로, 목적격 관계대명사로 which를 써야 한다.

**11** |해석| ⓐ 저쪽에 서 있는 소녀는 Amy이다.
ⓑ 이것은 내가 네게 말했던 그 영화이다.
ⓒ 그녀가 그가 찾던 그 사람이다.
ⓓ 나는 도서관에서 빌린 책을 읽고 있다.
ⓔ 그 소년은 그의 엄마가 그에게 사 준 코트를 좋아하지 않았다.
|해설| ⓐ 주격 관계대명사는 생략할 수 없다.
ⓒ 「전치사+목적격 관계대명사」의 형태로 쓸 때 목적격 관계대명사를 생략할 수 없다.

**12** |해설| ③ 'A를 B라고 부르다'라는 뜻은 call A B로 나타낸다. (for → 삭제)

**13** |해석| ① 모든 사람이 그녀를 Liz라고 부른다.
② 그녀는 아들을 엔지니어로 만들었다.
③ 우리는 지호를 반장으로 뽑았다.
④ Dave는 그의 여동생에게 긴 편지를 보냈다.
⑤ Jenny는 그녀의 햄스터를 Cookie라고 이름 지었다.
|해설| ④는 4형식 문장(주어+수여동사+간접목적어+직접목적어)의 직접목적어이고, 나머지는 모두 5형식 문장(주어+동사+목적어+목적격 보어)의 목적격 보어이다.

**14** |해석| 내가 어제 얘기했던 그 남자는 점원이다.
|해설| ⓐ 선행사(The man)가 사람이므로 목적격 관계대명사로 whom, who나 that을 쓸 수 있다.
ⓑ 선행사가 사람이고 「전치사+관계대명사」의 형태로 쓰일 때는 목적격 관계대명사로 whom이 알맞다.

**15** |해석| ⓐ 사람들은 이 겨울 스포츠를 봅슬레이라고 부른다.
ⓑ 나는 네가 공원에서 본 소녀를 안다.
ⓒ 아빠는 내가 가장 존경하는 사람이다.
ⓓ 모든 사람들이 엄마가 구운 쿠키를 좋아했다.
ⓔ 이것은 네가 흥미로워하는 만화책이다.
|해설| ⓐ 'A를 B라고 부르다'는 call A B로 나타낸다.

ⓓ 관계대명사절에는 선행사에 해당하는 (대)명사는 쓰지 않는다.
ⓔ 「전치사+목적격 관계대명사」 형태로 쓰일 때는 관계대명사로 that을 쓸 수 없다.

**16** |해석| [보기] 부주의한 운전은 사고를 야기할 수 있다.
① 어떤 일이 일어나게 하다
② 어떤 일이 일어나지 못하게 막다
③ 커지거나 어떤 것을 커지게 만들다
④ 무엇 또는 누군가에게 이름 또는 제목을 붙이다
⑤ 휴대 전화를 이용해 누군가에게 글로 된 메시지를 보내다
|해설| ⓐ와 [보기]의 빈칸에는 문맥상 '일으키다, 야기하다'라는 뜻의 cause가 들어가는 것이 알맞다.

**17** |해석| ① 이 음료수는 꿀과 같은 맛이 난다.
② 유럽으로의 여행은 어땠니?
③ 그 소녀는 자신의 엄마처럼 수의사가 되고 싶어 한다.
④ 당신은 그를 어린아이처럼 대하는 걸 그만해야 한다.
⑤ 나는 양파와 당근 같은 채소들을 심었다.
|해설| ②는 '좋아하다, 마음에 들어하다'라는 뜻의 동사로 쓰였고, 나머지는 모두 '~ 같이, ~처럼'이라는 뜻의 전치사로 쓰였다.

**18** |해설| call A B(A를 B라고 부르다)를 사용하여 우리말을 영어로 옮기면 We call such people smombies, smartphone zombies.가 되므로 5번째로 오는 단어는 smombies이다.

**19** |해석| ① 그들은 걸으면서 스마트폰을 보는 사람들이다.
② 그들은 보통 안전 문제를 겪지 않는다.
③ 그들은 거리에서 구덩이를 발견해서 쉽게 그것들을 피한다.
④ 그들은 안전 문제를 방지하기 위해 스마트폰 없이 살아야 한다.
⑤ 안전을 위해 그들은 걸을 때 스마트폰을 사용하지 말아야 한다.
|해설| ② 스몸비들은 다양한 안전 문제를 겪을 수 있다. ③ 스몸비들은 길에서 구덩이를 보지 못해 넘어지거나 다칠 수 있다. ④ 안전 문제를 피하기 위해 걸으면서 스마트폰을 보지 말아야 한다고 했으나, 스마트폰 없이 살아야 한다는 언급은 하지 않았다.

**20** |해설| ⓐ '~하게 느끼다'는 「감각동사 feel+형용사」로 나타낸다.

**21** |해설| Another problem (which/that) you can have is neck pain.이 되므로 who는 필요하지 않다.

**22** |해석| 윗글에 따르면, 스마트폰으로 인해 어떤 건강상의 문제들이 야기되는가? 완전한 영어 문장으로 답하시오.
→ 안구 건조증과 거북목 증후군이 스마트폰에 의해 야기될 수 있다.

**23** |해설| 스마트폰 중독 증상의 예시를 들고(C), 이러한 증상이 스마트폰 중독임을 설명한 후(B), 스마트폰 중독을 예방하는 방법을 제시하는 (A) 순서가 알맞다.

**24** |해석| ⓐ 쿠키를 굽는 것은 나의 취미이다.
ⓑ 건강을 유지하기 위해서, 나는 매일 운동한다.
ⓒ 그는 아프리카로 여행 가기로 결정했다.
ⓓ 나는 책을 좀 빌리기 위해 도서관에 갔다.
|해설| 본문과 ⓑ, ⓓ는 모두 '~하기 위해'라는 의미로 목적을 나타내는 부사적 용법으로 쓰였고, ⓐ와 ⓒ는 각각 명사적 용법으로 쓰였다. (ⓐ 주어, ⓒ 목적어)

**25** |해설| Dan: 저는 스마트폰 중독인 것 같아요. 저는 스마트폰이 없으면 불안해요. → 답변: 식사할 때 스마트폰을 끄세요. 또한, 사람들에게 문자를 보내기보다 이야기를 나누세요.

# Lesson 6
# Different People, Different Views

## STEP A

W Words 연습 문제     p. 83

A 01 전시회
02 깃털
03 국가 소유의, 국립의; 국가의
04 모험심이 강한
05 신화
06 윤곽, 외형
07 탈출하다, 벗어나다
08 강력한, 힘 있는
09 경고하다, 주의를 주다
10 비행, 날기
11 날개
12 그리스의; 그리스인, 그리스어
13 방식, 태도
14 게다가, 더욱이
15 발명가
16 계획하다; 계획
17 녹다, 녹이다
18 거르다, 건너뛰다
19 화가
20 지배하다, 통제하다

B 01 gather
02 begin
03 amusement park
04 warning
05 theater
06 stadium
07 shout
08 simple
09 subject
10 wax
11 glue
12 ticket office
13 detail
14 foolish
15 strange
16 invite
17 difference
18 follow
19 brave
20 join

C 01 그에 반해서, 반면에
02 비명을 지르다
03 혼잣말하다
04 ~에서 나오다, 비롯되다
05 ~하는 게 어때?
06 ~뿐만 아니라, ~에 더하여
07 산책하러 가다
08 ~을 다루다
09 ~에 빠지다
10 ~ 앞에서

D 01 go for a walk
02 fall into
03 deal with
04 cry out
05 in contrast
06 talk to oneself
07 in front of
08 in addition to
09 come from
10 How(What) about ~?

---

W Words Plus 연습 문제     p. 85

A 1 flight, 비행, 날기    2 escape, 탈출하다, 벗어나다
3 outline, 윤곽, 외형    4 subject, 주제
5 adventurous, 모험심이 강한    6 feather, (새의) 털, 깃털
7 gather, 모으다    8 myth, 신화

B 1 subject   2 exhibition   3 shout   4 melt   5 wing

C 1 cry(crying) out   2 talks to himself   3 In contrast
4 In addition to   5 deal with

D 1 shout   2 flight   3 courageous   4 simple
5 difference

**A |해석|**
1 공중을 나는 행동
2 어떤 장소나 사람에게서 달아나다
3 어떤 것의 모양을 보여 주는 선
4 말하거나, 쓰이거나, 또는 연구되는 화제
5 흥미로운 일을 찾기 위해 위험도 기꺼이 감수하는
6 새의 몸을 덮고 있는 가볍고 부드러운 것들 중 하나
7 종종 서로 다른 장소 또는 사람들로부터 여러 물건들을 모으다
8 신들, 용감한 사람들, 신비한 생명체들 등에 관한 옛이야기

**B |해석|**
1 그녀 작품의 주제는 가족이다.
2 그녀는 자신의 그림 전시회를 열 것이다.
3 소리칠 필요가 없다. 나는 네 말이 잘 들린다.
4 해가 뜨자 얼음이 녹기 시작했다.
5 어린 새들은 어미 새의 날개 아래에 있었다.

**D |해석|**
1 시작하다 : 시작하다 = 외치다 : 외치다
2 초대하다 : 초대 = 날다 : 비행, 날기
3 어리석은 : 어리석은 = 용감한 : 용감한
4 다른 : 같은 = 간단한, 단순한 : 복잡한
5 모험 : 모험심이 강한 = 차이(점) : 다른

---

W Words 실전 TEST     p. 86

01 ⑤    02 ③    03 ①    04 in addition    05 ③    06 ②
07 ⑤

01 |해석| ① 경고하다 ② 외치다 ③ 시작하다; 시작되다
④ 모으다 ⑤ 탈출하다, 벗어나다
|해설| '어떤 장소나 사람에게서 달아나다'는 escape(탈출하다)의 영영
풀이다.

02 |해석| [보기] 어리석은 – 어리석은
① 날다 – 비행, 날기      ② 초대하다 – 초대
③ 용감한 – 용감한      ④ 차이(점) – 다른
⑤ 간단한, 단순한 – 복잡한
|해설| [보기]와 ③은 유의어 관계이고, ①과 ②는 '동사 – 명사', ④는
'명사 – 형용사', ⑤는 반의어 관계이다.

**03** |해석| • 나는 수학을 못 한다. 내 남동생은 <u>반면에</u> 수학을 잘한다.

　　• 이 책은 신화의 영웅들을 <u>다룬다</u>.

|해설| in contrast: 반면에 / deal with: ~을 다루다

**04** |해설| '~뿐만 아니라, ~에 더하여'라는 의미의 in addition to가 알맞다.

**05** |해석| ① 누군가가 어젯밤에 도와달라고 <u>소리쳤다</u>.

② 매표소 앞에서 만나자.

③ 그 남자는 <u>모험심이 강한</u> 탐험가였다.

④ 나는 친구들과 놀이공원에 갔다.

⑤ 그 아이는 성의 <u>윤곽</u>을 그렸고 그 안을 칠했다.

|해설| ③ adventurous는 '모험심이 강한'이라는 뜻이다. '어리석은'이라는 뜻의 단어는 foolish이다.

**06** |해석| ① 그 연설의 <u>주제</u>는 무엇인가?

② 내가 학교에서 가장 좋아하는 <u>과목</u>은 과학이다.

③ 우리의 토론 <u>주제</u>는 지구 온난화이다.

④ 그 책의 <u>주제</u>는 Matisse의 그림이다.

⑤ Susan은 우리에게 프로젝트의 <u>주제</u>에 관한 많은 정보를 주었다.

|해설| ②는 '과목'이라는 의미이고, 나머지는 모두 '주제'라는 의미이다.

**07** |해석| ① 더 많은 <u>세부 사항</u>들을 알고 싶습니까?

② 그의 사고방식은 우리들의 사고방식과 다르다.

③ 그 전문가는 우리에게 지진에 대해 <u>경고했다</u>.

④ 그들은 그리스 신화의 신들에 대한 이야기를 즐겼다.

⑤ 얼음은 온도가 갑자기 내려가서 녹았다.

|해설| melt는 '녹다'라는 의미이므로 ⑤ '온도가 갑자기 내려가서 얼음이 녹았다.'는 의미는 문맥상 어색하다.

---

### L&T Listen and Talk 만점 노트　　pp. 88~89

Q1 ⓐ　　Q2 (뮤지컬) '캣츠(Cats)'를 볼 계획이다.　　Q3 ⓑ
Q4 Green 경기장 앞에서　　Q5 F　　Q6 Van Gogh exhibition
Q7 (이번 주) 금요일 10시 30분　　Q8 F　　Q9 go shopping

---

### L&T Listen and Talk 빈칸 채우기　　pp. 90~91

**Listen and Talk A-1** planning to go, should we meet, let's meet at, then

**Listen and Talk A-2** planning to, want to go with me, where should we, on Saturday

**Listen and Talk A-3** about joining me, What time should we meet, in front of, See you then

**Listen and Talk A-4** What are you going to do, if you want to, When should we meet, want to go early

**Listen and Talk C** What's up, Nothing special, planning to go to, go with me, love to, about meeting at 11(eleven), see you there at

**Review-1** this Friday, don't you join me, Let's meet at, See you then

**Review-2** I'm planning to go, What time should we meet, begins at, meet at

---

**Review-3** to go shopping, Will you, about meeting at, Let's meet in front of

---

### L&T Listen and Talk 대화 순서 배열하기　　pp. 92-93

1 ⓒ-ⓑ-ⓓ-ⓐ　　　　2 ⓑ-ⓓ-ⓐ-ⓒ
3 ⓑ-ⓐ-ⓓ-ⓒ　　　　4 ⓓ-ⓑ, ⓔ-ⓒ
5 ⓔ-ⓓ-ⓒ, ⓐ-ⓗ, ⓕ　　6 ⓓ-ⓒ-ⓐ-ⓑ
7 ⓒ-ⓓ-ⓐ-ⓑ　　　　8 ⓑ-ⓓ-ⓐ-ⓒ

---

### L&T Listen and Talk 실전 TEST　　pp. 94-95

01 ⑤　02 ④　03 ③　04 ③　05 ①　06 ④　07 ②
08 ②　09 ⑤

[서술형]

**10** I'm planning to go to a rock concert.　**11** (1) see *Cats* (2) 2(two)　**12** (1) planning(going) to go to Dream Amusement Park　(2) meet at 9 at the subway station

**01** |해석| A: 너는 이번 주말에 무엇을 할 거니?

B: 나는 친구들과 영화를 볼 계획이야.

① 우리 언제 만날까?

② 너는 지금 무엇을 보고 있니?

③ 너는 지난 주말에 무엇을 했니?

④ 너는 어떤 종류의 영화를 좋아하니?

|해설| 대답으로 계획을 말하고 있으므로 계획을 묻는 질문이 들어가는 것이 알맞다.

**02** |해석| A: 나는 다음 주 금요일에 축구 경기를 보러 갈 계획이야. 나랑 같이 갈래?

B: 좋은데. 몇 시에 어디에서 만날까?

A: Green 경기장 앞에서 10시 30분에 만나자.

① 그것은 몇 시에 시작하니?

② 너는 어떤 팀을 더 좋아하니?

③ 너는 오늘 아침에 무엇을 하고 있었니?

⑤ 너는 다음 주 금요일에 무엇을 할 계획이니?

|해설| A가 약속 시간과 장소를 대답하고 있으므로 빈칸에는 약속 시간과 장소를 정할 때 묻는 표현이 와야 한다.

**03** |해석| ① A: 나랑 같이 가는 게 어때, Kevin?

B: 미안하지만, 나는 다른 계획이 있어.

② A: 몇 시에 만날까?

B: 7시에 만나는 게 어때?

③ A: 어디에서 만날까?

B: 나는 거기에 빨리 가고 싶으니까 10시에 만나자.

④ A: 너는 내일 무엇을 할 거니?

B: 나는 피카소 전시회에 갈 거야.

⑤ A: 나는 쇼핑하러 갈 계획이야. 나랑 같이 갈래?

B: 물론이야. 몇 시에 어디에서 만날까?

**[04~05]** | 해석 |

A: 나는 내일 피아노 콘서트에 갈 계획이야. 나랑 같이 갈래, Kevin?

B: 물론이야. 몇 시에 만날까?

A: 콘서트는 7시에 시작하니까, 6시에 버스 정류장에서 만나자.

B: 그래. 그때 보자

**04** | 해설 | 주어진 문장은 약속 시간을 정할 때 묻는 질문이므로, 약속 시간과 장소를 말하는 표현 앞인 ③에 들어가는 것이 알맞다.

**05** | 해설 | Do you want to join(go with) me?는 상대방에게 함께 할 것을 제안할 때 사용하는 표현이다.

**06** | 해설 | (B) 나는 이번 주 월요일에 도서관에 갈 계획이야. 나랑 같이 가는 게 어때, 지호야?

(C) 그래. 몇 시에 어디에서 만날까?

(A) 도서관 앞에서 5시 30분에 만나는 게 어때?

(D) 좋아. 그때 보자.

**07** | 해석 | A: 이번 주 일요일에 무엇을 할 거니?

B: _____ 너도 나와 함께할래?

A: 좋은데. 언제 만날까?

① 나는 캠핑을 하러 갈 거야.

② 나는 지금 내 방을 청소하고 있어.

③ 나는 미술 전시회에 갈 계획이야.

④ 나는 해변에 갈 생각이야.

⑤ 나는 야구 경기에 갈 계획이야.

| 해설 | 미래 계획을 묻는 질문에 대한 대답으로 지금 하고 있는 일을 말하는 ②는 알맞지 않다.

**[08~09]** | 해석 |

(스마트폰이 울린다.)

A: 안녕, Kate. 무슨 일이니?

B: 안녕, 민호야. 이번 주 토요일에 무엇을 할 거니?

A: 특별한 계획은 없어. 왜?

B: 나는 국립 미술관에서 하는 반 고흐 전시회에 갈 계획이야. 그의 그림 중에 아는 것이 있니? (→ 나랑 같이 갈래?)

A: 정말 그러고 싶어! 그는 내가 가장 좋아하는 화가거든. 몇 시에 만날까?

B: 11시에 만나는 게 어때?

A: 좋아. 어디에서 만날까?

B: 매표소 앞에서 만나자.

A: 좋아. 11시에 거기에서 봐.

**08** | 해설 | ② 상대방의 제안을 수락하는 말(I'd love to!)이 대답으로 이어지며 뒤에 약속 시간과 장소를 정하고 있으므로, 약속을 제안하는 표현인 Do you want to go with me?와 같은 표현이 흐름상 알맞다.

**09** | 해설 | ⑤ Kate와 민호는 매표소 앞에서 만나기로 했다.

**10** | 해석 | A: 너는 내일 무엇을 할 거니?

B: 나는 록 콘서트에 갈 계획이야.

| 해설 | 자신의 계획을 말할 때는 「I'm planning(going) to+동사원형 ~.」으로 표현한다.

**11** | 해석 | 소녀: 나는 이번 주 토요일에 '캣츠'를 보러 갈 계획이야. 나랑 같이 갈래?

소년: 물론이야. 몇 시에 어디에서 만날까?

소녀: 그 뮤지컬은 3시에 시작해. 2시에 Dream 아트 홀에서 만나자.

소년: 좋아. 토요일에 보자

→ 소녀와 소년은 이번 주 토요일에 '캣츠'를 볼 것이다. 그들은 2시에 Dream 아트 홀에서 만날 것이다.

**12** | 해석 | **할 것** Dream 놀이공원에 감

**만날 시간** 일요일, 9시

**만날 장소** 지하철역에서

A: 이번 주 일요일에 무엇을 할 거니?

B: 나는 남동생과 Dream 놀이공원에 갈 계획이야. 원하면 너도 우리와 함께 가도 돼.

A: 정말 그러고 싶어. 몇 시에 어디에서 만날까?

B: 나는 일찍 가고 싶어. 그러니 9시에 지하철역에서 만나자.

A: 좋아. 그때 보자.

| 해설 | (1) 자신의 계획을 말할 때는 「I'm planning(going) to+동사원형 ~.」으로 표현한다. (2) 만날 시각과 장소를 제안할 때 「Let's meet at+시각+장소를 나타내는 부사구.」로 표현할 수 있다.

---

### **G** Grammar 핵심 노트 1 QUICK CHECK    p. 96

**1** (1) move  (2) playing  (3) calling

**2** (1) see my sister go  (2) felt the ground shake
(3) heard him talking

**1** | 해석 | (1) 나는 움직이는 어떤 것도 못 봤다.
(2) 우리는 그들이 농구하고 있는 것을 보았다.
(3) 누군가 도움을 요청하고 있는 것을 들었니?

**2** | 해석 | (1) 내 여동생이 나가는 것을 보았니?
(2) 나는 땅이 한 번 흔들리는 것을 느꼈다.
(3) 나는 그가 네게 말하고 있는 것을 들었다고 확신한다.

---

### **G** Grammar 핵심 노트 2 QUICK CHECK    p. 97

**1** (1) so  (2) that  (3) too

**2** (1) so hot that we went  (2) so strong that he can  (3) so smart that she can

**1** | 해석 | (1) Andrew는 매우 빨리 달려서 경주에서 우승했다.
(2) 너무 어두워서 나는 아무것도 볼 수 없었다.
(3) 학생들은 너무 피곤해서 더 이상 공부할 수 없었다.

**2** | 해석 | (1) 너무 더워서 우리는 수영하러 나갔다.
(2) 그는 매우 힘이 세서 그 무거운 상자를 들 수 있다.
(3) Kate는 매우 똑똑해서 답을 찾을 수 있다.

---

### **G** Grammar 연습 문제 1    p. 98

**A** 1 fly  2 driving  3 shake, shaking  4 solve, solving
5 swim, swimming

**B** 1 climbing(climb)  2 burning(burn)  3 playing(play)
4 listening(listen)

**C** 1 smiles → smiling(smile)  2 danced → dancing(dance)

        **3** to sing → singing(sing)   **4** having → to have

        **5** repeat → repeated

    **D 1** They felt something moving towards them.

      **2** I watched the children playing soccer for a while.

      **3** We heard a famous opera star sing at the concert.

**A** |해석| **1** 우리는 비행기가 하늘에서 날아가는 것을 들었다.

  **2** 그녀는 엄마가 차를 타고 떠나고 있는 것을 보았다.

  **3** 나는 네가 두려움으로 떠는(떨고 있는) 것을 느낄 수 있었다.

  **4** 그들은 그가 문제를 푸는(풀고 있는) 것을 보았다.

  **5** 나는 내 남동생이 강에서 수영하는(수영하고 있는) 것을 보았다.

  |해설| 지각동사가 사용된 5형식 문장은 「지각동사+목적어+-ing/동사원형」의 형태로 쓴다.

**B** |해석| **1** 그들은 고양이가 저쪽에 있는 나무를 올라가고 있는(오르는) 것을 보았다.

  **2** 그 여자는 아래층에서 무엇인가가 타고 있는(타는) 냄새를 맡았다.

  **3** 어젯밤에 누군가가 피아노를 연주하고 있는(연주하는) 것을 들었니?

  **4** Kate는 어제 버스에서 한 소년이 음악을 듣고 있는(듣는) 것을 보았다.

  |해설| 지각동사의 목적격 보어로 -ing 또는 동사원형을 쓸 수 있으며, 의미상의 큰 차이는 없지만 -ing를 쓸 경우 진행의 의미가 좀 더 강조된다.

**C** |해석| **1** 그 소녀는 아기가 그녀에게 미소 짓고 있는(미소 짓는) 것을 보았다.

  **2** 그가 무대에서 춤추고 있는(춤추는) 것을 봤니?

  **3** 나는 내 언니가 아름답게 노래하고 있는(노래하는) 것을 들었다.

  **4** 그들에게 언젠가 우리와 함께 저녁을 먹자고 물어보자.

  **5** 그는 그 노래가 라디오에서 여러 번 반복되는 것을 들었다.

  |해설| **1~3** 지각동사(see, listen to)의 목적격 보어로 -ing 또는 동사원형을 쓴다.

  **4** ask의 목적격 보어로는 to부정사를 쓴다.

  **5** 목적어와 목적격 보어의 관계가 수동이므로 목적격 보어로 과거분사를 써야 한다.

**D** |해설| 지각동사가 사용된 5형식 문장은 「지각동사+목적어+-ing/동사원형」의 형태로 쓴다.

---

### **G** Grammar 연습 문제 2    p.99

**A 1** ⓓ   **2** ⓒ   **3** ⓑ   **4** ⓐ

**B 1** so sleepy that, can't finish   **2** so dark that, couldn't see   **3** so fast that, couldn't catch

**C 1** I'm so full that I can't eat anymore.   **2** The movie was so sad that everybody cried.   **3** Jason was so sick that he couldn't go to school.   **4** He spoke so fast that we couldn't understand him well.

**D 1** He was so excited that he could not speak.

  **2** The music was so loud that I couldn't sleep.

  **3** She got up so early that she could see the sunrise.

---

**A** |해석| **1** 나는 너무 피곤해서 지금 낮잠을 자고 싶다.

  **2** 이 차는 매우 커서 열 명을 수용할 수 있다.

  **3** Amy는 매우 열심히 공부해서 시험에서 A를 받았다.

  **4** 그 피자는 매우 맛있어서 그들은 그것을 모두 먹었다.

  |해설| 의미상 자연스러운 문장이 되도록 원인과 결과를 나타내는 부분을 연결하여 so ~ that ... 구문이 쓰인 문장으로 완성한다.

**B** |해설| 「so+형용사/부사+that+주어+can't+동사원형」은 '너무(매우) ~해서 (그 결과) …할 수 없다'라는 부정의 결과를 나타낸다.

**C** |해석| **1** 나는 너무 배가 부르다. 나는 더 이상 먹을 수 없다.

    → 나는 너무 배가 불러서 더 이상 먹을 수 없다.

  **2** 그 영화는 너무 슬펐다. 모든 사람이 울었다.

    → 그 영화가 너무 슬퍼서 모든 사람이 울었다.

  **3** Jason은 너무 아팠다. 그는 학교에 갈 수 없었다.

    → Jason은 너무 아파서 학교에 갈 수 없었다.

  **4** 그는 너무 빨리 말했다. 우리는 그의 말을 잘 이해할 수 없었다.

    → 그가 너무 빨리 말해서 우리는 그의 말을 잘 이해할 수 없었다.

  |해설| 원인과 결과를 파악하여 「so+형용사/부사+that+주어+동사」 구문이 쓰인 문장을 완성한다.

**D** |해설| '너무(매우) ~해서 (그 결과) …하다'라는 의미는 「so+형용사/부사+that+주어+동사」의 형태로 나타낸다.

---

### **G** Grammar 실전 TEST    pp. 100~103

| 01 ④ | 02 ① | 03 ④ | 04 ①, ④ | 05 ② | 06 ③ |
|------|------|------|---------|------|------|
| 07 ② | 08 ③ | 09 ① | 10 ④ | 11 ③ | 12 ⑤ | 13 ④ |
| 14 ③ | 15 ② | 16 ③ | 17 ③ |

[서술형]

**18** saw her walking(walk) into   **19** so busy that he skipped   **20** so, that, can't   **21** washed → washing (wash)   **22** (1) was so good that we went on a picnic (2) were so heavy that he couldn't carry them   (3) was so clear that we could see stars well   **23** (1) listening to music  (2) calling her dog's name  (3) Suho playing basketball  (4) Andy talking on the phone

**24** (1) I saw Kevin jogging along the river.

  (2) I heard someone calling my name.

  (3) He is listening to his mother singing a song.

  (4) I smell something burning in the kitchen.

  (5) Amy watched the children playing at the beach.

**25** (1) The test was so easy that I got a good grade on the test.   (2) It was so noisy outside that I couldn't fall asleep.

  (3) The jacket was so expensive that I couldn't buy it.

**01** |해석| 그녀는 아기가 방에서 울고 있는 것을 들었다.

  |해설| 지각동사 hear가 사용된 5형식 문장은 「hear+목적어+-ing/동사원형」의 형태로 쓴다.

**02** |해석| 나의 부모님은 내가 무대에서 노래하는 것을 보셨다.

  |해설| 지각동사 see가 사용된 5형식 문장은 「see+목적어+-ing/동사원형」의 형태로 쓴다.

**03** |해석| 너무 어두워서 그는 불을 켰다.

|해설| 「so+형용사/부사+that+주어+동사」는 '너무〔매우〕 ~해서 (그 결과) …하다'라는 의미를 나타낸다.

**04** |해석| 나는 아버지를 봤다. 그는 설거지를 하고 계셨다.

→ 나는 설거지를 하시는〔하고 계신〕 아버지를 봤다.

|해설| 지각동사 see가 사용된 5형식 문장은 목적격 보어로 -ing 또는 동사원형을 쓴다.

**05** |해설| '너무〔매우〕 ~해서 (그 결과) …하다'라는 의미는 「so+형용사/부사+that+주어+동사」의 형태로 쓴다.

**06** |해석| ① Jane은 아이들이 자전거 타는 것을 보았다.
② 그는 그 소녀들이 큰 소리로 이야기하는 것을 들었다.
③ 그들은 그가 바이올린 연주하는〔연주하고 있는〕 것을 들었다.
④ 너는 새들이 저녁 하늘을 가로질러 날아가고 있는 것을 보았니?
⑤ 나는 남동생이 어제 오후 강에서 수영하는 것을 보았다.

|해설| ③ 지각동사의 목적격 보어 자리에는 -ing 또는 동사원형을 쓴다. (to play → playing〔play〕)

**07** |해석| ①, ③, ④ 그는 너무 졸려서 책을 읽을 수 없었다.
② 그는 졸리지 않아서 책을 읽을 수 있었다.
⑤ 그는 매우 졸렸기 때문에 책을 읽을 수 없었다.

|해설| ②를 제외한 나머지는 모두 '그는 너무 졸려서 책을 읽을 수 없었다.'는 의미이다.

**08** |해석| 내가 교실에 들어갔을 때, 나는 두 소녀가 서로 얘기하는 것을 들었다. 나는 또한 한 소년이 책상에서 자고 있는 것도 보았다.

|해설| ③ 지각동사(hear, see)가 사용된 5형식 문장은 목적격 보어로 -ing 또는 동사원형을 쓴다. (→ talking〔talk〕)

**09** |해석| • 너무 추워서 나는 뜨거운 차를 마시고 싶었다.
• Sarah는 심한 두통이 있어서 약을 좀 먹었다.

|해설| 첫 번째 빈칸에는 '너무〔매우〕 ~해서 (그 결과) …하다'라는 의미의 so ~ that … 구문에 쓰인 so가, 두 번째 빈칸에는 앞 문장에 대한 결과의 절을 연결하는 접속사 so가 알맞다. 따라서 공통으로 들어갈 말은 so이다.

**10** |해석| • 의사는 내게 채소를 더 먹으라고 충고했다.
• 사람들은 소방관이 한 어린 소년을 구하고 있는 것을 보았다.

|해설| 첫 번째 빈칸에는 동사 advised가 쓰였으므로 목적격 보어로 to부정사 형태가 알맞고, 두 번째 빈칸에는 지각동사 saw가 쓰였으므로 목적격 보어로 -ing 또는 동사원형이 알맞다.

**11** |해석| ① 우리는 두 소년이 노부인을 돕는 것을 보았다.
② Jack은 여동생이 고양이에게 먹이 주는 것을 보았다.
④ 그들은 한 음악가가 길에서 노래하고 있는 것을 보았다.
⑤ 나는 어젯밤에 한 이상한 남자가 그 집으로 들어가고 있는 것을 보았다.

|해설| 지각동사 see의 목적격 보어는 -ing 또는 동사원형 형태가 와야 한다. ③은 목적격 보어 자리에 to부정사가 왔으므로 빈칸에 saw를 쓸 수 없다.

**12** |해석| 너무 추워서 그들은 캠핑을 갈 수 없었다.
① 추웠지만 그들은 캠핑을 갔다.
② 춥지 않아서 그들은 캠핑을 갔다.
③ 그들이 캠핑을 갔을 때 매우 추웠다.

|해설| 「so+형용사/부사+that+주어+can't+동사원형」은 '너무〔매

---

우) ~해서 (그 결과) …할 수 없다'라는 의미로 부정의 결과를 나타낸다.

**13** |해설| 목적어와 목적격 보어의 관계가 수동이므로 과거분사(called) 형태가 알맞다.

**14** |해석| ⓐ 그들은 밖에서 누군가가 소리치고 있는〔소리치는〕 것을 들었다.
ⓑ 나는 Lisa와 그녀의 개가 길을 건너는 것을 보았다.
ⓒ 너는 그 소녀가 드럼을 연주하고 있는 것을 봤니?
ⓓ 그 외투는 너무 작아서 나는 그것을 입을 수 없었다.
ⓔ 그 소녀는 매우 기뻐서 펄쩍 뛰었다.

|해설| ⓐ 지각동사 hear는 목적격 보어로 -ing 또는 동사원형을 쓴다. (shouts → shouting〔shout〕)
ⓓ '너무〔매우〕 ~해서 (그 결과) …할 수 없다'라는 의미는 「so+형용사/부사+that+주어+can't+동사원형」의 형태로 나타낸다. (too → so)

**15** |해설| 주어진 단어들을 배열하여 문장을 완성하면 The problem was so difficult that I could not find the answer.이므로 5번째로 오는 단어는 difficult이다.

**16** |해석| ⓐ 그녀는 집이 흔들리는 것을 느꼈다.
ⓑ 무언가를 요리하고 있는 냄새가 나니?
ⓒ 나는 누군가가 문을 두드리고 있는〔두드리는〕 것을 들었다.
ⓓ Jenny는 그녀의 강아지가 그녀를 향해 뛰어오고 있는 것을 보았다.
ⓔ Andrew는 남동생이 버스에 타는 것을 보았다.

|해설| ⓒ 지각동사 hear는 목적격 보어로 -ing 또는 동사원형을 쓴다. (→ knocking〔knock〕)

**17** |해석| ⓐ 나는 우리 삼촌이 세차하는 것을 보았다.
ⓑ 너는 큰 개 한 마리가 크게 짖고 있는〔짖는〕 것을 들었니?
ⓒ 그 책이 매우 재미있어서 나는 많이 웃었다.
ⓓ Emma는 누군가가 그녀의 어깨를 만지고 있는 것을 느꼈다.
ⓔ 우리는 너무 피곤해서 더 이상 걸을 수 없었다.

|해설| ⓑ 지각동사 hear가 사용된 5형식 문장은 「hear+목적어+-ing/동사원형」의 형태로 쓴다. (barks → barking〔bark〕)
ⓔ '너무〔매우〕 ~해서 (그 결과) …할 수 없다'는 의미는 「so+형용사/부사+that+주어+can't+동사원형」의 형태로 나타낸다. (such → so)

**18** |해설| 지각동사 see가 사용된 5형식 문장은 「see+목적어+-ing/동사원형」의 형태로 쓴다.

**19** |해설| '너무〔매우〕 ~해서 (그 결과) …하다'라는 의미는 「so+형용사/부사+that+주어+동사」로 나타낸다.

**20** |해석| 그 소년은 선반에 닿기에는 너무 작다.
= 그 소년은 너무 작아서 선반에 닿을 수 없다.

|해설| 「so+형용사/부사+that+주어+can't+동사원형」은 '너무 ~해서 (그 결과) …할 수 없다'라는 부정의 결과를 나타내며, 「too+형용사/부사+to+동사원형」 구문으로 바꿔 쓸 수 있다.

**21** |해석| A: 아빠는 어디에 계시니?
B: 차고에 계셔. 나는 방금 아빠가 그곳에서 차를 세차하고 계시는〔세차하시는〕 걸 봤어.

|해설| 지각동사 see가 사용된 5형식 문장은 목적격 보어로 -ing 또는 동사원형을 쓴다.

**22** |해석| (1) 날씨가 매우 좋아서 우리는 소풍을 갔다.
(2) 상자들이 너무 무거워서 그는 그것들을 옮길 수 없었다.
(3) 하늘이 매우 맑아서 우리는 별들을 잘 볼 수 있었다.

|해설| '너무〔매우〕 ~해서 (그 결과) …하다'라는 의미를 나타내는 「so+

형용사/부사＋that＋주어＋동사」 구문을 사용하여 문장을 완성한다.

**23** |해석| [예시] Sue는 Tom이 연을 날리고 있는 것을 보았다.
(1) Sue는 지나가 음악을 듣고 있는 것을 보았다.
(2) Sue는 Kate가 그녀 개의 이름을 부르고 있는 것을 들었다.
(3) Sue는 수호가 농구하고 있는 것을 보았다.
(4) Sue는 Andy가 전화 통화하고 있는 것을 들었다.
|해설| 지각동사 see, hear가 사용된 5형식 문장은 「see, hear＋목적어＋-ing/동사원형」의 형태로 쓴다.

**24** |해석| [예시] 몇몇 새가 하늘에서 날고 있었다. 나는 그것들을 보았다.
→ 나는 몇몇 새가 하늘에서 날고 있는 것을 보았다.
(1) Kevin은 강을 따라 조깅을 하고 있었다. 나는 그를 보았다.
→ 나는 Kevin이 강을 따라 조깅하고 있는 것을 보았다.
(2) 누군가가 내 이름을 부르고 있었다. 나는 그 사람의 소리를 들었다.
→ 나는 누군가가 내 이름을 부르고 있는 것을 들었다.
(3) 그의 어머니는 노래를 하고 있다. 그는 그녀의 노래를 듣고 있다.
→ 그는 어머니가 노래하고 있는 것을 듣고 있다.
(4) 무언가가 부엌에서 타고 있다. 나는 그 냄새를 맡는다.
→ 나는 부엌에서 무언가 타고 있는 냄새를 맡는다.
(5) 아이들이 해변에서 놀고 있었다. Amy는 그들을 보았다.
→ Amy는 아이들이 해변에서 놀고 있는 것을 보았다.
|해설| 지각동사(see, hear, listen to, smell, watch)가 사용된 5형식 문장은 「지각동사＋목적어＋-ing/동사원형」의 형태로 쓴다.

**25** |해석| [예시] 안개가 너무 짙어서 나는 운전을 할 수 없었다.
(1) 그 시험이 매우 쉬워서 나는 시험에서 좋은 성적을 받았다.
(2) 밖이 너무 시끄러워서 나는 잠들 수 없었다.
(3) 그 재킷은 너무 비싸서 나는 그것을 살 수 없었다.
|해설| '너무(매우) ～해서 (그 결과) …하다'라는 의미가 되도록 「so＋형용사/부사＋that＋주어＋동사」 구문을 사용하여 나타낸다.

---

## Reading 빈칸 채우기 · pp. 106-107

**01** same subject **02** by, by **03** both, Greek myth
**04** inventor **05** so, that **06** tried to leave
**07** to escape **08** saw birds flying **09** shouted
**10** gathered, glued **11** fly too close, wax, melt
**12** began to fly **13** so excited that, warning **14** higher and higher **15** cried out **16** fell into **17** deal with
**18** see, flying **19** comes from **20** that, adventurous
**21** that, foolish **22** simple, details **23** In, only
**24** Furthermore **25** In contrast, in addition to
**26** comes from **27** Whose, more **28** in different ways

---

## Reading 바른 어휘 · 어법 고르기 · pp. 108-109

**01** with **02** example **03** Greek **04** inventor **05** so
**06** leave **07** to escape **08** flying **09** need **10** glued
**11** fly, melt **12** to fly **13** excited **14** melt **15** out
**16** died **17** with **18** but **19** difference **20** that

---

**21** In contrast **22** but **23** stars **24** Furthermore
**25** in addition to **26** from **27** Whose **28** different

---

## Reading 틀린 문장 고치기 · pp. 110-111

**01** ○ **02** ○ **03** ○ **04** ×, inventor **05** ○ **06** ×, tried to leave **07** ×, to escape **08** ×, flying **09** ○
**10** ×, them **11** ×, Don't fly **12** ×, to fly 또는 flying
**13** ×, that **14** ×, higher and higher **15** ○ **16** ○
**17** ×, deal with **18** ○ **19** ×, that(which) **20** ○
**21** ×, In contrast **22** ×, details **23** ○ **24** ×, simple
**25** ×, in addition to **26** ○ **27** ○ **28** ×, because

---

## Reading 실전 TEST · pp. 114-117

**01** ② **02** myth **03** ② **04** ④ **05** ⑤ **06** ②
**07** ④ **08** ⑤ **09** ③ **10** ⑤ **11** ④ **12** ② **13** ③
**14** ② **15** ① **16** ③ **17** ③ **18** ③ **19** ④
[서술형]
**20** ⓔ → higher **21** Icarus was so excited that he forgot his father's warning. **22** (1) He made wings. (2) It(The wax) began to melt. / It(The wax) began melting.
**23** (A) Matisse의 그림에서는 Icarus가 날고 있고 Chagall의 그림에서는 Icarus가 추락하고 있는 것 (B) Matisse의 그림은 매우 단순하지만 Chagall의 그림에는 세부적인 것들이 많은 것
**24** (1) falling (2) brave and adventurous (3) simple

**[01~02]** |해석|
우리는 종종 같은 주제의 다른 그림들을 발견한다. 한 예가 Henri Matisse가 그린 'The Flight of Icarus(이카로스의 비행)'와 Marc Chagall이 그린 'The Fall of Icarus(이카로스의 추락)'이다. 그 그림들은 둘 다 같은 그리스 신화에 관한 것이다.

**01** |해설| 같은 그리스 신화를 주제로 하는 두 그림에 대한 예시가 이어지므로, ⓐ에는 different, ⓑ에는 same이 알맞다.

**02** |해설| '신들, 용감한 사람들, 신비한 생명체들 등에 관한 옛이야기'는 myth(신화)의 영영풀이다.

**[03~05]** |해석|
Daedalus는 훌륭한 발명가였다. Minos왕은 Daedalus의 작품을 몹시 좋아해서 Daedalus를 자신의 곁에 영원히 두고 싶어 했다. 그러나 Daedalus는 떠나려고 했고, 그러자 왕은 그와 그의 아들인 Icarus를 높은 탑에 가두었다. Daedalus는 탈출하고 싶었다.

**03** |해설| 원인과 결과를 나타내는 문장이므로 '너무(매우) ～해서 (그 결과) …하다'라는 의미의 「so＋형용사/부사＋that＋주어＋동사」 구문으로 바꿔 쓸 수 있다.

**04** |해설| ① 발명하다 ② 머물다 ③ 웃다 ⑤ 경고하다
|해설| 떠나려는 Daedalus를 Minos왕이 탑에 가두었다는 내용이므로 Daedalus는 탈출하고(escape) 싶어 했다는 흐름이 자연스럽다.

**05** |해설| ⑤ Minos왕은 Daedalus와 Icarus를 높은 탑에 가두었다.

**[06~09]** |해석|

어느 날, Daedalus는 새가 날고 있는 것을 보았다. "날개! 날개가 필요해!" 그가 외쳤다. 그러고 나서 Daedalus는 새의 깃털을 모아서 그것들을 밀랍으로 붙였다. 날개가 준비되었을 때, 그는 아들에게 경고했다. "태양에 너무 가까이 날지 말거라. 밀랍이 녹을 거야."

Daedalus와 Icarus는 날기 시작했다. Icarus는 너무 흥분해서 아버지의 경고를 잊었다. 그는 점점 더 높이 날았고, 밀랍은 녹기 시작했다. "오, 안돼! 나는 추락하고 있어." Icarus는 비명을 질렀다. Icarus는 바다로 떨어져서 죽었다.

**06** |해설| 지각동사 see는 목적격 보어로 -ing나 동사원형을 쓴다.

**07** |해설| them이 가리키는 것은 앞에 나온 bird feathers이다.

**08** |해설| 밀랍이 녹기 시작해서 Icarus가 추락해 바다에 빠졌다는 흐름이 자연스러우므로 주어진 문장은 ⑤에 들어가는 것이 알맞다.

**09** |해석| ① Daedalus는 어떻게 날개를 만들었는가?
② Daedalus는 날개를 만들기 위해 무엇을 사용했는가?
③ Daedalus와 Icarus는 어디에 가려고 했는가?
④ Daedalus는 Icarus에게 무엇을 하지 말라고 경고했는가?
⑤ Icarus는 날기 시작했을 때 어떤 기분이었는가?
|해설| ③ Daedalus와 Icarus가 어디에 가려고 했는지는 본문에 언급되어 있지 않다.

**[10~14]** |해석|

Matisse와 Chagall 둘 다 그들의 그림에서 같은 주제를 다루지만, 그 그림들은 다르다.

첫째, Matisse의 그림에서는 Icarus가 날고 있는 것을 볼 수 있지만, Chagall의 그림에서는 그가 추락하고 있다. 이러한 차이는 두 화가들이 갖고 있던 서로 다른 생각에서 기인한다. Matisse는 Icarus가 용감하고 모험심이 강하다고 생각했다. 반면에, Chagall은 Icarus가 어리석다고 생각했다.

**10** |해석| ① 역대 위대한 그림들
② 그리스 신화의 유명한 이야기들
③ 그리스 신화 Icarus의 등장인물들
④ Matisse와 Chagall의 관계
⑤ 같은 주제를 다룬 두 개의 다른 그림들
|해설| 같은 그리스 신화를 주제로 하는 두 화가의 각기 다른 작품을 비교·대조하는 글이다.

**11** |해설| ⓐ deal with: ~을 다루다
ⓑ come from: ~에서 나오다, 비롯되다

**12** |해설| ② 지각동사 see는 목적격 보어로 -ing나 동사원형을 쓴다.

**13** |해석| ① 내가 잘하는 과목은 과학이다.
② Tim이 만든 닭고기 수프는 맛있었다.
③ 나는 Alex가 독서 동아리에 가입하려고 한다는 것을 들었다.
④ 내가 거리에서 본 그 남자는 가수였다.
⑤ 너는 James가 말하고 있는 소녀를 아니?
|해설| ③은 명사절을 이끄는 접속사 that이고, 밑줄 친 ⓒ와 나머지는 모두 목적격 관계대명사이다.

**14** |해석| ① 지호: Matisse와 Chagall은 같은 주제를 같은 방식으로 그렸다.
② 소윤: Matisse와 Chagall 둘 다 그리스 신화의 Icarus를 그렸다.

③ 민아: Matisse의 그림에서 Icarus는 추락하고 있다.
④ 나리: Chagall은 Icarus가 용감하다고 생각했다.
⑤ 우진: Matisse와 Chagall은 그림의 주제에 관해 같은 생각을 가지고 있었다.
|해설| ② Matisse와 Chagall은 둘 다 그리스 신화의 등장인물인 Icarus를 그렸다.

**[15~19]** |해석|

둘째, Matisse의 그림은 매우 단순하지만, Chagall의 그림에는 세부적인 것들이 많다.

(B) Matisse의 그림에는 Icarus와 몇 개의 별들만 있다.
(A) 게다가 Icarus의 몸은 단지 단순한 윤곽만으로 되어 있다.
(C) 반면에, Chagall은 Icarus뿐만 아니라 많은 사람들과 집들을 그렸다.
이러한 차이는 두 화가의 서로 다른 화풍에서 기인한다.

여러분은 누구의 그림이 더 좋은가? 사람들은 같은 것을 다른 방식들로 볼 수도 있기 때문에 서로 다른 대답을 할 것이다.

**15** |해석| ② 창의적인 ③ 다채로운 ④ 특이한 ⑤ 복잡한
|해설| but 다음에 Chagall의 그림에는 세부적인 것들이 많다는 내용이 이어지므로, 빈칸에는 상반되는 의미의 ① simple(단순한)이 알맞다.

**16** |해설| Matisse의 그림에는 Icarus와 몇 개의 별들만 있다는 내용(B)에 이어, Icarus의 몸은 단순한 윤곽만으로 되어 있다는 내용(A)이 덧붙여진 후, 그와 반대로 Chagall은 많은 사람들과 집들을 그렸다는 설명(C)이 연결되는 흐름이 자연스럽다.

**17** |해설| ③ in contrast는 '반면에'라는 뜻이다.

**18** |해석| ① 그림에 관심이 없다
② 다른 사람들의 의견을 따르고 싶어 하다
③ 같은 것을 다른 방식들로 보다
④ 그림에 대해 같은 관점을 가지다
⑤ 두 화가의 다른 그림들을 좋아하다
|해설| 같은 대상을 서로 다른 방식으로 보기 때문에 Matisse의 그림과 Chagall의 그림 중 어떤 것이 더 좋은지에 대해서 사람들은 각자 다른 답을 할 것이라는 내용이 자연스럽다.

**19** |해설| Q: Matisse는 그림에서 무엇을 그렸는가?
A: 그는 Icarus와 몇 개의 별들만을 그렸다.
① 몇 채의 집들만을
② Icarus와 Daedalus를
③ Icarus와 많은 사람들을
⑤ Icarus와 부러진 날개만을
|해설| Matisse는 Icarus와 몇 개의 별들만 그렸다.

**20** |해설| ⓔ '점점 더 높이' 날았다는 내용이므로 「비교급+and+비교급」 (점점 더 ~하게[한])의 형태가 알맞다.

**21** |해설| '너무[매우] ~해서 (그 결과) …하다'라는 의미는 「so+형용사/부사+that+주어+동사」 구문으로 나타낸다.

**22** |해석| (1) Daedalus는 높은 탑에서 탈출하기 위해 무엇을 만들었는가?
→ 그는 날개를 만들었다.
(2) Icarus가 태양에 너무 가까이 날았을 때 밀랍에 어떤 일이 일어났는가?
→ 그것(밀랍)은 녹기 시작했다.
|해설| (1) Daedalus는 높은 탑에서 도망치기 위해 새의 깃털로 날개를 만들었다.

(2) Icarus가 태양 가까이에 날자 날개의 밀랍이 녹기 시작했다.

**23** |해설| (A) 앞의 First, ~에서 언급한 Matisse와 Chagall의 그림에 나타난 Icarus의 동작 차이를 가리킨다.
(B) 앞의 Second, ~에서 언급한 Matisse와 Chagall의 그림의 표현 방식 차이를 가리킨다.

**24** |해설|

| 주제 | Icarus에 관한 그리스 신화 | |
| --- | --- | --- |
| 화가 | Matisse | Chagall |
| 그림 속 Icarus의 동작 | 날고 있음 | 추락하고 있음 |
| Icarus에 대한 화가의 생각 | 용감하고 모험심이 많은 | 어리석은 |
| 그림의 특징 | 단순한 | 세부적인 |

|해설| (1) Chagall은 Icarus가 추락하는 모습을 그렸다.
(2) Matisse는 Icarus가 용감하고 모험심이 강하다고 생각했다.
(3) Matisse의 그림은 단순하지만 Chagall의 그림에는 세부적인 것들이 많다.

---

## Ⓜ 기타 지문 실전 TEST
p.119

**01** ⑤  **02** Let's meet at 11:10 in front of the movie theater.  **03** ①  **04** ③  **05** ①  **06** ①, ④

**[01~02]** |해석|
안녕. 공상 과학 영화에 관심이 있니? 나는 이번 주 일요일에 영화 '스타워즈'를 볼 계획이야. 나랑 같이 보자. 11시 10분에 영화관 앞에서 만나자.

**01** |해석| ①, ② 나랑 함께하는 게 어떠니?
③ 나랑 같이 가고 싶니?
④ 네가 원한다면 나와 함께 갈 수 있어.
⑤ 네가 나와 함께 갈 수 있어서 기뻐.
|해설| ⑤는 '네가 나와 함께 갈 수 있어서 기뻐.'라는 의미의 표현이고, 밑줄 친 ⓐ와 나머지는 모두 상대방에게 함께 갈 것을 제안하는 표현이다.

**02** |해설| 만날 시각과 장소를 제안할 때 「Let's meet at+시각+장소를 나타내는 부사구.」로 말할 수 있다.

**[03~04]** |해석|
• 나르키소스는 자신의 아름다움을 자랑스러워했다. 어느 날, 그는 물에 비친 자신의 얼굴을 보고 자신과 사랑에 빠졌다.
• 세상의 온갖 나쁜 것들이 들어 있는 상자가 하나 있었다. 판도라는 그 상자를 열었고, 그것들이 모두 밖으로 나왔다.
• 오르페우스는 훌륭한 음악가였다. 그는 아내가 죽었을 때 하데스를 만나, "제발 제 아내를 제게 돌려보내 주십시오."라고 말했다.

**03** |해설| ⓐ fall in love with: ~와 사랑에 빠지다, ~에게 반하다
ⓑ return A to B: A에게 B를 돌려 보내다(돌려주다)

**04** |해석| ① 나르키소스가 자랑스러워한 것은 무엇이었는가?
② 판도라가 연 상자에는 무엇이 있었는가?
③ 판도라는 왜 상자를 열었는가?
④ 오르페우스는 아내가 죽었을 때 누구를 만났는가?

---

⑤ 오르페우스는 하데스 신에게 무엇을 요청했는가?
|해설| ③ 판도라가 상자를 연 이유는 글에 언급되어 있지 않다.

**[05~06]** |해석|
Marc Chagall이 그린 'The Fiddler'와 Henri Matisse가 그린 'The Violinist at the Window'라는 두 그림은 모두 바이올린 연주자를 다루고 있다. 두 그림 모두에서 한 남자가 바이올린을 연주하고 있는 것이 보인다. 그러나 두 그림에는 몇 가지 차이점들이 있다. 첫째, Chagall의 그림에서는 남자의 얼굴을 볼 수 있지만, Matisse의 그림에서는 그것을 볼 수 없다. 둘째, Chagall의 그림에서는 바이올린 연주자가 춤을 추고 있는 것이 보이는 반면에, Matisse의 그림에서는 그가 가만히 서 있는 것이 보인다. 마지막으로, 이 두 그림 사이의 또 다른 차이점은 Chagall의 그림이 더 역동적이라는 점이다.

**05** |해석| ① 그녀는 바람이 불고 있는 것을 느꼈다.
② 그는 요리를 매우 잘한다.
③ 나는 숙제 하는 것을 끝냈다.
④ 일찍 일어나는 것은 내게 쉽지 않다.
⑤ 내 취미는 모형 비행기를 만드는 것이다.
|해설| ⓐ와 ①은 지각동사의 목적격 보어로 쓰인 -ing(현재분사)이고, 나머지는 모두 동명사이다. (② 전치사의 목적어, ③ 목적어, ④ 주어, ⑤ 보어)

**06** |해석| ① 두 그림들은 화가를 다루고 있다.
② 두 그림에는 모두 바이올린을 연주하고 있는 남자가 있다.
③ Chagall의 그림에서 우리는 남자의 얼굴을 볼 수 있다.
④ Matisse의 그림에서 남자는 춤을 추고 있다.
⑤ Chagall의 그림은 Matisse의 그림보다 더 역동적이다.
|해설| ① 두 그림은 모두 바이올린 연주자를 다루고 있다.
④ Matisse의 그림에서 연주자는 가만히 서 있다고 했다.

---

## STEP Ⓑ

## Ⓦ Words 고득점 맞기
pp. 120-121

**01** ②  **02** ④  **03** ②  **04** ③  **05** ④  **06** subject
**07** talks to herself  **08** ③  **09** (g)lue  **10** ②  **11** ⑤
**12** (w)arn  **13** ④  **14** ⑤  **15** ⑤

**01** |해석| ① 신화  ③ 주제  ④ 발명가  ⑤ 차이
|해설| '어떤 것에 대한 사소한 사실이나 특징 또는 정보'는 detail(세부 사항)의 영영풀이다.

**02** |해석| Bill은 축구팀 주장이 아니었다. 더욱이 그는 축구팀도 아니었다.
① 따라서  ② 그러나  ③ 그렇지 않으면  ⑤ 그러므로
|해설| furthermore는 '게다가, 더욱이'라는 뜻으로, 뒤에 덧붙이는 추가 정보가 이어진다.

**03** |해석| A: 너와 네 쌍둥이 언니는 비슷하니?
B: 아니. 우리는 매우 달라. 나는 산책하러 가거나 자전거 타는 것을 좋아해. 반면에, 언니는 집에서 쉬는 것을 좋아해.
|해설| go for a walk: 산책하다 / in contrast: 그에 반해서, 반면에

**04** |해석| ① 끝내다; 끝나다 : 끝내다 = 외치다 : 외치다

② 전시하다 : 전시회, 전시 = 날다 : 비행, 날기

③ 용감한 : 용감함 = 어리석은 : 현명한

④ 다른 : 같은 = 단순한 : 복잡한

⑤ 차이, 다름 : 다른 = 모험 : 모험심이 많은

|해설| ③ brave와 courageous는 유의어 관계이고, foolish와 wise는 반의어 관계이다. (① 유의어, ② 동사 – 명사, ④ 반의어, ⑤ 명사 – 형용사)

**05** |해석| [보기] 그는 항상 사람들을 친근한 태도로 대한다.

① 고장 난 차가 길을 막고 있었다.

② 들판을 가로지르는 단 하나의 길이 있다.

③ 박물관으로 가는 올바른 방향은 어떤 길인가?

④ 외국어를 배우는 가장 쉬운 방법은 무엇인가?

⑤ 나는 집으로 가는 길에 오랜 친구를 우연히 만났다.

|해설| [보기]와 ④의 way는 '방식, 태도'라는 의미이고, 나머지는 '길, 도로'라는 의미이다.

**06** |해석| 오늘의 토론 주제는 우리의 현장 학습이었다.

|해설| '말하거나, 쓰이거나, 또는 연구되는 화제'는 subject(주제)의 영영풀이다.

**07** |해설| talk to oneself: 혼잣말하다

**08** |해석| ① 외치다: 매우 큰 소리로 무언가를 말하다

② 전시회, 전시: 무언가에 대한 공개적인 전시

④ 모험심이 강한: 흥미로운 일을 찾기 위해 위험도 기꺼이 감수하는

⑤ (새의) 털, 깃털: 새의 몸을 덮고 있는 가볍고 부드러운 것들 중 하나

|해설| ③ myth는 '신화'를 뜻하며, '어떤 것의 모양을 보여 주는 선'을 뜻하는 단어는 outline(윤곽)이다.

**09** |해석| • 아빠는 부서진 꽃병을 접착제로 고칠 수 있다고 말씀하셨다.

• 나는 커다란 리본을 상자 위에 붙일 것이다.

|해설| glue는 명사로 '접착제', 동사로 '(접착제로) 붙이다'라는 뜻을 모두 갖는다.

**10** |해석| ⓐ 눈은 곧 녹아 사라질 것이다.

ⓑ 그는 그 건물에서 탈출하려고 했다.

ⓒ Andy는 산의 윤곽을 그렸다.

ⓓ 케냐에는 많은 국립 공원들이 있다.

|해설| ⓐ에는 melt(녹다), ⓑ에는 escape(탈출하다), ⓒ에는 outline(형태, 윤곽), ⓓ에는 national(국립의)이 들어가는 것이 알맞다.

**11** |해석| ① 매표소는 7시에 닫는다.

② 세부 사항들도 제게 말해 주세요.

③ 야생 조류들의 비행은 매우 아름다워 보였다.

④ 대부분의 사회는 자신만의 창조 신화를 가지고 있다.

⑤ 나는 그 주제에 대한 정보를 모으기 위해 도서관에 갔다.

|해설| ⑤ gather는 '모으다'라는 뜻이다.

**12** |해석| 우리는 그들에게 호수의 얼음이 곧 녹을 수 있으니 호수에 들어가지 말라고 경고할 필요가 있다.

**13** |해석| ① 그 뮤지컬은 6시에 시작한다.

② 그 남자는 용감한 결정을 했다.

③ 그녀는 가방을 만들기 위해서 천 조각들을 모았다.

④ 내가 길을 건너고 있을 때, 한 남자가 내게 소리쳤다.

⑤ 나는 친구들 앞에서 어리석어 보이고 싶지 않았다.

|해설| ④ shout은 '외치다'의 의미로 유의어는 yell이다.

**14** |해석| ① 새를 보아라. 그것은 아름다운 깃털들이 있다.

② 모험심이 강한 몇몇 여행자들은 스카이다이빙하기를 원했다.

③ 그녀가 입고 있던 검은색 옷은 단순하지만 우아했다.

④ 그녀의 소설들은 종종 문화 차이라는 주제를 다룬다.

|해설| ⑤ 나는 자연과학에 관심이 있고 Sue도 자연과학에 관심이 있다고 하므로, '그에 반해서, 반면에'라는 의미의 In contrast는 어색하다.

**15** |해석| 그 아이들은 그리스 신화의 강한 사람에 관한 이야기를 즐겼다.

① 무엇을 하는 방법

② 공중을 나는 행동

③ 어떤 것이 다른 것과 동일하지 않은 방법

④ 완전히 새로운 것을 생각하고 만드는 사람

⑤ 신들, 용감한 사람들, 신비한 생명체들 등에 관한 옛이야기

|해설| 문맥상 빈칸에는 ⑤ '신들, 용감한 사람들, 신비한 생명체들 등에 관한 옛이야기'를 뜻하는 myth(신화)가 들어가는 것이 알맞다.

---

**L·T Listen and Talk 고득점 맞기**      pp. 124-125

**01** ④   **02** ④   **03** ②   **04** ①, ③   **05** ④   **06** ②

[서술형]

**07** What(How) about joining me   **08** ⓒ → It is held at the National Art Museum.   **09** Van Gogh exhibition, 11(eleven), ticket office   **10** (1) I'm going to go to a soccer game tomorrow. (2) What time and where should we meet? **11** They will(are going to) meet at 10 at the park (this Saturday).   **12** (1) planning to see(go to/go (and) see) a violin concert (2) When and where should we meet?

**01** |해석| A: 내일 무엇을 할 계획이니?

B: _____

① 나는 조부모님을 찾아뵐 거야.

② 나는 내일 특별한 계획이 없어.

③ 나는 음악 축제에 갈 생각이야.

④ 나는 지난 주말에 가족들과 함께 캠핑을 갔어.

⑤ 나는 언니와 함께 '로미오와 줄리엣'을 보러 갈 계획이야.

|해설| ④ 내일 계획을 묻는 말에 지난 주말에 한 일로 답하는 것은 알맞지 않다.

**02** |해석| 자연스러운 대화가 되도록 (A)~(D)를 바르게 배열한 것은?

(D) 나는 내일 피아노 콘서트에 갈 계획이야. 나랑 같이 갈래, Kevin?

(B) 물론이야. 몇 시에 만날까?

(A) 콘서트는 7시에 시작하니까, 6시에 버스 정류장에서 만나자.

(C) 그래. 그때 보자.

**03** |해석| A: 수미야, 나는 이번 주 토요일에 Jenny와 쇼핑하러 갈 계획이야. 너도 같이 갈래?

B: 고맙지만, 나는 다른 계획이 있어.(→ 좋아.) 몇 시에 만날까?

A: 12시 30분에 만나는 게 어때?

B: 그래. 어디에서 만날까?

**A:** 쇼핑몰 앞에서 만나자.

**B:** 그래. 그때 보자.

| 해설 | ② 약속 시간과 장소를 정하는 내용이 이어지므로, 같이 갈지 묻는 제안의 말에 다른 계획이 있다고 거절하는 답을 하는 것은 어색하다.

**04** | 해석 | ① 우리와 같이 가는 게 어때?

② 언제 가고 싶니?

③ 우리와 함께 갈래?

④ 우리와 함께 무엇을 하고 싶니?

⑤ 네가 원하면 나는 너와 함께 갈 수 있어.

| 해설 | 상대방에게 함께 갈 것을 제안할 때는 How about joining (going with) us?, Do you want to join(go with) us?, Would you like to join(go with) us? 등으로 말할 수 있다

**05** | 해석 | ① 소녀는 이번 주 일요일에 놀이공원에 갈 계획이다.

② 소녀는 소년에게 자신의 계획에 함께하고 싶은지 물어봤다.

③ 소년은 놀이공원에 가기를 원한다.

④ 소녀는 소년을 9시에 놀이공원에서 만나기를 원한다.

⑤ 소년과 소녀는 지하철역에서 만날 것이다.

| 해설 | ④ 소녀는 소년에게 지하철역에서 9시에 만나자고 제안했으므로 일치하지 않는 내용이다.

**06** | 해석 | 당신은 두 장의 영화표를 가지고 있다. 당신은 친구와 함께 영화를 보고 싶어서, 이번 주 일요일에 친구가 무엇을 할지 알고 싶다.

① 나는 이번 주 일요일에 영화표 두 장을 살 거야.

② 이번 주 일요일에 무엇을 할 거니?

③ 너는 네 친구와 함께 영화를 볼 거니?

④ 영화관 앞에서 만나자.

⑤ 나와 함께 어떤 영화를 보고 싶니?

| 해설 | 친구가 이번 주 일요일에 무엇을 할지 알고 싶다고 했으므로 상대방의 계획을 묻는 표현이 알맞다. 계획을 물을 때는 What are you going(planning) to do?로 말할 수 있다.

**07** | 해설 | 상대방에게 함께 갈 것을 제안할 때 Do you want to join(go with) me?, What(How) about joining(going with) me? 등으로 말할 수 있다.

**08** | 해석 | ⓐ Kate는 지난 주 토요일에 무엇을 했는가?

ⓑ Kate가 가장 좋아하는 화가는 누구인가?

ⓒ 반 고흐 전시회는 어디에서 열리는가?

ⓓ 반 고흐 전시회는 얼마 동안 하는가?

| 해설 | ⓒ 반 고흐 전시회는 국립 미술관에서 열린다.

**09** | 해석 | Kate와 민호는 이번 주 토요일에 반 고흐 전시회를 보러 갈 것이다. 그들은 11시에 매표소 앞에서 만날 것이다.

**10** | 해석 | **A:** 난 내일 축구 경기에 갈 거야. 나랑 같이 갈래?

**B:** 물론이야. 몇 시에 어디에서 만날까?

**A:** 경기가 7시에 시작하니까, Dream 경기장 앞에서 6시에 만나자.

**B:** 그래. 그때 보자.

| 해설 | (1) 자신의 계획을 말할 때는 「I'm going(planning) to+동사원형 ~.」으로 표현한다.

(2) 만날 시간과 장소를 모두 물을 때는 When(What time) and where should we meet?으로 말한다.

**11** | 해석 | 다음 대화를 읽고, 물음에 답하시오.

**소년:** 나는 이번 주 토요일에 농구를 할 계획이야. 나랑 같이 할래?

**소녀:** 물론이야. 언제 만날까?

**소년:** 10시에 만나는 게 어때?

**소녀:** 그래. 어디에서 만날까?

**소년:** 공원에서 만나자.

**소녀:** 좋아. 그때 보자.

**Q:** 소년과 소녀는 이번 주 토요일에 언제 어디에서 만날 것인가?

**A:** 그들은 (이번 주 토요일) 10시에 공원에서 만날 것이다.

**12** | 해석 | **A:** 나는 바이올린 콘서트를 볼 계획이야. 나랑 같이 갈래?

**B:** 물론이야. 언제 어디에서 만날까?

**A:** 6시 30분에 하나 콘서트 홀 앞에서 만나자.

**B:** 그래. 그때 보자.

| 해설 | (1) 미래 계획을 말할 때 「I'm planning to+동사원형 ~.」으로 표현할 수 있다.

(2) 만날 시간과 장소를 모두 물을 때는 When(What time) and where should we meet?으로 말한다.

---

**G** **Grammar 고득점 맞기** pp. 126-128

**01** ② **02** ① **03** ②, ④ **04** ③ **05** ④ **06** ①, ④
**07** ② **08** ⑤ **09** ② **10** ④, ⑤ **11** ① **12** ① **13** ③

[서술형]
**14** too busy to have dinner **15** (1) ⓐ → She watched her son riding(ride) a bike. (2) ⓒ → The food was so spicy that I couldn't eat it. **16** (1) I saw him eating(eat) lunch at the cafeteria. (2) This problem is so difficult that I need his help. **17** (1) something burning (2) smoke coming from the windows (3) a boy crying out for help (4) a firefighter saving the boy **18** (1) so fast that the girl can't catch it (the dog) (2) too short to reach the books

**01** | 해석 | **A:** Karen을 봤니?

**B:** 응. 나는 그녀가 도서관에서 대출받고 있는 것을 봤어.

| 해설 | 지각동사 see가 사용된 5형식 문장은 「see+목적어+-ing/동사원형」의 형태로 쓴다.

**02** | 해석 | Ben은 너무 작아서 롤러코스터를 탈 수 없었다.

= Ben은 롤러코스터를 타기에는 너무 작았다.

| 해설 | 「so+형용사/부사+that+주어+can't+동사원형」은 '너무 ~해서 (그 결과) …할 수 없다'라는 부정의 결과를 나타내며, 「too+형용사/부사+to+동사원형」 구문으로 바꿔 쓸 수 있다.

**03** | 해석 | 나는 Alice와 Sharon이 그들의 발표에 대해 이야기하는 것을

_____.

① 보았다 ② 요청했다 ③ 들었다 ④ 원했다 ⑤ 보았다

| 해설 | 지각동사 see, hear, watch는 목적격 보어로 -ing나 동사원형을 쓰고, ask, want는 목적격 보어로 to부정사를 쓴다.

**04** | 해석 | 내가 어제 본 그 영화는 너무 지루해서 나는 잠이 들었다.

| 해설 | '너무(매우) ~해서 (그 결과) …하다'라는 의미는 「so+형용사/부사+that+주어+동사」로 나타낸다.

**05** | 해석 | ① 나는 네 부모님이 산책하시는 것을 봤다.

② 그녀는 누군가가 자신의 가방을 만지는 것을 느꼈다.

③ 엄마는 Daisy가 소파 위에서 자고 있는 것을 봤다.

④ Kent 선생님은 우리가 수업 중에 떠들고 있는(떠드는) 것을 보지 못하셨다.

⑤ 그들은 새끼 고양이가 거리에서 울고 있는 것을 들었다.

**|해설|** ④ 지각동사의 목적격 보어로 -ing 또는 동사원형을 쓴다. (chatted → chatting(chat))

**06 |해석|** Alex과 그의 여동생은 길을 건너고 있었다. 나는 그들을 봤다.

①, ④ 나는 Alex와 그의 여동생이 길을 건너는(건너고 있는) 것을 봤다.

**|해설|** 지각동사 see가 사용된 5형식 문장은 「see+목적어+-ing/동사원형」의 형태로 쓴다.

**07 |해석|** ① A: 뭔가 타고 있는 냄새가 나.

B: 나도. 가서 확인해 보자.

② A: 쿠키 좀 더 먹을래?

B: 응, 그래. 나는 너무 배가 불러서 더 이상 먹을 수 없어.

③ A: 누군가가 내 이름을 부르는 것을 들었니?

B: 아니, 못 들었어.

④ A: 나는 너무 피곤해서 너를 도울 수가 없어. 미안해.

B: 괜찮아.

⑤ A: 나는 너무 긴장해서 실수를 많이 했어.

B: 그것 참 안됐다.

**|해설|** ② 대화의 내용상 B는 No, thanks. I'm so full that I can't eat anymore.가 되어야 자연스럽다.

**08 |해설|** 주어진 단어들을 배열하여 문장을 완성하면 I saw Mina walking her dog.이므로 4번째로 오는 단어는 walking이다.

**09 |해석|** ① Dan은 매우 재미있어서 우리는 모두 그를 좋아한다.

② 나는 매우 배가 고파서 샌드위치 세 개를 먹었다.

≠ 나는 샌드위치 세 개를 먹어서 배가 고프지 않았다.

③ 그들은 일찍 일어나기에 너무 피곤했다.

= 그들은 너무 피곤해서 일찍 일어날 수 없었다.

④ 그 신발은 너무 작아서 나는 그것들을 신을 수 없다.

⑤ 바람이 너무 많이 불어서 우리는 보트를 탈 수 없었다.

**|해설|** 「so+형용사/부사+that+주어+동사」는 '너무(매우) ~해서 (그 결과) …하다'라는 의미로 원인과 결과의 관계를 나타내며, 「so+형용사/부사+that+주어+can't+동사원형」은 「too+형용사/부사+to+동사원형」으로 바꿔 쓸 수 있다. (② = I ate three sandwiches because I was very hungry.)

**10 |해석|** ① Ann은 아들이 첼로를 연주하고 있는 것을 들었다.

② 나는 Kelly와 네가 무대에서 춤추는 것을 보았다.

③ Ted는 너무 많이 먹어서 배탈이 났다.

④ 그들이 음식에 대해 불평하는 것을 들었니?

⑤ 엄마와 나는 너무 피곤해서 쇼핑하러 갈 수 없었다.

**|해설|** ④ 지각동사 hear의 목적격 보어로 -ing 또는 동사원형을 써야 한다. (complained → complaining(complain))

⑤ 「so+형용사/부사+that+주어+can't+동사원형」은 '너무 ~해서 (그 결과) …할 수 없다'라는 부정의 결과를 나타낸다. (too → so)

**11 |해석|** A: 나는 한 소녀가 사람들 앞에서 연설하는 것을 들었어.

B: 무엇에 관한 연설이었니?

A: 그것은 환경 보호에 대한 것이었어. 그것은 매우 감동적이어서 모든 사람들이 감명을 받았어.

**|해설|** 지각동사 hear가 사용된 5형식 문장은 「hear+목적어+-ing/동사원형」의 형태로 쓴다.

**12 |해석|** ① 나는 방이 형에 의해 청소되는 것을 보았다.

② 그 아이는 그 영화를 보기에는 너무 어렸다.

③ 그들은 Jane이 나무 위로 오르는 것을 보고 있었다.

④ Tom이 너무 빨리 말해서 나는 그의 말을 잘 이해할 수 없었다.

⑤ 그 축제에서 사람들이 서로에게 토마토 던지는 것을 볼 수 있다.

**|해설|** ① 지각동사 see의 목적어와 목적격 보어의 관계가 수동이므로 목적격 보어를 과거분사 형태로 써야 한다. (→ cleaned)

**13 |해석|** 어법상 올바른 문장의 개수는?

ⓐ 그녀는 얼굴에 눈물이 흘러내리고 있는 것을 느꼈다.

ⓑ 그는 네게 전화를 하기에는 어제 너무 바빴다.

ⓒ Julie는 수업 중에 자신의 이름이 불리는 것을 들었다.

ⓓ 나는 Angela가 우리를 위해 아몬드 쿠키 만들고 있는(만드는) 것을 보았다.

ⓔ 눈이 너무 많이 와서 그 여행은 취소되었다.

**|해설|** ⓒ 지각동사 hear의 목적어와 목적격 보어의 관계가 수동이므로 목적격 보어를 과거분사로 쓴다. (call → called)

ⓓ 지각동사 see의 목적어와 목적격 보어의 관계가 능동이므로 목적격 보어를 -ing 또는 동사원형으로 쓴다. (makes → making(make))

**14 |해석|** 아빠는 너무 바쁘셔서 우리와 함께 저녁을 드실 수 없었다.

= 아빠는 우리와 함께 저녁을 드시기에는 너무 바쁘셨다.

**|해설|** '너무 ~해서 (그 결과) …할 수 없다'라는 의미의 「so+형용사/부사+that+주어+can't+동사원형」은 「too+형용사/부사+to+동사원형」으로 바꿔 쓸 수 있다.

**15 |해석|** ⓐ 그녀는 아들이 자전거 타고 있는(타는) 것을 보았다.

ⓑ 나는 누군가가 계단을 내려오는 것을 들었다.

ⓒ 그 음식은 너무 매워서 나는 그것을 먹을 수 없었다.

ⓓ Christine은 너무 늦어서 통학버스를 놓쳤다.

**|해설|** ⓐ 지각동사 watch의 목적격 보어로 -ing(현재분사) 또는 동사원형을 쓴다. (ridden → riding(ride))

ⓒ '너무 ~해서 (그 결과) …할 수 없다'라는 의미는 「so+형용사/부사+that+주어+can't+동사원형」으로 나타낸다. (which → that)

**16 |해석|** A: Eric을 봤니?

B: 응. 나는 그를 카페테리아에서 봤어. 그는 거기서 점심을 먹고 있었어.

A: 고마워. 이 문제가 너무 어려워서 나는 그의 도움이 필요해.

**|해설|** (1) 지각동사 see가 사용된 5형식 문장은 「see+목적어+-ing/동사원형」의 형태로 쓴다.

(2) '너무(매우) ~해서 (그 결과) …하다'라는 의미는 「so+형용사/부사+that+주어+동사」로 나타낸다.

**17 |해석|** Jane: 한 남자가 성냥을 던지고 있었다.

Eric: 무언가가 타고 있었다.

Noah: 창문에서 연기가 나오고 있었다.

Amy: 한 소년이 도와달라고 외치고 있었다.

모든 사람: 한 소방관이 소년을 구하고 있었다.

[예시] Jane은 한 남자가 성냥을 던지고 있는 것을 보았다.

⑴ Eric은 무언가가 타고 있는 냄새를 맡았다.

⑵ Noah는 창문에서 연기가 나오고 있는 것을 보았다.

⑶ Amy는 한 소년이 도와달라고 외치는 것을 들었다.

(4) 모든 사람들은 한 소방관이 소년을 구하고 있는 것을 보았다.

│해설│ 지각동사가 사용된 5형식 문장은 「지각동사+목적어+-ing/동사원형」의 형태로 쓴다.

**18** │해석│ (1) 그 개는 너무 빨리 달리고 있어서 소녀가 그 개를 잡을 수 없다.

(2) 그 소년은 책들에 손이 닿기에는 너무 작다.

│해설│ '너무 ~해서 (그 결과) …할 수 없다'라는 의미는 「so+형용사/부사+that+주어+can't+동사원형」 또는 「too+형용사/부사+to+동사원형」으로 나타낸다.

---

## Ⓡ Reading 고득점 맞기
pp. 131-133

**01** ④ **02** ④ **03** ③ **04** ② **05** ① **06** ① **07** ⑤
**08** different **09** ④ **10** ③ **11** ④ **12** ⑤ **13** ④

[서술형]

**14** liked Daedalus' work so much that he wanted to keep Daedalus **15** (1) ⓒ wood → wax (2) ⓓ rock → sun
**16** This difference comes from the different ideas that (which) the two painters had. **17** brave, adventurous, falling, painting styles, simple, details

---

**01** ① 무언가에 대한 공개적인 전시
② 공중을 나는 행동
③ 어떤 것의 모양을 보여 주는 선
④ 말하거나, 쓰이거나, 또는 연구되는 화제
⑤ 어떤 것에 관한 사소한 사실이나 특징, 또는 정보

│해설│ 같은 그리스 신화에 대한 서로 다른 두 그림에 대한 예시가 이어지므로 빈칸에는 '주제'라는 뜻의 subject가 알맞다.

**02** │해석│ "날개! 난 날개가 필요해!"

│해설│ 새들이 날아가는 것을 보고 날개가 필요하다는 것을 알게 된 후 새의 깃털을 모아 밀랍으로 붙였다는 흐름이 자연스러우므로, ④에 들어가는 것이 알맞다.

**03** │해설│ ⓒ 지각동사 see의 목적격 보어는 -ing(현재분사) 또는 동사원형을 쓴다. (→ flying(fly))

**04** │해설│ (A) Daedalus가 떠나려고(leave) 해서 Minos왕이 탑에 가두었다는 내용이 알맞다.

(B) Daedalus는 아들에게 태양에 너무 가까이 날지 말라고 경고했다 (warned)는 내용이 알맞다.

(C) Icarus가 너무 흥분해서 아버지의 경고를 잊었다(forgot)는 내용이 알맞다.

**05** │해석│ ① Daedalus는 Minos왕을 위해 무엇을 발명했는가?
② Minos왕은 왜 Daedalus를 곁에 두고 싶어 했는가?
③ Daedalus는 어디에서 날개를 만드는 아이디어를 얻었는가?
④ Daedalus는 어떻게 날개를 만들었는가?
⑤ 이야기의 마지막에 Icarus에게 무슨 일이 일어났는가?

│해설│ ① Daedalus가 발명가라는 언급은 있지만, Minos왕을 위해 무엇을 발명했는지는 언급되지 않았다.

**06** │해석│ 윗글의 제목으로 가장 알맞은 것은?
① Icarus에 관한 그리스 신화

② Minos왕의 전설
③ 천재 발명가 Icarus
④ 고대 창조 신화의 영웅들
⑤ 그리스 신화의 다양한 등장인물들

│해설│ ① Icarus에 관한 그리스 신화를 다룬 글이다.

**07** │해설│ ⑤ Matisse는 Icarus가 용감하다고 생각하는 반면 Chagall은 그가 어리석다고 생각했다는 내용이 되어야 한다. 따라서 비교·대조를 나타내는 연결어(In contrast)가 들어가는 것이 자연스럽다.

**08** │해설│ 이어지는 내용이 Matisse의 그림과 Chagall의 그림의 차이점에 해당하므로 같은 주제를 다뤘지만 두 그림은 '다르다(different)'는 내용이 알맞다.

**09** │해석│ ⓐ 나에게는 긴 흰 털을 가진 고양이가 있다.
ⓑ Katie는 시험에 통과하기를 희망한다.
ⓒ 내가 전화한 사람은 내 오빠였다.
ⓓ 나는 네가 캐나다로 돌아가기로 결정했다는 것을 들었다.

│해설│ (B)와 ⓑ, ⓓ의 that은 목적어 역할을 하는 명사절을 이끄는 접속사이고, ⓐ는 주격 관계대명사, ⓒ는 목적격 관계대명사이다.

**10** │해석│ ⓐ Matisse와 Chagall은 같은 주제를 그렸다.
ⓑ Matisse와 Chagall은 Icarus에 관한 그리스 신화에 나오는 다른 등장인물을 그렸다.
ⓒ Matisse의 그림에서 Icarus는 하늘에서 추락하고 있다.
ⓓ Chagall은 Icarus가 현명하다고 생각하지 않았다.

│해설│ ⓑ Matisse와 Chagall은 둘 다 Icarus를 그렸다. ⓒ Matisse의 그림에서 Icarus는 날고(flying) 있다.

**11** │해설│ ⓓ 사람들은 같은 것을 다른 방식으로 볼 수 있기 때문에 서로 '다른(different)' 대답을 할 것이라는 내용이 알맞다.

**12** │해석│ ① 따라서, 그러므로 - ~ 대신에
② 예를 들어 - ~ 때문에
③ 그러나 - ~뿐만 아니라
④ 예를 들어 - ~ 대신에
⑤ 게다가 - ~뿐만 아니라

│해설│ (A)에는 앞 문장에 또 다른 정보를 덧붙여 제시할 때 쓰는 연결어 Furthermore(게다가)가, (B)에는 '~뿐만 아니라, ~에 더하여'라는 의미의 전치사구 in addition to가 알맞다.

**13** │해석│ 윗글에 따르면, Chagall에 대한 설명으로 알맞은 것은?
① 그의 그림은 Matisse의 그림보다 더 단순하다.
② 그의 그림에서 Icarus와 몇 개의 별들만을 볼 수 있다.
③ 그의 그림은 Icarus의 몸의 단순한 윤곽을 보여 준다.
④ 그의 그림에는 Icarus뿐만 아니라 많은 사람들과 집들이 있다.
⑤ 그의 화풍은 Matisse의 것과 유사하다.

│해설│ Chagall의 그림은 세부적인 것들이 많고 Icarus 외에 많은 사람들과 집들을 볼 수 있으며, 화풍은 Matisse의 화풍과 다르다.

**14** │해설│ '너무(매우) ~해서 …하다'라는 의미는 「so+형용사/부사+that+주어+동사」 구문으로 나타낼 수 있다.

**15** │해석│ ⓐ Daedalus와 Icarus는 Minos왕에 의해 높은 탑에 갇혔다.
ⓑ Daedalus는 탑에서 탈출하기 위해 날개를 만들 생각을 했다.
ⓒ Daedalus는 새의 깃털과 나무로(→ 밀랍으로) 날개를 만들었다.
ⓓ Icarus는 바위(→ 태양)에 너무 가까이 날아서 바다로 추락했다.

│해설│ ⓒ Daedalus는 새의 깃털을 밀랍으로 붙여 날개를 만들었다.

ⓓ Icarus는 태양에 너무 가까이 날아서 밀랍이 녹아 바다에 추락했다.

**16** |해설| 선행사 the different ideas를 관계대명사절 that(which) the two painters had가 수식하는 형태로 문장을 쓴다. 선행사가 사물이므로 목적격 관계대명사 that이나 which를 쓴다.

**17** |해설| Matisse는 Icarus가 용감하고 모험심이 강하다고 생각했기 때문에 Icarus가 비행하는 것에 초점을 두었다. 그러나, Chagall은 Icarus가 어리석다고 생각했기 때문에 Icarus가 추락하는 것에 초점을 두었다. 게다가, Matisse와 Chagall은 서로 다른 화풍을 가졌다. Chagall의 그림은 세부적인 것들이 많은 반면, Matisse의 그림은 단순하다.

## 서술형 100% TEST

**01** (1) escape (2) detail (3) myth (4) warn  **02** (1) deals with (2) addition to (3) In contrast  **03** Whom should we meet? → |모범 답| When(What time) and where should we meet?  **04** (1) to go see a movie (2) meet at 5 in front of Star Movie Theater  **05** (1) playing soccer (2) meeting at 10 (3) meet at the park  **06** (1) can go with me if you want to (2) What time and where should we meet?  **07** (1) What are you going to do this Saturday? (2) Do you want to go with me? (3) Let's meet in front of the ticket office.  **08** ⓐ volunteer at → go to(go (and) see)  **09** (1) Ted listened to a girl playing the piano. (2) Mina saw a blue bird flying to the nest. (3) Cindy smelled something burning in the kitchen.  **10** (1) Yuna ran so fast that she could win the race. (2) This mushroom soup is so hot that I can't eat it now. (3) The climbers were so tired that they couldn't walk any further. (4) Those boxes are so heavy that Tim can't carry them.  **11** (1) cries → crying(cry) (2) which → that  **12** (1) ⓑ → Jina heard someone calling(call) her name. (2) ⓓ → She was so hungry that she ate up all the pizza.  **13** subject, Greek myth  **14** saw birds flying(fly)  **15** (1) ⓐ → (It was because) King Minos liked Daedalus' work very(so) much. (2) ⓒ → Daedalus warned Icarus not to fly too close to the sun.  **16** Icarus  **17** (1) ⓒ → that(which) (2) 선행사 the different ideas가 사물이므로 목적격 관계대명사로 that이나 which를 써야 한다.  **18** (1) dancing → flying (2) unlucky → foolish  **19** ⓐ Furthermore ⓑ In contrast  **20** simple, Icarus, some stars, outline, body, details, many people, houses, Icarus, different painting styles

**01** |해설| (1) 탈출하다, 벗어나다: 어떤 장소나 사람에게서 도망치다
(2) 세부 사항: 사소한 사실이나 특징, 또는 정보
(3) 신화: 신들, 용감한 사람들, 신비한 생명체들 등에 관한 옛이야기
(4) 경고하다: 누군가가 피할 수 있도록 나쁜 일이 생길지도 모른다고 말해 주다

**02** |해설| (1) deal with: (주제·소재로) ~을 다루다

(2) in addition to: ~뿐만 아니라, ~에 더하여
(3) in contrast: 그에 반해서, 반면에

**03** |해석| A: 나는 내일 피아노 콘서트에 갈 계획이야. 나랑 같이 갈래, Kevin?
B: 물론이야. 누구를 만날까?(→ 언제(몇 시에) 어디에서 만날까?)
A: 콘서트는 7시에 시작하니까, 6시에 버스 정류장에서 만나자.
B: 그래. 그때 보자
|해설| 약속 시간과 장소를 답하고 있으므로, 약속 시간과 장소를 묻는 표현인 When(What time) and where should we meet?으로 고쳐야 자연스럽다.

**04** |해석| A: 이번 주 토요일에 무엇을 할 거니?
B: 나는 영화를 보러 갈 계획이야. 나랑 같이 볼래?
A: 물론이야. 언제 어디에서 만날까?
B: Star 영화관 앞에서 5시에 만나자.
A: 그래. 그때 보자.
|해설| (1) 자신의 계획을 말할 때는 「I'm planning(going) to+동사원형 ~.」으로 나타낸다.
(2) 만날 시각과 장소를 제안할 때 「Let's meet at+시각+장소를 나타내는 부사구.」로 표현할 수 있다.

**05** |해석| A: 나는 이번 주 일요일에 축구를 할 생각이야. 나랑 같이 할래?
B: 좋은데. 언제 만날까?
A: 10시에 만나는 게 어때?
B: 그래. 어디에서 만날까?
A: 공원에서 만나자.
|해설| (1) 자신의 계획을 말할 때는 I'm thinking of -ing ~.로 표현할 수 있다.
(2) 만날 시각을 제안할 때 「How about meeting at+시각?」으로 표현할 수 있다.
(3) 만날 장소를 제안할 때 「Let's meet+장소를 나타내는 부사구.」로 표현할 수 있다.

**06** |해석| A: 나는 이번 주 토요일에 '캣츠'를 보러 갈 계획이야. 네가 원하면 나와 함께 갈 수 있어.
B: 물론이야. 몇 시에 어디에서 만날까?
A: 그 뮤지컬은 3시에 시작해. 2시에 Dream 아트 홀에서 만나자.
B: 좋아. 토요일에 보자.
|해설| (1) 상대방에게 함께 갈 것을 제안할 때 You can join(go with) me if you want to.와 같이 말할 수 있다.
(2) 약속 시간과 장소를 모두 물어볼 때 What time and where should we meet?과 같이 말할 수 있다.

**07** |해설| (1) 상대방의 계획을 물어볼 때 What are you going to do ~?로 표현할 수 있다.
(2) 함께 가자고 약속을 제안할 때는 Do you want to join(go with) me?라고 말할 수 있다.
(3) 만날 장소를 제안할 때 「Let's meet+장소를 나타내는 부사구.」로 표현할 수 있다.

**08** |해설| ⓐ Kate는 이번 주 토요일에 반 고흐 전시회에서 자원봉사를 할 것(→ 를 보러 갈 것)이다.
ⓑ 반 고흐 전시회는 국립 미술관에서 열린다.
ⓒ 반 고흐는 민호가 가장 좋아하는 화가이다.
ⓓ Kate와 민호는 이번 주 토요일 11시에 매표소 앞에서 만날 것이다.

|해설| ⓐ Kate는 이번 주 토요일에 반 고흐 전시회에 갈 것이라고 했다.

**09** |해석| [예시] 지호는 심장이 빠르게 뛰고 있는 것을 느꼈다.
(1) Ted는 소녀가 피아노를 연주하고 있는 것을 들었다.
(2) 미나는 파랑새 한 마리가 둥지로 날아가고 있는 것을 보았다.
(3) Cindy는 부엌에서 무언가 타고 있는 냄새를 맡았다.
|해설| 「지각동사(feel, listen to, see, smell)+목적어+-ing/동사원형」의 형태로 쓴다.

**10** |해석| (1) 유나는 매우 빨리 달려서 경주에서 우승할 수 있었다.
(2) 이 버섯 수프는 매우 뜨거워서 나는 그것을 지금 먹을 수 없다.
(3) 더 이상 걷기에 등산객들은 너무 피곤했다.
→ 등산객들은 너무 피곤해서 더 이상 걸을 수 없었다.
(4) 그 상자들은 너무 무거워서 Tim은 그것들을 옮길 수 없다.
|해설| '너무(매우) ~해서 (그 결과) …하다'라는 의미를 나타내는 「so+형용사/부사+that+주어+동사」 구문을 사용하여 문장을 완성한다.

**11** |해석| 나는 집에 도착했을 때, 여동생이 울고 있는(우는) 것을 보았다. 그래서 나는 그녀에게 학교에서 무슨 일이 있었냐고 물었다. 그녀는 오늘 과학 시험이 있었고 시험에 떨어졌다. 그녀는 질문들이 너무 어려워서 답할 수 없었다고 말했다.
|해설| (1) 지각동사 see는 목적격 보어로 -ing 또는 동사원형을 쓴다.
(2) '너무(매우) ~해서 (그 결과) …할 수 없다'는 「so+형용사/부사+that+주어+can't+동사원형」으로 나타낸다.

**12** |해석| ⓐ 나는 아빠가 설거지를 하고 계시는 것을 보았다.
ⓑ 지나는 누군가가 자신의 이름을 부르는 것을 들었다.
ⓒ 그는 누군가가 그의 등을 만지는 것을 느꼈다.
ⓓ 그녀는 너무 배가 고파서 모든 피자를 다 먹어 치웠다.
ⓔ 그 영화는 매우 재미있어서 나는 그것을 세 번 봤다.
|해설| ⓑ 지각동사 hear의 목적격 보어는 -ing(현재분사) 또는 동사원형을 쓴다.
ⓓ '너무(매우) ~해서 (그 결과) …하다'라는 의미는 「so+형용사/부사+that+주어+동사」로 나타낸다.

**13** |해설| → 'The Flight of Icarus'와 'The Fall of Icarus'의 주제는 같다. 두 그림 모두 Icarus에 관한 그리스 신화를 다룬다.

**14** |해석| 어느 날, Daedalus는 새가 날고 있는(나는) 것을 보았다.
|해설| 지각동사 see가 사용된 5형식 문장은 「see+목적어+-ing/동사원형」의 형태로 쓴다.

**15** |해석| ⓐ 왜 Minos왕은 Daedalus를 곁에 영원히 두고 싶어 했는가?
→ Minos왕이 Daedalus의 작품을 몹시 좋아했기 때문이다.
ⓑ Minos왕은 Daedalus와 Icarus를 얼마나 오랫동안 높은 탑에 가두었는가?
ⓒ Daedalus는 Icarus에게 그들이 날기 시작하기 전에 무엇을 하지 말라고 경고했는가?
→ Daedalus는 Icarus에게 태양에 너무 가까이 날지 말라고 경고했다.
ⓓ 날개가 준비되었을 때 Icarus는 어디로 가고 싶어 했는가?
|해설| ⓐ Minos왕은 Daedalus의 작품을 몹시 좋아해서 그를 자신의 곁에 영원히 두고 싶어 했다.
ⓒ Daedalus는 Icarus에게 밀랍이 녹을 것이므로 태양에 너무 가까이 날지 말라고 경고했다.

**16** |해설| Matisse와 Chagall이 그린 그림은 모두 그리스 신화 속 인물

인 Icarus이다.

**17** |해설| 선행사 the different ideas가 사물이므로 목적격 관계대명사로 that이나 which를 써야 한다.

**18** |해석| Matisse와 Chagall은 Icarus에 대한 생각이 달라서 Icarus에 관한 이야기를 서로 다르게 그렸다. Matisse는 Icarus가 용감하고 모험심이 강하다고 여겼기 때문에 그의 그림에서 Icarus는 춤추고(→ 날고) 있다. 그러나, Chagall은 Icarus가 불운하다고(→ 어리석다고) 여겨서 그의 그림에서 Icarus는 추락하고 있다.
|해설| (1) Matisse는 Icarus가 하늘을 날고 있는 모습을 그렸다.
(2) Chagall은 Icarus가 어리석다고 생각했다.

**19** |해설| ⓐ 앞 문장에 추가적인 정보를 덧붙여 제시하고 있으므로 furthermore(게다가)가 알맞다.
ⓑ 앞의 내용과 대조적인 내용을 연결하고 있으므로 in contrast(그와 반대로)가 알맞다.

**20** |해석| A: Matisse와 Chagall은 그들의 그림에서 Icarus를 다르게 표현했어.
B: 그것들은 어떻게 다른데?
A: Matisse의 그림은 매우 단순해. 그의 그림에서는 오직 Icarus와 별 몇 개 만을 볼 수 있지. Icarus의 몸의 윤곽도 매우 단순해.
B: Chagall의 그림은 어때?
A: Chagall의 그림에는 세부적인 것들이 많아. Icarus뿐만 아니라 많은 사람들과 집들을 볼 수 있어.
B: 무엇이 이런 차이를 만들지?
A: 그것은 Matisse와 Chagall이 다른 화풍을 갖고 있었기 때문이야.

## 모의고사

**제 1 회** 대표 기출로 내신 **적중 모의고사** pp. 138-141

**01** ⑤  **02** (w)ay  **03** ④  **04** ③  **05** (D)-(A)-(C)-(B)
**06** ②  **07** What are you going to do this Saturday?
**08** ④  **09** ⑤  **10** ①  **11** so cold outside that  **12** ⑤
**13** ③  **14** *The Flight of Icarus* (by Henri Matisse) and *The Fall of Icarus* (by Marc Chagall)  **15** ④  **16** ①
**17** ②  **18** Icarus was so excited that he forgot his father's warning.  **19** ②  **20** difference  **21** ③
**22** ⑤  **23** ②  **24** ③  **25** Chagall's painting is more complicated (than Matisse's painting).

**01** |해석| ① 신화  ② 세부 사항  ③ 발명가  ④ 비행, 날기
|해설| '새의 몸을 덮고 있는 가볍고 부드러운 것들 중 하나'는 feather(깃털)의 영영풀이다.

**02** |해석| • 나는 Joe 삼촌이 아이들과 노는 방식을 매우 좋아한다.
• 우체국으로 가는 길을 좀 알려 주시겠어요?
• 그녀는 보통 느리고 주의 깊은 방식으로 학생들에게 이야기한다.
|해설| way는 명사로 '방식, 태도'와 '길'이라는 뜻을 모두 갖는다.

**03** |해석| • 그 작가는 종종 우정이라는 주제를 다룬다.

- 나는 오늘 영어 말하기 시험뿐만 아니라 수학 시험도 있다.
- 그에 반해, 작년 이 도시의 인구는 증가했다.

|해설| deal with: (주제·소재로) ~을 다루다

in addition to: ~뿐만 아니라, ~에 더해서

in contrast: 그에 반해서, 반면

**04** |해석| A: 나는 이번 주 토요일에 '캣츠'를 보러 갈 계획이야. <u>나랑 같이 갈래?</u>

B: 물론이야. 언제 만날까?

① 나와 같이 갈래?

② 나와 같이 가는 게 어때?

③ 너는 무엇을 할 계획이니?

④ 나와 함께 갈래?

⑤ 네가 원한다면 나와 함께 갈 수 있어.

|해설| 함께 가자고 제안할 때는 What(How) about joining me? 또는 Do you want to join(go with) me?, You can go with me (if you want to). 등으로 말할 수 있다.

**05** |해석| (D) 나는 다음 주 금요일에 축구 경기를 보러 갈 계획이야. 나랑 같이 가는 게 어때, 진호야?

(A) 좋은데. 몇 시에 만날까?

(C) Green 경기장 앞에서 10시 30분에 만나자.

(B) 그래. 그때 보자.

**06** |해석| A: 이번 주 일요일에 무엇을 할 거니?

B: 나는 남동생과 Dream 놀이공원에 갈 계획이야. 원하면 너도 우리와 함께 가도 돼.

A: 미안해, 다음에 갈게.(→ 좋아.) 언제 만날까?

B: 나는 일찍 가고 싶어. 그러니 9시에 만나자.

A: 그래. 어디에서 만날까?

B: 지하철역에서 만나는 게 어때?

A: 좋아. 그때 보자

|해설| ② 뒤에 만날 시각과 장소를 정하는 내용이 이어지므로, 같이 가자고 제안하는 말에 다음 기회에 가겠다고 거절하는 말을 하는 것은 어색하다.

**07** |해설| 상대방의 계획을 물어볼 때는 「What are you going(planning) to+동사원형 ~?」으로 말할 수 있다.

**08** |해석| ① Kate는 반 고흐 전시회를 보러 갈 것이다.

② Kate는 민호에게 자신의 토요일 계획을 함께하자고 요청했다.

③ 민호는 이번 주 토요일에 국립 미술관에 갈 것이다.

④ Kate가 가장 좋아하는 화가는 반 고흐이다.

⑤ 민호와 Kate는 매표소 앞에서 11시에 만날 것이다.

|해설| ④ 가장 좋아하는 화가가 반 고흐인 사람은 민호이다. Kate가 가장 좋아하는 화가는 대화에 언급되지 않았다.

**09** |해설| '너무(매우) ~해서 (그 결과) …하다'라는 의미는 「so+형용사/부사+that+주어+동사」의 형태로 나타낼 수 있다.

**10** |해석| ① 모든 사람이 그녀가 노래하고 있는(노래하는) 것을 들었다.

② 그는 다람쥐가 나무에 올라가고 있는 것을 보았다.

③ 나는 한 사람이 수영장에서 수영하고 있는 것을 본다.

④ 그 의자는 너무 작아서 그는 앉을 수 없다.

⑤ 그 점원은 매우 친절해서 모든 고객들이 그를 좋아한다.

|해설| ① 지각동사 hear가 사용된 5형식 문장은 「hear+목적어+-ing/동사원형」의 형태로 쓴다. (→ singing(sing))

**11** |해석| 밖이 매우 추워서 나는 따뜻한 외투를 입어야 했다.

|해설| '너무(매우) ~해서 (그 결과) …하다'라는 의미는 「so+형용사/부사+that+주어+동사」의 형태로 나타낼 수 있다.

**12** |해석| 오늘은 이상한 날이었다. 내가 정원에서 책을 읽고 있었을 때, 나는 토끼가 혼잣말을 하고 있는 것을 들었다. 나는 그를 따라가서 놀라운 세계를 발견했다. 그곳에서 나는 한 여왕이 장미 향기를 맡고 있는 것을 보았다. 나는 또한 고양이 한 마리가 나무에서 미소 짓고 있는(미소 짓는) 것도 보았다.

|해설| ⑤ 지각동사 see가 사용된 5형식 문장은 「see+목적어+-ing/동사원형」의 형태로 쓴다. (→ smiling(smile))

**13** |해석| ⓐ Wilson 씨는 그녀의 아기가 자고 있는(자는) 것을 보았다.

ⓑ Julia는 소년들이 연을 날리고 있는 것을 보았다.

ⓒ 그 남자는 점심을 먹기에는 매우 바빴다.

ⓓ 그 이야기가 너무 슬퍼서 나는 많이 울었다.

ⓔ 나는 매우 목이 말라서 물 한 병을 마셨다.

|해설| ⓐ 지각동사 see는 목적격 보어로 -ing 또는 동사원형을 쓴다. (sleeps → sleeping(sleep))

ⓔ '너무(매우) ~해서 (그 결과) …하다'라는 의미는 「so+형용사/부사+that+주어+동사」의 형태로 나타낸다. (very → so)

**14** |해설| 밑줄 친 They는 앞 문장에서 예시로 든 'Matisse가 그린 그림'과 'Chagall이 그린 그림'을 가리킨다.

**15** |해설| ⓐ에는 '너무(매우) ~해서 (그 결과) …하다'라는 의미의 「so+형용사/부사+that+주어+동사」 구문에 쓰인 so가 알맞고, ⓑ에는 '그래서'라는 의미의 결과를 나타내는 접속사 so가 알맞다.

**16** |해석| ⓐ Minos왕은 Daedalus의 발명품들이 만족스럽지 않았다.

ⓑ Daedalus는 Minos왕 곁에 영원히 머물고 싶어 했다.

ⓒ Daedalus는 Icarus라는 이름의 아들이 있었다.

ⓓ Minos왕은 Daedalus와 Icarus를 높은 탑에 가뒀다.

|해설| ⓐ Minos왕은 Daedalus가 만든 작품을 매우 좋아했다.

ⓑ Minos왕은 Daedalus를 영원히 곁에 두고 싶어 했지만 Daedalus는 떠나고 싶어 했다.

**17** |해설| ⓑ 등위접속사 and로 gathered와 연결된 병렬 구조이므로 과거 시제(glued)로 써야 한다.

**18** |해설| '너무(매우) ~해서 (그 결과) …하다'라는 의미는 「so+형용사/부사+that+주어+동사」의 형태로 나타낸다.

**19** |해석| Q: Daedalus는 왜 아들에게 태양에 너무 가까이 날지 말라고 경고했는가?

A: 밀랍이 녹을 것이기 때문이었다.

① 매우 높기

③ Minos왕이 그를 찾을 것이기

④ Icarus가 태양을 두려워 하기

⑤ Icarus는 고소공포증이 있기

|해설| Daedalus가 Icarus에게 태양에 너무 가까이 날면 밀랍이 녹을 것이라고 했으므로, 빈칸에는 ②가 알맞다.

**20** |해설| '어떤 것이 다른 것과 같지 않은 방식'은 difference(차이)의 영영풀이다.

**21** |해설| ① 비슷하게, 마찬가지로     ② 게다가

③ 그에 반해서, 반면에     ④ 게다가, 더욱이

⑤ 예를 들어

| 해설 | Icarus에 대한 Matisse의 생각과 Chagall의 생각을 대조하여 설명하고 있으므로 In contrast(그에 반해서, 반면에)가 알맞다.

**22** | 해설 | ⑤ Icarus가 용감하고 모험심이 강하다고 생각한 사람은 Matisse이고, Chagall은 Icarus가 어리석다고 생각했다.

**23** | 해설 | (A) Chagall의 그림은 세부적인 것들이 많지만 Matisse의 그림은 '단순하다(simple)'는 내용이 알맞다.
(B) Matisse의 그림에 대해 덧붙여 설명하고 있으므로 연결어로 Furthermore(게다가)가 알맞다.
(C) 이러한 차이는 두 화가의 '서로 다른(different)' 화풍에서 기인한다는 내용이 알맞다.

**24** | 해설 | 주어진 문장은 '그와 반대로 Chagall은 Icarus뿐만 아니라 많은 사람들과 집들을 그렸다.'라는 의미이므로 단순한 Matisse 그림의 특징에 대해 설명한 내용 다음인 ③에 들어가는 것이 알맞다.

**25** | 해석 | 누구의 그림이 더 복잡한가, Matisse의 것인가 아니면 Chagall의 것인가?
→ Chagall의 그림이 (Matisse의 그림보다) 더 복잡하다.
| 해설 | Chagall의 그림에 세부적인 것들이 많다고 했으므로 Chagall의 그림이 더 복잡하다는 것을 알 수 있다.

---

### 제 2 회  대표 기출로 내신 적중 모의고사  pp. 142-145

**01** ②  **02** ⑤  **03** In  **04** ②  **05** ③  **06** ①  **07** How about meeting at 3(three) in front of the subway station?
**08** ④  **09** They are going to meet at 11(eleven) in front of the ticket office (this Saturday).  **10** ①, ④  **11** so heavily that we couldn't go camping  **12** ⑤  **13** ④
**14** ①, ③  **15** ②  **16** (A) King Minos  (B) bird feathers
**17** ⑤  **18** ③  **19** He flew higher and higher  **20** ④
**21** ②  **22** ⑤  **23** (1) ⓐ → They both painted Icarus.
(2) ⓑ → He is flying (in Matisse's painting).  **24** ⑤  **25** ④

**01** | 해석 | ① 밝은 – 어두운
② 외치다 – 외치다
③ 어리석은 – 현명한
④ 다른 – 같은
⑤ 단순한 – 복잡한
| 해설 | ② shout(외치다)와 yell은 유의어 관계이며, 나머지는 모두 반의어 관계이다.

**02** | 해석 | ① 어리석은: 바보 같거나 분별력 없는
② 탈출하다, 벗어나다: 어떤 장소나 사람에게서 도망치다
③ 윤곽, 외형: 어떤 것의 모양을 보여 주는 선
④ 세부 사항: 어떤 것에 대한 사소한 사실이나 특징, 또는 정보
⑤ 밀랍: 신들, 용감한 사람들, 신비한 생명체들 등에 관한 옛이야기
| 해설 | ⑤는 myth(신화)의 영영풀이다.

**03** | 해석 | • Tom은 수영뿐만 아니라 등산 또한 즐긴다.
• Jenny는 매우 활달하고 외향적이다. 반면에 그녀의 남동생은 수줍음이 많고 조용하다.
| 해설 | in addition to: ~뿐만 아니라, ~에 더하여
in contrast: 그와 반대로, 반면에

**04** | 해석 | [보기] 체육은 내가 가장 좋아하는 과목이다.
① 그는 다양한 주제들에 대한 곡들을 썼다.
② 우리는 보통 매년 일곱 개의 과목을 수강한다.
③ 우리는 사랑과 희망이라는 두 가지 주제에 관해 이야기했다.
④ 나는 그 주제에 관해 책들을 찾으러 도서관에 갔다.
⑤ 나는 그것에 대해 쓰고 싶지 않아서 주제를 바꿨다.
| 해설 | [보기]와 ②의 subject는 '과목'이라는 뜻이고, 나머지는 모두 '주제'라는 뜻이다.

**05** | 해석 | A: 나는 이번 주 금요일에 록 콘서트에 갈 계획이야. 나와 같이 가는 게 어때?
B: 물론이야. 우리 언제 만날까?
A: 7시에 버스 정류장에서 만나자.
① 나는 록 음악을 좋아하지 않아.
② 그래. 토요일에 보자.
④ 미안하지만 나는 다른 계획이 있어.
⑤ 나는 어젯밤에 록 콘서트에 갔어.
| 해설 | 만날 시각과 장소를 제안하는 말이 뒤에 이어지므로, 제안을 수락한 후 약속 시간을 묻는 말이 들어가는 것이 알맞다.

**06** | 해석 | A: 나는 이번 주 토요일에 '캣츠'를 보러 갈 계획이야. 나랑 같이 갈래?
B: 물론이야. 언제 어디에서 만날까?
A: 그 뮤지컬은 3시에 시작해. 2시에 Dream 아트 홀에서 만나자.
B: 좋아. 토요일에 보자.
| 해설 | 주어진 문장은 함께 갈 것을 제안하는 말이므로 제안을 수락하는 말 앞인 ①에 들어가는 것이 알맞다.

**07** | 해석 | A: 나는 이번 주 일요일에 쇼핑하러 갈 계획이야. 민지야, 나랑 같이 갈래?
B: 물론이지. 몇 시에 만날까?
A: 3시에 지하철역 앞에서 만나는 게 어때?
B: 좋아. 그때 보자.
| 해설 | 만날 시각과 장소를 정할 때는 「How(What) about meeting at+시각+장소를 나타내는 부사구」로 말할 수 있다.

**08** | 해설 | 전시회에 같이 가자고 제안하고(D), 제안을 수락한 후 약속 시간을 묻자(B) 약속 시간을 제안하고(C), 그것을 수락한 후 약속 장소를 묻는(A) 흐름이 되어야 자연스럽다.

**09** | 해석 | Kate와 민호는 이번 주 토요일 몇 시에 어디에서 만날 것인가?
→ 그들은 (이번 주 토요일) 11시에 매표소 앞에서 만날 것이다.

**10** | 해석 | 나는 두 소년이 운동장에서 농구하고 있는(농구하는) 것을 보았다.
| 해설 | 지각동사 see가 사용된 5형식 문장은 「see+목적어+-ing/동사원형」의 형태로 쓴다.

**11** | 해설 | '너무(매우) ~해서 (그 결과) …하다'라는 의미는 「so+형용사/부사+that+주어+동사」의 형태로 나타낼 수 있다.

**12** | 해석 | ① 나는 한 남자가 밖에서 소리치는 것을 보았다.
② 그는 누나가 피아노를 치고 있는 것을 보았다.
③ 우리는 한 여자가 문을 두드리는 것을 보았다.
④ 나는 그녀가 파티에서 노래하고 있는 것을 보았다.
| 해설 | 지각동사 see는 목적격 보어로 -ing(현재분사) 또는 동사원형을 써야 한다. ⑤는 목적격 보어 자리에 to부정사가 쓰였으므로 빈칸에

saw를 쓸 수 없다.

**13** |해석| 그 외투는 너무 작아서 나는 그것을 입을 수 없었다.
① 그 외투가 작지 않아서 나는 그것을 입었다.
② 그 외투가 커서 나는 그것을 입을 수 없었다.
③ 그 외투가 작지 않았지만 나는 그것을 입을 수 없었다.
⑤ 내가 그 외투를 입을 수 있도록 그것은 매우 작았다.
|해설| ④ '너무 ~해서 (그 결과) …할 수 없다'는 「so+형용사/부사+that+주어+can't+동사원형」의 형태로 나타낸다.

**14** |해석| ① 너는 그 아이가 그림을 그리고 있는[그리는] 것을 보았니?
② 아무도 미나가 방에서 울고 있는 것을 듣지 못했다.
③ 나는 매우 졸려서 낮잠을 자고 싶다.
④ Emma는 그 개가 그녀를 향해 오는 것을 보았다.
⑤ 그 영화는 너무 무서워서 Jack은 그것을 혼자 볼 수 없었다.
|해설| ① 지각동사 see는 목적격 보어로 -ing 또는 동사원형을 쓴다. (drawn → drawing(draw))
③ '너무[매우] ~해서 (그 결과) …하다'는 「so+형용사/부사+that+주어+동사」의 형태로 나타낸다. (too → so)

**15** |해설| ⓑ Minos왕이 Daedalus를 자신의 곁에 영원히 두고 싶어 했지만 Daedalus가 '떠나려고(leave)' 해서 왕이 그와 그의 아들을 높은 탑에 가뒀다는 내용이 되는 것이 알맞다.

**16** |해석| (A) him은 Minos왕을 가리키고, (B) them은 앞에 나오는 bird feathers를 가리킨다.

**17** |해석| ① Minos왕은 Daedalus가 만든 어떤 것도 좋아하지 않았다.
② Daedalus는 새로운 발명품에 대해 생각하기 위해 높은 탑에 스스로를 가뒀다.
③ Icarus는 아버지의 도움 없이 탈출하려고 노력했다.
④ Daedalus는 Minos왕을 위해 날개를 만들 생각을 했다.
⑤ Daedalus는 날개를 만들기 위해 새의 깃털을 모았다.
|해설| ⑤ Daedalus는 탑에서 탈출하기 위해서 날개를 만들려고 했고, 날개를 만들기 위해 새의 깃털을 모았다.

**18** |해석| ① Daedalus의 날개를 잃어버렸다
② 혼자 날 수 없었다
③ 아버지의 경고를 잊었다
④ 태양으로부터 너무 멀리 날았다
⑤ 탑에서 탈출하기를 원했다
|해설| ③ Icarus가 점점 더 높이 날아 밀랍이 녹기 시작했다는 말이 이어지므로 아버지의 경고를 잊었다는 말이 알맞다.

**19** |해설| '점점 더 ~한(하게)'라는 의미는 「비교급+and+비교급」으로 나타낸다.

**20** |해석| Daedalus는 그들이 날기 전 Icarus에게 태양에 너무 가까이 날지 말라고 말했다.
① 바람을 따라가라고
② 너무 멀리 가지 말라고
③ 날개를 매우 단단히 잡으라고
⑤ Minos왕의 성 가까이 가라고
|해설| ④ Daedalus는 Icarus에게 날개를 붙인 밀랍이 녹을 것이므로 태양에 너무 가까이 날지 말라고 경고했다.

**21** |해석| ① 그래서 ③ ~하지 않으면
④ ~ 때문에, ~한 이후로 ⑤ ~ 때문에

|해설| ⓐ와 ⓑ 모두 서로 대조되는 내용을 연결하므로 접속사 but이 알맞다.

**22** |해석| ① 말하거나, 쓰이거나, 또는 연구되는 화제
② 어떤 것이 다른 것과 같지 않은 방식
③ 위험하거나 어려운 것에 대해 두려움을 보이지 않는
④ 흥미로운 일을 찾기 위해 위험도 기꺼이 감수하는
⑤ 훌륭한 판단을 할 수 있는 능력을 가지거나 보여 주는
|해설| ⑤ foolish(어리석은)의 영영풀이는 silly or not sensible이다.

**23** |해석| ⓐ Matisse와 Chagall은 둘 다 어떤 주제를[대상을] 그렸는가?
→ 그들은 둘 다 Icarus를 그렸다.
ⓑ Matisse의 그림에서 Icarus는 무엇을 하고 있는가?
→ (Matisse의 그림에서) 그는 날고 있다.
ⓒ Chagall은 Icarus가 왜 어리석다고 생각했는가?
ⓓ 어떤 화가가 Icarus가 현명하다고 생각했는가?
|해설| ⓐ Matisse와 Chagall은 모두 그리스 신화의 등장인물인 Icarus를 그렸다.
ⓑ Matisse의 그림에서 Icarus는 날고 있다.

**24** |해설| ⓔ 뒤에 이유를 나타내는 말이 「주어+동사 ~」의 형태로 이어지므로 접속사 because가 알맞다. because of 다음에는 명사(구)가 온다.

**25** |해석| • 소연: Chagall은 Icarus를 단순한 방식으로 그렸다.
• 준호: Matisse는 그의 그림에서 Icarus와 별들을 그렸다.
• 민서: Chagall의 그림에서 많은 집들과 사람들 그리고 Icarus를 볼 수 있다.
• 진우: Matisse와 Chagall은 매우 비슷한 화풍을 가졌다.
• 채영: 사람들은 그 두 그림에 대해 같은 생각을 가질 것이다.
|해설| • 소연 → Chagall의 그림에는 세부적인 요소들이 많다.
• 진우 → Matisse와 Chagall의 화풍은 다르다.
• 채영 → 사람들은 같은 사물을 다른 방식으로 보기 때문에 두 그림에 대해 서로 다른 의견을 가질 것이다.

---

**제3회** 대표 기출로 내신 **적중 모의고사** pp. 146-149

**01** (g)ather **02** ⑤ **03** ④ **04** ⑤ **05** (1) soccer game (2) meet at (3) Green Stadium **06** ⑤ **07** ④ **08** ③ **09** ⑤ **10** ④ **11** the dog catching(catch) the ball **12** ② **13** ⓑ to play → playing(play) **14** same **15** ③ **16** ② **17** ① **18** ④ **19** ② **20** see Icarus flying(fly) **21** ② **22** (1) Icarus (2) different (3) different ideas **23** ③ **24** ②, ④ **25** many people and houses (in addition to Icarus)

---

**01** |해설| '종종 서로 다른 장소 또는 사람들로부터 여러 물건들을 모으다'는 gather(모으다)의 영영풀이다.

**02** |해석| [보기] 북쪽 지역은 춥다. 그와 반대로 남쪽 지역은 덥다.
① 그 소년은 도와달라고 외쳤다.
② 에너지는 태양에서부터 온다.
③ 저녁 식사 후에 산책하러 가자.
④ 빨간색 차가 그 집 앞에 주차되어 있었다.

⑤ Andy는 피아노뿐만 아니라 바이올린도 연주할 수 있다.

|해설| [보기]는 '그와 반대로, 반면에'라는 의미의 in contrast가, ⑤는 '~뿐만 아니라, ~에 더하여'라는 의미의 in addition to가 되어야 하므로, 둘 다 빈칸에 들어갈 말로 in이 알맞다.

03 |해석| ① 오늘 점심 우리와 함께할래?

② 그 소녀는 혼자 있을 때 혼잣말을 했다.

③ 나는 그 문제들을 우리 발표에서 다루고 싶다.

④ 눈이 많이 내리고 있다. 게다가, 춥고 바람이 분다.

⑤ 내 친구는 내게 경고하려고 했지만, 나는 그의 말을 듣지 않았다.

|해설| ④ furthermore는 '게다가'라는 뜻으로 앞서 말한 내용에 추가로 덧붙여 말할 때 쓰는 연결어이다.

04 |해석| A: 나는 이번 주 토요일에 Jenny와 쇼핑하러 갈 계획이야.

_____

B: 좋아. 몇 시에 만날까?

① 우리와 같이 갈래?

② 우리와 같이 가는 게 어때?

③ 우리와 같이 가길 원하니?

④ 네가 원하면 우리와 같이 갈 수 있어.

⑤ 쇼핑몰에서 5시에 만나는 게 어때?

|해설| 빈칸에는 흐름상 함께 갈 것을 제안하는 말이 들어가는 것이 알맞다. ⑤는 약속 시간과 장소를 제안하는 표현이므로 알맞지 않다.

05 |해석| 소녀: 나는 다음 주 금요일에 축구 경기를 보러 갈 계획이야. 나랑 같이 가는 게 어때?

소년: 좋은데. 몇 시에 만날까?

소녀: Green 경기장 앞에서 10시 30분에 만나자.

소년: 그래. 그때 보자.

→ 소년과 소녀는 다음 주 금요일에 축구 경기를 보러 갈 것이다. 그들은 10시 30분에 Green 경기장 앞에서 만날 것이다.

06 |해석| ① A: 이번 주 일요일에 무엇을 할 계획이니?

B: 나는 하이킹하러 갈 거야.

② A: 어디에서 만날까?

B: Star 영화관 앞에서 만나자.

③ A: 내일 몇 시에 만날까?

B: 나는 일찍 가고 싶으니까 9시에 만나자.

④ A: 오늘 밤에 콘서트에 가는 게 어때?

B: 좋아. 언제 만날까?

⑤ A: 나는 내일 농구를 할 계획이야. 나랑 같이 할래?

B: 미안하지만, 나는 다른 계획이 있어. 언제 만날까?

|해설| ⑤ 함께할 것인지 묻는 제안을 거절한 후에 언제 만날지 묻는 것은 어색하다.

07 |해설| ④ 뒤에 약속 시간을 제안하는 말이 이어지므로 When(What time) should we meet?이 들어가는 것이 알맞다.

08 |해석| ① 이번 주 토요일 Kate의 계획은 무엇인가?

② 반 고흐 전시회는 어디에서 열리는가?

③ 반 고흐 전시회는 언제 시작하는가?

④ 민호가 가장 좋아하는 화가는 누구인가?

⑤ Kate와 Minho는 이번 주 토요일 언제 그리고 어디에서 만날 것인가?

|해설| ③ 반 고흐 전시회가 언제 시작하는지는 대화에 언급되어 있지 않다.

09 |해석| 나는 누군가가 계단을 내려오고 있는 것을 _____.

① 느꼈다  ②, ④ 보았다  ③ 들었다  ⑤ 원했다

|해설| 지각동사 feel, see, hear, watch는 목적격 보어로 -ing나 동사원형을 쓰고, want는 목적격 보어로 to부정사를 쓴다.

10 |해설| 주어진 단어들을 배열하여 문장을 완성하면 It was so cold that we could not swim in the sea.이므로 4번째로 오는 단어는 cold이다.

11 |해석| 그 개는 공을 잡고 있었다. 나는 그 개를 봤다.

→ 나는 그 개가 공을 잡고 있는(잡는) 것을 보았다.

|해설| 지각동사 see가 사용된 5형식 문장은 「see+목적어+-ing/동사원형」의 형태로 쓴다.

12 |해석| ① 그녀는 쉬기에는 너무 바빴다.

② 그녀는 바쁘지 않았지만 쉬지 않았다.

③, ④ 그녀는 너무 바빠서 쉴 수 없었다.

⑤ 그녀는 너무 바빴기 때문에 쉴 수 없었다.

|해설| ②를 제외한 나머지는 모두 '그녀는 너무 바빠서 쉴 수 없었다.'라는 의미이다.

13 |해석| ⓐ 그들은 그 배가 심하게 흔들리고 있는 것을 느꼈다.

ⓑ 그녀는 오빠가 피아노를 연주하고 있는(연주하는) 것을 들었다.

ⓒ 그는 너무 피곤해서 일찍 잠자리에 들었다.

ⓓ 나는 너무 긴장해서 도움을 요청할 수 없었다.

ⓔ 학생들이 거리에서 춤추고 있는 것을 보았니?

|해설| ⓑ 지각동사 hear는 목적격 보어로 -ing나 동사원형을 쓴다.

14 |해설| 같은 주제에 대한 서로 다른 그림의 예시를 소개하고 있으므로, '같은(same)' 그리스 신화에 대한 것이라는 내용이 되어야 알맞다.

15 |해설| (A) '너무(매우) ~해서 …하다'라는 의미는 「so+형용사/부사+that+주어+동사」 구문으로 나타내므로 that이 알맞다.

(B) 지각동사 see는 목적격 보어로 -ing 또는 동사원형을 쓰므로 flying이 알맞다.

(C) begin은 목적어로 to부정사와 동명사를 모두 쓰는 동사이므로 to melt가 알맞다.

16 |해석| ① 대신에  ② 그러나  ③ 게다가, 더욱이

④ 예를 들어  ⑤ 즉, 다시 말해서

|해설| 빈칸 앞은 Minos왕이 Daedalus를 자신의 곁에 영원히 두고 싶어 했다는 내용이고 빈칸 뒤는 Daedalus가 떠나려고 애썼다는 내용이므로, 역접의 내용을 연결하는 however가 알맞다.

17 |해석| ① 탈출하고 싶어 했다

② 떠나고 싶지 않아 했다

③ 왕을 기쁘게 하려고 노력했다

④ 탑에 머무는 것을 좋아했다

⑤ 아들을 필요로 했다

|해설| Daedalus는 Minos왕을 떠나려고 했으므로 높은 탑에 갇힌 Daedalus는 탈출하고 싶어 했다는 내용이 문맥상 알맞다.

18 |해설| 주어진 문장은 'Icarus가 너무 흥분해서 아버지의 경고를 잊었다.'라는 뜻이므로 그가 점점 더 높이 날아서 밀랍이 녹기 시작했다는 내용 앞인 ④에 들어가는 것이 알맞다.

19 |해석| ⓐ Minos왕은 Daedalus가 그를 떠나도록 허락했다.

ⓑ Icarus가 날개 만드는 것을 생각했다.

ⓒ Daedalus는 새의 깃털들을 붙이기 위해 밀랍을 사용했다.

ⓓ Daedalus는 Icarus에게 바다에 너무 가까이 날지 말라고 경고했다.

ⓔ Icarus는 아버지의 경고를 따르지 않아서 죽었다.

|해설| ⓐ Minos왕은 Daedalus가 자신의 곁을 떠날 수 없도록 높은 탑에 가두었다.

ⓑ 새가 날아가는 것을 보고 날개를 만들 생각을 한 사람은 Daedalus이다.

ⓓ Daedalus는 Icarus에게 태양에 너무 가까이 날지 말라고 경고했다.

**20** |해설| 지각동사 see가 사용된 5형식 문장은 「see+목적어+-ing/동사원형」의 형태로 쓴다.

**21** |해설| ⓐ에는 사물인 선행사 the different ideas를 수식하는 관계대명사절을 이끄는 목적격 관계대명사 that이나 which가, ⓑ에는 thought의 목적어인 명사절을 이끄는 접속사 that이 들어가는 것이 알맞다. 따라서 공통으로 들어갈 말은 that이다.

**22** |해석| A: Matisse와 Chagall이 둘 다 다루는 주제는(대상은) 무엇이니?
B: 그들은 Icarus를 다루지만 그림은 달라.
A: 왜 그들은 같은 주제를(대상을) 다르게 그렸지?
B: 그들이 그 주제(대상)에 대해 다른 생각들을 가지고 있었기 때문이야.
|해설| Matisse와 Chagall은 모두 Icarus에 관한 그림을 그렸는데, 그들의 그림이 다른 이유는 Icarus에 대한 생각이 달랐기 때문이다.

**23** |해설| ③ Matisse의 그림과 상반되는 특징을 가진 Chagall의 그림에 대한 설명이 이어지므로 '반면에'라는 뜻의 연결어 In contrast가 알맞다.

**24** |해석| 윗글에 따르면 Matisse에 대한 설명으로 알맞은 것은? 2개를 고르시오.
① 그의 그림에는 세부적인 것들이 많다.
② 그의 그림에는 Icarus와 몇 개의 별들이 있다.
③ 그는 많은 사람들과 집들을 그렸다.
④ 그의 그림에서 Icarus의 몸은 단순한 윤곽만 가지고 있다.
⑤ 그의 화풍은 Chagall의 것과 유사하다.
|해설| Matisse의 그림에는 Icarus와 몇 개의 별들만 있고 Icarus의 몸은 단순한 윤곽만으로 그려져 있다고 했다.

**25** |해석| Q: Chagall은 Icarus뿐만 아니라 무엇을 그렸는가?
A: 그는 (Icarus뿐만 아니라) 많은 사람들과 집들을 그렸다.

**제 4 회** 고난도로 내신 **적중** 모의고사    pp. 150-153

**01** outline  **02** ①  **03** ①  **04** ③  **05** Sorry, I can't. →
|모범 답| I'd love to. / Sure.  **06** ②  **07** ③  **08** How
about meeting at 11(eleven)?  **09** ⑤  **10** ②  **11** ①, ④
**12** ④  **13** (1) Tony is so tall that he can reach the top
shelf.  (2) The girl was so young that she couldn't go on
the ride.  **14** ③  **15** by  **16** ②  **17** ④  **18** Icarus
was so excited that he forgot his father's warning.
**19** ①  **20** ③  **21** flown → flying(fly)  **22** This
difference comes from the different ideas that the two
painters had.  **23** ④  **24** ⑤  **25** ⑤

**01** |해석| 우리는 탑 꼭대기에서 섬의 윤곽을 볼 수 있었다.
|해설| '어떤 것의 모양을 보여 주는 선'은 outline(윤곽)의 영영풀이다.

**02** |해석| ⓐ 그 작가는 자연을 자주 다룬다.
ⓑ Brown 선생님은 우리에게 복도에서 뛰지 말라고 경고하셨다.
ⓒ 태양이 떠오르자 눈은 곧 녹았다.
ⓓ 가난한 사람들을 돕는 것뿐만 아니라, 그 남자는 환경을 보호하는 것에도 관심 있다.
|해설| ⓐ는 deals with(~을 다루다), ⓑ는 warned(경고했다), ⓒ는 melted(녹았다), ⓓ는 in addition to(~뿐만 아니라)가 되어야 한다.

**03** |해석| ⓐ 바보 같거나 분별력 없는
ⓑ 어떤 장소나 사람에게서 도망치다
ⓒ 어떤 것에 대한 사소한 사실이나 특징, 또는 정보
ⓓ 흥미로운 일을 찾기 위해 위험도 기꺼이 감수하는
|해설| ⓐ는 foolish(어리석은), ⓑ는 escape(탈출하다, 벗어나다), ⓒ는 detail(세부 사항), ⓓ는 adventurous(모험심이 강한)의 영영풀이다.

**04** |해석| A: 나는 이번 주 토요일에 영화를 보러 갈 계획이야. 나랑 같이 볼래?
B: 물론이야. 언제 어디에서 만날까?
A: Star 영화관 앞에서 2시 30분에 만나는 게 어때?
B: 그래. 그때 보자.
|해설| (A)에는 자신의 계획을 말하는 표현이, (B)에는 만날 시각과 장소를 묻는 표현이, (C)에는 만날 시각과 장소를 제안하는 표현이 들어가는 것이 알맞다.

**05** |해석| 소년: 이번 주 일요일에 무엇을 할 거니?
소녀: 나는 남동생과 Dream 놀이공원에 갈 계획이야. 원하면 너도 우리와 함께 가도 돼.
소년: 미안, 안 돼.(→ 정말 그러고 싶어. / 좋아.) 언제 만날까?
소녀: 나는 일찍 가고 싶어. 그러니 9시에 지하철역에서 만나자.
소년: 좋아. 그때 보자.
|해설| 약속 시간과 장소를 정하는 내용이 이어지므로 함께 갈 것을 제안하는 말을 거절하는 것은 어색하며, 제안을 수락하는 말이 알맞다.

**06** |해석| ① 소녀는 무슨 요일에 Dream 놀이공원에 갈 것인가?
② Dream 놀이공원은 언제 여는가?
③ 몇 명이 소녀와 함께 Dream 놀이공원에 갈 것인가?
④ 소녀는 몇 시에 소년을 만날 것인가?
⑤ 소녀와 소년은 어디에서 만날 것인가?
|해설| ② Dream 놀이공원의 개장 시간은 대화에 언급되지 않았다.

**07** |해설| ⓒ는 상대방에게 함께 가자고 제안하는 말이므로 '내가 너와 함께 머물기를 원하니?'로 바꿔 쓸 수 없다.

**08** |해설| 약속 시간을 제안할 때는 「How about meeting at+숫자?」로 표현할 수 있다. 전치사 about 뒤에는 명사(구)나 동명사(구)가 이어지는 것에 유의한다.

**09** |해석| ① 민호는 이번 주 토요일에 이미 특별한 계획이 있다.
② 반 고흐 전시회는 이번 주 토요일에 시작한다.
③ Kate는 이번 주 토요일에 그녀가 가장 좋아하는 화가를 만날 것이다.
④ 민호는 반 고흐를 별로 좋아하지 않는다.
⑤ Kate와 민호는 이번 주 토요일에 매표소 앞에서 만날 것이다.
|해설| ① 민호는 이번 주 토요일에 특별한 계획이 없다.

② 반 고흐 전시회가 언제 시작하는지는 대화에 언급되어 있지 않다.

③ Kate는 이번 주 토요일에 반 고흐 전시회를 보러 갈 것이다.

④ 반 고흐는 민호가 가장 좋아하는 화가이다.

10 **|해설|** 우리말을 영어로 옮기면 Matt saw the boys crossing (cross) the street.이므로 to는 필요하지 않다.

11 **|해석|** 나는 너무 배가 불러서 더 이상 먹을 수 없었다.

① 나는 더 먹기에는 너무 배가 불렀다.

② 나는 배가 부르지 않아서 좀 더 먹을 수 있었다.

③ 나는 너무 배가 불렀지만 좀 더 먹을 수 있었다.

④ 나는 배가 너무 불렀기 때문에 더 이상 먹을 수 없었다.

⑤ 나는 그렇게 배가 부르지는 않아서 좀 더 먹을 수 있었다.

**|해설|** 「so+형용사/부사+that+주어+can't+동사원형」은 '너무 ~해서 (그 결과) …할 수 없다'라는 의미로 부정의 결과를 나타낸다.

12 **|해석|** ⓐ Jessica는 자신의 이름이 불리는 것을 들었다.

ⓑ Andrew는 여자친구를 부르고 있다.

ⓒ 그 남자는 내게 나의 어머니를 부르라고 요청했다.

ⓓ 나는 누군가가 군중 속에서 내 이름을 부르고 있는(부르는) 것을 들었다.

**|해설|** ⓐ에는 heard의 목적어와 목적격 보어의 관계가 수동이므로 called, ⓑ에는 현재진행형이므로 calling, ⓒ에는 ask의 목적격 보어이므로 to call, ⓓ에는 heard의 목적어와 목적격 보어의 관계가 능동이므로 calling 또는 call이 알맞다.

13 **|해석|** (1) Tony는 선반 맨 위에 닿을 만큼 충분히 크다.

→ Tony는 매우 커서 선반 맨 위에 닿을 수 있다.

(2) 그 소녀는 그 놀이기구를 타기에는 너무 어렸다.

→ 그 소녀는 너무 어려서 그 놀이기구를 탈 수 없었다.

**|해설|** (1) enough to는 '~할 만큼 충분히 …하다'라는 뜻이므로 「so+형용사/부사+that+주어+동사」로 나타낸다.

(2) too ~ to는 '너무 ~ 해서 …할 수 없다'는 뜻이므로 「so+형용사/부사+that+주어+can't+동사원형」으로 나타낸다.

14 **|해석|** 어법상 올바른 문장의 개수는?

ⓐ 나는 누군가가 내 머리카락을 만지는 것을 느꼈다.

ⓑ 그녀는 책을 읽기에는 너무 졸렸다.

ⓒ 아빠는 차가 수리점에서 수리되는 것을 보셨다.

ⓓ 누군가가 어젯밤 소리치고 있는(소리치는) 것을 들었니?

ⓔ 그 수프는 너무 뜨거워서 그 아이는 그것을 먹을 수 없었다.

**|해설|** ⓒ 지각동사 see의 목적어와 목적격 보어의 관계가 수동이므로 과거분사로 써야 한다. (fix → fixed)

ⓓ '(목적어)가 …하는 것을 듣다'라는 뜻은 「hear+목적어+-ing/동사원형」의 형태로 쓴다. (shouts → shouting(shout))

15 **|해설|** '~에 의한'이라는 의미로 행위자를 나타내는 전치사 by가 알맞다.

16 **|해설|** Minos왕이 Daedalus와 그의 아들 Icarus가 도망치지 못하도록 높은 탑에 가두었는데(B), Daedalus는 탑에서 탈출하기 위해 날개를 만들었고(A), Icarus는 Daedalus의 경고를 잊은 채 태양 가까이에 날아서 결국 바다로 추락했다(C)는 흐름이 알맞다.

17 **|해설|** ④ try는 목적어로 동명사와 to부정사를 모두 쓰는 동사인데, '~하려고 노력하다'라는 의미는 「try+to부정사」로 나타낸다.

18 **|해설|** 「so+형용사/부사+that+주어+동사」(너무 ~해서 …하다) 구문

으로 원인과 결과를 연결하여 문장을 완성한다.

19 **|해석|** ① Q: Minos왕은 왜 Daedalus를 곁에 영원히 두고 싶어 했는가?

A: Daedalus가 날개를 만들 수 있었기 때문이다.

② Q: Minos왕은 Daedalus와 Icarus를 어디에 가뒀는가?

A: 그는 그들을 높은 탑에 가뒀다.

③ Q: Daedalus는 날개를 만들기 위해 무엇을 사용했는가?

A: 그는 새의 깃털과 밀랍을 사용했다.

④ Q: Daedalus는 그들이 날기 시작하기 전에 Icarus에게 무엇을 경고했는가?

A: Daedalus는 Icarus에게 태양에 너무 가까이 날지 말라고 경고했다.

⑤ Q: Icarus가 아버지의 경고를 잊었을 때 어떤 일이 일어났는가?

A: 밀랍이 녹기 시작해서 Icarus는 바다로 떨어졌다.

**|해설|** ① Minos왕은 Daedalus의 작품을 몹시 좋아해서 그를 영원히 자신의 곁에 두고 싶어 했다.

20 **|해석|** [보기] 그의 책의 주제는 업사이클링이다.

① 무언가에 대한 공개적인 전시

② 공중을 나는 행동

③ 말하거나, 쓰이거나, 또는 연구되는 화제

④ 새의 몸을 덮고 있는 가볍고 부드러운 것들 중 하나

⑤ 신들, 용감한 사람들, 신비한 생명체들 등에 관한 옛이야기

**|해설|** 빈칸 ⓐ와 [보기]에 공통으로 들어갈 단어는 subject(주제)이고, 영영풀이로는 ③이 알맞다.

21 **|해설|** '(목적어)가 ~하는 것을 보다'라는 뜻은 「see+목적어+-ing/동사원형」의 형태로 나타낸다.

22 **|해설|** 선행사 the different ideas를 목적격 관계대명사절 that the two painters had가 수식하는 형태로 문장을 완성한다.

23 **|해석|** ① 그러므로 ② 게다가 ③ 예를 들어

④ 그에 반해서, 반면에 ⑤ 즉, 다시 말해서

**|해설|** 빈칸 앞의 문장과 뒤의 문장이 서로 대조되는 내용이므로 '그에 반해서, 반면에'라는 뜻의 연결어 In contrast가 들어가는 것이 알맞다.

24 **|해석|** • Chagall은 Icarus가 용감하다고 생각했지만 그의 그림에서 Icarus는 추락하고 있다.

• Chagall과 Matisse는 Icarus에 대해 같은 관점을 가지고 있었다.

• Matisse의 그림에서 Icarus의 몸은 단순한 윤곽을 갖는다.

• 사람들은 Matisse와 Chagall의 그림에 대해 비슷한 생각을 할 것이다.

**|해설|** • Chagall은 Icarus가 어리석다고 생각해서 추락하는 모습으로 그렸다.

• Chagall과 Matisse는 Icarus에 대해 서로 다르게 생각했다.

• 사람들은 Matisse와 Chagall의 그림에 대해 서로 다른 생각을 할 것이다.

25 **|해석|** 윗글의 제목으로 가장 알맞은 것은?

① Icarus의 추락에 대한 비극적인 이야기

② Henri Matisse의 위대한 그림들

③ Matisse와 Chagall의 다른 삶

④ Chagall 그림들의 주요 특징들

⑤ 같은 신화에 관한 다른 두 그림

**|해설|** 이 글은 Matisse와 Chagall이 그린 같은 Icarus 신화에 관한 서로 다른 두 그림을 비교·대조하는 글이다.

## Lesson 7
# Life in Space

## STEP A

**W** Words 연습 문제     p. 157

A 01 괜찮은, 받아들일 만한
  02 흥미진진한, 스릴 만점의
  03 나중에, 후에
  04 우주; 공간
  05 이전에; 지금까지
  06 그릇, 용기
  07 화성
  08 맛; 맛이 ~하다
  09 고치다, 수리하다
  10 언덕
  11 궁금한, 호기심이 많은
  12 삼키다
  13 (어떤 방향을) 향하여
  14 어디에나, 어디든지
  15 웃다
  16 형성하다, 만들다
  17 우주선
  18 흔들다
  19 후식
  20 (물 위나 공중에서) 뜨다, 떠가다

B 01 land
  02 far
  03 grass
  04 begin
  05 type
  06 marathon
  07 moon
  08 hero
  09 space station
  10 dangerous
  11 alone
  12 lie
  13 save
  14 secret
  15 wet
  16 foreign
  17 exciting
  18 Earth
  19 finally
  20 space suit

C 01 서로
  02 놀라서
  03 태어나다
  04 ~을 끌어내리다, 당겨서 내리다
  05 ~에서 일하다
  06 ~으로 뒤덮여 있다
  07 ~에 타다
  08 더 이상 ~이 아닌
  09 굴러 내려가다
  10 A에게 B에 대해 말하다

D 01 run up to
  02 be born
  03 get on
  04 lie down
  05 not ~ anymore
  06 in surprise
  07 be covered with
  08 pull down
  09 each other
  10 go back to

**W** Words Plus 연습 문제     p. 159

A 1 space, 우주   2 container, 그릇, 용기   3 form, 형성하다, 만들다   4 shake, 흔들다   5 float, 뜨다, 떠가다   6 curious, 궁금한   7 roll, 구르다, 굴러가다   8 secret, 비밀

B 1 everywhere   2 laugh   3 towards   4 lie   5 swallow

C 1 in surprise   2 was born   3 Get on   4 each other   5 was covered with

D 1 finally   2 land   3 far   4 alone

A |해석|
1 지구 바깥의 지역
2 물건을 안에 넣어 보관하는 것
3 어떤 것을 존재하게 하거나 성장하게 하다
4 위아래 또는 좌우로 빠르게 움직이다
5 물이나 공기 중에 느리고 부드럽게 움직이다
6 어떤 것을 알고 싶거나 세상에 대해 배우고 싶은
7 특정 방향으로 반복해서 돌아서 이동하다
8 다른 사람들에게 말하지 않는 아이디어, 계획 또는 정보

B |해석|
1 그녀의 개는 그녀와 함께 어디든지 간다.
2 나는 그가 갑자기 크게 웃는 것을 들었다.
3 그는 일어나서 친구들을 향해 걸었다.
4 네가 몸이 좋지 않으면 누워도 된다.
5 나는 목이 아파서 무엇인가를 삼킬 때 아프다.

D |해석|
1 진짜의 : 정말로 = 마지막의 : 마침내
2 시작하다, 시작되다 : 끝나다, 끝내다 = 착륙하다 : 이륙하다
3 안전한 : 위험한 = 멀리 : 가까이
4 마침내 : 마침내 = 혼자 : 혼자

**W** Words 실전 TEST     p. 160

01 ②    02 ②    03 ①    04 ⑤    05 ③    06 ⑤
07 space station

01 |해석| ① 착륙하다    ② 형성하다, 만들다    ③ 뜨다, 떠가다    ④ 구르다, 굴러가다    ⑤ 흔들다
|해설| '어떤 것을 존재하게 하거나 성장하게 하다'는 form의 영영풀이다.

02 |해석| ① 멀리 – 가까이
  ② 여행 – 여행
  ③ 착륙하다 – 이륙하다
  ④ 신나는 – 지루한
  ⑤ 안전한 – 위험한
|해설| ②는 유의어 관계이고, 나머지는 모두 반의어 관계이다.

03 |해석| • 그는 놀라서 눈을 크게 떴다.
  • 우리는 오늘 아침에 지하철을 잘못 탔다.

|해설| in surprise: 놀라서 / get on: ~을 타다

**04** |해석| • 내게 진실을 말해 줘. 내게 <u>거짓말하지</u> 마.
• 너는 침대에 <u>누워서</u> 휴식을 좀 취해야 한다.
|해설| 첫 번째 빈칸에는 '거짓말하다'의 의미로, 두 번째 빈칸에는 '눕다'의 의미로 쓰인 lie가 들어가는 것이 알맞다.

**05** |해석| ① 그들은 언덕에 있는 나무로 <u>뛰어 올라갔다.</u>
② 산은 눈으로 <u>뒤덮여</u> 있다.
③ 기계 위의 손잡이를 <u>당겨서 내려라.</u>
④ 아이들은 <u>서로</u> 바라보면서 웃었다.
⑤ 그는 독일에서 <u>태어났지만</u> 그의 부모는 프랑스 출신이다.
|해설| ③ pull down은 '~을 끌어내리다, 당겨서 내리다'라는 뜻이다.

**06** |해석| ① 우주: 지구 바깥의 지역
② 착륙하다: 땅 위로 하강하다
③ 여행: 여행하는 장소로의 방문
④ 그릇, 용기: 물건을 안에 넣어 보관하는 것
⑤ 흔들다: <u>음식이나 음료를 목구멍 아래로 내려가게 하다(→ 위아래 또는 좌우로 빠르게 움직이다)</u>
|해설| ⑤ shake(흔들다)의 영영풀이는 to move up and down or from side to side quickly가 알맞다. 주어진 영영풀이에 해당하는 단어는 swallow(삼키다)이다.

**07** |해설| '우주 정거장'은 space station이다.

---

### Listen and Talk 만점 노트 pp. 162-163

Q1 poster  Q2 Mars  Q3 ⓑ  Q4 video, space marathon
Q5 T  Q6 F  Q7 ⓑ  Q8 T  Q9 아들을 구하는 아버지에 관한 내용  Q10 T

---

### Listen and Talk 빈칸 채우기 pp. 164-165

**Listen and Talk A-1** Did you hear about, curious about, spaceship
**Listen and Talk A-2** Did you, No, I didn't, curious, right here, about
**Listen and Talk A-3** hear about, I didn't, space station, really curious
**Listen and Talk A-4** Did you hear about, space food, a type of, curious about, taste
**Listen and Talk C** hear, *Life*, heard, What's it about, It's about, sounds interesting, is playing, begins, eat lunch first
**Talk and Play** Did you hear, curious about it
**Review-1** about the movie, I heard it's really good, I'm really curious, about a father
**Review-2** Did you hear about, It's about living, I'm really curious about

---

### Listen and Talk 대화 순서 배열하기 pp. 166-167

1 ⓒ-ⓐ-ⓓ-ⓑ   2 ⓓ-ⓑ, ⓒ   3 ⓒ-ⓑ-ⓓ-ⓐ
4 ⓑ-ⓒ, ⓓ   5 ⓓ-ⓘ, ⓙ-ⓒ, ⓑ-ⓐ-ⓔ   6 ⓑ-ⓐ-ⓒ
7 ⓓ-ⓔ, ⓐ-ⓒ   8 ⓔ-ⓒ, ⓑ-ⓓ

---

### Listen and Talk 실전 TEST pp. 168-169

01 ②  02 ①  03 ⑤  04 ④  05 ②  06 ②  07 ②
08 ④  09 ⑤
[서술형]
**10** Did you hear about the new dessert  **11** (1) |모범 답|
Did you hear about the new book  (2) |모범 답| I'm (really) curious about it(the book).  **12** They are talking about the space marathon.

**01** |해석| A: 새 TV 프로그램에 대해 들었니?
B: 응, 들었어. 애완동물 훈련에 관한 프로그램이야.
|해설| 빈칸 뒤에 TV 프로그램에 대한 정보를 덧붙여 말하는 것으로 보아 TV 프로그램에 대해 들어서 알고 있는지 묻는 말에 긍정의 응답을 하는 것이 알맞다. Did ~로 물었으므로 did를 써서 답하는 것이 알맞다.

**02** |해석| A: 'My Hero'라는 새로 나온 영화에 대해 들었니?
B: 아니, 못 들었어. 하지만, 나는 그 영화에 대해 궁금해.
A: 아들을 구하는 한 아버지에 관한 영화야.
② 나는 그 영화를 많이 좋아해
③ 나는 어제 그것을 봤어
④ 나는 그 영화가 그렇게 좋지는 않았어
⑤ 나는 그 영화가 좀 지루하다고 생각해
|해설| 새로 나온 영화에 대해 들었는지 묻는 말에 부정의 응답을 했고, 빈칸 다음에 상대방이 그 영화의 내용을 설명해 주는 것으로 보아, 빈칸에는 영화에 대한 궁금증을 표현하는 말이 들어가는 것이 알맞다.

**03** |해석| A: _____
B: 아니, 하지만 그것에 대해 알고 싶어.
A: 야구 게임이야. 네가 좋아하는 선수를 골라 게임할 수 있어.
① 새 게임을 알고 있니?
② 새 게임에 대해 들었니?
③ 새 게임에 대해 아니?
④ 새 게임에 대해 들어 본 적 있니?
⑤ 새 게임에 대해 더 알고 싶니?
|해설| 새로운 정보에 대해 알고 있는지 묻는 표현이 들어가는 것이 알맞다. ⑤ 새 게임에 대해 더 알고 싶은지 묻는 말에 부정의 응답을 한 뒤 게임에 대해 알고 싶다고 말하는 것은 어색하다.

**04** |해석| (B) 우주로 간 첫 번째 우주선에 대해 들었니?
(D) 아니, 못 들었어. 난 그게 뭔지 궁금해.
(C) 이것이 그 우주선의 포스터야.
(A) 정말? 그것을 사고 싶다.

**05** |해석| A: 새로 나온 우주 음식에 대해 들었니?
B: 아니, 못 들었어.(→ 응, 들었어.) 그건 아이스크림의 한 종류야.

A: 맞아, 그리고 여기 있네. 맛있어 보인다.

B: 맛이 어떨지 정말 궁금하다.

A: 나도 그래. 좀 먹어 보고 싶어.

|해설| ⓐ에 이어서 새로 나온 우주 음식에 대해 설명하는 말을 덧붙이는 것으로 보아, 새 우주 음식에 대해 들었는지 묻는 말에 긍정으로 답해야 한다.

**06** |해석| 소녀: 화성에 관한 새로 나온 책에 대해 들었니?

소년: 아니, 못 들었어. 난 화성에 대해 정말 궁금해.

소녀: 봐. 바로 여기 있어. 화성과 그것의 위성들에 관한 책이야.

소년: 멋지다. 그 책을 사야겠어.

① 소년은 새로 나온 책에 대해 알고 있었는가?

② 새로 나온 책의 제목은 무엇인가?

③ 소년이 궁금해 하는 것은 무엇인가?

④ 새로 나온 책은 무엇에 관한 것인가?

⑤ 소년은 무엇을 살 것인가?

|해설| ② 두 사람이 이야기하고 있는 책의 제목은 대화에 언급되어 있지 않다.

**[07~09]** |해석|

A: 수빈아, '달에서의 삶'이라는 새로 나온 영화에 대해 들었니?

B: 아니, 못 들었어.

A: 나는 굉장히 좋다고 들었어.

B: 그 영화가 정말 궁금하네. 무엇에 관한 거니?

A: 달에서 살기 위해 노력하는 한 남자에 관한 것이야.

B: 그거 재미있겠다.

A: 봐. 그 영화가 여기 우주 극장에서 상영 중이야.

B: 영화가 몇 시에 상영되니?

A: 2시 30분에 시작해.

B: 우선 점심부터 먹고 나서 영화를 보자.

A: 그래. 배고프다. 가자!

**07** |해설| 주어진 문장은 무엇에 관한 영화인지 묻는 말이므로 영화의 내용을 설명하는 말 앞인 ②에 위치하는 것이 알맞다.

**08** |해석| ① 나는 영화배우가 되고 싶어.

② 나는 그 영화에 관심 없어.

③ 나는 그 영화를 보고 싶지 않아.

④ 나는 그 영화에 대해 더 알고 싶어.

⑤ 나는 이전에 그 영화에 대해 들어 본 적이 전혀 없어.

|해설| ⓐ는 '그 영화가 정말로 궁금하다.'라는 의미이므로 그 영화에 대해 더 알고 싶다는 의미의 ④와 바꿔 쓸 수 있다.

**09** |해설| ⑤ 두 사람은 점심을 먼저 먹고 영화를 보기로 했다.

**10** |해석| A: 새로 나온 후식 Strawberry Bubbles에 대해 들었니?

B: 응, 들었어.

|해설| '~에 대해 들었니?'라는 의미로 새로운 정보에 대해 알고 있는지 물을 때 Did you hear about ~?이라고 한다.

**11** |해석| A: '외국에서 살기'라는 새로 나온 책에 대해 들었니?

B: 아니, 못 들었어.

A: 봐. 바로 여기 있어. 뉴욕에서 사는 것에 관한 책이야.

B: 멋지다. 이 책에 대해 (정말) 궁금해.

A: 나도 그래.

|해설| (1) 새로운 정보에 대해 알고 있는지 물을 때 Did you hear

about ~? 등으로 말한다.

(2) 어떤 대상이 궁금할 때 I'm (really) curious about ~. 등으로 말한다.

**12** |해석| A: 우주 마라톤에 대해 들었니?

B: 아니, 못 들었어.

A: 그것은 우주 정거장에서 하는 마라톤이야. 이 비디오를 봐.

B: 그럴게. 정말 궁금하다.

Q: 화자들은 무엇에 대해 이야기하고 있는가?

A: 그들은 우주 마라톤에 대해 이야기하고 있다.

---

**Ⓖ Grammar 핵심 노트 1 QUICK CHECK**        p. 170

**1** (1) eaten  (2) never felt  (3) Have

**2** (1) Have, been  (2) have lost  (3) has gone

**1** |해석| (1) 나는 아직 점심을 먹지 못했다.

(2) 나는 바람을 느껴 본 적이 전혀 없다.

(3) 너는 언덕을 굴러 내려가 본 적이 있니?

**2** |해석| (1) 너는 유럽에 가 본 적이 있니?

(2) 나는 연필을 잃어버려서 그것을 찾고 있다.

(3) Harry는 여기에 없다. 그는 뉴멕시코로 가 버렸다.

---

**Ⓖ Grammar 핵심 노트 2 QUICK CHECK**        p. 171

**1** (1) to play  (2) to  (3) It    **2** (1) solve → to solve

(2) breathes → to breathe  (3) made → to make

**1** |해석| (1) 불을 가지고 장난하는 것은 위험하다.

(2) 좋은 책들을 읽는 것은 중요하다.

(3) 아이들을 돌보는 것은 쉽지 않다.

**2** |해석| (1) 그 문제를 푸는 것은 쉬웠다.

(2) 수중에서 숨 쉬는 것은 어렵다.

(3) 새로운 친구들을 사귀는 것은 매우 신난다.

---

**Ⓖ Grammar 연습 문제 1**        p. 172

**A** **1** has  **2** has rained  **3** finished

 **4** have you studied

**B** **1** has lost  **2** have had  **3** has lived  **4** have been

**C** **1** visited  **2** passed  **3** hasn't(has not)  **4** Have you

**D** **1** She hasn't finished her dinner yet.

 **2** I've known him since I was a child.

 **3** How many times has he been to Alaska?

**A** |해석| **1** Jane은 런던에 가 본 적이 있다.

 **2** 어젯밤부터 비가 오고 있다.

 **3** 나는 방금 숙제를 끝냈다.

 **4** 너는 영어를 공부한 지 얼마나 되었니?

|해설| **1~3** 현재완료는 「have/has+과거분사」의 형태로 쓰는데, 주어가 3인칭 단수일 때는 has로 쓴다.

**4** 현재완료 의문문은 「의문사+have/has+주어+과거분사 ~?」의 형태로 쓴다.

**B** |해석| **1** Ben은 우산을 잃어버렸다. 그는 지금 그것을 가지고 있지 않다.
→ Ben은 우산을 잃어버렸다.

**2** 나는 일주일 전에 치통이 있었다. 나는 여전히 그것을 앓고 있다.
→ 나는 일주일 동안 치통을 앓고 있다.

**3** Sam은 태어났을 때 서울에 살기 시작했다. 그는 여전히 그곳에 산다.
→ Sam은 태어난 이후로 서울에 살고 있다.

**4** 우리는 3년 전에 처음 제주도에 갔다. 우리는 작년에 그곳에 또 갔다.
→ 우리는 제주도에 두 번 가 본 적이 있다.

|해설| 모두 과거의 일이 현재까지 영향을 미치거나 관련이 있는 내용이므로, 현재완료(have/has+과거분사)를 사용하여 1은 결과, 2와 3은 계속, 4는 경험의 의미를 나타낸다.

**C** |해석| **1** Tom은 태국을 네 번 방문했다.

**2** 나는 지난 달에 시험에 합격했다.

**3** 그녀는 우리에게 아직 어떤 것도 말하지 않았다.

**4** 전에 유성을 본 적 있니?

|해설| 1. 경험의 의미를 나타내는 현재완료(have/has+과거분사)를 쓴다.
2. 과거의 특정 시점을 나타내는 부사구(last month)가 있으므로, 과거 시제로 써야 한다.
3. 현재완료의 부정문은 「have/has not+과거분사」 형태로 쓴다.
4. 현재완료의 의문문은 「Have/Has+주어+과거분사 ~?」의 형태로 쓴다.

**D** |해설| **1** 「have/has not+과거분사」 형태의 현재완료 부정문으로 쓴다.

**2** 계속의 의미를 나타내는 「have/has+과거분사」의 형태의 현재완료 문장으로 쓴다.

**3** 「의문사+have/has+주어+과거분사 ~?」 형태의 현재완료 의문문으로 쓴다.

---

### G Grammar 연습 문제 2 — p. 173

**A** **1** It is hard to fix a bike.  **2** It is important to exercise regularly.  **3** It is good to eat a lot of vegetables.
**4** It is impossible to move this rock alone.
**B** **1** travel → to travel  **2** to taking → to take
**3** There → It  **4** this → it
**C** **1** It, to play  **2** It, to live  **3** It, to drive
**4** for him to solve
**D** **1** It is not easy to keep a pet.
**2** It was difficult to buy a ticket for the concert.
**3** It is not safe to ride a motorcycle without a helmet.

**A** |해석| **1** 자전거를 고치는 것은 어렵다.
**2** 규칙적으로 운동하는 것은 중요하다.
**3** 채소를 많이 먹는 것은 좋다.
**4** 이 바위를 혼자 옮기는 것은 불가능하다.

---

|해설| 주어로 쓰인 to부정사구를 뒤로 보내고, 주어 자리에 가주어 It을 쓴다.

**B** |해석| **1** 친구들과 여행하는 것은 신난다.
**2** 공원에서 산책하는 것은 좋다.
**3** 새로운 친구들을 사귀는 것은 어려웠다.
**4** 모든 이름을 기억하는 것이 가능하니?
|해설| **1~2** 진주어를 to부정사(to+동사원형) 형태로 쓴다.
**3~4** 진주어인 to부정사구를 대신하는 가주어로 It(it)을 쓴다.
**C** |해설| **1~3** 가주어 It과 진주어 to부정사구가 쓰인 문장을 완성한다.
**4** to부정사의 의미상의 주어는 대부분 「for+목적격」의 형태로 쓴다.
**D** |해설| 진주어인 to부정사구를 뒤로 보내고 가주어 It을 주어 자리에 쓴다.

---

### G Grammar 실전 TEST — pp. 174-177

**01** ⑤  **02** ③  **03** ④  **04** ②  **05** ⑤  **06** ②  **07** ②
**08** ②  **09** ③  **10** ⑤  **11** ①  **12** ③  **13** ②  **14** ④
**15** ④  **16** ④  **17** ②

**[서술형]**
**18** It, to ride a mountain bike  **19** has had the wallet
**20** (1) seen (2) saw  **21** ⓒ → to eat  **22** (1) I've(I have) never seen the sunrise before. (2) How long have you practiced playing the guitar? (3) She has worked for this company for 10(ten) years.  **23** (1) to watch a baseball game (2) to do yoga (3) to ride a roller coaster
**24** (1) Jason has been sick for two days(since two days ago). (2) Ms. Davis has gone to New York.
(3) We have spent all of our money.
(4) Mina and I have been friends since we were children.
**25** (1) It is good to get enough sleep.
(2) It is exciting to explore new places.
(3) It is difficult to stand on my hands.
(4) It is exciting to watch a soccer game.

---

**01** |해석| 나는 Tom이 어렸을 때부터 그를 알고 지냈다.
|해설| '~부터'를 뜻하는 접속사 since가 있으므로 계속의 의미를 나타내는 현재완료(have+과거분사)가 쓰이는 것이 알맞다. 주어가 I이므로 have known이 알맞다.

**02** |해석| 다른 나라들을 여행하는 것은 정말 멋지다.
|해설| 「It ~ to부정사」 구문으로 빈칸에는 진주어인 to부정사구를 대신하는 가주어 It이 알맞다.

**03** |해석| 나는 이탈리아에 _____ 가 본 적 있다.
① 한 번  ② 두 번  ③ 전에
④ 2년 전에  ⑤ 여러 번
|해설| 현재완료는 명확한 과거 시점을 나타내는 부사(구)와 함께 쓸 수 없다.

**04** |해설| 「It ~ to부정사」 구문으로 각 빈칸에는 가주어인 It과 진주어인 to부정사가 들어가는 것이 알맞다.

**05** |해석| [보기] 그는 어젯밤부터 아팠다.

① Julie는 파티를 떠났다.

② 그들은 전에 서로 만난 적이 있다.

③ 아빠는 역에 막 도착하셨다.

④ 그녀는 이미 숙제를 끝냈다.

⑤ 나는 이 컴퓨터를 3년 동안 사용해 오고 있다.

| 해설 | [보기]와 ⑤는 계속의 의미를 나타내는 현재완료 문장이다.

(① 결과, ② 경험, ③, ④ 완료)

**06** | 해석 | ① 보드게임을 하는 것은 재미있다.

② 한국의 이번 여름은 매우 덥다.

③ 액션 영화를 보는 것은 재미있다.

④ 깊은 강에서 수영하는 것은 위험하다.

⑤ 매일 아침 식사를 하는 것은 중요하다.

| 해설 | ②는 날씨를 나타낼 때 사용하는 비인칭 주어이고, 나머지는 모두 진주어인 to부정사구를 대신하는 가주어이다.

**07** | 해석 | ① 말을 타 본 적 있니?

② Jessica는 여권을 잃어버렸다.

③ 나는 아직 이메일을 확인하지 못했다.

④ 우리는 2시부터 축구를 하고 있다.

⑤ 학생들은 중국어를 6개월 동안 배우고 있다.

| 해설 | ② 주어가 3인칭 단수(Jessica)이므로 has lost로 써야 한다.

**08** | 해설 | 주어가 to부정사구일 경우, to부정사구를 문장의 뒤로 보내고 주어 자리에 가주어 It을 써서 나타낼 수 있다.

**09** | 해석 | ① Amy는 방금 과제를 마쳤다.

② 인도 음식을 먹어 본 적 있니?

③ 그녀는 작년 겨울에 캐나다에 갔다.

④ 나는 일곱 살 때부터 일기를 써 오고 있다.

⑤ 이 집에 얼마나 오랫동안 살고 있니?

| 해설 | ③ 과거 시점을 나타내는 부사구(last winter)가 있으므로 현재완료를 쓸 수 없고 과거 시제로 써야 한다. (has gone → went)

**10** | 해석 | Tina는 런던에 가서 지금 여기에 없다.

= Tina는 런던으로 가 버렸다.

| 해설 | 'Tina는 런던에 가서 지금 없다.'라는 결과의 의미를 나타낼 때는 현재완료 has gone으로 쓴다.

**11** | 해석 | 다른 사람들에게 열린 마음을 갖는 것은 중요하다.

| 해설 | ① 「It ~ to부정사」 구문으로 주어 자리에 진주어인 to부정사구를 대신하는 가주어 It을 써야 한다.

**12** | 해석 | A: 얼마나 오랫동안 민호를 알고 지냈니?

B: 6년 동안. 내가 초등학생일 때 처음 그 애를 만났어.

A: 너희들은 같은 반이었니?

B: 응. 우리는 그때 가장 친한 친구가 됐어.

| 해설 | ③ 명확한 과거 시점을 나타내는 when절이 이어지므로 과거 시제로 써야 한다. (have met → met)

**13** | 해석 | 나는 5년 전에 영어를 공부하기 시작했다. 나는 여전히 영어를 공부한다.

① 나는 5년 전에 영어를 공부했다.

② 나는 5년 동안 영어를 공부하고 있다.

③ 나는 5살 때부터 영어를 공부하고 있다.

④ 나는 5년 동안 영어를 공부하고 있지 않다.

⑤ 나는 5년 동안 영어를 공부할 것이다.

| 해설 | 5년 전부터 영어를 공부하기 시작해서 여전히 공부하고 있으므로, 계속의 의미를 나타내는 현재완료를 쓴다. 기간 앞에는 전치사 for를 쓴다.

**14** | 해석 | ⓐ 큰 개를 씻기는 것은 어렵다.

ⓑ 우리와 함께 캠핑 가는 것은 재미있을 것이다.

ⓒ 그 식당은 아직 문을 열지 않았다.

ⓓ Jason은 부모님께 거짓말해 본 적이 없다.

ⓔ 너는 전에 무지개를 본 적 있니?

| 해설 | ⓐ 「It ~ to부정사」 구문이므로 진주어를 to부정사로 써야 한다. (washes → to wash)

ⓔ 현재완료 의문문은 「Have/Has+주어+과거분사 ~?」 형태로 쓴다. (Did you ever seen → Have you ever seen / Did you ever see)

**15** | 해설 | 주어진 단어들을 배열하여 문장을 완성하면 It is necessary to wear a safety belt.이므로 5번째로 오는 단어는 wear이다.

**16** | 해석 | ① 책을 읽는 것은 재미있다.

② 그녀는 반지를 잃어버려서 그것을 가지고 있지 않다.

= 그녀는 반지를 잃어버렸다.

③ 하루 종일 집에 있는 것은 지루하다.

④ 그들은 제주도에 가서 여기에 없다.

≠ 그들은 제주도에 가 본 적이 있다.

⑤ 지호는 2015년에 부산에 살기 시작해서 여전히 그곳에 살고 있다.

= 지호는 2015년부터 부산에 살고 있다.

| 해설 | ④ '~에 가서 지금 여기에 없다'라는 결과의 의미를 나타낼 때는 have gone to를 쓴다. have been to는 '~에 가 본 적이 있다'라는 의미로 경험을 나타낸다.

**17** | 해석 | ⓐ 역사를 공부하는 것은 중요하다.

ⓑ 나는 그 퍼즐을 푸는 것이 쉬웠다.

ⓒ 영화 보러 가는 것은 항상 재미있다.

ⓓ 전에 이 노래를 들어 본 적 있니?

ⓔ 나는 한 시간 전에 숙제를 끝냈다.

| 해설 | ⓒ 「It ~ to부정사」 구문으로, 주어 자리에 진주어인 to부정사구를 대신하는 가주어 It을 써야 한다. (This → It)

ⓔ 과거를 나타내는 부사구(an hour ago)가 있으므로 과거 시제로 써야 한다. (have finished → finished)

**18** | 해석 | 산악자전거를 타는 것은 신난다.

| 해설 | 진주어인 to부정사구를 뒤로 보내고 가주어 It을 주어 자리에 쓴다.

**19** | 해석 | Joe는 지갑을 삼 년 전에 샀다. 그는 여전히 그것을 가지고 있다.

→ Joe는 3년 동안 지갑을 가지고 있다.

| 해설 | 과거에 지갑을 사서 지금도 계속 가지고 있으므로, 계속의 의미를 나타내는 현재완료(has had)를 사용해 문장을 완성한다. 물건을 산(bought) 것은 과거 특정 시점의 행동이므로 현재완료로 쓰지 않는 것에 유의한다.

**20** | 해석 | A: 'My Hero'라는 영화를 본 적 있니?

B: 응, 있어. 나는 지난 주 토요일에 남동생과 그것을 봤어. 그것은 너무 슬퍼서 나는 많이 울었어.

| 해설 | (1) 본 적이 있는지 묻는 현재완료 의문문이 되어야 하므로 see의 과거분사형(seen)을 쓴다.

(2) 과거 시점을 나타내는 부사구(last Saturday)가 있으므로 과거 시제(saw)로 쓴다.

**21** |해석| 과일과 채소를 많이 먹는 것은 건강에 좋다.
|해설| ⓒ 「It ~ to부정사」 구문이므로 진주어를 to부정사로 써야 한다.

**22** |해설| (1) 현재완료 부정문은 「have/has never(not)+과거분사」로 나타낸다.
(2) 의문사가 있는 현재완료 의문문은 「의문사+have/has+주어+과거분사 ~?」로 나타낸다.
(3) 계속의 의미를 나타내는 현재완료(have/has+과거분사)로 나타내며, '~ 동안'은 「for+기간」으로 나타낸다.

**23** |해석| [예시] 해외 여행을 하는 것은 재미있다.
(1) 야구 경기를 보는 것은 신난다.
(2) 요가를 하는 것은 마음을 느긋하게 한다.
(3) 롤러코스터를 타는 것은 짜릿하다.
|해설| 그림의 내용과 어울리는 표현을 골라 「It ~ to부정사」 구문으로 문장을 완성한다.

**24** |해석| [예시] 소년은 시계를 잃어버렸다. 그는 그것을 어디에서도 찾을 수 없다.
→ 소년은 시계를 잃어버렸다.
(1) Jason은 이틀 전부터 아프기 시작했다. 그는 여전히 아프다.
→ Jason은 이틀 동안(이틀 전부터) 아팠다.
(2) Davis 씨는 뉴욕에 갔다. 그녀는 더 이상 이곳에 있지 않다.
→ Davis 씨는 뉴욕에 가 버렸다.
(3) 우리는 모든 돈을 썼다. 우리는 지금 돈이 하나도 없다.
→ 우리는 모든 돈을 써 버렸다.
(4) 미나와 나는 어렸을 때 친구가 됐다. 우리는 여전히 친구이다.
→ 미나와 나는 어렸을 때부터 친구로 지내 왔다.
|해설| 현재완료(have/has+과거분사)를 사용하여 (1)과 (4)는 계속, (2)와 (3)은 결과의 의미를 나타낸다. (1), (4) 기간을 나타낼 때는 for를, 시작 시점을 나타낼 때는 since를 쓴다.

**25** |해석| (1) 충분히 자는 것은 좋다.
(2) 새로운 곳들을 탐험하는 것은 흥미롭다.
(3) 물구나무서는 것은 어렵다.
(4) 축구 경기를 보는 것은 재미있다.
|해설| 「It(가주어) is+형용사+to부정사구(진주어).」 형태로 문장을 쓴다.

---

### Ⓡ Reading 빈칸 채우기　　　　pp. 181-182

**01** far　**02** lived, with　**03** worked on　**04** Only, were born　**05** going back to　**06** in surprise, floated　**07** like　**08** Everything is　**09** For example　**10** never seen　**11** is always　**12** don't have to wear, everywhere　**13** pulls you down　**14** What else　**15** are covered with　**16** roll down　**17** have, ever rolled　**18** amazing　**19** thirsty, shook　**20** formed　**21** swallowed　**22** if, get wet　**23** Later　**24** to think, were going to see　**25** wanted to do　**26** tell, about　**27** their　**28** got on　**29** going to be　**30** alright, excited　**31** finally landed

---

**32** difficult to　**33** pulling you down　**34** couldn't, anymore　**35** new thing　**36** sound　**37** is singing　**38** heard a bird sing　**39** I've never felt　**40** These were　**41** the nearest hill　**42** each other　**43** lay down, rolled down　**44** secret　**45** best, shouted　**46** top of the hill

---

### Ⓡ Reading 바른 어휘·어법 고르기　　　　pp. 183-184

**01** in　**02** and　**03** other　**04** were　**05** to　**06** floated　**07** What's　**08** is　**09** For example　**10** seen　**11** is　**12** don't have to　**13** because　**14** asked　**15** with　**16** down　**17** have　**18** amazing　**19** shook　**20** in　**21** swallowed　**22** if　**23** Later　**24** to think　**25** to do　**26** about　**27** secret　**28** on　**29** be　**30** excited　**31** finally　**32** it's　**33** you down　**34** anymore　**35** new　**36** sound　**37** singing　**38** I've　**39** felt　**40** were　**41** nearest　**42** laughed　**43** lay　**44** their　**45** all　**46** top

---

### Ⓡ Reading 틀린 문장 고치기　　　　pp. 185-186

**01** ○　**02** ×, with　**03** ○　**04** ×, were born　**05** ○　**06** ×, in surprise　**07** ○　**08** ×, Everything is different　**09** ○　**10** ×, never seen　**11** ○　**12** ○　**13** ×, to jump　**14** ×, What else　**15** ×, There are　**16** ○　**17** ○　**18** ○　**19** ×, so　**20** ×, formed　**21** ○　**22** ○　**23** ○　**24** ×, It was exciting　**25** ○　**26** ×, Mom and Dad　**27** ○　**28** ×, on　**29** ○　**30** ○　**31** ○　**32** ×, to　**33** ×, pulling you down　**34** ○　**35** ×, the first　**36** ○　**37** ○　**38** ×, sing(singing)　**39** ×, I've　**40** ×, things　**41** ○　**42** ×, each other　**43** ×, rolled　**44** ○　**45** ×, best　**46** ×, up

---

### Ⓡ Reading 실전 TEST　　　　pp. 190-193

**01** ③　**02** ④　**03** ④　**04** ⑤　**05** ②　**06** ④　**07** ③　**08** ①　**09** container　**10** ⑤　**11** ⑤　**12** ③　**13** ⑤　**14** ⑤　**15** ③　**16** ③　**17** ②　**18** ①

[서술형]
**19** What's it like on Earth?　**20** ⓐ seen, ⓑ to jump　**21** (1) going (to go) back to Earth (tomorrow)　(2) there is air everywhere (on Earth)　**22** have you ever rolled down a hill　**23** 우유 용기를 열고 흔들어서 공중에 우유 방울을 만들어 마시는 방식　**24** (1) space → Earth　(2) told → didn't tell

Rada는 먼 우주의 작은 세계에 살았다. 그녀는 아빠와 엄마, 그리고 남동생 Jonny와 함께 그곳에 살았다. Rada의 아빠와 다른 사람들은 우주선에서 일했다. Rada와 Jonny만 아이들이었고, 그들은 우주에서 태어났다.

어느 날, 아빠가 Rada와 Jonny에게 "우리는 내일 지구로 돌아갈 거야."라고 말했다.

Rada와 Jonny는 깜짝 놀라 아빠를 바라보았고 그를 향해 둥둥 떠서 갔다. Rada는 "지구는 어떤 곳인가요?"라고 아빠에게 물었다.

"그곳에서는 모든 것이 다르단다. 예를 들어, 하늘이 파란색이지."라고 아빠가 대답했다.

"전 한 번도 파란 하늘을 본 적이 없어요."라고 Jonny가 말했다.

"여기는 하늘이 항상 검은색이잖아요."라고 Rada가 말했다.

**01** |해설| ⓒ '놀라서'라는 뜻은 in surprise로 표현한다.

**02** |해설| '태어나다'는 be born으로 나타내며, 시제가 과거이므로 were born으로 쓴다.

**03** |해석| ① 그러나 ② 대신에 ③ 유사하게 ⑤ 그에 반해서
|해설| 지구에서는 모든 것이 다르다는 앞 문장의 예시로 하늘이 파랗다는 내용이 이어지는 것으로 보아, 빈칸에는 '예를 들면'이라는 의미의 For example이 알맞다.

**04** |해석| ① 나는 파란 하늘을 볼 수 없다.
② 나는 파란 하늘을 보지 않을 것이다.
③ 나는 파란 하늘을 보고 싶다.
④ 나는 파란 하늘을 한 번 봤다.
⑤ 나는 파란 하늘을 본 적이 없다.
|해설| '~한 적이 전혀 없다'라는 의미는 「have never+과거분사」 형태의 현재완료로 나타내며 I've는 I have를 줄여 쓴 표현이다.

**05** |해설| ② 우주선에서 Rada와 Jonny만 아이들이라고 했다.

**[06~10]** |해석|

"그곳에는 어디에나 공기가 있기 때문에 크고 무거운 우주복을 입을 필요가 없단다. 또한 지구가 너희를 끌어당기기 때문에 그곳에서는 점프하는 것도 어렵단다."라고 아빠가 말했다.

"그 밖에 또 뭐가 있어요?"라고 Rada가 물었다.

"언덕들이 있는데 부드러운 초록색 잔디로 뒤덮여 있단다. 언덕을 굴러 내려갈 수도 있어."라고 엄마가 대답했다.

"아빠, 언덕을 굴러 내려가 보신 적 있어요?"라고 Rada가 물었다.

"그래, 정말 굉장해!"라고 아빠가 대답했다.

Jonny는 목이 말라서 우유 용기를 열어 그것을 흔들었다. 우유가 공중으로 떠서 방울을 형성했다. Jonny는 그 방울들을 삼켰다.

"Jonny, 지구에서 그런 식으로 우유를 마시면 너는 젖을 거야."라고 엄마가 말했다.

**06** |해석| ① 그러나 ② ~까지 ③ ~하지 않는 한 ⑤ ~이긴 하지만
|해설| 빈칸 뒤의 내용이 빈칸 앞의 내용에 대한 이유를 나타내므로 접속사 because가 알맞다.

**07** |해설| (A) 주어 air는 셀 수 없는 명사이므로 단수 취급하여 be동사 is를 쓴다.
(B) be covered with: ~로 뒤덮여 있다
(C) 현재완료 의문문인 「Have you+과거분사 ~?」 형태가 되어야 한다.

**08** |해설| ⓒ 목이 말라서(thirsty) 우유를 마셨다는 내용이 알맞다.

ⓓ 지구에서 우유병 뚜껑을 열고 흔들어서 우유를 마시면 Jonny는 젖을(wet) 것이라는 내용이 알맞다.

**09** |해설| '물건을 안에 넣어 보관하는 것'은 container(그릇, 용기)의 영영풀이다.

**10** |해석| Q: Rada의 가족은 무엇에 대해 이야기하고 있는가?
A: 그들은 <u>우주에서의 삶과 지구에서의 삶의 차이점</u>에 대해 이야기하고 있다.
① 우주에서의 그들의 삶
② 공기의 중요성
③ 우주에서 우유를 마시는 법
④ 엄마의 지구에서의 어린 시절 추억들
|해설| ⑤ Rada의 가족은 우주에서의 삶과 지구에서의 삶의 차이점에 대해 이야기하고 있다.

**[11~14]** |해석|

그날 밤 늦게, Rada와 Jonny는 지구에 대해 오랫동안 이야기했다. 그들이 보고, 하게 될 모든 새로운 것들에 대해 생각하는 것은 흥미진진했다. Rada와 Jonny가 정말로 하고 싶은 한 가지 새로운 것이 있었다. 그들은 그것에 대해 밤새 생각했고 엄마와 아빠에게는 말하지 않았다. 그것은 그들의 비밀이었다.

<u>다음 날, Rada의 가족은 우주선에 올라탔다.</u>

"긴 여행이 될 거야."라고 엄마가 말했다.

"괜찮아요. 정말 신나요!"라고 Rada가 말했다.

**11** |해설| 주어진 문장은 다음 날 Rada의 가족이 우주선에 올라탔다는 내용이므로 긴 여행이 될 것이라는 엄마의 말 앞인 ⑤에 들어가는 것이 알맞다.

**12** |해석| ① 계획을 세우는 것은 중요하다.
② 그곳에 혼자 가는 것은 안전하지 않다.
③ 이곳에서 나의 집까지는 멀지 않다.
④ 친구들과 캠핑을 가는 것은 재미있다.
⑤ 그곳에서 수영하는 것은 위험할 수 있다.
|해설| ③은 거리를 나타내는 비인칭 주어 It이고, (A)와 나머지는 모두 「It ~ to부정사」 구문의 가주어 It이다.

**13** |해설| (B) 감정을 느끼게 하는 능동의 의미가 되어야 하므로 현재분사형 형용사 exciting이 알맞다.
(C) 감정을 느끼게 되는 수동의 의미가 되어야 하므로 과거분사형 형용사 excited가 알맞다.

**14** |해설| ⓔ는 지구로 가는 긴 여정을 가리키고, 나머지는 모두 Rada와 Jonny가 지구에서 정말 하고 싶은 새로운 일을 가리킨다.

**[15~18]** |해석|

우주선이 마침내 착륙했다.

"아빠, 지구에서는 걷는 것이 어려워요."라고 Rada가 말했다.

"그래. 지구가 너를 끌어당기고 있거든."라고 아빠가 말했다.

Rada와 Jonny는 더 이상 떠다닐 수 없었다. 그것이 첫 번째 새로운 것이었다.

"저건 무슨 소리죠?"라고 Rada가 물었다.

"새가 노래하고 있어."라고 엄마가 말했다.

"저는 새가 노래하는 것을 들어본 적이 전혀 없어요."라고 Rada가 말했다.

"그리고 저는 바람을 느껴 본 적도 전혀 없어요."라고 Jonny가 말했다.

이러한 것들이 모두 새로운 것들이었다.

Rada와 Jonny는 가장 가까운 언덕을 뛰어 올라갔다. 꼭대기에서, 그들은 서로를 쳐다보고 웃었다. 그러고 나서 그들은 부드러운 초록 잔디에 누워서 언덕 아래로 굴러 내려갔다. 그것이 그들의 비밀이었다!

"이것이 모든 것들 중에서 최고의 새로운 것이에요!"라고 Rada와 Jonny는 외쳤다.

그리고 그들은 언덕 꼭대기로 다시 뛰어 올라갔다.

**15** |해설| ③ each other는 '서로'라는 뜻이다.

**16** |해설| ③ 지각동사 hear가 쓰인 5형식 문장은 「hear+목적어+동사원형/-ing」의 형태로 쓴다. (→ sing(singing))

**17** |해설| the first new thing은 지구에서 처음 접하는 새로운 것을 의미하며, 앞 문장의 Rada and Jonny couldn't float anymore.를 가리킨다.

**18** |해석| ① 지구로 오는 데 얼마나 걸렸는가?
② Rada와 Jonny는 지구에서 무엇을 할 수 없었는가?
③ Rada는 지구에서 무슨 소리를 들었는가?
④ Rada와 Jonny는 언덕 위에서 무엇을 했는가?
⑤ Rada와 Jonny에게 최고의 새로운 것은 무엇이었는가?
|해설| ① Rada의 가족이 지구까지 오는 데 걸린 시간은 본문에 언급되어 있지 않다.

**[19~21]** |해석|
Rada는 먼 우주의 작은 세계에 살았다. 그녀는 아빠와 엄마, 그리고 남동생 Jonny와 함께 그곳에 살았다. Rada의 아빠와 다른 사람들은 우주선에서 일했다. Rada와 Jonny만 아이들이었고, 그들은 우주에서 태어났다.

어느 날, 아빠가 Rada와 Jonny에게 "우리는 내일 지구로 돌아갈 거야."라고 말했다.

Rada와 Jonny는 깜짝 놀라 아빠를 바라보았고 그를 향해 둥둥 떠서 갔다. Rada는 "지구는 어떤 곳인가요?"라고 아빠에게 물었다.

"그곳에서는 모든 것이 다르단다. 예를 들어, 하늘이 파란색이지."라고 아빠가 대답했다.

"전 한 번도 파란 하늘을 본 적이 없어요."라고 Jonny가 말했다.

"여기는 하늘이 항상 검은색이잖아요."라고 Rada가 말했다.

"그곳에는 어디에나 공기가 있기 때문에 크고 무거운 우주복을 입을 필요가 없단다. 또한 지구가 너희를 끌어당기기 때문에 그곳에서는 점프하는 것도 어렵단다."라고 아빠가 말했다.

**19** |해설| '~은 어떤가요?'라는 뜻은 What's it like ~?로 나타낼 수 있다.

**20** |해설| ⓐ 앞에 have never가 있으므로 '~한 적이 없다'는 의미의 현재완료 「have never+과거분사」로 나타낸다.
ⓑ 「It ~ to부정사」 구문이므로 to부정사로 쓴다

**21** |해설| (1) Rada의 가족은 내일 무엇을 할 것인가?
→ 그들은 (내일) 지구로 돌아갈 것이다.
(2) Rada와 Jonny는 왜 지구에서 우주복을 입을 필요가 없는가?
→ (지구에는) 어디에나 공기가 있기 때문이다.
|해설| (1) Rada의 가족은 내일 지구로 돌아갈 예정이다.
(2) 지구에는 어디에나 공기가 있기 때문에 우주복을 입을 필요가 없다.

**[22~23]** |해석|
"그 밖에 또 뭐가 있어요?"라고 Rada가 물었다.

"언덕들이 있는데 부드러운 초록색 잔디로 뒤덮여 있단다. 언덕을 굴러 내려갈 수도 있어."라고 엄마가 대답했다.

"아빠, 언덕을 굴러 내려가 보신 적 있어요?"라고 Rada가 물었다. "그래,

정말 굉장해!"라고 아빠가 대답했다.

Jonny는 목이 말라서 우유 용기를 열어 그것을 흔들었다. 우유가 공중으로 떠서 방울을 형성했다. Jonny는 그 방울들을 삼켰다.

"Jonny, 지구에서 그런 식으로 우유를 마시면 너는 젖을 거야."라고 엄마가 말했다.

**22** |해설| 경험의 유무를 묻는 현재완료 의문문은 「Have/Has+주어+ever+과거분사 ~?」의 형태로 쓴다.

**23** |해설| that way는 앞에 나온 Jonny가 우주에서 우유를 마시는 방식을 가리킨다.

**24** |해설| 그날 밤 늦게, Rada와 Jonny는 지구에 대해 오랫동안 이야기했다. 그들이 보고, 하게 될 모든 새로운 것들에 대해 생각하는 것은 흥미진진했다. Rada와 Jonny가 정말로 하고 싶은 한 가지 새로운 것이 있었다. 그들은 그것에 대해 밤새 생각했고 엄마와 아빠에게는 말하지 않았다. 그것은 그들의 비밀이었다.
(1) Rada와 Jonny는 우주(→ 지구)에 대해 이야기하는 것에 신났다.
(2) Rada와 Jonny는 정말로 하고 싶은 한 가지 새로운 것을 부모님께 말했다(→ 말하지 않았다).
|해설| (1) Rada와 Jonny는 지구에서의 모든 새로운 것들에 대해 신나서 이야기했다.
(2) Rada와 Jonny는 정말로 하고 싶은 새로운 것을 비밀로 하고 부모님께 이야기하지 않았다.

---

**M** 기타 지문 **실전 TEST**     p. 195

**01** ⑤   **02** ④   **03** ④   **04** ②   **05** The best new thing
**06** ③

**[01~02]** |해석|
'Dave의 모험'이라는 새로 나온 책에 대해 <u>들었나요</u>? 이 책은 Dave와 그의 숲속 모험에 관한 것입니다. 주인공은 Dave와 큰 곰이에요. 이야기가 재미있죠. 그 책에 대해 <u>궁금한가요</u>? 그러면 그것을 꼭 읽어 봐야 해요!

**01** |해설| ⓐ 새로운 정보에 대해 알고 있는지 물을 때 Did you hear about ~?으로 말하며, Are you aware of ~?로도 말할 수 있다.
ⓑ 문맥상 어떤 대상에 대해 궁금한지 물을 때 사용하는 표현인 Are you curious about ~?이 알맞다.

**02** |해석| ① 그것의 제목은 'Dave의 모험'이다.
② 그것은 숲속에서 모험을 하는 Dave에 관한 것이다.
③ Dave와 곰이 주인공이다.
④ 글쓴이는 그것이 재미있지만 무섭다고 생각한다.
⑤ 글쓴이는 그것을 다른 사람들에게 추천한다.
|해설| ④ 이야기가 재미있다는 언급은 있지만 무섭다는 내용은 언급되어 있지 않다.

**[03~05]** |해석|
Rada의 가족은 우주에서 살았다. 어느 날, 그들은 지구로 돌아가기로 결정했다. Rada의 가족은 지구에서의 생활에 대해 이야기했다. 그들은 파란 하늘과 초록색 잔디로 뒤덮인 언덕에 대해 이야기했다. 다음 날, Rada의 가족은 우주선에 올라탔다. <u>그것은 지구로 가는 긴 여행이었다.</u> 그들이 지

구에 도착했을 때, Rada와 Jonny는 가장 가까운 언덕을 뛰어 올라가 아래로 굴러 내려갔다. 그것이 그들에게 최고의 새로운 것이었다.

**03** |해설| 주어진 문장은 지구로의 긴 여정이었다는 내용이므로 우주선에 올라탔다는 문장 뒤인 ④에 들어가는 것이 알맞다.

**04** |해설| ⓑ 선행사가 hills로 사물이므로 주격 관계대명사로 which 또는 that을 써야 한다.

**05** |해석| Rada와 Jonny에게 <u>최고의 새로운 것</u>은 언덕을 굴러 내려오는 것이었다.
|해설| Rada와 Jonny는 지구에 도착해서 언덕을 굴러서 내려갔고, 그것이 지구에서의 새로운 것들 중 최고였다고 했다.

**06** |해석| • 1957년 – 러시아가 우주에 최초의 개를 보냈다. 그것은 몸집이 작았고, 이름은 Laika였다.
• 1961년 – Yuri Gagarin이 최초로 우주에 갔다.
• 1969년 – 미국은 달에 최초의 인간을 보냈다. 그의 이름은 Neil Armstrong이었다.
• 1971년 – 러시아가 최초의 우주 정거장을 건설하였다. 그것은 거의 3천 번 지구 주변을 돌았다.
① 우주 창조
② 달 탐험
③ 우주 탐험의 역사
④ 달에 간 최초의 인간과 동물
⑤ 지구와 달 사이의 통신
|해설| 이 글은 우주를 탐험한 내용을 연표로 기록한 것이다. 따라서 ③이 제목으로 알맞다.

## STEP B

**W** Words 고득점 맞기        pp. 196-197

| | | | | | |
|---|---|---|---|---|---|
| **01** ① | **02** ⑤ | **03** ⑤ | **04** ③ | **05** space | **06** is |
| covered with | | **07** ① | **08** ① | **09** (s)wallow | **10** ⑤ |
| **11** ③ | **12** ① | **13** ④ | **14** ⑤ | **15** ③ | |

**01** |해석| 작은 산과 같은 높은 지대: <u>hill</u>(언덕)
특정 방향으로 반복해서 돌아서 이동하다: <u>roll</u>(구르다, 굴러가다)

**02** |해석| 밑줄 친 부분과 바꿔 쓸 수 있는 것은?
그 남자는 집을 <u>향하여</u> 손을 흔들었다.
① ~을 따라     ② ~ 옆에     ③ 앞으로     ④ 뒤로
⑤ ~의 방향으로
|해설| towards는 '~을 향하여'라는 뜻의 전치사로 in the direction of와 바꿔 쓸 수 있다.

**03** |해석| ① 마지막의 : 마침내 = 진짜의 : 정말로
② 신나는 : 지루한 = 마른 : 젖은
③ 시작하다; 시작되다 : 시작하다; 시작되다 = 여행 : 여행
④ 안전한 : 위험한 = 멀리 : 가까이
⑤ 혼자 : 혼자 = 착륙하다 : 이륙하다
|해설| ⑤ alone과 by oneself는 유의어 관계이고, land와 take off

는 반의어 관계이다. (① 형용사 – 부사, ②, ④ 반의어, ③ 유의어)

**04** |해설| 첫 번째 문장은 '그는 매우 궁금해서(curious) 상자를 열었다.'라는 의미가, 두 번째 문장은 '나는 바람에 떠가는(floated) 잎사귀를 잡으려고 했다.'라는 의미가 되는 것이 자연스럽다.

**05** |해석| • 피아노를 놓을 충분한 <u>공간</u>이 있다.
• 그 영화는 <u>우주</u>에서 여행하는 몇몇 탐험가들에 대한 것이다.
|해설| 첫 번째 빈칸에는 '공간'을 뜻하고, 두 번째 빈칸에는 '우주'를 뜻하는 명사 space가 들어가는 것이 알맞다.

**06** |해설| be covered with: ~로 뒤덮여 있다

**07** |해석| ⓐ 그 아이는 롤러코스터를 <u>향하여</u> 달려갔다.
ⓑ 축구 경기를 보는 것은 정말 <u>신날</u> 것이다.
ⓒ 나는 그 음식의 <u>맛</u>에 매우 만족한다.
ⓓ 나의 가족은 지난 여름에 유럽으로 <u>여행</u>을 갔다.
|해설| ⓐ에는 towards(~을 향하여), ⓑ에는 exciting(신나는), ⓒ에는 taste(맛), ⓓ에는 trip(여행)이 들어가는 것이 알맞다.

**08** |해석| ① 형성하다, 만들다: 땅 위로 하강하다(→ 어떤 것을 존재하게 하거나 성장하게 하다)
② 떠가다 : 물이나 공기 중에 느리고 부드럽게 움직이다
③ 흔들다: 위아래 또는 좌우로 빠르게 움직이다
④ 궁금한: 어떤 것을 알고 싶거나 세상에 대해 배우고 싶은
⑤ 우주복: 우주 비행사들이 우주에서 입는 특별한 옷
|해설| ①의 영영풀이에 해당하는 단어는 land(착륙하다)이다.

**09** |해석| 껌을 <u>삼키지 마</u>! 그건 위험할 수 있어.
|해설| 빈칸에는 '음식이나 음료가 목으로 내려가게 하다'를 뜻하는 swallow(삼키다)가 알맞다.

**10** |해석| ① 우리 콘서트 표를 먼저 찾자.
② 나는 낚시를 좋아한다. 물고기를 잡는 것은 <u>신난다</u>.
③ <u>어디에나</u> 매우 많은 사람들이 있었다.
④ 내 꿈은 <u>외국의</u> 나라들을 여행하는 것이다.
⑤ 책의 마지막 부분이 너무 슬퍼서 나는 많이 웃었다.
|해설| ⑤ 책의 마지막 부분이 슬펐는데 많이 웃었다고 하는 것은 어색하다.

**11** |해석| ① 그 바를 <u>당겨서 내려</u> 주시겠습니까?
② 모든 사람들이 놀라서 그를 쳐다봤다.
③ 돌고래들은 <u>서로</u> 의사소통하기 위해 소리를 사용한다.
④ 크리스찬 안데르센은 1805년 4월 2일 덴마크에서 <u>태어났다</u>.
⑤ 다른 사람들이 내린 후에 지하철에 <u>타야</u> 한다.
|해설| ③ each other는 '서로'라는 뜻의 표현이다.

**12** |해석| • 우주: 지구 <u>바깥의</u> 지역
• 여행: 여행하는 장소로의 방문
• 형성하다, 만들다: 어떤 것을 <u>존재하게</u> 하거나 성장하게 하다
• 그릇, 용기: 물건을 안에 넣어 <u>보관하는</u> 것
• 웃다: 뭔가가 웃기다고 생각해서 목소리로 소리를 내다
|해설| ⓐ space(우주)는 '지구 바깥의 지역'이므로 빈칸에는 outside가 알맞다.

**13** |해석| ① 타요 버스를 <u>타</u> 본 적 있니?
② James는 뉴질랜드로 돌아가기로 결정했다.
③ 너는 어떤 종류의 카메라를 사고 싶니?
④ 우리가 <u>마침내</u> 집에 도착했을 때 거의 자정이었다.

⑤ 나는 다음 주 학기가 <u>시작되기</u> 전에 새 가방을 사야 한다.

|해설| ④ finally는 '마침내, 결국'이라는 뜻으로 쓰였고, lately는 '최근에'라는 뜻이므로 바꿔 쓸 수 없다.

14 |해설| 비밀을 지킨다고 약속할 수 있니? 누구에게도 말해서는 안 돼.

① 작은 산과 같은 높은 지대

② 사람들을 우주에서 나를 수 있는 운송 수단

③ 사람들이 우주에서 지낼 수 있는 장소 또는 탈것

④ 땅을 덮고 있는 얇고 푸른 잎사귀를 가진 흔한 식물

⑤ 다른 사람들에게 말하지 않는 아이디어, 계획 또는 정보

|해설| 빈칸에는 '비밀'이라는 뜻의 secret이 들어가는 것이 적절하고, secret에 대한 영영풀이로 알맞은 것은 ⑤이다.

15 |해설| ⓐ 너는 해변에 <u>누워</u> 일광욕을 할 수 있다.

ⓑ Kate는 매우 정직한 아이다. 그녀는 절대 <u>거짓말하지</u> 않는다.

ⓒ 그는 만우절에 내게 늘 <u>거짓말을 한다.</u>

ⓓ Tom은 점심 식사 후에 나무 밑에 <u>눕는</u> 것을 좋아한다.

ⓔ 우리는 가끔 공원에 가서 잔디 위에 <u>눕는다.</u>

|해설| ⓐ, ⓓ, ⓔ는 '눕다'라는 뜻으로 쓰였고, ⓑ와 ⓒ는 '거짓말하다'라는 뜻으로 쓰였다.

---

## L&T Listen and Talk 고득점 맞기 — pp. 200-201

01 ④  02 ②  03 ③  04 ⑤  05 ②  06 ⑤

[서술형]

07 I'm(I am) really curious about the movie.  08 comes from → is trying to live on  09 They are going to eat (have) lunch.  10 Did you hear about the new book about Mars?  11 ⓒ → It's about Mars and its moons.

12 (1) |모범 답| Did you hear about the (new) book

(2) |모범 답| What's it about  (3) I'm (really) curious about it

01 |해설| A: <u>새로 나온 우주 음식에 대해 들었니?</u>

B: 응, 들었어. 그건 아이스크림의 한 종류야.

A: 맞아, 그리고 여기 있네. 맛있어 보인다.

B: 맛이 어떨지 정말 궁금하다.

① 새로 나온 우주 음식은 어땠니?

② 아이스크림을 좀 먹어 볼래?

③ 새로 나온 우주 음식을 먹어 봤니?

⑤ 새로운 아이스크림 가게에 가 봤니?

|해설| 대화의 흐름상 새로운 우주 음식에 대해 들었는지 묻는 ④가 알맞다. 대화의 마지막에 B가 맛이 궁금하다고 했으므로 그 음식을 먹어 보았는지 묻는 ③은 알맞지 않다.

02 |해설| A: 새로운 식당에 대해 들었니?

B: 아니, 못 들었어. 나는 그곳에 대해 궁금해.

A: _____

① 그곳의 직원들은 매우 친절해.

② 나는 네게 저녁 요리를 해 주고 싶어.

③ 음식이 그리 비싸지 않다고 들었어.

④ 그곳은 매우 신선하고 맛있는 음식을 제공해.

⑤ 그들의 토마토 스파게티는 맛이 꽤 좋아.

|해설| 새로운 식당에 대해 궁금하다는 말에 ②와 같이 말하는 것은 어색하다.

03 |해설| 다음 중 자연스럽지 <u>않은</u> 대화는?

① A: 새로운 뮤지컬에 대해 들었니?

B: 응. 훌륭한 음악들이 있다고 들었어.

② A: 나는 그 책에 대해 궁금해. 그것은 무엇에 관한 거니?

B: 그것은 뉴욕에 사는 것에 관한 거야.

③ A: 새로운 축구공에 대해 아니?

B: 아니, 몰라. 그것은 매우 가볍고 색이 다채로워.

④ A: 새 TV 프로그램에 대해 들어 봤니?

B: 응, 들어 봤어. 그것은 애완 동물들을 훈련하는 것에 관한 프로그램 아니니?

⑤ A: 처음 우주에 간 동물에 대해 들었니?

B: 아니, 못 들었어. 하지만 그것에 대해 궁금해.

|해설| ③ 새 축구공에 대해 아는지 묻는 말에 모른다고 답한 후 그 축구공에 대해 설명하는 것은 어색하다.

04 |해설| 자연스러운 대화가 되도록 (A)~(D)를 바르게 배열한 것은?

(D) 우주 마라톤에 대해 들었니?

(B) 아니, 못 들었어.

(C) 그것은 우주 정거장에서 하는 마라톤이야. 이 비디오를 봐.

(A) 그렇게. 정말 궁금하다.

05 |해설| 소녀: Tony, 'My Hero'라는 영화에 대해 들었니?

소년: 아니 못 들었어.

소녀: 음, 나는 정말 좋다고 들었어.

소년: <u>그 영화에 대해 정말 궁금하다.</u>

소녀: 아들을 구하는 한 아버지에 관한 영화야.

① 나는 그 영화를 좋아할 것 같아.

② 나는 그 영화에 대해 알고 싶어.

③ 나는 그 영화의 줄거리를 알아.

④ 나는 그 영화표를 살 거야.

⑤ 나는 그 영화를 보기를 기대해.

|해설| I'm curious about ~.은 어떤 대상에 대해 알고 싶거나 궁금증을 표현할 때 사용하는 표현이므로 ②와 바꿔 쓸 수 있다.

06 |해설| ① 소년은 영화 'My Hero'에 대해 알고 있었다.

② 소년은 'My Hero'가 매우 좋다고 생각한다.

③ 소녀는 영화 'My Hero'에 대해 들어본 적이 없다.

④ 소년은 영화 'My Hero'를 봤다.

⑤ 'My Hero'는 아들을 구하는 아버지에 관한 영화이다.

|해설| ① 소년은 영화 'My Hero'에 대해 못 들었다고 했다.

② 영화 'My Hero'에 대한 소년의 의견은 대화에 나와 있지 않다.

③ 소녀는 영화 'My Hero'가 좋다고 들었다고 했다.

④ 소년이 영화 'My Hero'를 보았다는 언급은 없다.

07 |해설| I'm (really) curious about ~.은 '나는 ~에 대해 (정말) 궁금해.'라는 의미로 궁금증을 나타낼 때 사용하는 표현이다.

08 |해설| 영화 '달에서의 삶'은 달에서 온(→ 살기 위해 노력하는) 남자에 관한 것이다. 화자들은 2시 30분에 우주 극장에서 영화를 볼 것이다.

|해설| 영화 '달에서의 삶'은 '달에서 온 남자'에 관한 것이 아니라 '달에서 살기 위해 노력하는 남자'에 관한 것이다.

09 |해설| 대화가 끝난 직후에, 화자들은 무엇을 할 것인가?

→ 그들은 점심을 먹을 것이다.
|해설| 대화 마지막에 점심부터 먹고 영화를 보자고 했다.

**[10~11]** |해석|
소녀: 화성에 관한 새로 나온 책에 대해 들었니?
소년: 아니 못 들었어. 난 화성에 대해 정말 궁금해.
소녀: 봐. 바로 여기 있어. 화성과 그것의 위성들에 관한 책이야.
소년: 멋지다. 그 책을 사야겠어.

**10** |해설| '~에 대해 들었니?'라는 뜻으로 상대방이 새로운 정보에 대해 알고 있는지 물을 때 Did you hear about ~?으로 말한다.

**11** |해설| ⓐ 새로 나온 책의 제목은 무엇인가?
ⓑ 새로 나온 책은 누가 썼는가?
ⓒ 새로 나온 책은 무엇에 관한 것인가?
→ 그것은 화성과 그것의 위성들에 관한 것이다.
ⓓ 화성은 얼마나 많은 위성들을 가지고 있는가?

**12** |해설| A: 새로 나온 책 'Dave의 모험'에 대해 들었니?
B: 아니, 못 들었어. 그것은 무엇에 관한 거니?
A: 그것은 Dave와 그의 숲속 모험에 관한 거야.
B: 오, 나는 그것에 대해 (정말) 궁금해.
|해설| (1) 알고 있는지 묻는 말이 알맞으므로 Did you hear about ~?으로 말할 수 있다.
(2) 무엇에 관한 내용인지 물을 때 What's ~ about?으로 말할 수 있다.
(3) 궁금증을 나타낼 때 I'm (really) curious about ~.으로 말할 수 있다.

---

## Ⓖ Grammar 고득점 맞기
pp. 202-204

**01** ③  **02** ①  **03** ④  **04** ⑤  **05** ④  **06** ③, ④  **07** ⑤
**08** ④  **09** ②, ④  **10** ③  **11** ④  **12** ③  **13** ⑤

[서술형]
**14** (1) Have, swum, I have, went (2) has, played, has played, for, taught  **15** (1) |모범 답| is fun to read comic books (2) |모범 답| is impossible to live without water (3) |모범 답| is dangerous to travel alone  **16** (1) I have left my homework at home. (2) Mina has lived in Seoul since she was born. (3) It is necessary to do some exercise every day.  **17** (1) Seho has eaten Mexican food, but Sumi hasn't. (2) Seho hasn't(has not/never) sung in front of many people, but Sumi has. (3) Seho hasn't(has not/never) opened a bank account, but Sumi has. (4) Seho has run a marathon, but Sumi hasn't.
**18** (1) |모범 답| It is difficult for me to draw pictures. (2) |모범 답| It is difficult for me to make new friends. (3) |모범 답| It is difficult for me to play the violin well.

**01** |해석| A: 베트남에 가 본 적이 있니?
B: 응, 있어. 나는 작년에 그곳에 갔어.
|해설| 첫 번째 빈칸에는 경험 여부를 묻는 「Have/Has+주어+과거분사 ~?」 형태의 현재완료 의문문이 되도록 과거분사 been이 알맞다. gone을 쓰면 과거에 가서 현재 없음을 나타낸다. 두 번째 빈칸에는

---

과거 시점을 나타내는 부사구(last year)가 있으므로 과거 시제인 went가 알맞다.

**02** |해석| 다음 빈칸에 공통으로 들어갈 말로 알맞은 것은?
• 쿠키를 굽는 것은 재미있다.
• 따뜻하지만 부분적으로 흐리다.
• 그것은 위에 두 개의 손잡이가 있다.
|해설| 첫 번째 빈칸에는 진주어인 to부정사구를 대신하는 가주어 It, 두 번째 빈칸에는 날씨를 나타낼 때 사용하는 비인칭 주어 It, 세 번째 빈칸에는 대명사 It이 알맞다.

**03** |해석| Daniel은 5년 전에 비행기 조종사로 일하기 시작했다. 그는 여전히 비행기 조종사이다.
→ Daniel은 5년 동안 비행기 조종사로 일해 오고 있다.
|해설| 5년 전에 비행기 조종사로 일하기 시작해서 현재까지 계속 일하고 있으므로, 계속의 의미를 나타내는 현재완료(have/has+과거분사)로 쓴다. five years는 기간을 나타내므로 전치사 for를 쓴다.

**04** |해설| 주어진 단어들을 바르게 배열하면 It is difficult to understand the movie.가 되므로, 5번째로 오는 단어는 understand이다.

**05** |해석| 나는 그 책을 두 번 읽었다. 나는 그것을 지난달에 샀다.
|해설| 두 번째 문장에는 과거 시점을 나타내는 부사구(last month)가 있으므로 현재완료가 아닌 과거 시제로 써야 한다.

**06** |해설| to부정사구는 주어로 쓸 수 있고(③), 주어로 쓰인 to부정사구는 문장의 뒤로 보내고 가주어 It을 주어 자리에 쓸 수 있다(④).

**07** |해설| 밑줄 친 부분의 쓰임이 [보기]와 같은 것은?
[보기] 그녀는 소설을 2년 동안 써 왔다.
① 유령을 본 적이 있니?
② 그 비행기는 아직 도착하지 않았다.
③ Jessica 방금 점심 식사를 끝냈다.
④ 그들은 학교에 늦은 적이 전혀 없었다.
⑤ 내 남동생은 다섯 살 때부터 안경을 써 왔다.
|해설| [보기]와 ⑤의 현재완료는 계속의 의미를 나타내고, ①과 ④는 경험, ②와 ③은 완료의 의미를 나타낸다.

**08** |해석| 물을 많이 마셔라. 그것은 여러분의 건강에 좋다.
④ 물을 많이 마시는 것은 여러분의 건강에 좋다.
|해설| ④ 주어가 to부정사구일 경우 문장의 뒤로 보내 진주어로 만들고 가주어 It을 주어 자리에 써서 나타낼 수 있다.

**09** |해석| ① 자연을 보호하는 것은 중요하다.
② 프렌치토스트를 만드는 것은 아주 쉽다.
③ 서로 얼마나 오랫동안 알고 지냈니?
④ 그는 어젯밤부터 아무것도 먹지 않았다.
⑤ 번지점프를 해 본 적이 있니?
|해설| ② 「It ~ to부정사」 구문이므로 진주어를 to부정사로 써야 한다. (make → to make)
④ last night이 시작 시점을 나타내는 말이므로 for를 since로 고쳐야 한다. (for → since)

**10** |해석| ① 휴가를 가는 것은 신난다.
② 캔과 병을 재활용하는 것은 필요하다.
③ 나는 1년 전에 노트북 컴퓨터를 샀지만 그것을 사용하지 않았다.
≠ 나는 1년 동안 노트북 컴퓨터를 사용해 왔다.
④ 미소는 이틀 전에 시드니에 가서 지금 여기에 없다.

= 미소는 시드니로 가 버렸다.

⑤ 나는 그 소녀의 이름을 잊었고, 여전히 그녀의 이름을 기억하지 못한다.

= 나는 그 소녀의 이름을 잊어버렸다.

|해설| ③ 첫 번째 문장은 '1년 전에 산 노트북 컴퓨터를 사용하지 않았다'는 뜻이므로, 1년 동안 계속 노트북을 사용하고 있다는 뜻의 두 번째 현재완료 문장과 의미가 다르다.

11 |해석| ⓐ 거짓말을 하는 것은 잘못된 것이다.

ⓑ 그것은 흥미로운 뮤지컬이다.

ⓒ 여기에서 스케이트를 타는 것은 위험하다.

ⓓ 그 질문들에 답하는 것은 어려웠다.

ⓔ 요즘 날씨가 점점 따뜻해지고 있다.

|해설| ⓐ, ⓒ, ⓓ의 It은 가주어로 쓰였다. ⓑ는 대명사, ⓔ는 날씨를 나타낼 때 사용하는 비인칭 주어로 쓰였다.

12 |해석| ① 나는 Mark를 안다. 나는 그를 전에 만난 적이 있다.

② 나는 개를 잃어버렸다. 나는 개를 어디에서도 찾을 수 없다.

③ 내 여동생이 뉴욕에 간 적이 있어서(→ 가 버려서) 나는 그녀가 많이 그립다.

④ 그는 스페인 음식을 먹어 본 적이 없다. 그는 언젠가 그것을 먹어 보고 싶어 한다.

⑤ 쇼핑몰은 아직 열지 않았다. 그것은 다음 달에 열 것이다.

|해설| ③ 여동생이 뉴욕으로 가서 그립다는 내용이 되어야 자연스러우므로, '~에 가 본 적이 있다'라는 의미로 경험을 나타내는 has been을 결과의 의미를 나타내는 has gone으로 고쳐 쓰는 것이 알맞다.

13 |해석| ⓐ 너는 고래를 본 적이 있니?

ⓑ 말을 타는 것은 신난다.

ⓒ 나는 그녀가 어린아이일 때부터 그녀를 알고 지냈다.

ⓓ 그들은 어제 이 주제를 정했다.

ⓔ 외국어를 배우는 것은 매우 어렵다.

|해설| ⓔ 「It ~ to부정사」 구문이므로 진주어를 to부정사로 써야 한다. (learn → to learn)

14 |해석| (1) A: 바다에서 수영해 본 적이 있니?

B: 응, 있어. 사실, 나는 지난 주말에 바다에 수영하러 갔어.

(2) A: 민지는 얼마나 오랫동안 첼로를 연주해 왔니?

B: 그녀는 10년 동안 첼로를 연주해 왔어. 그녀의 엄마가 그녀가 다섯 살 때 연주하는 법을 처음 가르치셨어.

|해설| (1) 바다에서 수영을 해 본 적이 있는지 경험을 묻는 현재완료 의문문과 그에 대한 응답을 완성한다. 과거 시점을 나타내는 부사구(last weekend)가 있으므로 B의 두 번째 문장은 과거 시제로 쓴다.

(2) 계속해 온 기간을 묻는 현재완료 의문문을 완성한다. ten years는 기간을 나타내므로 앞에 전치사 for를 쓴다. B의 두 번째 문장은 과거 시점을 나타내는 부사절(when ~)이 있으므로 과거 시제로 쓴다.

15 |해석| (1) 만화책을 읽는 것은 재미있다.

(2) 물 없이 사는 것은 불가능하다.

(3) 혼자 여행하는 것은 위험하다.

|해설| 주어진 It은 가주어이므로 진주어인 to부정사구를 문장의 뒤로 보내서 「It+be동사+형용사+to부정사구」의 형태로 쓴다.

16 |해석| (1) 나는 숙제를 집에 두고 왔다. 나는 숙제가 지금 없다.

→ 나는 숙제를 집에 두고 왔다.

(2) 미나는 서울에서 태어났다. 그녀는 여전히 그곳에 살고 있다.

→ 미나는 태어났을 때부터 서울에서 살고 있다.

(3) 매일 운동을 좀 해라. 그것은 필요하다.

→ 매일 운동을 좀 하는 것은 필요하다.

|해설| (1) 숙제를 집에 두고 와서 지금 없다고 했으므로, 결과를 의미하는 현재완료(have/has+과거분사)로 나타낸다.

(2) 서울에서 태어나서 지금도 서울에서 살고 있다고 했으므로, 계속을 의미하는 현재완료(have/has+과거분사)로 나타낸다.

(3) 가주어 It을 주어 자리에, 진주어 to부정사구를 문장 뒤에 쓴다.

17 |해석| [예시] 세호는 해변을 따라 걸은 적이 있지만 수미는 없다.

(1) 세호는 멕시코 음식을 먹은 적이 있지만 수미는 없다.

(2) 세호는 많은 사람들 앞에서 노래한 적이 없지만 수미는 있다.

(3) 세호는 은행 계좌를 개설한 적이 없지만 수미는 있다.

(4) 세호는 마라톤을 뛴 적이 있지만 수미는 없다.

|해설| 표의 내용과 일치하도록 경험 여부를 현재완료 「have/has+과거분사」 또는 「have/has+not(never)+과거분사」의 형태로 나타낸다.

18 |해석| [예시] 중국어를 배우는 것은 어려워.

(1) 나는 그림을 못 그려.

(2) 나는 새 친구들을 사귀고 싶어.

(3) 나는 바이올린을 잘 연주할 수 없어.

[예시] 나는 중국어를 배우는 것이 어렵다.

(1) 나는 그림을 그리는 것이 어렵다.

(2) 나는 새 친구들을 사귀는 것이 어렵다.

(3) 나는 바이올린을 잘 연주하는 것이 어렵다.

|해설| 진주어인 to부정사구는 문장의 뒤로 보내고 가주어 It을 사용하여 문장을 완성한다. 의미상의 주어(for+목적격)는 to부정사구 앞에 쓴다.

---

### R Reading 고득점 맞기    pp. 207-209

01 ②    02 ③, ⑤    03 ①    04 ④    05 ⑤    06 ④    07 ②
08 ④    09 ④    10 ④

[서술형]

11 (1) ⓓ → is (2) everything은 단수 취급하므로 be동사 is를 써야 한다.    12 I have never seen a blue sky

13 ⓓ → It (The sky in space) is (always) black.

14 (1) 더 이상 떠다니지 못하는 것 / 지구에서 걷기 힘든 것 (2) 새가 노래하는 것을 듣는 것 (3) 바람을 느끼는 것 (4) 언덕에서 아래로 굴러 내려오는 것    15 (1) She heard a bird sing (singing).

(2) They lay down on the soft green grass. (3) It was (lying on the soft green grass and) rolling down the hill.

---

01 |해설| ⓐ work on: ~에서 일하다

ⓑ go back to: ~로 돌아가다

ⓒ in surprise: 놀라서

ⓓ towards: ~을 향하여

02 |해석| ① Mary는 어제부터 아팠다.

② 대전행 기차가 이미 떠났니?

③ 나는 그 뮤지컬에 대해 여러 번 들었다.

④ 그 아이들은 세 시간 동안 축구를 하고 있다.

⑤ 그녀는 전에 놀이공원에 가 본 적이 있다.

|해설| 본문의 밑줄 친 (A)와 ③, ⑤의 밑줄 친 부분은 경험의 의미를 나타내는 현재완료이다. ①과 ④는 계속, ②는 완료의 의미를 나타낸다.

03 |해석| ① Rada와 Jonny는 지구에서 태어났다.

② Rada의 가족은 내일 지구로 돌아갈 것이다.

③ Rada는 아빠에게 지구에 대해 물었다.

④ Jonny는 전에 파란 하늘을 본 적이 없다.

⑤ 우주의 하늘은 항상 검은색이다.

|해설| ① Rada와 Jonny는 우주에서 태어났다.

04 |해설| ④ 현재완료 의문문은 「Have/Has+주어+과거분사 ~?」의 형태로 쓴다. 따라서 have you로 고치는 것이 알맞다.

05 |해석| ① 물건을 안에 넣어 보관하는 것

② 작은 산과 같은 높은 지대

③ 음식이나 음료를 목구멍 아래로 내려가게 하다

④ 물이나 공기 중에 느리고 부드럽게 움직이다

⑤ 다른 사람들에게 말하지 않은 아이디어, 계획 또는 정보

|해설| ①은 container, ②는 hill, ③은 swallow, ④는 float의 영영풀이다. ⑤는 secret(비밀)에 해당하는 영영풀이로 secret은 본문에 쓰이지 않았다.

06 |해석| 윗글을 읽고 답할 수 없는 질문은?

① Rada와 Jonny는 왜 지구에서 우주복을 입지 않아도 되는가?

② 지구의 언덕들은 무엇으로 덮여 있는가?

③ 누가 언덕을 굴러 내려간 적이 있는가?

④ Rada의 가족은 우주에서 어떻게 우유를 얻었는가?

⑤ Jonny는 우주에서 어떻게 우유를 마셨는가?

|해설| ④ Rada의 가족이 우주에서 우유를 어떻게 얻었는지는 본문에 언급되어 있지 않다.

07 |해석| ⓐ 산책을 하는 것은 마음을 느긋하게 한다.

ⓑ 그는 결승전에서 이겨서 기뻤다.

ⓒ 자주 손을 씻는 것은 중요하다.

ⓓ 나는 우유를 사기 위해 슈퍼마켓에 갔다.

|해설| (A)와 ⓐ, ⓒ는 주어 역할을 하는 명사적 용법의 to부정사이고, ⓑ와 ⓓ는 각각 감정의 원인, 목적을 나타내는 부사적 용법의 to부정사이다.

08 |해석| ① 소미: Rada와 Jonny는 밤새 우주에 대해 이야기했다.

② 하나: Rada는 지구의 새로운 것들에 대해 관심 있지 않았다.

③ 민수: Rada와 Jonny는 그들의 비밀을 부모님께 말씀드렸다.

④ 지호: Rada의 가족은 지구로 가는 우주선을 탔다.

⑤ 다은: Rada는 지구로 떠나서 슬펐다.

|해설| ① Rada와 Jonny는 밤새 지구에 대해 이야기했다.

② Rada는 지구의 새로운 것들에 대해 흥미로워했다.

③ Rada와 Jonny는 자신들의 비밀을 부모님께 말씀드리지 않았다.

⑤ Rada는 지구에 가는 것이 신이 났다.

09 |해설| ⓒ 지각동사 heard의 목적격 보어이므로 동사원형이나 현재분사로 써야 한다. (→ sing(singing))

ⓓ 우주에서 바람을 느껴 본 적이 없다는 뜻으로 경험을 나타내는 현재완료이므로 과거분사로 써야 한다. (→ felt)

ⓔ looked와 병렬 구조를 이루는 동사이므로 과거형으로 써야 한다.

(→ laughed)

10 |해석| ⓐ Rada는 우주에서보다 지구에서 더 쉽게 걸을 수 있었다.

ⓑ 지구에서 떠다니는 것은 불가능했다.

ⓒ Jonny는 처음으로 바람을 느껴 본 것이었다.

ⓓ 언덕을 굴러 내려가는 것이 Rada와 Jonny에게 최고의 새로운 것이었다.

|해설| ⓐ Rada는 지구에서 걷는 것이 힘들다고 했다.

11 |해설| everything은 단수 취급하므로 be동사 is를 써야 한다.

12 |해설| 경험해 보지 못한 것을 나타낼 때 현재완료 부정문(have/has never(not)+과거분사)의 형태로 쓴다.

13 |해석| ⓐ Rada의 가족은 얼마나 오랫동안 우주에서 살았는가?

ⓑ Rada는 몇 살인가?

ⓒ Rada의 부모님은 어디에서 태어났는가?

ⓓ 우주의 하늘은 무슨 색인가?

→ 그것은 (항상) 검은색이다.

|해설| ⓓ Rada는 마지막에 우주의 하늘은 항상 검은색이라고 말했다.

14 |해설| Rada와 Jonny가 지구에 도착한 후 새롭게 겪은 일들을 찾아 쓴다.

15 |해석| 윗글을 읽고, 질문에 완전한 영어 문장으로 답하시오.

(1) Rada는 지구에서 무엇을 들었는가?

→ 그녀는 새가 노래하는(노래하고 있는) 것을 들었다.

(2) Rada와 Jonny는 어디에 누웠는가?

→ 그들은 부드러운 초록색 잔디 위에 누웠다.

(3) Rada와 Jonny에게 최고의 새로운 것은 무엇이었는가?

→ 그것은 (부드러운 초록색 잔디 위에 눕는 것과) 언덕을 굴러 내려가는 것이었다.

## 서술형 100% TEST

pp. 210-213

01 (1) form (2) towards (3) curious (4) lie  02 (1) was born (2) got on (3) were covered with  03 (1) Did you hear about (2) I'm really curious about it.  04 (1) |모범 답| Did you hear about the new book, living in London (2) |모범 답| Do you know about the new movie, |모범 답| I'm (really) curious / I'd like to know (more), a friendship between a boy and his dog  05 (1) Yes, I did (2) ice cream (3) curious about  06 I'd like to know (more) about the movie.  07 (1) ⓑ → It's about a man who is trying to live on the moon.  (2) ⓓ → It's playing at the Space Theater.  08 (1) Mina has left her bag on the taxi.  (2) Seho has studied English since (he was in) elementary school.  (3) We have visited(been to) New York (twice).  09 (1) It's(It is) impossible to fix it(the smartphone).  (2) It's(It is) easy to make cookies.  10 (1) He has been to Russia twice.  (2) He has studied Spanish for three years.  (3) He finished his report yesterday.  11 (1) ⓑ → It is important to drink enough

water. (2) ⓒ → Emma lost her umbrella yesterday. / Emma has lost her umbrella.    **12** ⓐ Earth ⓑ space
**13** in surprise    **14** ⓑ, space → Earth    **15** It's also hard to jump there because Earth pulls you down    **16** shakes, Earth    **17** ⓐ exciting ⓑ excited    **18** one new thing Rada and Jonny really wanted to do    **19** I've(I have) never heard a bird sing(singing)    **20** ⓔ → rolling down

**01** |해석| (1) 형성하다, 만들다: 어떤 것을 존재하게 하거나 성장하게 하다

(2) ~을 향하여: 어떤 사람이나 사물의 방향으로

(3) 궁금한: 어떤 것을 알고 싶거나 세상에 대해 배우고 싶은

(4) 눕다: 어떤 것 위에 몸을 납작한 자세로 만들다

**02** |해설| (1) be born: 태어나다

(2) get on: ~에 타다

(3) be covered with: ~으로 뒤덮여 있다

**03** |해석| A: 우주 마라톤에 대해 들었니?

B: 아니, 못 들었어.

A: 그것은 우주 정거장에서 하는 마라톤이야. 이 비디오를 봐.

B: 그럴게. 정말 궁금하다.

|해설| (1) 새로운 정보에 대해 알고 있는지 물을 때 Did you hear about ~?이라고 말한다.

(2) 어떤 대상이 궁금할 때 I'm (really) curious about ~. 이라고 말한다.

**04** |해석| (1) A: 새로 나온 책 'Wonderful London'에 대해 들었니?

B: 응, 들었어. 그것은 런던에 사는 것에 관한 거야.

A: 멋지다. 나는 그 책을 읽고 싶어.

(2) A: 새 영화 '내 친구 Max'에 대해 아니?

B: 아니, 몰라. 하지만 나는 (정말) 궁금해.

A: 그것은 한 소년과 개의 우정에 관한 거야.

B: 그거 정말 재미있겠다.

|해설| (1) 표의 내용에 맞게 새로 나온 책에 대한 대화를 완성한다. 새로운 정보에 대해 알고 있는지 물을 때 Did you hear about ~?이라고 말할 수 있다.

(2) 표의 내용에 맞게 새로 나온 영화에 대한 대화를 완성한다. 새로운 정보에 대해 알고 있는지 물을 때 Do you know about ~?이라고 말할 수 있고, 어떤 대상이 궁금할 때 I'm (really) curious about ~.이나 I'd like to know (more) about ~.이라고 말한다.

**05** |해석| 나는 친구 Tony와 함께 새로 나온 우주 음식을 봤다. 그는 그것에 대해 이미 알고 있었다. 그는 그것이 아이스크림의 한 종류라고 말했다. 그것은 맛있어 보였다. Tony와 나는 그것의 맛이 어떨지 궁금했다.

지나: 새로 나온 우주 음식에 대해 들었니?

Tony: 응, 들었어. 그건 아이스크림의 한 종류야.

지나: 맞아, 그리고 여기 있네. 맛있어 보인다.

Tony: 맛이 어떨지 궁금하다.

지나: 나도 그래.

|해설| (1) Tony는 새로 나온 우주 음식에 대해 이미 알고 있었으므로 긍정으로 답한다.

(2) 새로 나온 우주 음식은 아이스크림의 한 종류라고 했다.

(3) Tony와 지나는 그 음식의 맛이 어떨지 궁금하다고 했으므로 궁금증을 나타내는 표현인 I'm curious about ~.을 사용한다.

**[06~07]** |해석|

소년: 수빈아, '달에서의 삶'이라는 새로 나온 영화에 대해 들었니?

소녀: 아니, 못 들었어.

소년: 나는 굉장히 좋다고 들었어.

소녀: 그 영화가 정말 궁금하네. 무엇에 관한 거니?

소년: 달에서 살기 위해 노력하는 한 남자에 관한 것이야.

소녀: 그거 재미있겠다.

소년: 봐. 그 영화가 여기 우주 극장에서 상영 중이야.

소녀: 영화가 몇 시에 상영되니?

소년: 2시 30분에 시작해.

소녀: 우선 점심부터 먹고 나서 영화를 보자.

소년: 그래. 배고프다. 가자!

**06** |해설| 궁금증을 나타내는 표현인 I'm curious about ~.은 I'd like to know (more) about ~.으로 바꿔 쓸 수 있다.

**07** |해석| ⓐ 누가 소년에게 영화 '달에서의 삶'에 대해 말해 주었는가?

ⓑ 영화는 무엇에 관한 것인가?

→ 그것은 달에서 살려고 노력하는 한 남자에 관한 것이다.

ⓒ 누가 영화의 주인공 역할을 연기했는가?

ⓓ 영화는 어디에서 상영 중인가?

→ 그것은 우주 극장에서 상영 중이다.

ⓔ 소년과 소녀는 몇 시에 점심을 먹을 것인가?

**08** |해석| (1) 미나는 가방을 택시에 두고 내렸다. 그녀는 그것을 지금 가지고 있지 않다.

→ 미나는 가방을 택시에 두고 내렸다.

(2) 세호는 초등학생이었을 때 영어를 공부하기 시작했다. 그는 여전히 그것을 공부한다.

→ 세호는 초등학생이었을 때부터 영어를 공부해 오고 있다.

(3) 우리는 삼 년 전에 뉴욕을 처음 방문했다. 우리는 지난 달에 그곳을 다시 방문했다.

→ 우리는 뉴욕을 (두 번) 방문한(가 본) 적이 있다.

|해설| 현재완료(have/has+과거분사)를 사용하여 (1)은 결과, (2)는 계속, (3)은 경험의 의미를 나타낸다.

(2) 시작 시점을 나타낼 경우 since를 쓴다.

(3) 경험해 본 횟수는 once, twice, three times와 같이 나타낼 수 있다.

**09** |해석| (1) 내 스마트폰은 고장 났다. 그것을 고치는 것은 불가능하다.

(2) 쿠키를 만드는 것은 쉽다. 누구나 그것을 할 수 있다.

|해설| 주어인 to부정사구를 문장의 뒤로 보내고(진주어), 주어 자리에 가주어 It을 쓴다.

**10** |해석| (1) 그는 러시아에 두 번 가 본 적이 있다.

(2) 그는 3년 동안 스페인어를 공부해 왔다.

(3) 그는 어제 보고서를 끝냈다.

|해설| (1) 횟수를 나타내는 표현을 사용해 경험을 나타내는 현재완료 문장으로 쓴다.

(2) 기간을 나타내는 표현을 사용해 계속의 의미를 나타내는 현재완료 문장으로 쓴다.

(3) 과거 시점을 나타내는 부사를 사용해 과거 시제 문장으로 쓴다.

**11** |해석| ⓐ 숙제를 끝냈니?

ⓑ 물을 충분히 마시는 것은 중요하다.

ⓒ Emma는 어제 우산을 잃어버렸다.

ⓓ 우리는 십 년 동안 서로를 알고 지내 왔다.

ⓔ 많은 사람들 앞에서 말하는 것은 쉽지 않다.

|해설| ⓑ 「It ~ to부정사」 구문이므로 진주어로 to부정사를 써야 한다. (drinks → to drink)

ⓒ 과거 시점을 나타내는 부사(yesterday)가 있으므로 과거 시제로 쓰거나, yesterday 없이 결과의 의미를 나타내는 현재완료 문장으로 쓴다. (has lost → lost 또는 yesterday 삭제)

12 |해설| ⓐ 지구에 관한 내용이 이어지므로 there는 on Earth를 가리킨다.

ⓑ here는 Rada와 Jonny가 살고 있는 in space를 가리킨다.

13 |해설| '그녀는 충격적인 소식을 들었을 때 놀라서 입을 다물지 못했다.'라는 의미가 적절하므로 빈칸에는 본문에 사용된 in surprise(놀라서)가 알맞다.

14 |해석| ⓐ Rada와 Jonny는 우주에서 태어났다.

ⓑ Rada의 가족은 우주로(→ 지구로) 돌아가기로 결정했다.

ⓒ Rada는 지구에 대해 잘 몰랐다.

ⓓ Rada와 Jonny는 파란 하늘을 본 적이 없다.

|해설| ⓑ Rada의 가족은 지구로 돌아가기로 했다.

15 |해설| It이 가주어, to jump there가 진주어가 되어야 하므로 to를 추가해야 한다. 이어동사(pull down)의 목적어가 대명사(you)일 때는 목적어가 반드시 동사(pull)와 부사(down) 사이에 와야 하는 것에 유의한다.

16 |해석| 만일 Jonny가 지구에서 우유 용기를 열고 흔든다면 그는 젖을 것이다.

|해설| Jonny가 우유 용기를 열고 흔들어 우유 방울을 마시는 모습을 보고, 엄마는 지구에서 그런 식으로 우유를 마시면 젖을 것이라고 말했다. 조건을 나타내는 부사절에서는 미래를 나타낼 때 현재 시제로 쓰는 것에 주의한다.

17 |해설| ⓐ에는 감정을 느끼게 하는 능동의 의미가 되어야 하므로 '흥미 진진한'을 뜻하는 현재분사형 형용사 exciting이, ⓑ에는 감정을 느끼게 되는 수동의 의미가 되어야 하므로 '몹시 신이 난'을 뜻하는 과거분사형 형용사 excited가 알맞다.

18 |해설| it이 공통으로 가리키는 것은 'Rada와 Jonny가 정말 하고 싶은 새로운 한 가지'이다.

19 |해설| 현재완료의 부정문은 「have/has not(never)+과거분사」로 쓰며, 지각동사 hear의 목적격 보어로는 동사원형이나 현재분사(-ing)를 쓸 수 있다.

20 |해석| 오늘, 우리는 마침내 지구에 도착했다. 먼저 나는 우리가 떠다닐 수 없다는 것을 알았다. 또한, 지구에서 걷는 것은 매우 어려웠다. Jonny와 나는 새의 노래를 들었고 우리는 바람도 느꼈다. 이런 것들은 모두 새로운 것이었지만 우리에게 최고의 새로운 것은 언덕을 뛰어 내려오는(→ 굴러 내려오는) 것이었다.

|해설| ⓔ Rada와 Jonny에게 지구에서 있었던 새로운 일 중 가장 최고는 언덕을 굴러 내려오는 것이다.

---

## 모의고사

제 1 회  대표 기출로 내신 **적중** 모의고사  pp. 214~217

01 ⑤   02 (l)and   03 ⑤   04 ①   05 ②   06 ③

07 (D) – (B) – (C) – (A)   08 ④   09 ③   10 will have(eat)

lunch   11 ①   12 have been to Paris   13 ②   14 ⑤

15 ②   16 I have never seen a blue sky   17 ⑤

18 It's(It is) also hard to jump there   19 ⑤   20 ②

21 ③   22 excited   23 space → Earth   24 ④   25 ③

01 |해석| ① 먼 – 가까운   ② 무거운 – 가벼운   ③ 부드러운 – 딱딱한

④ 신난 – 지루한   ⑤ 여행 – 여행

|해설| ⑤는 유의어 관계이고, 나머지는 모두 반의어 관계이다.

02 |해설| '땅 위로 하강하다'는 land(착륙하다)의 영영풀이다.

03 |해석| • 해변은 모래로 뒤덮여 있다.

• 나는 의자 밑에서 쥐를 봤을 때 놀라서 소리쳤다.

|해설| be covered with ~으로 뒤덮여 있다 / in surprise 놀라서

04 |해석| ① 표지판에는 '잔디에 들어가지 마시오.'라고 쓰여 있다.

② 병을 열기 전에 흔들어라.

③ 아기는 나를 향해 걷기 시작했다.

④ 내 남동생은 나를 어디든 따라다닌다.

⑤ 그 새는 작은 물고기를 잡아서 통째로 삼켰다.

|해설| ① grass는 '잔디'를 뜻한다. '유리'를 뜻하는 단어는 glass이다.

05 |해석| A: 우주 마라톤에 대해 들었니?

B: 아니, 못 들었어.

A: 그것은 우주에서 하는 마라톤이야.

① ~을 언제 뛰었니

③ 참가할 준비가 됐니

④ ~에 대해 어떻게 아니

⑤ ~에 대해 듣고 싶니

|해설| 우주 마라톤에 대한 설명이 이어지는 것으로 보아, 빈칸에는 우주 마라톤을 알고 있는지 묻는 표현이 알맞다. 이어지는 대답의 형태로 보아 과거 시제여야 한다.

06 |해석| A: Tony, 'My Hero'라는 영화에 대해 들었니?

B: 아니, 못 들었어.

A: 음, 나는 그것이 정말 좋다고 들었어.

B: 그 영화에 대해 알고 싶어. 무엇에 관한 거니?

A: 아들을 구하는 한 아버지에 관한 영화야.

B: 재미있겠다.

|해설| 주어진 문장은 내용을 묻는 말이므로 영화의 내용을 설명하는 문장 앞인 ③에 들어가는 것이 자연스럽다.

07 |해석| (D) 우주로 간 첫 번째 우주선에 대해 들었니?

(B) 아니, 못 들었어.

(C) 이것이 그 우주선의 포스터야.

(A) 정말? 그것을 사고 싶다.

08 |해설| ④ 영화가 개봉한 날은 언급되어 있지 않다.

**09** |해석| ① 슬픈 ② 화난 ③ 궁금한 ④ 긴장한 ⑤ 실망한
|해설| 문맥상 빈칸에는 영화에 대한 궁금증을 나타내는 단어인 curious가 알맞다.

**10** |해석| Q: 소년과 소녀는 영화 보기 전에 무엇을 할 것인가?
A: 그들은 영화 보기 전에 점심 식사를 할 것이다.

**11** |해석| 시원한 푸른 바다에서 수영하는 것은 좋았다.
|해설| 첫 번째 빈칸에는 가주어 It이, 두 번째 빈칸에는 진주어 역할을 하는 to부정사의 to가 들어가는 것이 알맞다.

**12** |해석| 나는 파리에 2년 전에 처음 갔다. 나는 지난 달에 그곳에 다시 갔다.
→ 나는 파리에 두 번 가 봤다.
|해설| '~에 가 본 적이 있다'는 의미로 경험을 나타낼 때는 have/has been to로 나타낸다.

**13** |해석| ① 내 자전거를 고치는 것은 어려웠다.
② 그것은 내 여동생의 배낭이다.
③ 너와 함께 공부하는 것은 좋았다.
④ 그의 파티에 가는 것은 신난다.
⑤ 다른 문화에 대해 배우는 것은 흥미롭다.
|해설| ②는 대명사로 쓰였고, 나머지는 모두 진주어인 to부정사구를 대신하는 가주어로 쓰였다.

**14** |해설| ⑤ 현재완료의 부정은 have/has 뒤에 not이나 never를 써서 나타내므로 doesn't have를 has not 또는 hasn't로 써야 한다.

**15** |해설| ⓐ in ⓑ to ⓒ in ⓓ towards ⓔ on

**16** |해설| 현재까지의 경험을 나타내는 현재완료(have/has+과거분사) 문장으로 쓴다. 부정어 never는 have와 과거분사 사이에 쓴다.

**17** |해설| ⑤ 지구로 돌아가는 이유는 언급되어 있지 않다. (① a little world in space, ② father, mother, Rada and Jonny, ③ spaceships, ④ space)

**18** |해설| to부정사구가 주어인 경우 가주어 It을 주어 자리에 쓰고, 진주어인 to부정사구를 문장의 뒤로 보낼 수 있다.

**19** |해설| ① Q: Rada와 아빠는 무엇에 대해 이야기하고 있는가?
A: 그들은 지구에서 사는 것에 대해 이야기하고 있다.
② Q: 왜 Rada는 지구에서 우주복을 입을 필요가 없는가?
A: 지구에는 어디에나 공기가 있기 때문이다.
③ Q: 지구에서는 언덕들이 무엇으로 덮여 있는가?
A: 그것들은 잔디로 덮여 있다.
④ Q: 누가 전에 지구에서 언덕을 굴러 내려간 적이 있는가?
A: Rada의 아빠가 전에 그것을 해 본 적이 있다.
⑤ Q: Jonny가 우주에서 우유 용기를 열고 흔들었을 때 무슨 일이 일어났는가?
A: 그는 우유를 쏟았기 때문에 젖었다.
|해설| ⑤ 우주에서 Jonny가 우유 용기를 열고 흔들었을 때, 우유는 공중에 떠올라 방울이 되었고, Jonny는 그 방울을 삼켜서 우유를 마셨다. 그렇게 했을 때 우유에 젖게 되는 곳은 지구이다.

**20** |해설| ② 뒤의 문장 it이 주어진 문장의 one new thing Rada and Jonny really wanted to do를 가리키므로 ②에 들어가는 것이 자연스럽다.

**21** |해설| 가주어 It이 진주어인 to부정사구를 대신하므로 빈칸에는 to부

정사 형태가 알맞다.

**22** |해설| 빈칸에는 Rada의 들뜬 기분을 표현해 주는 말이 알맞으므로, 본문에 사용된 exciting을 변형한 excited(신이 난, 들뜬)가 알맞다.

**23** |해석| Rada와 Jonny는 우주(→ 지구)로 여행 가기 전날 밤에 지구에서 그들이 보고 하게 될 것에 대해 이야기했다.

**24** |해설| (A) 지구가 아래로 끌어당겨서(pull down) 걷기가 어렵다는 내용이 되어야 알맞다.
(B) 서로(each other) 쳐다보고 웃었다는 내용이 되는 것이 자연스럽다.
(C) 잔디에 누웠다(lay down)는 내용이 되는 것이 자연스럽다. lied는 '거짓말하다'라는 뜻인 lie의 과거형이다.

**25** |해석| Rada와 Jonny가 겪은 새로운 일이 아닌 것은?
① 바람을 느끼는 것
② 언덕을 굴러 내려가는 것
③ 우주선을 타는 것
④ 새가 노래하는 것을 듣는 것
⑤ 떠다닐 수 없는 것
|해설| ③은 Rada와 Jonny에게 새로운 것으로 언급되지 않았다.

---

**제2회** 대표 기출로 내신 **적중 모의고사** pp. 218~221

**01** ⑤ **02** (s)pace **03** ② **04** ④ **05** ③ **06** No, I didn't. → Yes, I did. **07** ② **08** I'm really curious about the movie. **09** ⑤ **10** ③ **11** ② **12** ② **13** can be dangerous to drive at night **14** ④ **15** ① **16** ②, ④ **17** ③ **18** ④ **19** on Earth **20** ③ **21** There was one new thing Rada and Jonny really wanted to do. **22** ④ **23** ①, ② **24** grass **25** rolling down the(a) hill

**01** |해석| 이것은 우리의 비밀이니까 누구에게도 그것에 대해 말하지 마.
① 꼭대기 ② 공기 ③ 정장 ④ 잔디
|해설| 아무에게도 말하지 말라는 말이 이어지는 것으로 보아 빈칸에는 '비밀'을 뜻하는 secret이 알맞다.

**02** |해석| • 마침내 나는 주차 공간을 발견했다.
• 러시아는 우주로 첫 번째 개를 보냈다.
|해설| '공간'과 '우주' 둘 다를 뜻하는 space가 알맞다.

**03** |해석| ① 여행: 여행하는 장소로의 방문
② 착륙하다: 어떤 것을 존재하게 하거나 성장하게 하다(→ 땅 위로 하강하다)
③ ~을 향하여: 어떤 사람이나 물건의 방향으로
④ 궁금한: 어떤 것을 알고 싶거나 세상에 대해 배우고 싶은
⑤ 웃다: 무엇이 웃기다고 생각해서 목소리로 소리를 내다
|해설| ②는 form(형성하다, 만들다)의 영영풀이다.

**04** |해석| ① 그는 1990년에 전주에서 태어났다.
② 그 오래된 자동차는 먼지로 뒤덮여 있었다.
③ 그 탑은 언덕 꼭대기에 있다.
④ 영화가 매우 흥미진진해서 나는 졸렸다.

⑤ 우주에서 숨을 쉬기 위해서는 <u>우주복을</u> 입어야 한다.

**l해설l** ④는 맥락상 어색하다.

**05** **l해석l** A: 새로 오신 미술 선생님에 대해 <u>들었니?</u>

B: 응, 매우 좋다고 들었어.

① 새로 오신 미술 선생님을 좋아하니?

② 새로 오신 미술 선생님에게서 소식을 들었니?

③ 새로 오신 미술 선생님에 대해 들어 본 적 있니?

④ 새로 오신 미술 선생님에 대해 어떻게 생각하니?

⑤ 새로 오신 미술 선생님에 대해 어떻게 들었니?

**l해설l** Did you hear about ~?은 새로운 정보에 대해 들었는지 묻는 표현으로, 현재완료의 경험의 의미를 나타내는 Have you heard about ~?과 바꿔 쓸 수 있다.

**06** **l해석l** A: Tony, 'My Hero'라는 영화에 대해 들었어?

B: <u>아니, 못 들었어(→ 응, 들었어).</u> 정말 좋다고 들었어.

A: 그 영화가 정말 궁금하다. 무엇에 관한 거니?

B: 아들을 구하는 한 아버지에 관한 영화야.

**l해설l** B가 영화의 내용에 관해 설명하고 있는 것으로 보아, 'My Hero'라는 영화에 대해 들어 본 적이 있는지 묻는 질문에 긍정으로 답하는 것이 자연스럽다.

**07** **l해석l** ① A: 그의 새로운 노래가 궁금하니?

B: 물론이지. 그것을 듣고 싶어.

② A: 새로 나온 뮤지컬에 대해 알고 있니?

B: 아니, 괜찮아. 난 뮤지컬을 좋아하지 않아.

③ A: 새로 나온 TV 프로그램에 대해 들었니?

B: 아니, 그런데 그것에 대해 알고 싶어.

④ A: 이것이 우주에 간 첫 번째 우주선의 포스터야.

B: 정말? 그거 사고 싶다.

⑤ A: 'Dave의 모험'이라는 새로 나온 책에 대해 들었니?

B: 아니. 무엇에 관한 거니?

**l해설l** ② 새로운 정보에 대해 아는지 묻는 말에 사양하는 표현으로 답하는 것은 어색하다.

**08** **l해설l** 궁금증을 나타내는 표현인 I'm really curious about ~.으로 문장을 완성한다.

**09** **l해석l** ① 새 영화의 제목은 무엇인가?

② 영화는 무엇에 관한 것인가?

③ 영화는 어디에서 상영되고 있는가?

④ 영화는 언제 시작하는가?

⑤ 화자들은 영화를 본 후에 무엇을 할 것인가?

**l해설l** ⑤ 두 사람이 영화를 본 후에 할 일은 언급되어 있지 않다.

**10** **l해석l** • 나는 Susan을 3일 전에 <u>만났다.</u>

• 우리는 전에 어디선가 서로 <u>만난 적이 있다.</u>

**l해설l** 첫 번째 빈칸에는 과거 시점을 나타내는 부사구가 있으므로 과거 시제가 알맞다. 현재완료는 과거 시점을 나타내는 부사(구)와 함께 쓰이지 않는다. 두 번째 빈칸에는 과거에서 현재까지의 경험을 나타내는 현재완료 형태가 알맞다.

**11** **l해설l** 진주어로 쓰인 to부정사구를 문장의 뒤로 보내고 주어 자리에 가주어 It을 써서 나타낸다.

**12** **l해석l** ① Tim은 얼마 동안 나를 기다렸니?

② 나는 전에 멕시코 음식을 먹어 본 적이 없다.

③ 그녀는 이미 보고서를 끝냈다.

④ 나는 여기에 이사 온 후로 Amy를 알고 지낸다.

⑤ 우리는 그 영화를 여러 번 봤다.

**l해설l** ② 현재완료의 부정은 「have/has+not(never)+과거분사」의 어순으로 쓴다. (I've eaten not → I haven't eaten / I've never eaten)

**13** **l해석l** 밤에 운전하는 것은 위험할 수 있다.

**l해설l** 가주어 It이 주어 자리에 쓰였으므로 진주어인 to부정사구를 뒤로 보낸다.

**14** **l해석l** 제주도에 가 본 적 있니? 그곳에는 네가 할 수 있는 것들이 많아. 예를 들어, 말을 타는 것은 재미있어. 네가 제주도에 가 본 적이 없다면, 그곳에 꼭 가 봐야 해.

**l해설l** ④ 진주어인 to부정사구를 대신하는 가주어 it이 되어야 한다. (what → it)

**15** **l해석l** ① 지구는 어떤 곳인가요?

② 우리는 언제 지구로 떠나나요?

③ 우리는 어떻게 지구로 돌아가나요?

④ 우리는 왜 지구로 돌아가는 건가요?

⑤ 지구까지 가는 데 얼마나 걸리나요?

**l해설l** 지구에 대한 아빠의 설명이 이어지는 것으로 보아 지구는 어떤 곳인지 묻는 질문이 들어가는 것이 알맞다.

**16** **l해석l** ① Rada의 가족은 우주에서 살았다.

② Rada는 우주에서 태어난 유일한 아이였다.

③ Rada와 Jonny는 지구로 돌아간다는 말을 듣고 놀랐다.

④ Rada의 엄마는 우주와 지구의 차이점을 설명해 주었다.

⑤ Rada와 Jonny는 전에 파란 하늘을 본 적이 없다.

**l해설l** ② Rada에게는 남동생 Jonny가 있으며 둘 다 우주에서 태어났다.

④ Rada의 아빠가 지구가 우주와 어떻게 다른지 알려 주었다.

**17** **l해설l** ⓒ 경험을 나타내는 현재완료 의문문이 알맞고, 주어가 you이므로 have you로 써야 한다.

**18** **l해설l** (A) pull down: ~을 끌어내리다, 당겨서 내리다

(B) be covered with: ~으로 뒤덮여 있다

**19** **l해석l** Q: Rada의 가족은 무엇에 대해 이야기하고 있는가?

A: 그들은 <u>지구에서의</u> 생활에 대해 이야기하고 있다.

**20** **l해석l** ① 그들과 노는 것은 재미있을 것이다.

② 쿠키를 만드는 것은 쉽지 않다.

③ 그것은 멋진 시합이 될 것이다.

④ 하루 종일 집에 있는 것은 지루하다.

⑤ 뜨거운 냄비를 만지는 것은 위험하다.

**l해설l** ③의 It은 대명사이고, ⓐ와 나머지는 모두 진주어인 to부정사구를 대신하는 가주어 It으로 쓰였다.

**21** **l해설l** '~이 있다'라는 뜻을 나타내는 There is ~. 구문과 one new thing을 수식하는 관계대명사절을 사용하여 문장을 완성한다. 동사는 과거 시제로 쓰고, 목적격 관계대명사는 생략한다.

**22** **l해석l** ① Rada와 Jonny는 지구에 대해 오랫동안 이야기했다.

② Rada와 Jonny가 지구에서의 새로운 일들에 신났다는 내용은 있지만 우주를 떠나서 슬퍼했는지는 언급되지 않았다.

③ Rada와 Jonny는 비밀을 부모님께 말하지 않았다.

⑤ 지구로 가는 여정이 길다는 엄마의 말에 Rada는 괜찮다며 신난다고 답했다.

**23** |해설| ⓐ 「It ~ to부정사」 구문이므로 진주어를 to부정사 형태로 쓴다. (→ to walk)
ⓑ 이어동사의 목적어가 대명사일 때는 목적어가 동사와 부사 사이에 위치한다. (→ pulling you down)

**24** |해설| '땅을 덮고 있는 얇고 푸른 잎사귀를 가진 흔한 식물'은 grass(잔디)에 대한 영영풀이다.

**25** |해설| Rada와 Jonny에게 '최고의 새로운 것'은 언덕에서 굴러 내려오는 것이다.

---

**제3회** 대표 기출로 내신 **적중** 모의고사    pp. 222~225

| | | | | |
|---|---|---|---|---|
| 01 ④ | 02 ③ | 03 ② | 04 you hear about | 05 ③ |
| 06 ⑤ | 07 ① | 08 ② | 09 ④ | 10 It is not easy to make |

good friends.  **11** ③  **12** has played the piano for
**13** ③  **14** ③  **15** ②  **16** ④  **17** have you ever rolled
down a hill  **18** ①  **19** ③  **20** ⑤  **21** (1) excited →
exciting  (2) think → to think  **22** ③  **23** ①  **24** Earth
is pulling you down  **25** feeling the wind, rolling down
the(a) hill

**01** |해설| '물건을 안에 넣어 보관하는 것'을 뜻하는 것은 container(그릇, 용기), '물이나 공중에 느리고 부드럽게 움직이다'를 뜻하는 것은 float(뜨다, 떠가다)이다.

**02** |해석| [보기] 우리의 농업용 땅은 강 옆에 있다.
① 비행기는 안전하게 착륙했다.
② 내 비행 편은 정시에 착륙할 것이다.
③ Mark는 집을 지으려고 그 땅을 샀다.
④ 작은 파랑새가 내 손가락 위에 내려앉았다.
⑤ 달에 착륙한 최초의 사람은 누구였니?
|해설| [보기]와 ③의 land는 '땅'이라는 의미의 명사로 쓰였고, 나머지는 모두 '착륙하다, 내려앉다'라는 의미의 동사로 쓰였다.

**03** |해석| • 공이 계단을 굴러 내려갔다.
• 내 여동생은 놀라서 거의 펄쩍 뛰었다.
• 그 남자는 자신의 방으로 들어가서 침대에 누웠다.
|해설| 첫 번째 빈칸에는 '굴러가다'를 뜻하는 roll의 과거형 rolled가, 두 번째 빈칸에는 '놀라서'를 뜻하는 in surprise에 쓰이는 surprise가, 세 번째 빈칸에는 '눕다'를 뜻하는 lie의 과거형 lay가 들어가는 것이 알맞다.

**04** |해석| A: 새로 나온 우주 음식에 대해 들었니?
B: 응, 그것에 대해 들었어. 그건 아이스크림의 한 종류야.
|해설| 새로운 정보에 대해 알고 있는지 묻는 표현인 Did you hear about ~?이 쓰인 문장을 완성한다.

**05** |해석| A: '외국에서 살기'라는 새로 나온 책에 대해 알고 있니?
B: 아니, 몰라.
A: 봐. 바로 여기 있어. 뉴욕에서 사는 것에 관한 책이야.

B: 멋지다. 이 책에 대해 정말 궁금해.
① 나는 이미 그것을 읽었어.
② 나는 그것이 너무 걱정스러워.
④ 나는 그 책이 정말 흥미롭다고 생각했어.
⑤ 나는 그 책에 대해 여러 번 들어봤어.
|해설| 빈칸에는 어떤 대상에 대한 자신의 궁금증을 나타내는 말이 들어가는 것이 알맞다.

**06** |해석| (D) 봐! 우주에 간 여자에 대해 들었니?
(C) 아니, 못 들었어. 그녀에 대해 정말 궁금하다.
(B) 이것이 그녀에 관한 책이야.
(A) 정말? 그것을 사야겠어.

**07** |해설| ⓐ A가 영화에 대해 설명하는 것으로 보아 '나도 못 들었어.'라고 말하는 것은 어색하다.

**08** |해설| ② 수빈이는 새로 나온 영화에 대해 못 들었다고 하며 영화에 대한 궁금증을 표현하고 있다.

**09** |해석| Sue는 제주도에 _____ 가 본 적이 있다.
① 한 번  ② 전에  ③ 최근에  ④ 지난달에  ⑤ 여러 번
|해설| 현재완료는 last month와 같이 과거의 시점을 나타내는 부사(구)와는 함께 쓰이지 않는다.

**10** |해설| 진주어인 to부정사구를 문장의 뒤로 보내고 주어 자리에 가주어 It을 쓴다.

**11** |해석| ① 그녀는 경주에서 두 번 우승했다.
② 우리는 아직 점심 식사를 마치지 않았다.
③ 나는 이틀 전에 지갑을 잃어버렸다.
④ 지수와 인호는 전에 서로 만난 적이 있다.
⑤ 학생들은 이미 공항에 도착했다.
|해설| ③ 과거 시점을 나타내는 부사구(two days ago)가 있으므로 현재완료를 쓸 수 없고 과거 시제로 써야 한다. (→ lost)

**12** |해석| 수미는 3시간 동안 피아노를 치고 있다.
|해설| 계속의 의미를 나타내는 현재완료(have/has+과거분사)로 쓰고, 뒤에 기간을 나타내는 three hours가 왔으므로 전치사 for를 쓴다.

**13** |해석| ⓐ 새로운 것을 발명하는 것은 어렵다.
ⓑ 규칙적으로 운동하는 것은 좋다.
ⓒ 그는 마을을 떠나기로 결심했니?
ⓓ 액션 영화를 보는 것은 신난다.
ⓔ 그녀는 그 문제에 대해 생각해 본 적이 전혀 없다.
|해설| ⓑ 주어인 to부정사구 대신 주어 자리에 가주어로 쓸 수 있는 것은 It이다. (This → It)
ⓔ 현재완료의 부정은 「have/has+not(never)+과거분사」의 형태로 쓴다. (has thought never → has never thought)

**14** |해설| ③ 뒤에서 Rada와 Jonny가 놀라고 지구에 대해 묻고 답하는 내용이 이어지는 것으로 보아, '지구로 돌아가겠다고 아빠가 말했다'는 주어진 문장은 ③에 들어가는 것이 알맞다.

**15** |해설| ⓑ '태어나다'라는 뜻은 수동태인 be born으로 나타낸다. (→ were born)

**16** |해석| ⓐ Rada의 부모님은 우주에서 얼마나 오랫동안 살아왔는가?
ⓑ Rada의 가족은 몇 명인가?
ⓒ Rada의 아빠는 왜 지구로 돌아가기로 결정했는가?

ⓓ 우주에서는 하늘이 어떤 색인가?

|해설| ⓑ Rada의 가족은 엄마, 아빠, Rada, 남동생 Jonny로 모두 네 명이다.
ⓓ 우주에서는 하늘이 항상 검은색이다.

17 |해설| 경험의 유무를 묻는 현재완료의 의문문은 「Have/Has+주어(+ever)+과거분사 ~?」의 형태로 쓴다.

18 |해설| ⓑ 목이 말라서 우유 용기를 열고 흔들었다는 내용이므로 결과를 나타내는 접속사 so가 알맞다.
ⓒ 그런 방식으로 우유를 마신다면 젖을 것이라는 내용이므로 조건을 나타내는 접속사 if가 알맞다.

19 |해석| ① 우주에서는 우주복을 입어야 한다.
② 지구에서보다 우주에서 점프하는 것이 더 쉽다.
③ 지구에서 떠다니는 우유 방울을 삼키는 것은 가능하다.
④ 우주에서는 우유를 쏟을 걱정을 할 필요가 없다.
⑤ 지구에서 우유 용기를 열고 흔드는 것은 너를 젖게 할 것이다.
|해설| ③ 떠다니는 우유 방울을 삼키는 것이 가능한 곳이 지구가 아니라 우주이다.

20 |해설| ⓔ Rada는 Jonny와 함께 지구에서 할 새로운 일들에 대해 이야기하며 신나 했으므로, 지구로 떠나는 Rada의 감정으로 disappointed(실망한)는 어색하다.

21 |해설| (1) 능동의 의미로 '흥미진진한'을 뜻하는 현재분사형 형용사 exciting이 되어야 한다.
(2) 가주어 It이 대신하는 진주어가 to부정사구 형태로 와야 한다.

22 |해석| ① Rada와 Jonny는 밤늦게까지 지구에 대해 이야기했다.
② Rada와 Jonny는 정말 하고 싶은 한 가지 새로운 것이 있었다.
③ Rada의 부모님은 Rada와 Jonny가 하고 싶은 것에 대해 알고 있었다.
④ Rada의 가족은 우주선을 타고 지구로 떠났다.
⑤ Rada의 지구로의 여행은 시간이 오래 걸릴 것이다.
|해설| ③ Rada와 Jonny는 자신들이 밤새 나눈 이야기를 엄마와 아빠에게 말하지 않았다고 했으므로, Rada의 부모님이 그들이 하고 싶은 일을 알고 있었다는 것은 글의 내용과 일치하지 않는다.

23 |해설| ⓐ 진주어인 to부정사구 to walk on Earth가 뒤로 가고 주어 자리에 쓰인 가주어 it이다.

24 |해설| pull down은 동사와 부사로 이루어진 이어동사로, 대명사 목적어는 반드시 동사와 부사 사이에 쓰인다.

25 |해석| Rada와 Jonny가 지구에서 한 새로운 일들은 지구에서 걷는 것, 새가 노래하는 소리를 듣는 것, 바람을 느끼는 것과 언덕을 굴러 내려오는 것이었다.

---

**제4회** 고난도로 내신 **적중** 모의고사          pp. 226~229

01 (c)urious   02 ②   03 ④   04 ④   05 ②   06 ⓒ → She is going to buy a poster of the (first) spaceship (that went into space).   07 Did you hear about the new movie   08 ①, ③   09 ④   10 It is not easy to find water in the desert.   11 ②   12 ⑤   13 (1) went to Kenya (2) has

seen wild animals   14 ③   15 ②   16 The sky is blue, the sky is (always) black   17 ③   18 ②   19 ⓓ, in space → on Earth   20 ⑤   21 ⓔ → got on   22 ④   23 (1) ⓓ, to sing → sing(singing) (2) 지각동사가 쓰인 5형식 문장이므로 목적격 보어는 동사원형 또는 현재분사(-ing)가 되어야 한다.   24 ④   25 ②

01 |해석| 나는 매우 궁금했지만 그에게 그것에 대해 묻지 않았다.
|해설| '어떤 것을 알고 싶어 하거나 세상에 대해 배우고 싶은'을 의미하는 단어는 curious(궁금한)이다.

02 |해석| ⓐ 색이 다채로운 꽃들이 어디에나 있었다.
ⓑ 그녀는 용기에 수프를 부었다.
ⓒ Josh는 버스 정류장을 향하여 걷고 있다.
ⓓ 우리는 이 마을에서 많은 집들이 물 위에 떠 있는 것을 볼 수 있다.
|해설| ⓐ에는 everywhere, ⓑ에는 container, ⓒ에는 towards, ⓓ에는 float가 들어가는 것이 알맞다.

03 |해석| ① 가서 잠시 누워라.
더 이상 너의 부모님께 거짓말하지 마라.
② 소리가 어디에서 오고 있지?
이상하게 들릴 수 있지만 그것은 사실이다.
③ 이 양식을 채워 주시겠어요?
나는 십자가를 만들기 위해 두 개의 막대기를 묶었다.
④ 러시아는 첫 번째 우주 정거장을 세웠다.
우주 비행사들은 일주일 동안 우주에 머물 것이다.
⑤ 언제 비행기가 이곳에 착륙하는가?
내 삼촌은 집을 짓기 위해 땅을 샀다.
|해설| ④의 space는 모두 '우주'라는 뜻의 명사로 쓰였다. (① 눕다 / 거짓말하다, ② 소리 / ~하게 들리다, ③ 양식 / 만들다, ⑤ 착륙하다 / 땅)

04 |해석| 다음 중 나머지 문장과 의미가 다른 하나는?
① 새로운 TV 프로그램을 아니?
② 새로운 TV 프로그램에 대해 들었니?
③ 새로운 TV 프로그램에 대해 알고 있니?
④ 새로운 TV 프로그램에 대해 관심 있니?
⑤ 새로운 TV 프로그램에 대해 들어 본 적 있니?
|해설| ④는 상대방에게 어떤 대상에 대해 흥미가 있는지 묻는 표현이고, 나머지는 어떤 대상에 대해 알고 있는지를 묻는 표현이다.

05 |해석| A: 화성에 관한 새로 나온 책에 대해 들었니?
B: 아니, 못 들었어. 난 화성에 대해 정말 궁금해.
A: 봐. 바로 여기 있어. 화성과 그것의 위성들에 관한 책이야.
B: 멋지다. 그 책을 사야겠어.
|해설| (A)에는 새로 나온 책에 대해 알고 있는지 물어보는 말이, (B)에는 궁금증을 나타내는 말이, (C)에는 책이 무엇에 관한 내용인지 설명하는 말이 들어가는 것이 알맞다.

06 |해석| 소년: 우주로 간 첫 번째 우주선에 대해 들었니?
소녀: 아니, 못 들었어. 난 그게 뭔지 궁금해.
소년: 이것이 그 우주선의 포스터야.
소녀: 정말? 그것을 사고 싶다.
ⓐ 우주에 간 첫 번째 우주선의 이름은 무엇인가?

ⓑ 우주에 간 첫 번째 우주 비행사는 누구였는가?

ⓒ 소녀가 살 것은 무엇인가?

→ 소녀는 (우주에 간 첫 번째) 우주선의 포스터를 살 것이다.

**07** |해설| 새로운 정보에 대해 알고 있는지 묻는 말이고, 이어서 No, I didn't.라고 답하므로 Did you hear about ~?으로 묻는 것이 알 맞다.

**08** |해석| 위 대화의 내용과 일치하는 것을 모두 고르시오.

① 소년과 소녀는 새로 나온 영화에 대해 이야기하고 있다.

② 소녀는 전에 그 영화에 대해 들어 본 적이 있다.

③ 소년은 영화가 무엇에 관한 것인지 알고 있다.

④ 영화는 달 극장에서 2시 30분에 시작할 것이다.

⑤ 소년과 소녀는 영화를 본 후에 점심을 먹을 것이다.

|해설| ② 소녀는 새로 나온 영화에 대해 듣지 못했다고 했다.

④ 영화는 우주 극장에서 2시 30분에 시작한다.

⑤ 소년과 소녀는 점심을 먼저 먹고 영화를 볼 것이다.

**09** |해석| 채소를 많이 먹는 것은 네 건강에 매우 좋다.

|해설| 「It ~ to부정사」 구문이므로 eats를 to부정사 to eat으로 써야 한다.

**10** |해설| 주어인 to부정사구를 뒤로 보내고(진주어), 주어 자리에 가주어 It을 쓴다.

**11** |해석| ⓐ Kate는 5년 동안 그 가방을 사용해 왔다.

ⓑ 아빠는 막 세차를 끝냈다.

ⓒ 나는 어제부터 치통이 있다.

ⓓ 전에 한라산을 등반한 적이 있니?

ⓔ Kelly는 피아노 치는 것을 배운 적이 없다.

|해설| ⓐ와 ⓒ는 계속, ⓑ는 완료, ⓓ와 ⓔ는 경험을 나타내는 현재완료 문장이다.

**12** |해석| ⓐ 보드게임을 하는 것은 재미있다.

ⓑ 나는 어제 중국 음식을 먹었다.

ⓒ 그 쇼핑몰은 아직 열지 않았다.

ⓓ 그는 작년부터 부산에 살고 있다.

ⓔ 나는 새로운 것을 배우는 것이 신난다.

|해설| ⓐ 진주어로 쓰인 to부정사구가 문장의 뒤로 가고 주어 자리에 가주어 It이 쓰인 문장이다. (play → to play)

ⓑ 현재완료는 과거 시점을 나타내는 부사(구)와 함께 쓸 수 없으므로 과거 시제가 되어야 한다. (have eaten → ate)

**13** |해석| Mike와 Simon은 둘 다 지난 겨울에 케냐에 갔다. Mike는 거기서 야생동물을 본 적이 있지만, Simon은 본 적이 없다.

|해설| (1) 과거 시점을 나타내는 부사구(last winter)가 있으므로 과거 시제로 쓴다.

(2) 경험 여부를 현재완료로 나타낸다

**14** |해설| ⓐ work on: ~에서 일하다

ⓑ in surprise: 놀라서

ⓒ What's it like ~?: ~은 어떤가요?

**15** |해석| Rada의 가족은 내일 무엇을 할 예정인가?

① 그들은 화성으로 떠날 것이다.

② 그들은 지구로 돌아갈 것이다.

③ 그들은 우주로 여행을 갈 것이다.

④ 그들은 검은색 하늘을 보러 갈 것이다.

⑤ 그들은 다른 우주 정거장으로 이동할 것이다.

|해설| ② Rada의 가족은 내일 지구로 돌아간다고 했다.

**16** |해설| 이어서 지구에서는 하늘이 파란색이라고 아빠가 예를 들자, Rada가 우주에서의 하늘이 검은색이라고 말했다.

**17** |해설| ① → don't have to    ② → are covered with

④ → formed    ⑤ → drink

**18** |해설| 현재완료를 사용하여 have you (ever) rolled down a hill로 써야 하므로 did는 필요하지 않다.

**19** |해설| ⓐ 지구에서는 우주복을 입을 필요가 없다.

ⓑ 지구에서 점프하는 것은 우주에서보다 더 어렵다.

ⓒ 아빠는 지구에서 언덕을 굴러 내려온 적이 있다.

ⓓ Jonny가 우주(→ 지구)에서 우유 용기를 열고 흔들면 젖을 것이다.

|해설| ⓓ 지구에서 우유 용기를 열고 흔들면 우유가 (쏟아져) 젖게 될 것이라고 하였다.

**20** |해설| ⑤ 선행사 all the new things 뒤에는 목적격 관계대명사 that이 생략되었다.

**21** |해설| ⓔ 지구로 출발하는 상황이므로 우주선에서 내린(got off) 것이 아닌 탔다는(got on) 내용이 되는 것이 자연스럽다.

**22** |해설| • Rada와 Jonny는 우주에 머물고 싶어 했다.

• Rada와 Jonny는 엄마와 아빠에게 자신들이 정말 하고 싶어 하는 것에 대해 말하지 않았다.

• 지구에 도착하기까지는 그리 오래 걸리지는 않는다.

|해설| • Rada와 Jonny는 지구로 떠나는 것에 대해 신나 했다.

• 엄마는 (지구로 가는) 여정이 길 것이라고 했다.

**23** |해설| 지각동사가 쓰인 5형식 문장이므로 목적격 보어는 동사원형 또는 현재분사(-ing)가 되어야 한다.

**24** |해석| ① 가장 최악의 것    ② 가장 오래된 것

③ 가장 작은 것    ④ 가장 최고의 새로운 것

⑤ 가장 실망스러운 것

|해설| 맥락상 Rada와 Jonny에게 언덕을 굴러 내려오는 것은 '최고의 새로운 것'이라는 말이 되는 것이 알맞다.

**25** |해석| 윗글을 읽고 답할 수 없는 것은?

① Rada의 가족은 어떻게 지구로 왔는가?

② Rada와 Jonny는 지구에서 어떻게 떠다닐 수 있었는가?

③ Rada가 지구에서 걷는 것은 왜 어려웠는가?

④ Rada와 Jonny에게 지구에서의 첫 번째 새로운 것은 무엇이었는가?

⑤ Rada와 Jonny의 비밀은 무엇이었는가?

|해설| ② Rada와 Jonny는 지구에서 더 이상 떠다닐 수 없다고 했다.

# 특급기출

기출예상문제집
중학 영어 **2-2** 중간고사  윤정미

# 정답 및 해설

| 영역 | 브랜드 | 초1~2 | 초3~4 | 초5~6 | 중1 | 중2 | 중3 | 고1 | 고2 | 고3 |
|------|--------|-------|-------|-------|-----|-----|-----|-----|-----|-----|
| 독해 | [중등] 기본서<br>READING CLEAR | | | | | | | | | |
| | [고등] 기본서<br>Supreme<br>구문독해 / 유형독해 | | | | | | | | | |
| | [중·고등] 문장독해<br>공식으로 통하는 문장독해<br>기본 완성 | | | | | | | | | |
| 듣기 | [중등] 듣기모의고사<br>LISTENING CLEAR<br>중학영어 듣기모의고사 | | | | | | | | | |
| | [고등] 듣기모의고사<br>Supreme 수능 영어<br>듣기 모의고사<br>기본 실전 | | | | | | | | | |
| 기출 | [중등] 기출예상문제집<br>특급기출 (중간, 기말)<br>윤정미, 이병민 | | | | | | | | | |
| 어휘 | [초·중·고등]<br>영단어, 영숙어<br>뜯어먹는 시리즈 | | | | | | | | | |
| | [중·고등]<br>영단어<br>보카클리어 | | | | | | | | | |

# 문제로 영문법이 쉬워진다!

# 그래머 클라우드 3000제

## 중학영문법을 쉽게 이해하고 싶어 하는 학생들에게 추천합니다!

- ✔ 핵심 문법 Point와 연습 문제로 자연스럽게 개념 이해
- ✔ 3단계 개념완성 Test로 유형별 문제와 서술형까지 집중 훈련
- ✔ 학교 시험에 자주 출제되는 문제로 내신 완벽 대비